陶富源文集

第10卷

面向世界的哲学沉思

陶富源◎著

安徽师范大学出版社
ANHUI NORMAL UNIVERSITY PRESS
·芜湖·

责任编辑：李晴晴
责任校对：刘　翠
装帧设计：张　玲　冯君君
责任印制：桑国磊

图书在版编目(CIP)数据

面向世界的哲学沉思 / 陶富源著 . — 芜湖：安徽师范大学出版社，2024.8
(陶富源文集)
ISBN 978-7-5676-6752-5

Ⅰ. ①面… Ⅱ. ①陶… Ⅲ. ①哲学—文集 Ⅳ. ①B-53

中国国家版本馆CIP数据核字(2024)第080418号

面向世界的哲学沉思
MIANXIANG SHIJIE DE ZHEXUE CHENSI
陶富源　著

出版发行：安徽师范大学出版社
芜湖市北京中路2号安徽师范大学赭山校区　　邮政编码：241000
网　　址：http://www.ahnupress.com/
发 行 部：0553-3883578　5910327　5910310(传真)
印　　刷：江苏凤凰数码印务有限公司
版　　次：2024年8月第1版
印　　次：2024年8月第1次印刷
规　　格：700 mm × 1000 mm　1/16
印　　张：24.5　　插页：2
字　　数：404千字
书　　号：978-7-5676-6752-5
定　　价：138.00元

出版前言

陶富源（1944.11.3—），江苏海安人，1969年7月毕业于北京大学哲学系，安徽师范大学马克思主义学院教授，博士生导师。曾任中国历史唯物主义学会常务理事、中国人学学会常务理事、国家社会科学基金学科评审组专家，终身享受国务院政府特殊津贴。获全国模范教师、省级教学名师、省十大杰出教师、省五一劳动奖章、安徽好人等10多项荣誉。主持和完成国家社会科学基金项目3项。独撰和合作出版著作、译作13部，发表论文240多篇，其中在《中国社会科学》《哲学研究》《马克思主义研究》发表论文20篇。获省部级教学科研成果一等奖、曾宪梓教育基金会高等学校教师奖三等奖等10多项奖项。

《陶富源文集》原10卷本，390余万字，于2016年5月由安徽师范大学出版社出版。2023年12月，陶富源先生又增加2卷本内容，并对原有10卷本进行修订，现为12卷本，470余万字。各卷的书名分别是《形上智慧论》《实践主导论》《终极关怀论》《哲学与马克思主义哲学》《青年马克思与费尔巴哈》《唯物辩证论与实践智慧》《唯物史观在当代》《政治文明的哲学观照》《精神家园的哲学守望》《面向世界的哲学沉思》《流年履踪的哲学随想》《学术论文写作通鉴》。

本套文集为陶富源先生从事马克思主义哲学研究50多年成果的结集，分别以哲学基本理论、马克思主义哲学基本理论、马克思人学基本理论、马克思主义辩证论、历史论、价值论、政治论、精神论等为主题，对学术界的既有成果给予了科学概括、论证和创造性理解、说明。本套文集视野开阔、时代气息浓郁、学术品味醇厚，全景式展现了一代哲学家的思想轨迹和学术贡献，从一个侧面反映了中国哲学理论研究的新进展和新成就，对推进中国哲学理论研究具有重要的学术价值。

由于收入本套文集的大部分作品为公开出版或发表过的，因此为了保留原作的本来面貌，除对个别文字、标点符号、部分参考文献作必要的技术处理外，对原文不作实质性改动。文集难免有文字讹错之处，敬请方家批评指出，以便今后重印时改正。

安徽师范大学出版社

2024年7月20日

总　序

哲学是时代的产物。

党的十一届三中全会开启了中华民族走向经济腾飞、文化复兴的伟大时代。这是一个古老民族从挫折中总结，于艰难中奋起，不断走向昌盛的时代，是一个解放思想、继往开来、锐意革新的时代。

沐浴着时代风雨，鼓荡起哲思才情，50多年一路走来，我共独撰和合作出版了著作和译作13部，发表学术论文240余篇，这些是我在哲学旅程中的一些思考和记录。在发表的论文中，有近半数的论文被《新华文摘》《光明日报》《中国人民大学复印报刊资料》《全国高等学校文科学术文摘》等转载、摘介和被多种著作所引用。

我信奉马克思主义哲学，因为它是指引人类走向彻底解放的真理，是科学的哲学。和一切科学一样，马克思主义哲学会随着时代的变化而发展。它的某些具体结论和具体原理，有的可能有错而被证伪，有的也会过时而被取代，但其基本原理具有持久的生命力，是不会从根本上被驳倒，被推翻，因而是必须坚持的。当然，马克思主义哲学的基本原理也要与时俱进，要经过不断改进、补充和丰富，从而能更系统、更全面、更正确地反映不断发展着的时代精神。

我这几十年来，除对自己留意以外，确也时时想到国家，想到社会，想到自己的责任，因而对治学始终持一种认真的态度，并以能为马克思主义哲学的宣传和发展尽自己的一点微力而感到欣慰。

承蒙学界朋友的鼓励和支持，我对多年来撰写和发表的部分文稿进行了梳理和审定，按相关专题，分成12卷出版。这12卷的书名分别是《形上智慧论》《实践主导论》《终极关怀论》《哲学与马克思主义哲学》《青年马克思与费尔巴哈》《唯物辩证论与实践智慧》《唯物史观在当代》《政治文明的哲学观照》《精神家园的哲学守望》《面向世界的哲学沉思》《流年履踪的哲学随想》《学术论文写作通鉴》。

收入该文集的个别文章在发表时因各种原因删减较多，现恢复原稿，这种情况已在文中作了说明。其余文章，除个别文字校正外，未作修改，以保持原貌。有少量文章是与别人合作撰写的，对此在书中也有标明。

本文集的出版，得到了安徽师范大学领导、安徽师范大学马克思主义学院领导的大力支持，得到了我的学生兼好友王平、陶庭马、汪盛玉、方芳、金承志、马和平、杨晶、张涛、黄友生、刘洋、毛加兴等的帮助，得到了我的家人的关怀，也得到了安徽师范大学出版社的鼎力相助。对各方的支持，谨此致以衷心的谢意。

陶富源

2024年6月20日

序　言

一

“面向世界”，这是青年马克思踏上哲学园地初期，即写作博士论文时就已提出的一个对当时德国哲学进行变革的主张。他说：“哲学作为意志”要“面向现象世界”，要把“本来是内在之光的东西，变成转向外部的吞噬一切的火焰”。要使哲学“成为实践力量，作为意志走出阿门塞斯冥国，面向那存在于理论精神之外的尘世的现实”①。不难看出，在马克思那里，面向世界，即哲学要面向现实世界。也就是说，这里所要面向的世界是相对哲学而言的外部世界。

中国改革开放的总设计师邓小平也曾提出要“面向世界”。很显然，他所说的面向世界是面向相对于中国而言的外部世界。在邓小平那里，“面向世界”这一命题是1983年，他在为景山学校所作的“三个面向”，即“教育要面向现代化，面向世界，面向未来”的题词时所提出来的一个极为重要的命题。“三个面向”的题词启示人们：面向世界，不仅是中国现代教育发展的一个战略指导原则，而且在它与其他“两个面向”构成的整体中，也成为开创中国美好未来的一个战略指导原则。即要面向现代化，必须面向世界；同时，只有面向世界，才能面向未来。这是因为：现代化在世界上有“先发”“后发”两类国家。中国属“后发”国家，因而只有面向世界，向“先发”国家学习，才能缩短与“先发”国家的差距，进而与之并进，甚至超越。同样，只有面向世界，学习和借鉴世界各国所创造的文明成果，中国现代化才能走出一条好路、新路，从而也才能真正面向未来，拥有未来。不难看出，在邓小平那里，实际是把“面向世界”看成中国改革开放的一

① 《马克思恩格斯全集》第1卷，75—76页，北京：人民出版社，1995年。

个总体原则。

本文集以“面向世界的哲学沉思”命名，是试图既体现马克思所主张的哲学要关注和改造外部世界之意，同时我作为一个中国哲学工作者，又力图体现邓小平所主张的立足中国，放眼世界之意。总体来说，面向世界，是指要从中国与世界统一的维度对世界性的事件事变、理论思潮进行哲学的研究和思考。

诚然，本文集所言的“面向世界”，不是一个笼统的指谓，而是指“面向世界之变”，特别是当今新的时代条件下的世界之变。

二

这里的新的时代条件是指，随着中国改革开放的胜利推进，东欧剧变、苏联解体的发生，以及新技术革命的兴起，全球化日益走向深度发展。

到目前为止的全球化，大体经历了“血腥的全球化”“扭曲的全球化”“真正的全球化”等三个阶段。

所谓“血腥的全球化”，是指从15、16世纪地理大发现到1917年俄国十月革命，以西方各国作为单边主体，通过暴力侵略，辅以商贸手段，把东方变成西方殖民地、半殖民地的全球化。

所谓“扭曲的全球化”，是指从俄国十月革命到20世纪90年代初苏联解体，以苏联为首的华约国家集团和以美国为首的北约国家集团作为两个平行主体，生硬地把全球经济一分为二，在各自阵营内所展开的一种全球化。

所谓“真正的全球化”，是指从20世纪90年代初开始，以互联网诞生为标志的全球联系的产生和以苏联解体为起点的全球统一大市场的形成，特别是近十亿中国人通过1978年开始的改革开放，投身市场经济大潮所带来的强劲动力，促进新一轮全球化的深度发展。在这一过程中，新兴市场国家和发展中国家与发达国家作为多边主体，所共同推进的是真正全球意义上的全球化。

在全球化深度发展的背景下，中国走向世界，世界也在走向中国。国内问题会外溢国际，国际问题会内渗国内。在这种相互作用、相互渗透的过程中，中国已经不仅是中国，而且日益成为世界的中国，是一个日益深度融入世界、担当大国使命的中国；世界也不仅是世界，而且是中国的世界。因而中国好，有利世界好；世界好，中国才更好。正因为中国与世界命运与共，所以要立足中国、面向世界，这样才能做好中国自己的事，同样也才能做好中国与世界各国共同的事。

另外，全球化深度发展，促成了全球化多边主体的形成和世界各国的合作共赢，然而这只是问题的一个方面，还有另一个方面。即以美国为首的西方单边主义和霸权主义不肯退出历史舞台，还不断在世界各地兴风作浪。于是，全球化过程中的多边主义立场与单边主义、霸权主义立场的矛盾，成为当今世界的主要矛盾。围绕这个主要矛盾所展开的全球化与逆全球化、新旧世界格局、人类文明新旧形态、中美之间的矛盾和斗争，以及为这些矛盾和斗争所决定的各种意识形态的纷争和博弈，也就特别激烈，从而极大地影响着中国，也影响着世界的发展。从总体来说，全球化的潮流浩荡向前，但难免曲折。中国梦的实现人心所向，但风险异常。在探索和开拓中国特色社会主义道路的问题上，在当时内外环境的影响下，资产阶级自由化思潮的泛滥，曾使我国经历了一段凶险的时光。所幸，我们终于赢得了这一回合的胜利。那么在坚持中国特色社会主义道路，与世界人民一道构建人类命运共同体的问题上，我国将遭到西方反华势力更为凶猛的阻击和遏制。对此我国要有充分的思想准备，要把握主动权，要通过伟大斗争去争取伟大胜利。可以预见，未来十至十五年将是十分关键的时期。

因此，只有面向世界，从中国与世界统一的维度，才能看清历史发展的大势，中国的历史方位、中国所面临的机遇与挑战、中国的道路选择、中华文明的崛起，及其重大意义；另外，也只有面向世界，从中国与世界统一的维度，才能认清世界性的重大事件或事变、错误的社会理论和思潮对中国和世界的影响，从而找到科学有效的应对之策。

三

本文集收入的论文，坚持了“面向世界”这个战略指导原则，从中国与世界统一的维度，就一系列重大历史事件或事变，比如苏联解体、人类命运共同体建设、人类共同价值、人类文明的当代走向、全球化与逆全球化、中国社会主义市场经济、中国特色民主政治、中华文明自信、中华文明崛起、中国特色社会主义新时代等问题进行了哲学的解析和说明，揭示了其本质内涵，展现了其发展过程，指明了其内在规律，预测了其未来走向。另外，对当代一时流行或仍在发生影响的一些错误社会理论和思潮，比如“普世价值论”“历史终结论”“文明冲突论”“西方民主至上论”“人权高于主权论”“西方文化中心论”“中国特色威权主义论”“中国资本社会主义论”“中国儒家社会主义论”，以及“民主社会主义救中国论”“泛文化主义”“现代虚无主义”“新自由主义”“新民粹主义”等，进行了哲学的辨析和批判，指明其产生的社会根源、形成过程、本质特征、理论荒谬和现实危害，以及防害止损所应采取的措施、策略、步骤等。

四

对时代的重大课题和中国特色社会主义建设中的重大问题进行了哲学的分析和说明，对广泛流行的一些错误社会理论和思潮进行了哲学的分析和批判，其目的有三。一是通过对重大现实问题和理论问题的分析说明，发挥和展现马克思主义哲学在当代的真理性、旺盛的生命力和促进世界前进发展的巨大力量。二是通过上述分析和说明，启迪哲学智慧、激发创新精神，形成新的概念、判断，从而丰富和发展马克思主义哲学。三是通过上述分析和说明，认清历史发展所指，把握世界人心所向，明辨大是大非，排除各种干扰，从而坚定中国特色社会主义自信、坚定人类命运共同体建设理想，把中国和人类文明事业不断推向前进。

总之，面向世界是面向世界之变，特别是百年未有之大变局，关注这一变局对中国和人类发展进步所带来的巨大影响和面临的困难，使作为变局自变量之一的中国，提高理性自觉，不断扩大选择权，拓展影响变局方向的战略空间，去为中国和世界争取一个美好的未来。

陶富源

2023年6月10日

目　录

理论反思篇

实践探索篇

理论反思篇

树立正确意识，做好新时代意识形态工作*

党的十九大强调，我们党要“牢牢掌握意识形态工作领导权”①。意识形态工作事关党的前途、国家的长治久安以及民族的凝聚力和向心力，广大党员干部应做好新时代意识形态工作，树立高度的自觉、自信和担当意识。下面就此来谈三个方面的问题。

一、意识形态的本质内涵

要做好新时代的意识形态工作，前提是要弄懂什么是意识形态。为此，就需要厘清意识形态与科学知识、思想上层建筑，以及核心价值观等的关系。因为，意识形态的本质内涵是在这诸种关系中得以规定和彰显的。

（一）意识形态与科学知识

此二者有所区别，但又不是绝对对立的。所谓有所区别，是指科学知识是基于是非判断而对事物规律的认知表达；而意识形态则是阶级、政党和国家等政治主体基于利害判断而对事物的态度表达。这里的区别，具体说来有三点。一是指向不同。科学知识是只问是非，不问利害；意识形态则是只问（政治）利害，不问是非。二是重心不同。科学知识的重心在客体，是主体对事物规律的客观反映，其内容不依任何主体的意志为转移；而意识形态的重心在主体，是作为政治主体的阶级、政党和国家对客体与自身的利害关系判断及其态度。三是指涉不同。科学知识可以指涉世界上一切事物，而意识形态只涉及与作

---

* 原刊于《马克思主义研究》，2018（8）。

① 习近平：《决胜全面建成小康社会　夺取新时代中国特色社会主义伟大胜利——在中国共产党第十九次全国代表大会上的报告》，41页，北京：人民出版社，2017年。

为政治主体的阶级、政党和国家有利害关系的一切事物。比如，托勒密的“地心说”，原来只是关于地球在太阳系中所处位置的一种错误认知，但当它成为为欧洲封建统治服务的工具时，那它就变成了一种意识形态。

说到这里，能否认为科学知识与意识形态是绝对对立的呢？当然不能。因为，科学知识只问是非，不问利害，但并不排斥利害。众所周知，尊重科学就能带来利好；反之，则会造成危害。诚然，这里的联系不仅表现为二者的此种外在关联，而且还表现为某种内在关联，即从政治利害角度来说，某种科学理论，特别是社会科学理论，愈是内含真理性，愈是真实反映了解放和发展生产力的客观规律和趋势，那么就愈是符合“顺之者昌”的利益。于是乎，它也就内在具有了对“顺之者昌”而言的意识形态性。正是在这个意义上，恩格斯说：“科学越是毫无顾忌和大公无私，它就越符合工人的利益和愿望。”[①]同样，某种意识形态所代表的利益愈大，那么也就能激发愈多的人投身历史的创造，从而也就能在愈大的程度上影响历史的进程，也就意味着，这种意识形态对社会历史进程的理解含有较多的真实性。因此，那种把意识形态和科学知识绝对对立起来的观点，是不可取的。而在内容上，意识形态是阶级、政党和国家基于利害判断的，关于事物的态度表达，那么其表现形式如何，这里就涉及了意识形态与思想上层建筑的关系问题。

（二）意识形态与思想上层建筑

此二者并不能等同，但在一定条件下又有所重合。这里的不同有三点。一是立论维度不同。思想上层建筑是从社会结构维度立论的；而意识形态，如上所说，则是从作为政治主体的阶级、政党和国家的利益维度立论的。二是存在时空不同。思想上层建筑作为社会结构的一个层次，是与人类社会的存在共始终的；而意识形态只存在于阶级社会和有阶级存在的社会中。三是表现形式不同。思想上层建筑是以思想体系的形式呈现的，而意识形态并非都如此。比如，在中国封建社会中，农民起义军所提出的“均贫富”“等贵贱”等口号，就是以思

① 《马克思恩格斯选集》第4卷，265页，北京：人民出版社，2012年。

想命题的形式所表现的农民阶级的意识形态。

由上可知，不能把作为社会一个层次的思想上层建筑笼统地说成意识形态。在阶级社会中，剥削阶级的思想上层建筑是该社会中占统治地位的剥削阶级的意识形态，它具有虚假性。所谓虚假性是指，这种意识形态所代表的剥削阶级利益与社会总体利益并不一致，但又要给人以利益一致的假象。于是就要通过理论包装，让思想穿上“普遍性”的外衣，以求得到广泛认同，从而维护自己的统治。在这里，实际上是用抽象的话语正义来遮蔽实质的利益不正义。正是在这个意义上，恩格斯指出：“意识形态是由所谓的思想家通过意识、但是通过虚假的意识完成的过程。”①但在社会主义社会中，思想上层建筑确实又是一种意识形态。因为作为领导阶级的工人阶级利益与包括广大人民群众在内的社会总体利益是根本一致的，所以这也就从根本上决定了社会主义意识形态的真实性。由于作为政治主体的阶级、政党和国家的利益是广泛的，因而作为其利益观念表达的意识形态，其内容和形式也是多方面的，而这其中贯穿着一个核心价值观。

（三）意识形态与核心价值观

所谓核心价值观是指根本利益的观念表现。任何阶级、政党和国家的意识形态都有其核心价值观。如果用最简洁的语言来加以概括，那么可以说，奴隶主阶级、封建地主阶级、资产阶级和无产阶级及其政党以及各自代表的国家，作为其意识形态的核心价值观分别是血缘世袭、等级特权、个人至上、人民中心。中国作为社会主义国家，其核心价值观就是人民中心的价值观。人民中心，就是一切为了人民，一切依靠人民，一切服务人民。

核心价值观集中体现了意识形态的本质。其一，它是阶级或代表一定阶级的政党，或由政党执政的国家对自身根本利益和要求的深刻认识和表达。这一要求决定了要什么、喜欢什么。然后，想出“道理”来说明自己所喜欢、所要的缘故。这里的道理，其最高表现形态就是关于社会的各种主义。其二，在一定主义的指导下，就会形成指向社会未来的一定的社会规划，或曰社会理想。其三，把社会理想与作为

① 《马克思恩格斯文集》第10卷，657页，北京：人民出版社，2009年。

主体的一定阶级、政党和国家联系起来，宣称实现理想是自己作为主体的价值责任，是自己的历史使命，从而借以在内部加强凝聚，在外部赢得人心。其四，为了实现其社会理想，必须施以社会策略。这里的社会策略最根本的就是道路选择和制度安排。通过社会策略的实施，借以实现其心目中的社会理想。

总之，意识形态是阶级、政党和国家等社会政治主体基于自身根本利益和要求，为其自身存在、社会主张和社会策略提供道义论证的思想观念。意识形态工作就是通过语言和文字宣传，树立自我形象，借以赢得人心的工作。不难看出，这项工作，意义非同小可。

二、意识形态工作的战略意义

这里的战略意义是指做好我国社会主义意识形态工作的战略意义。习近平总书记曾指出："意识形态工作是党的一项极端重要的工作。"[①] 我们正处在社会主义和资本主义两种思想、两条道路和两种制度激烈斗争的时代，而这一斗争的一个重要战场就是意识形态领域。如果说这一斗争在经济领域是质量和效益的较量，那么在意识形态领域则是观念和方向的较量。而这一较量的成败，事关我们党的前途、国家的长治久安以及民族凝聚力和向心力。下面就此分别来加以说明。

（一）事关党的前途命运

我们党为什么能坚持对全国人民的领导，或者说人民为什么会拥护党的领导？这里的理由有三点。一是我们党有信仰。即我们党心中装着马克思主义、装着人民，一心领导人民去奔向一个美好的前程。二是我们党有力量。我们党不是一盘散沙，而是一个通过加强其组织纪律而形成的集体。三是我们党有担当。这种担当，就是为人民利益，不怕牺牲，冲锋在前。以上三条，最重要的是有信仰。有信仰，才会有铁的组织纪律，才会为人民事业英勇奋斗，不怕牺牲。正因为这样，我们党才能得到人民的支持，赢得人民的拥戴。共产党要不忘初心，坚持马克思主义信仰，坚持为人民服务的宗旨。因此，共产党的各级

---

① 《习近平谈治国理政》，153页，北京：外文出版社，2014年。

组织就要加强对广大党员，特别是党的各级干部的马克思主义信仰教育、为人民服务的宗旨教育、共产主义理想教育，要展示其自身的优越性和崇高性。要通过教育，使人们对共产党的敬仰，犹如抬头仰望那广袤的星空。有了这样的崇高信仰，才能超越人世间的个人功名利禄之争，而成为一个真正的共产党人。

对一个政党来说，信仰是它的灵魂和精神支柱。如果一个政党丧失了信仰，那么它也就失去了灵魂。人心乱，队伍散，也就必然丧失自信、丧失斗志和战斗力。列宁领导的俄国共产党，在十月革命时仅有30万党员，却取得了十月革命的伟大胜利。1989年，东欧剧变、苏联解体时，苏共拥有2000万党员，占到苏联人口的10%，这么多党员却仍没能阻止亡党亡国的悲剧发生。当叶利钦宣布苏联共产党非法时，人民群众没有感到惋惜，也没有苏联共产党人发出实质性反抗，一些老苏联共产党员甚至毫不吝惜地把自己的党员证扔进火炉。原先作为坚强堡垒的苏联共产党，何以变成如此？其中一个重要原因，就是党的意识形态出了问题。苏共在一个相当长的时期内，放弃了意识形态工作的领导权、管理权。因而，从思想发生混乱开始，继而发展到公开指责马克思主义，到最后明文取消马克思主义的指导地位，要用所谓人道的、民主的社会主义取而代之。

社会主义在本质上就是人民民主，为什么却被人指责为不人道、不民主呢？因为斯大林体制在为人民服务的过程中，没有正确处理好两个关系：一是国家目标与群众个人利益的关系，即为了实现国家目标，长期让人民节衣缩食；二是民主与集中的关系，即为了实现国家目标，实施强制手段。这样一来，也就被西方国家抓住把柄，指责其不人道、不民主，因此也就把其为人民的根本目的给否定了。苏联在戈尔巴乔夫时期，还以“公开性”为旗帜，听任所谓“持不同政见者”，在党和政府办的刊物上大肆丑化和妖魔化苏共历史和苏联历史，从否定斯大林到否定列宁。历史一再证明，一个政党如果思想防线被攻破，失去精神凝聚力，一遇风雨，自然也就会崩塌。苏联亡党亡国，这个教训是沉痛的。

（二）事关国家长治久安

历史唯物主义重视经济基础对意识形态的决定作用，但同时也承认意识形态的反作用，有时这种反作用还是巨大的。毛泽东曾经指出："凡是要推翻一个政权，总要先造成舆论，总要先搞意识形态方面的工作。无论革命也好，反革命也好。"[①]苏联的解体，后来中亚、北非发生的"颜色革命"，都是与执政党在复杂的意识形态斗争中失控、失权和失语密切相关的。

以苏联解体为例，有其内部和外部原因。就外部原因而言，是以美国为首的西方国家所挑起的长达40多年的冷战。所谓冷战，就是不以真刀实枪在战场上直接冲突，而以"思想""意识形态"为武器挑起的战争。因为苏联军队力量强大，致使以美国为首的北约不敢轻举妄动，但又不能听任苏联对资本主义价值观和制度模式发起挑战，于是就发动了以军事威胁为基础的"思想战争"，或曰"意识形态"之战，借以"和平演变"社会主义。在第二次世界大战中，苏联和美、英、法是反法西斯战场上的盟友，但就在纳粹德国宣布投降的1945年5月8日，英国首相丘吉尔就迫不及待地宣布"苏联的威胁已经替代纳粹的地位"。1946年3月5日，他在美国密西苏里州富尔敦发表了著名的"铁幕演说"，号召西方自由世界联合起来，打破"铁幕"，"把共产主义的新生婴儿掐死在摇篮里"。以丘吉尔为代表的西方精英为什么如此迫不及待，是因为苏联在反法西斯的战争中，从一开始的孤军奋战到斯大林格勒战役的胜利，彻底扭转整个第二次世界大战的战局，并使苏联在世界上的影响力逐渐增大，这引起了西方精英的极度恐惧。对此，斯大林作为一个马克思主义者心知肚明，并保持着高度警惕。但他于1953年因突发脑出血离世，未及时安排接班人。在这种情况下，赫鲁晓夫夺取了党和国家的大位。在帝国主义发动的冷战面前，赫鲁晓夫乱了方寸，心生畏惧。于是对西方国家卖乖讨好，以图"投桃报李"。赫鲁晓夫在国内宣称建设全民党、全民国家，这就模糊了苏联共产党作为工人阶级先锋队的性质，模糊了苏联的无产阶级国家性质。实际上，赫鲁晓夫已经脱离了社会主义国家的核心利益，宣称所谓的"三和"路线，试图实现社会主义与资本主义两种制度的"和平共处""和平竞赛""和平过渡"。而到了戈尔巴乔夫时期，他则进一步宣称"全人类利益高于一切"，收起自己的旗帜，然而，西方资本主义国家

① 中共中央文献研究室编：《毛泽东年谱（一九四九——一九七六）》第5卷，153页，北京：中央文献出版社，2013年。

并不买账。依然不断施压，同时施以拉拢腐蚀，连哄带骗，让苏联一次次出让国家的核心利益，把苏联一步步逼到墙角。1991年12月，苏联就解体了。不难看出，以美国为首的北约对苏联发动的“冷战”，即是对社会主义价值取向、制度安排和发展方向的一次意识形态之战，这是苏联解体的一个重要原因。

（三）事关民族凝聚力和向心力

如何形成民族凝聚力和向心力？一靠优良传统；二靠坚强领导，特别是杰出领袖的魅力；三靠美好的共同理想、正确的道路选择和合理的制度安排所表现的社会共同利益的增进。而这三者要发挥凝聚人心的力量，都离不开意识形态工作的支撑。

拿优良传统来说，我们中华民族不仅有优良的历史传统，而且还有优良的革命传统。这些都是增进民族凝聚力和向心力的重要思想资源。比如，在中国搞拆迁，必然会涉及许多单位和个人。但只要能兼顾和满足其正当利益，在这一前提下，广大群众还是通情达理的。这个情理就是“舍小家顾大家”。正是靠着这个优良传统，不同的意见通常能够统一，事情也往往容易办成。可见，优良传统在提高民族凝聚力和向心力方面的作用是巨大的。但这些优良传统需要通过挖掘、整理、鉴别、宣传和创造性转化，最终才能被人知晓，得以流传，从而为子孙后代所拥有，并进而发扬光大。不然就会被遗忘、丢失，造成断裂。如此，我们就不知从哪里来，自然也就不知往哪里去。一个丧失优良传统、丧失精神家园的民族，更谈不上民族凝聚力和向心力。民族凝聚力和向心力的形成，还必须有所依归，形成一个核心。这个核心就是坚强的领导集团，特别是这个集团的杰出领袖。在历史的转折关头，在重大事变突发之际，在关系全局的问题上，大家还拿不定主意，众说纷纭之时，杰出领袖的作用就凸显出来了。他们往往起着把方向、扭局面、振精神、聚人心的巨大作用。但杰出领袖的思想、人格和生平事迹，要通过宣传，使人民群众广泛了解，从而树立领袖的权威，使广大人民群众响应领袖的号召，以领袖为榜样。因此，就要反对对杰出领袖的歪曲、丑化甚至妖魔化，要准确评价领袖的历史功绩和历史作用，要维护领袖的形象。一个能造就杰出领袖并热爱领袖的民族，才可能是一个有凝聚力和向心力的民族。另外，美好的共同理想、正确的道路选择和合理的制度安排，及广大群众所认同的社会共同利益的增进，是民族凝聚力和向心力增强的一个根本源泉。但共同理想的美好、道路选择的正确、制度安排的合理，以及重大成就的展示，都要经过说明、解释、宣传，才能使人民群众广泛了解，从而激发自豪、提振自信，去争取更大胜利。总之，意识形态工作极为重要。因此，在新时代，我们必须努力维护好我国的意识形态安全，并加强我国的意识形态建设。

三、新时代做好意识形态工作应树立的三个意识

从本质上讲，我国的意识形态安全，就是指在不同意识形态，特别是与以美国为首的西方意识形态霸权的斗争中，要保持和延续我国意识形态的社会主义性质。

我国意识形态安全的状况如何呢？在这里可以从两点来说明：就国内来说，社会主义意识形态的主流地位得到进一步巩固，意识形态某些方面存在的被动局面正在得到扭转；就国际来说，在经济全球化的时代背景下，在与以美国为首的西方意识形态霸权的斗争中，已取得不小成就。但是，总体而言，我国还处于弱势地位，安全状况仍不容乐观，意识形态领域还面临诸多挑战。

新中国成立后，历届国家领导人都十分重视意识形态工作。但是，在具体贯彻过程中，由于工作不连贯，或认识发生偏差，曾造成了严重失误。这一过程大体是走了一条“之”字形的曲折发展之路。从新中国成立初期到1956年，人民解放事业的辉煌成就、抗美援朝战争的伟大胜利、各行各业的欣欣向荣，使党和政府的威望在人民心目中不断提高。广大人民群众意气风发，斗志昂扬，对国家前途和自己未来充满希望。在那时，“响应党的号召，听党话，跟党走”，成为时代的最强音。然而1956年以后，情况发生了转折。从反右扩大化、人民公社化、大跃进到“文化大革命”，我们党在指导思想上逐渐偏离经济建设这个中心，从而犯了“以阶级斗争为纲”的“左”的错误。改革开放以后的一段时间，又出现另一个极端，即把以经济建设为中心误解为经济就是一切，甚至出现以GDP论英雄。如此一来，意识形态工作被忽视、被边缘化。这就是邓小平所批评的“一手硬，一手软”。意识

形态工作一“软”，造成各种错误思潮纷纷登场。在内外因素的共同作用下，资产阶级自由化思潮盛行，以致发生政治风波。但由于党一直强调坚持四项基本原则，在中国特色社会主义建设事业不断取得胜利的过程中，中国的意识形态工作也在不断得到加强并取得阶段性胜利，使以往的被动正在转化为主动。特别是党的十八大以来，随着“四个全面”战略布局的推进和落实，意识形态建设的总体状况日益向好。虽然如此，要取得意识形态工作的决定性胜利，还要付出艰辛的努力。为此，我们要以习近平新时代中国特色社会主义思想和党的十九大精神为指导，树立更加自觉、更为自信、更有担当的精神，努力做好新时代意识形态工作。

（一）树立对新时代意识形态工作艰巨性的高度自觉意识

冷战结束以来，虽然国际力量对比发生了深刻变化，特别是中国的综合国力不断提升，但西强东弱、北强南弱的基本格局至今还没有根本改变。中国还将长期处于社会主义初级阶段，还将长期是一个发展中国家。在这样的世界格局中，以美国为首的西方发达国家凭借强大的经济、军事、科技和意识形态力量，从广大发展中国家攫取巨额经济利益。而发展中国家要发展、要联合、要自强，特别是中国提出要和平发展、合作共赢，这将使西方国家的世界市场份额和享有的国际利益受到压缩，唯我优先的西方价值观和恃强凌弱的资本主义制度模式受到挑战。如此，中国作为最大的发展中国家，必然受到最大冲击。如果说，前几届美国总统还会假惺惺地说，欢迎一个日益发展的繁荣的中国，那么特朗普政府的“国家安全战略报告”和美国国防部的“国防战略报告”，则已公然宣称中国是美国的“战略竞争对手”。

其实，西方国家一直都没有放松对中国的渗透（压制），只是还没有像现在这么露骨。长期以来，他们在舆论上一直在加紧对我国进行思想文化渗透。西方国家有些人，把中国改革开放和建设所取得的巨大成就歪曲为资本主义的胜利。但同时又认为，这是一种不同于西方自由资本主义的所谓威权资本主义的胜利。于是，在这些西方人眼中，这种威权资本主义必然寿命不长，或必是凶险无比。于是乎“中国威胁论”和“中国崩溃论”以各种变换的形式轮番上场，互为呼应，借以矮化、丑化和妖魔化中国。另外，还有两点值得注意：一是美国利用自己的“信息优势”，打着所谓“网络自由”的旗号，通过互联网向我国进行政治宣传和政治输出。他们通过培植代理人，在网络上扮演“公知”“大V”等意见领袖，企图左右舆论，绑架民意，推销他们的意识形态，潜移默化地对我国公民进行精神污染；利用中国在前进中可能出现的困难和危机，利用中国在现阶段仍然存在的一时尚不能解决的结构性矛盾和差距，以及利用一些突发事件，制造热点和话题，以图搞乱思想、挑起对立。西方反华势力还一直妄想利用互联网“扳倒中国”。二是利用中国的改革开放之机，下大力气在西方的大学或研究机构培养了一批反共反社会主义的所谓“学者”，使他们成为一支美国对中国进行意识形态渗透的生力军。他们借学术自由、学术交流的幌子，在我国宣传具有现实政治指向的内容。或是以学术的名义与国内学者进行合作研究，以服务其政治需要；或是以项目资助的名义，按他们的政治要求进行所谓研究。

毋庸置疑，只要中国不屈服于西方的意识形态霸权，那么这个斗争将长期进行下去；只要西强东弱、北强南弱的世界格局还没有从根本上得到改变，那么对我们来说，这个斗争仍将十分复杂。另外，在此格局下，随着中国国力的不断增强，国际影响力的不断提升，除了对手改弦更张（实际无此可能），否则斗争将愈演愈烈。对此，我们必须有高度的自觉意识。因为有自觉，才会有自信；有自信，才会有担当；有担当，才会有作为。否则，我们就会犯难以挽回的错误。

（二）树立夺取新时代意识形态工作新胜利的高度自信意识

面对新时代如此艰巨的意识形态工作，我们一定要树立高度的自信意识。当然，这个自信是有根据的。其根据就是进入新时代的中国，对做好意识形态工作，更增了底气、更添了豪气、更有了胆气。

所谓更增底气，是指新中国成立以来，特别是改革开放以来，我们高举马克思主义旗帜，抵御政治上的全盘西化和经济上对西方理论和制度的照搬照套，走出了一条中国特色社会主义道路，并取得了令世界瞩目的巨大成就。这些巨大成就反过来为中国社会主义意识形态建设提供了强大物质动力，中国自信了。在道路、理论、制度和文化上，中国人都有了前所未有的自信，这就为中国社会主义意识形态建设提供了高昂的精神动力。拥有强大物质之动力、高昂精神之动力，这就是中国人的底气所在。

所谓更添豪气，是指进入新时代的中国，不仅在日益实现着中国人民对美好生活的向往，而且与世界各国一道，努力促进人类命运共同体的建设。人类命运共同体的理论主张，相对于意识形态霸权，前者是大道、是潮流；后者是邪道、是逆流。对此，习近平总书记指出："什么是当今世界的潮流？答案只有一个，那就是和平、发展、合作、共赢……殖民主义、霸权主义的老路……不仅走不通，而且一定会碰得头破血流。"[①]因此，极具广泛性、包容性的人类命运共同体理念，终将战胜西方意识形态霸权的狭隘性、双重标准和零和思维。中国古语说："大道之行，天下为公。"为公才是大道，大道才能通行天下，并赢得人心。顺潮流，定成浩荡之势；行大道，必彰慷慨之雄，这就是中国人的豪气所在。

所谓更有胆气，是指进入新时代的中国共产党和中国人民，已经掌握了进一步做好意识形态工作的基本方略。这就是中国人的胆气所在。这些基本方略包括以下四个方面。

其一，坚持反对意识形态霸权与尊重各国意识形态差异相统一的原则。在意识形态斗争中，中国所反对的不是西方国家的意识形态，而是西方国家的意识形态霸权。每个国家都有自己的意识形态，这是由其根本利益和多种社会条件决定的。由于各国根本利益和社会条件各有差异，因而各国之间的意识形态也就各不相同。正是基于这一认识，改革开放以来，我们改变了过去在这个问题上以意识形态和社会制度划线的狭隘观点，主张"着眼于自身长远的战略利益，同时也尊重对方的利益，而不去计较历史的恩怨，不去计较社会制度和意识形态的差别，并且国家不分大小强弱都相互尊重，平等相待"[②]。但在尊重各国意识形态差异的同时，我们反对西方的意识形态霸权，即西方特别是美国运用自己的强大意识形态力量，干涉我国内政，企图使中国西化，成为西方的附庸。我国的这一方略，必将团结一切受西方意识形态霸权危害的国家，使那些推行意识形态霸权的国家终因失道寡助而失败。

其二，坚持批判"全盘西化论"与吸收西方先进文明成果相一致

① 《习近平谈治国理政》，266页，北京：外文出版社，2014年。
② 《邓小平文选》第3卷，330页，北京：人民出版社，1993年。

的原则。无论是资本主义意识形态还是社会主义意识形态，作为人类文明发展的不同历史产物，都凝结着人类文明发展中某些有价值的历史成果。过去，我们在这方面有一个很大的教训，就是没有处理好抵御资本主义和平演变与学习资本主义先进文明成果的关系。改革开放以来，这种情况已经从根本上得到改变。事实证明，学习资本主义包括其意识形态中对我们有用的东西，加以社会主义改造和利用，用以强化自身，将更有利于社会主义事业的发展和社会主义意识形态的巩固，也更有利于抵御西方意识形态霸权的侵蚀和渗透。

其三，坚持意识形态建设的社会系统思维原则而摒弃单兵突进。这里的系统思维，是指意识形态建设不能孤立进行，而必须在社会系统建设中加以推进。在这方面，我们是有教训的。当前，我们要把意识形态建设融入“四个全面”战略布局。要通过全面建成小康社会，提高广大人民群众的获得感、幸福感、安全感，从而坚定他们对共产党和社会主义的信任；要通过不断深化改革，解决各种矛盾，完善各种制度，使人民群众对社会主义未来和自己的美好生活充满希望，从而激发前进的动力；要通过全面推进依法治国，保障人民的各项权利，提高人民对社会公平正义的认可度，提高他们作为社会主人翁的自觉意识，从而更好地行使当家作主的权利；通过全面从严治党，才能使党内歪风邪气得到有效整治，党的优良传统得到发扬光大。共产党充分发挥自身实际行动的示范性，将极大增强社会主义意识形态的感召力。党风好，必将带动民风好。

其四，坚持意识形态建设的民生关怀原则而力戒空洞虚幻。这里的民生关怀，是指意识形态建设要为提高人民群众的生活水平服务。实践证明，无论多么富有激情的理念，无论多么崇高的道义目的，只有最终落实和表现为人民生活水平的提高，才能具有生命力，才能扎根于人民心中；反之，如果不接地气，终将成为空谈。因此，我们的意识形态工作一定要体现崇高理想与人民现实利益的结合，要使意识形态工作深入人民群众的日常生活之中，以生动活泼和群众喜闻乐见的形式加以呈现，从而与人民群众的思想观念和价值需求产生共鸣，得以使人民群众把社会主义思想、道德、风尚内化于心、外化于行，为百姓日用而不觉。

（三）树立做好新时代意识形态工作的强烈担当意识

我国意识形态工作的第一责任人，是中国共产党。因此，党的各级组织和广大党员，特别是党的各级领导干部应该有高度的担当精神，勇敢地承担起维护我国意识形态安全和加强我国意识形态建设的第一责任。具体说来，有这样几个方面。

第一，领导干部要身先士卒，全党齐心协力抓好意识形态工作。领导干部身先士卒，一是“要把系统掌握马克思主义基本理论作为看家本领”[①]，带头推进马克思主义中国化、时代化、大众化。在当前和今后一个相当长的时间内，要把学习和宣传习近平新时代中国特色社会主义思想作为工作的重中之重，使之深入人心。要带头履行好为人民服务的宗旨，要带头培育和践行社会主义核心价值观。发挥社会主义核心价值观对国民教育、精神文明建设、精神文化产品创作生产传播的引领作用。二是党委主要负责同志，特别是一把手一定要带头抓好意识形态工作，带头做好自己管辖范围内的思想政治工作。所谓全党齐心协力抓好意识形态工作，就是要落实意识形态工作责任制，形成党委（党组）统一领导，党政齐抓共管、宣传部门组织协调、各相关部门积极配合，共同做好意识形态工作的格局；各级党委要把意识形态工作摆上重要议事日程，牢牢掌握意识形态工作的领导权、管理权和话语权，坚持正确导向，提高引导能力，壮大主流思想舆论。

第二，通过抓重点带动面上工作。意识形态工作涉及方方面面。可以说，一切有人从事的工作，一切为人进行的工作，其中都渗透着意识形态工作。但意识形态工作有重点，要在新闻宣传、文化艺术、智库建设、高校思政和互联网等领域加大意识形态建设力度。要选拔和培养思想水平高、政治立场坚定的干部队伍，要建立健全具有明确政治导向的各项规章制度，使之成为传播正能量，推进社会主义意识形态建设的主要力量。

第三，统抓意识形态建设与意识形态批判工作。如果说意识形态建设是强基固本，那么意识形态批判则是“排毒疗伤”。党的十八届六中全会通过的《关于新形势下党内政治生活的若干准则》规定：“全党

① 《习近平谈治国理政》，154页，北京：外文出版社，2014年。

必须坚决捍卫党的基本路线，对否定党的领导、否定我国社会主义制度、否定改革开放的言行，对歪曲、丑化、否定中国特色社会主义的言行，对歪曲、丑化、否定党的历史、中华人民共和国历史、人民军队历史的言行，对歪曲、丑化、否定党的领袖和英雄模范的言行，对一切违背、歪曲、否定党的基本路线的言行，必须旗帜鲜明反对和抵制。”[①]当然，在这一过程中，要“注意区分政治原则问题、思想认识问题、学术观点问题”[②]。

总之，做好新时代意识形态工作，大有意义、大有希望、大有可为。让我们以高度自豪感、使命感和责任感，为夺取新时代意识形态工作的更大胜利而努力奋斗。

① 《十八大以来重要文献选编》下，423页，北京：中央文献出版社，2018年。

② 习近平：《决胜全面建成小康社会 夺取新时代中国特色社会主义伟大胜利——在中国共产党第十九次全国代表大会上的报告》，42页，北京：人民出版社，2017年。

现代虚无主义的方法论批判*

一、虚无主义的理解有待澄清

在如何理解虚无主义的问题上，学界看法不尽一致，甚至还相互冲突。可以说，从19世纪初德国哲学家雅科比在《给费希特的信》中首次使用这一概念以来，上述分歧就一直存在，其集中表现为：在对虚无主义根本性质的规定上，早就存在着三种观点。

肯定的观点认为，对世界上存在的那些虚构的、不真实的东西，必须予以揭露、批判和摧毁，即对之持一种虚无主义态度。正是基于这种理解，在对柏拉图主义的超感性世界，即理念世界加以否定的意义上，尼采直言不讳，多次声称自己是虚无主义者。①否定的观点认为，对某种真实且有价值的东西加以否定或摧毁，就是虚无主义。然而何为真实及何为有价值，因人们持有的标准不同，所以具体所指也就各异。比如，在19世纪中叶的俄国，那些站在贵族立场上的人，就是把虚无主义视为中世纪的异端而加以讨伐的。又比如，在现代西方，有论者将马克思的辩证法、历史观、人道主义评判为虚无主义。海德格尔甚至认为马克思将虚无主义推到极致。②还有对虚无主义持一种二重性论的观点，即认为虚无主义集积极、消极于一体。尼采是这一观点的提出者。他认为，虚无主义有双重意义：A.虚无主义是精神权力提高的象征：积极的虚无主义。B.虚无主义是精神权力的下降和没落：

---

* 原刊于《哲学研究》，2016（11）。

① ［德］尼采：《权力意志——重估一切价值的尝试》，张念东、凌素心译，246、373页，北京：商务印书馆，1991年。

② 罗纲：《从Nichts的用法看马克思主义对虚无主义问题的解决》，《哲学研究》，2016（4）。

消极的虚无主义。[①]在这里，尼采实际是把虚无主义视为可以服务于相反目的的一种工具。在尼采看来，导致精神颓唐的虚无主义表现了虚无主义的消极性，而激发精神高扬的虚无主义则表现了虚无主义的积极性。

由上可知，在历史上，学者不仅对虚无主义的性质有不同理解，而且即便是同一论者，比如尼采，对虚无主义也并非有始终如一的认知。造成这种状况的原因是多方面的。从理论上说，没有划清"虚无"即否定与"虚无主义"的界限，这是其中一个重要原因。与此相联系，对虚无主义本质及其产生的根源，也就缺乏清晰的把握。因而在此基础上，对虚无主义的指认和对待也就难免漂移不定，以至于指鹿为马。特别是今天，在虚无主义不仅作为个人见解，而且成为一种当代流行的社会思潮，渗入社会意识方方面面的时代条件下，这种状况的存在，对人们批判和克服现代虚无主义，特别是对当代中国人坚持和发展马克思主义，提升对中国特色社会主义的自信，都是不利的。因此，对虚无主义的理解必须予以反思。

二、虚无即否定有别于虚无主义

想要说明什么是虚无主义，还得从虚无谈起。在学术界，虚无通常有两种用法：一是作为名词的虚无，二是作为动词的虚无。由于用法不同，其含义也就有别。

作为名词，虚无与存在、有、实有或真实相对，是指不存在、没有、空无或虚幻。比如，费尔巴哈在批判宗教异化时指出，在基督教那里"上帝与人是两个极端：上帝是完全的积极者，是一切实在性之总和，而人是完全的消极者，是一切虚无性之总和"[②]。这里的虚无，是相对上帝的"实有"言的，指谓人的"空无"。又比如，马克思在《1844年经济学哲学手稿》中，在说明黑格尔的绝对精神在外化为自然界以后为什么又要对之加以扬弃时也指出，在黑格尔看来，这是因为

---

① ［德］尼采：《权力意志——重估一切价值的尝试》，张念东、凌素心译，280页，北京：商务印书馆，1991年。

② 《费尔巴哈哲学著作选集》下卷，60页，北京：商务印书馆，1984年。

绝对精神“知道对象的这种虚无性”[①]。这里的“虚无”，用黑格尔的话说，是指相对于观念的真实存在，而作为观念外化的自然界则“是非存在”[②]。

作为动词，虚无与肯定、构建相对，是指否定、摧毁、消灭。虚无的动词表达是“化作虚无”或“虚无化”。马克思曾在异化意义上用虚无化，即指客体对象否定、阻碍、压倒主体，让主体虚无化，从而使主体不成为主体。马克思还曾运用这一观点对资本主义进行经济分析：“在资产阶级经济以及与之相适应的生产时代中，人的内在本质的这种充分发挥，表现为完全的空虚化；这种普遍的对象化过程，表现为全面的异化。”[③]对于作为动词的虚无，海德格尔有一个明晰的说明：“从形式上讲，虚无是对某物的否定，而且是对任何某物的否定。”[④]在这里，海德格尔说得很到位。

那么虚无主义概念中的“虚无”是作为名词，还是作为动词来使用的呢？很显然，是作为动词来使用的，即指对“他者”持一种极端否定的态度或做法。诚然，在动词意义上承认虚无即否定，并不意味着陷入虚无主义。如同提倡怀疑，多问几个为什么，并非主张怀疑主义；提倡敢于挑战风险，并非主张冒险主义。应该说，上述二者的区别，还是不难分辨的。

在马克思主义哲学看来，虚无作为否定的指谓，有两种不同的性质：一是辩证的否定，或辩证的虚无，它是事物发展的动力。在这个意义上可称之为积极的虚无。二是独断的否定，或虚无主义的否定，它是事物发展的障碍。在这个意义上可称之为消极的虚无。由此看来，只有积极虚无与消极虚无的区别，并不存在所谓的与消极的虚无主义相对立的积极的虚无主义。虚无主义无积极意义可言。不过，尼采从来就不是一个辩证论者，因而在他那里，不可能对虚无即否定作辩证分析，因而也不可能把虚无即否定与虚无主义区别开来。也就是说，他把积极的虚无即辩证的否定，混淆和误指为积极的虚无主义，这是没有什么可奇怪的。

---

① 《马克思恩格斯文集》第1卷，207页，北京：人民出版社，2009年。
② 《马克思恩格斯文集》第1卷，212页，北京：人民出版社，2009年。
③ 《马克思恩格斯全集》第30卷，480页，北京：人民出版社，1995年。
④ ［德］海德格尔：《尼采》上卷，孙周兴译，425页，北京：商务印书馆，2002年。

然而，需要指出的是，尼采的这种混淆和误指，在一个相当长的时期中，并未得到纠正，反而还延续至今。比如，海德格尔曾把这种混淆当作无可怀疑的前提，认为："虚无主义并不追求单纯的一无所有。它的真正本质在于一种解放的肯定特性。"①不难看出，在这里，海德格尔是在重复着尼采关于积极虚无主义的错误观点。伯曼也是这样。他认为，马克思"能长期地与资产阶级虚无主义共处，因为他认为这种虚无主义是积极的生气勃勃的，即尼采所谓的一种有力量的虚无主义"②。然而，海德格尔和伯曼都没有对自己提出的观点给予合乎逻辑的论证。因此，国内有一些论者无批判地引用海德格尔和伯曼的上述论述，是盲目的，不能被认为是审慎的、可取的。

马克思主义哲学十分重视否定在辩证法中的地位和作用。列宁认为："辩证法自身包含着否定的要素，并且这是它的最重要的要素。"③这是因为在马克思主义看来："一切发展，不管其内容如何，都可以看做一系列不同的发展阶段，它们以一个否定另一个的方式彼此联系着。……任何领域的发展不可能不否定自己从前的存在形式。"④正是基于这样一种理解，马克思把文明时代的历史看成是在对抗中进步的历史，指明："没有对抗就没有进步。这是文明直到今天所遵循的规律。"⑤并且认为辩证法关于历史的这种理解，也正是资产阶级恼怒和恐怖的所在。马克思指出：辩证法，在其合理形态上，引起资产阶级的恼怒和恐怖是"因为辩证法在对现存事物的肯定的理解中同时包含对现存事物的否定的理解，即对现存事物的必然灭亡的理解"⑥。

那么，在马克思主义哲学中，否定作为事物发展的动力，是辩证否定，还是虚无主义的独断否定呢？对此，恩格斯指出："真正的、自然的、历史的和辩证的否定正是一切发展的推动力。"⑦他又说："在辩证法中，否定不是简单地说不，或宣布某一事物不存在，或用随便一

---

① ［德］海德格尔：《尼采》下卷，孙周兴译，908页，北京：商务印书馆，2002年。

② ［美］伯曼：《一切坚固的东西都烟消云散了——现代性体验》，徐大建、张辑译，144页，北京：商务印书馆，2003年。

③ 《列宁全集》第55卷，195页，北京：人民出版社，1990年。

④ 《马克思恩格斯全集》第4卷，329页，北京：人民出版社，1958年。

⑤ 《马克思恩格斯全集》第4卷，104页，北京：人民出版社，1958年。

⑥ 《马克思恩格斯文集》第5卷，22页，北京：人民出版社，2009年。

⑦ 《马克思恩格斯全集》第20卷，673页，北京：人民出版社，1971年。

种方法把它毁掉。”[1]恩格斯还把这种虚无主义的否定称之为“一种恶劣的、没有结果的否定”，“是纯粹主观的、个人的否定，它不是事物本身的一个发展阶段，而是由外部硬加进去的意见……所以作这种否定的人就必然与世界不和，必然要放肆地非难现存的和以往的一切，非难整个历史发展”[2]。总之，虚无即否定不等同于虚无主义。马克思主义不仅不认同有所谓积极的虚无主义，而且视自己的理论是与虚无主义格格不入的。至于那种认为马克思将虚无主义推到极致的观点，则更是一种不实之词。这种观点，不管是源于误读，还是作为谬夸，都是不可听信的。从方法论上看，虚无主义的本质是一种对极端肯定持极端否定观点的形而上学。

三、虚无主义是极端的否定

唯物辩证法主张在联系中把握二者的对立，又在对立中把握二者的统一。所谓形而上学的理解，即把二者割裂开来、绝对对立起来。这样做的结果，必然是执着于一面，以致趋于极端。如果是这样，那也就意味着，对另一面的遮蔽，以致虚无。由此，执着于一面的极端肯定，也就必然遭到另一面的以极端方式的反拨，即虚无主义的否定。这就叫“物极必反”。

所谓辩证法的“物极必反”之“极”，是指事物保持其性质的数量界限，其意思是说，超出这个界限，一事物也就不再是该事物了。懂得这个道理，很有意义。即人们可以采取措施，通过对量变的调控，以防止事物向不利于自己的方面质变，又可以通过对量变的强化、优化，以促进事物向有利于自己的方向质变。所谓形而上学的“物极必反”，准确地说，是“事极必反”。这里的“极”是指把事做过了头，走向了极端，结果导致“必反”，即翻来覆去，来回折腾，像钟摆那样在错误的两端反复振荡。在历史和现实中，无政府与暴政的相互关联；“左”倾与右倾的互为替代；神圣化与乌有化的此消彼长；“文革”中盛行一时的极左思维方式，其结果则是导致了怀疑主义、虚无主义的滋生、蔓延。如此等等，都是这一方面的典型事例。这种情况，即孔

① 《马克思恩格斯选集》第3卷，520页，北京：人民出版社，2012年。
② 《马克思恩格斯全集》第20卷，第673—674页，北京：人民出版社，1971年。

子所批评的“过犹不及”[①]。不难看出，这种意义上的“事极必反”或“物极必反”，并无任何积极意义，因而是人类活动所必须要竭力加以防止的。

虚无主义作为对极端肯定的极端否定，就是这种形而上学的“物极必反”。比如，在欧洲中世纪，占统治地位的是上帝创造一切、主宰一切的宗教教条。在这种观念中，人被虚无化，人成了上帝的奴仆和纯粹消极的被拯救的对象。很显然，反对这种宗教教条是十分正确和合理的。但有一种人道主义片面强调人在世界中的地位和作用，以至于认为人是世界的主宰，人创造了世上的一切，从而以自我主体代替了上帝的位置，结果“上帝死了”。不仅如此，以上帝的名义所标示的，或被上帝观念所统摄的以往的信仰、价值、道德，以及国家和法等的观念，也都一股脑儿地被列入质疑和否定之列，由此诞生了被后人称之为“欧洲第一个虚无主义者”的洛弗尔。他执着于“努力成为那种绝对意志、绝对无限的自由”[②]。亨利希曾就此评论说：如果哲学成为绝对主体观念论，则它最后会成为虚无主义。[③]

同样，在主客体关系上，如果极端地执着于客体、执着于物、执着于自然，也会在对人的理解上陷入虚无主义。这里的典型表现是，在20世纪，有论者模仿19世纪“上帝死了”的口号，喊出了“人死了”的口号。这一口号的提出，实际上不过是近代以来“人对物的依赖性”的普遍强化所引发的后果在理论上的一种极端表现。之所以称为极端，是因为它只看到物对人的压抑，以及与之相联系的物的价值的上升，人的价值的失落，而没有看到人是从根本上改变这种状况的主体力量，并且愈来愈多地拥有了改变这种状况的现实手段。因此，“人死了”口号的提出，必然伴随着各种形式的虚无主义。这正如约纳斯所担心的，这样一来，现代人就代表了绝对的空虚，成为真正的无底的深渊。[④]

---

① 《论语·先进》。

② 转引自罗纲：《从Nichts的用法看马克思主义对虚无主义问题的解决》，《哲学研究》，2016（4）。

③ ［德］亨利希：《康德与黑格尔之间——德国观念论讲演录》，102页，彭文本译，台北：商周出版社城邦文化事业股份有限公司，2006年。

④ ［美］约纳斯：《诺斯替宗教——异乡神的信息与基督教的开端》，314页，张新樟译，上海：上海三联书店，2006年。

这种关于主体的虚无主义必然会导致悲观厌世的颓废思想，但能否因此认为，如某些论者所言的，悲观颓废是虚无主义的本质呢？笔者认为，这一观点并不准确。因为就直接性而言，关于客体的虚无主义，并不会产生悲观绝望；相反，还会导致主体的激进和乐观，尽管这种激进和乐观具有盲目性、短暂性。诚然，对这种具有盲目性、短暂性的激进和乐观，如果失察失辨，不改弦更张，最终免不了碰壁和失败，而终究走向失落和颓唐。因此，只有在归根到底意义上，才可以说，悲观绝望是虚无主义的一个本质特征，或者说是由其形而上学的极端否定的本质所派生出来的一个特征。

另外，国内有论者认为，现代资本主义为现代虚无主义提供了必然性根据，因而主张，要克服现代虚无主义，就必须消灭现代资本主义。这一观点似乎给人一种暗示，即虚无主义与资本主义有必然性关联。其实并非如此。

从虚无主义的本质角度看，虚无主义不是一个与特定对象，而是与主体极端否定的思维方式有必然性关联的概念。也就是说，不论任何对象，如果对之持极端否定的思维方式，那么就会犯虚无主义错误。既然如此，为什么有一些论者会认为现代资本主义为现代虚无主义提供了必然性根据呢？笔者认为，这与这些论者的一个理论失误有关，即把一个理论或思潮的现实基础与其必然性根据混为一谈了。诚然，任何理论或思潮，包括虚无主义思潮，都是一定历史条件的产物，都有它的现实基础，这是没有疑义的。但是，一个理论的现实基础，与该理论的必然性根据，是两码事，因而不可同日而语。因为事物是一个整体，事物的必然性及其必然性的理论表现，是与事物的整体性相联系的。也就是说，事物的必然性是事物整体性的生成。因而，只有科学反映事物整体性的理论，其生成才能获得事物必然性的支撑。与此相区别，那种从事物整体中任意抽取出某个片段或局部，以作为自己现实基础的片面理论，其生成也就丧失了相对于该事物整体而言的必然性根据。由此可见，这里关键不在于对象如何，而在于如何看待对象，即是辩证地、整体地，还是形而上学地、碎片地看待对象。也就是说，归根到底，还是思维方式问题。还拿资本主义来说，它是一个矛盾综合体，如果像马克思的《资本论》那样，对之加以辩证的分析，那么这种分析实际也就成为科学社会主义的强有力论证；反之，则可能陷入虚无主义。我们中国共产党人在这一方面是有教训的。我们曾经在一个相当长的时间里，对社会主义持有一种纯然的极端理解，对资本主义持一种妖魔化的、避之唯恐不及的虚无主义理解，结果不仅在理论上违背了马克思关于“资本的伟大的文明作用”①的论述，而且在实践上也吃了大亏，其危害是众所周知的。后来我们总结了这一方面的经验教训，在解放思想、实事求是的旗帜下，纠正了这种虚无主义错误，确立了努力吸取包括资本主义文明在内的、人类所创造的一切文明成果的战略方针。由此，作为一个重要原因，我国的社会主义事业才获得了极大的推进，从而大踏步地向前了。这一事实启示我们：警惕和批判虚无主义，特别是现代虚无主义的关键还在于，要坚持唯物辩证观点，要抓住虚无主义的形而上学本质。

四、用唯物辩证观点批判现代虚无主义

从文艺复兴，到启蒙运动，直至20世纪以前的时代，是一个人性、理性、理想获得高扬的时代。这个时代精神的特点是人本主义、理性主义和乐观主义。人们把中世纪关于人以神为中心的观点转换成了人以自己为中心的观点。同时把作为神学论证工具的理性，反转过来作为人性论证的工具，并以此作为反对神学的手段。在那时的人们看来，人性就是理性，就是科学；自然和人类都是遵循某种规律和必然性运动的，因而人们乐观地认为，人类理性一旦掌握了这种规律和必然性，就可以建立一个完美的社会，即自由、平等、博爱的社会。随着资本主义社会的矛盾日渐暴露，人们逐渐意识到资本主义社会远不是一个理想社会。用恩格斯的话说，即“同启蒙学者的华美诺言比起来，由‘理性的胜利’建立起来的社会制度和政治制度竟是一幅令人极度失望的讽刺画”②。由此，一种对前途的悲观主义流行开来，人们开始质疑理性、真理以及客观必然性等的观念，认为这些并不能作为人道目标实现的前提，于是主张高扬非理性，由此非理性主义盛行起来。由于社会理想的缺失和对实现社会理想的人类力量自信的丧失，于是追求自保的利己主义时兴起来。

① 《马克思恩格斯选集》第2卷，715页，北京：人民出版社，2012年。

② 《马克思恩格斯选集》第3卷，644页，北京：人民出版社，2012年。

现代虚无主义就是体现了这种利己主义、非理性主义、悲观主义特点的虚无主义。现代虚无主义至少有以下五种表现形态：自然虚无主义、社会虚无主义、历史虚无主义、信仰虚无主义、人生虚无主义等。

自然虚无主义是在人与自然的关系问题上极端地执着于人，而否认自然的客观独立性、对人而言的先在性，以及对人及其活动的约束性的观点。在西方马克思主义那里，有论者把自然仅仅看作一个社会范畴；另有论者把自然仅仅看成人的活动的一个要素，或甚至仅看成实践的创造；还有论者把自然看成依赖于我们认知的那个东西，“通过我的身体而给予我的”[①]那个东西。自然虚无主义的危害在于，它从理论上剥夺了人类生存的自然根据，使人丧失了自己的自然家园。它是和当代世界的生态化潮流背道而驰的。

社会虚无主义是在个体与社会的关系问题上极端地执着于个体，而否认社会对个人的基础性、整体性和恒久性意义的观点。它对社会群体、法律制度、历史传统以及公共道德加以非难，视其为对个人自由的束缚。因而这种观点否认公众利益，攻击集体主义，嘲笑奉献精神。有论者鼓吹，“谁想拥有一切，谁就应该拥有一个独立的自我”，“个人乃是世界的中心和基础”，“只是我才是绝对的”，“我就是我的上帝”，于是提出了“只要我，不要我们”的口号。从中不难看出，社会虚无主义的实质是狭隘的个人主义及利己主义。社会虚无主义的危害在于，它从理论上剥夺了个人生存的社会根据，使个人丧失了自己生存发展的社会家园，并且和现代世界建立在生产社会化基础上的全面社会化趋势相违背。

历史虚无主义是在历史的曲折与进步的关系问题上执着于曲折而否认进步，或执着于进步而否认曲折的观点，前者可称之为关于历史进步的虚无主义，后者可称之为关于历史曲折的虚无主义。这两种历史虚无主义在人类历史上早有表现。在现代中国，特别是近几十年来，还颇有影响。相对于关于中国历史进步的虚无主义理解，还存在一种关于中国历史曲折的虚无主义理解。历史从来不是从曲折到曲折，不是从进步到进步，而是在曲折中前进的。这是一条历史规律。正如恩

① 陈学明、姜国敏：《何为马克思主义的“本体论”？——从西方马克思主义研究的角度看》，《哲学研究》，2015（3）。

格斯所指出的："没有哪一次巨大的历史灾难不是以历史的进步为补偿的。"[①]他还说：新阶级"将通过本身的错误、通过亲身经历的痛苦经验而前进"[②]。总之，无论是关于中国历史进步的虚无主义，还是关于中国历史曲折的虚无主义，都会在理论上使我们党和国家丧失历史记忆，失去自己生存发展的历史家园，即不知自己来自何处，也不知自己将去往何方。不难看出，历史虚无主义是违背社会历史发展规律的，也是与我们党和人民的奋斗史和胜利史不相符合的。

信仰虚无主义是对本质、真理和价值等加以虚无化，从而使人类精神，特别是理想、信念无所依归的一种观点。这种观点极端地执着于差异性、多元性、偶然性，而否认统一性、公共性、普遍性。于是，它不承认认识对象、理解对象和评价对象的本质客观性和自身规律性，认为这一切都是文本的游戏，语言的虚构。法国哲学家雅克·德里达甚至放言，没有文本之外的世界，即所谓"文本之外，别无他物"。这种本质虚无主义把世界看作是纯粹偶然的、散漫杂乱的，因而是人可以随意编排、改造的世界。这样一来，也就否认了以本质和规律为其内容的真理的绝对性。于是有人提倡相对主义的真理多元论，甚至鼓吹毫无确定性的"怎么都行"的观点。这也就陷入了真理虚无主义。既然"怎么都行"，也就无目标感、无价值感，也就必然导致价值虚无主义。这种以本质虚无主义为基础，以真理虚无主义和价值虚无主义为其衍生的信仰虚无主义的危害在于，它抹杀了真善美与假丑恶的界限，从而在理论上剥夺了人类生活的信仰依据，使人丧失了自己的精神家园。它是与人类对美好生活的向往和积极追求格格不入的。在中国，信仰虚无主义几乎是历史虚无主义的"孪生子"。当历史的一元化独断图景被还原或粉碎时，从怀疑一切到相对主义乃至虚无主义，几乎只有一步之遥。

人生虚无主义，是一种相对于自然无限性、社会恒久性，囿于人生有限性、短暂性以及命运多舛性而引发的关于人生无意义的观点。人生虚无主义古代就有，现代依然存在，只是它们所认为的造成人命运多舛的原因有差别，这也是现代人生虚无主义冠以"现代"的一个重要原因。人生会有挫折、失败，但不能把这些片面化、本体化，认

① 《马克思恩格斯全集》第39卷，149页，北京：人民出版社，1974年。
② 《马克思恩格斯全集》第36卷，567页，北京：人民出版社，1975年。

为人生就是烦恼、受罪，就是一天天走向死亡，因而毫无意义。其实，没有对困难的挑战和克服，人生就没有色彩；没有经受挫折和奋起，人生就没有辉煌。人生短暂，或人固有一死，这无疑是事实，但正因其短暂，所以更显价值，也更应加以珍惜。更为重要的是，短暂的人生可以通过对社会的奉献而获得延续和享有永恒。另外，从宇宙论的角度说，包括人类和地球在内的一切具体存在物，都是有限的。但是，正是这种有限中包含了宇宙的无限。因而有限也就有了无限的意义。诚如恩格斯所言："物质在它的一切变化中永远是同一的，它的任何一个属性都永远不会丧失，因此，它虽然在某个时候一定以铁的必然性毁灭自己在地球上的最美的花朵——思维着的精神，而在另外的某个地方和某个时候一定又以同样的铁的必然性把它重新产生出来。"[①]人生虚无主义的危害在于：它从理论上剥夺了人的生存根据，使人本身成了真正的荒诞、纯粹的空洞。它是与人的主体性和自由度不断获得提升的历史事实和发展趋势不相符合的。

现代虚无主义所涉及的五个方面是一损俱损、一荣俱荣的关系。也就是说，对其中一个方面的虚无主义理解，必然导致对其他四方面的虚无主义理解，反之亦然。因此，对现代虚无主义的各种表现形态除了要分别加以批判外，主要还是要从整体上去加以批判。而对现代虚无主义进行整体批判的理论武器，最管用的，还是马克思主义的唯物辩证论。因为只有唯物辩证论才对包括自然、社会、历史、人生和人的精神（包括信仰）在内的整个世界进行了过程性和系统性的科学理解，并以这种理解为基础，对人类社会发展的根本动力、历史走向、未来理想和人的前景进行了科学说明。也就是说，只有沿着唯物辩证论所指示的方向，才能从方法论上驳斥虚无主义。

在马克思主义唯物辩证论看来，世界上的一切事物都处在相互联系和相互作用之中。于是对人而言，一切事物的存在及意义都具有相对性、暂时性和变化性，因而世界上并"不存在任何最终的东西、绝对的东西、神圣的东西"[②]。谁如果按照形而上学的思维方式，把某一事物从它与别的事物的联系和作用中割裂开来，加以完美化、绝对化，即作极端肯定的理解，那么必然引发虚无主义。因为极端肯定从另一

① 《马克思恩格斯全集》第20卷，379页，北京：人民出版社，1971年。

② 《马克思恩格斯选集》第4卷，223页，北京：人民出版社，2012年。

面看就是极端否定。比如，自然与人类是相对而言的。自然是人类的自在基础，人类是自然的能动呈现。自然因人类而有历史的自然，人类因自然而有自然的历史。在这二者之中，如果把人类的意义作极端肯定的理解，如人类中心主义，或把自然的意义作极端肯定的理解，如自然中心主义，那么前者必然会导致自然虚无主义，后者则必然会导致人类虚无主义。如前所述，在当今，自然虚无主义为主要倾向。鉴于此，一定要坚持马克思主义关于人与自然是命运共同体的思想，坚持生态文明建设，要批判“那种关于……人类和自然……对立的荒谬的、反自然的观点”①。

同样，个人与社会是人的存在的两种不同但又相互联系的形式。“社会，即联合起来的单个人。”②而“人永远是这一切社会组织的本质”③。于是，社会发展是个人发展的基础。马克思主义认为：“只有在共同体中，个人才能获得全面发展其才能的手段，也就是说，只有在共同体中才可能有个人自由。”④同样，个人发展是社会发展的动力。因此，一定要反对那种执着于个人而对社会加以虚无化的观点，同时要反对执着于社会而对个人加以虚无化的观点，坚持马克思主义关于个人与社会是命运共同体以及个人解放与社会解放具有内在一致性的观点。

至于历史进步或历史曲折的虚无主义，说到底也是因为把源于而又高于历史的、具有相对性的社会理想，作了完美化的极端理解和肯定，并以这个获得极端肯定的理想为标准去观照历史。于是在这个标准下，一切历史的相对进步，也都被视为极为渺小，不足挂齿，以至可以忽略不计；或是以这个获得极端肯定的理想为动力，认为历史就是这个理想的客观展现，于是一路凯歌，直道前行。这样一来，也就引发了上述两种关于历史的虚无主义理解。拿中国历史来说，有人以完美化的所谓西方的自由、民主、人权等的社会理想为尺度对其加以衡量，于是，满眼尽是封闭落后愚昧黑暗，中国历史也就被他们涂鸦成了一个“丑妖婆”。相反，另有人把儒家文化和社会主义理想作了完

① 《马克思恩格斯选集》第3卷，999页，北京：人民出版社，2012年。
② 《马克思恩格斯全集》第46卷下册，20页，北京：人民出版社，1980年。
③ 《马克思恩格斯全集》第1卷，293页，北京：人民出版社，1956年。
④ 《马克思恩格斯选集》第1卷，199页，北京：人民出版社，2012年。

美化的理解，认为中国古代历史是儒家文化的社会化、现实化，中国共产党成立以来的中国革命史就是直奔社会主义完美目标的前进史、光明史，以至于把“应然”当“实然”，视“理想”为“现状”。这样一来，中国历史也就被他们装扮成了一个“美姑娘”，由此也就遮蔽了客观存在的许多矛盾和冲突，从而诱发虚无主义的横行。由此可见，任何极端化、完美化的社会理想，因其脱离历史实际，必然碰壁，也必然导致历史虚无主义。因此，为了克服历史虚无主义，就需要像恩格斯所要求的那样，唯物辩证地看待历史，“把历史的内容还给历史”[①]。

另外，本质与现象、必然与偶然也是相互联系的。如果以极端肯定的思维方式，执着于现象、偶然，那么就会像后现代主义那样，陷于信仰的缺失；或执着于本质、必然，那么就会像宿命论那样，陷于信仰的盲目，其结果都会走向虚无主义。马克思主义历史辩证论的一个重大理论贡献就在于，透过人类历史的偶然性、多样性，以及历史事件的不可重复性，揭示了生产力是历史发展的根本动力和社会基本矛盾运动的规律，以及由此所形成的关于历史发展总趋势和人的自由全面发展前景的科学把握，从而为共产党人的崇高信仰奠定了坚实的理论基础。正如邓小平在东欧剧变、苏联解体时所指出的：“我坚信，世界上赞成马克思主义的人会多起来的，因为马克思主义是科学。它运用历史唯物主义揭示了人类社会发展的规律。”[②]

诚然，现代虚无主义并非专门针对马克思主义，但必须看到，它对马克思主义和现实社会主义最有危害。因为就其所执着的狭隘个人主义原则、历史碎片化原则及纯粹偶然原则而言，对资本主义的存在不仅无伤大雅，而且有着某种根本一致性或有利的一面，而对马克思主义和现实社会主义则在理论上构成了不小的挑战。因为它必然包含着对马克思主义关于人类历史和人类命运的“宏大叙事”的解构，与此相联系，也必然包含着对中国特色社会主义自信的消解。因此，在这个意义上说，坚持对虚无主义，特别是现代虚无主义作方法论的批判，不仅是理论上的一种必需，而且也是中国人民坚持和发展马克思主义、提升中国特色社会主义自信的一种必需。

① 《马克思恩格斯全集》第3卷，520页，北京：人民出版社，2002年。

② 《邓小平文选》第3卷，382页，北京：人民出版社，1993年。

警惕泛文化主义的影响*

20世纪以来，“文化”被更多的人所关注。然而在阅读一些涉及文化问题的论述时，让人不时感到其中隐约存在着一种泛文化主义的影响。由于这种影响隐隐约约，不易觉察，因而更应警惕起来。为此，下面就泛文化主义的唯心主义本质，其失足于唯心主义的原因，以及它在当代中国的影响等做一些说明。

一、泛文化主义的唯心主义本质

什么是泛文化主义？从理论渊源上说，泛文化主义是现代西方的一种文化理论。它指谓那种把文化看作至上的，对其他一切社会事物具有普遍涵盖性和根本推动作用的理论观点。

泛文化主义概念中的“文化”，是指观念性、精神性的存在。所谓“文化至上”，是指文化相对于其他一切社会事物，在地位和作用上最重要，因而最具决定性。这表现在它能涵盖其他一切社会事物，并且是推动其他一切社会事物发展的根本力量。这也就是泛文化主义被冠之以“泛”的意味所在。因此，在泛文化主义看来，人、人的实践，及其所创造的社会历史，都应完全置于文化的维度之下来加以把握。

泛文化主义在当代西方是文化研究的一个重要趋势。这种趋势的形成，是对马克思历史唯物主义被“正统派”误读为“经济决定论”的偏向，从另一个极端进行反拨，在文化问题上的一种唯心主义理论表现。

马克思历史唯物主义，是唯物辩证的历史观。它在坚持经济基础决定上层建筑、社会存在决定社会意识的同时，还坚持上层建筑对经

* 原刊于《中国社会科学》(内部文稿)，2013 (1)。

济基础的反作用、社会意识对社会存在的反作用。然而由于马克思、恩格斯早年的工作主要是批判历史唯心论，创立历史唯物论，因而对历史辩证法，特别是对政治对经济的反作用、社会意识对社会存在的反作用，缺少应有的机会来予以系统阐明，这一缺陷直到晚年恩格斯那里，才得以弥补。

然而上述缺陷，作为一个原因，所造成的负面影响已经产生。其主要表现是：第二国际以“正统派”自居的理论家们，把马克思的历史唯物论误读为“经济决定论”。即认为经济因素是历史过程的唯一决定因素，从而片面强调历史规律的强制性和资本主义崩溃的必然性，以至忽视了无产阶级及其政党在历史过程中的主动性和创造性，忽视了社会意识对人的行动的指导性、激励性和制约性，从而给唯物史观涂上了机械论、宿命论的色彩。甚至在一个相当长的时期，在不少人的心目中，唯物史观似乎就是经济决定论。

在对经济决定论进行批判和反驳的过程中，一些现代西方学者发表了不少正确的见解，但其基本倾向则是从一个极端跳到另一个极端。即把关注的重点由经济基础转向哲学和文化等上层建筑。正如英国学者佩里·安德森所认为的，马克思这位历史唯物主义的创始人，不断从哲学转向政治学和经济学，以此作为他的思想的中心部分；而1920年以后涌现的这个传统的继承者们，却不断地从经济学和政治学转回哲学——放弃了直接涉及成熟马克思所极为关切的问题。[①]在这些现代西方学者看来，西方国家的极权制度已经表现为一种文化集权，因而批判的矛头应集中指向西方社会的现代文化，于是主张要进行意识革命、文化革命。

在这样的思想理论氛围中，泛文化主义滋长起来。斯图亚特·霍尔在其《文化研究：两种范式》一文中曾明确主张，要摒弃文化的政治经济学范式，以免落入经济还原论的俗套中。吉姆·麦克盖根在《文化民粹主义》一书中也指出：文化研究从文化的政治经济学中的脱离，迄为该研究领域之最重要的特征之一。[②]默克罗比也认为，我们的时代，由于文化领域不断扩大，从某种意义和层次上说，经济和政治

---

① ［英］佩里·安德森：《西方马克思主义探讨》，高铦、文贯中、魏章玲译，68—69页，北京：人民出版社，1981年。

② ［英］麦克盖根：《文化民粹主义》，桂万先译，45页，南京：南京大学出版社，2001年。

都可以被视为在文化范围之内和通过文化而运作的。[①]不难看出，泛文化主义是一种脱离经济、政治之根，把经济、政治涵盖于和运作于文化之中的唯心主义理论观点。

二、泛文化主义失足于唯心主义的原因

泛文化主义失足于唯心主义，一个根本原因在于：它脱离文化的生成论，把文化的表现论夸大和绝对化为文化的决定论。

什么是文化的生成论？文化的生成论认为，文化作为观念性、精神性的存在，既不是上帝的赋予，也不是人脑的固有，而是生成的。以往一切唯物主义都坚持观念、精神的生成论。马克思唯物主义进一步认为，观念形态的文化是人类实践的产物，是历史的产物，是对社会经济政治的反映。正如毛泽东所指出的："一定的文化是一定社会的政治和经济在观念形态上的反映。"[②]在这种反映论的视域中，社会经济政治是文化所反映的内容，而文化则是反映社会经济政治的形式。因而，相对于文化，经济政治是更为根本的东西，而文化则是其派生的东西。坚持这一观点，也就在文化问题上，坚持了经济基础决定上层建筑，以及社会存在决定意识形态等历史唯物主义的基本原理，同时也就坚持了关于文化的唯物主义理解。

什么是文化的表现论？文化的表现论认为，通过对经济政治的反映而在观念上形成的文化精神，作为文化的内容，都要通过一定的文化形式表现出来。这里的形式有内在和外在两个方面。文化的内在形式是文化精神的层次结构，即文化所包含的认知、情感、伦理及信仰等层次所构成的结构。文化的外在形式即文化精神的表现载体。这种载体大体可分为三类。一是器物载体。就是通过物质产品所表现出来的文化形态，它是物质产品生产者的文化修养、素质，包括审美观念的物化。二是行为载体。即通过人的生存、生产、生活的方式、规范及风俗习惯等所表现的文化形态。三是文本载体。即通过书籍、戏剧、影视、美术、音乐、舞蹈等所表现的文化形态。

在文化表现论意义上，无论是文化的文本形式，还是器物形式，

① 陆贵山主编：《唯物史观与文艺思潮》，484页，北京：中国人民大学出版社，2008年。

② 《毛泽东选集》第2卷，694页，北京：人民出版社，1991年。

或行为形式，都因渗透了作为文化内容的文化精神，才被称为文化的外在形式。因而文化精神相对这些外在形式具有根本性，或曰决定性。不过，这里的决定性，只是相对的，不是绝对的。

这是因为：第一，作为文化内容的文化精神在归根到底的意义上，是被社会实践及其所创造的经济、政治成果所决定的。这在前文已经说过了。第二，文化精神采用何种外在形式来表现，以及如何表现，无疑要受文化精神的决定和制约，但更要受社会实践及经济、政治的发展所决定和制约。试想，如果没有以现代工业和科学实验为基础的信息技术、互联网技术的发展，以及相关设备的研制并投入运行，那么又如何会有手机短信这种文本形式的产生?！总之，无论是文化的精神内容，还是文化的外在形式，在归根到底的意义上，都是被社会实践及其所推动的经济、政治的发展所决定的，这是绝对的。而文化的精神内容对于文化的外在形式的决定性，只是相对的。

如果否认上述相对性，而把文化的精神内容对文化的外在形式的决定性，说成绝对的，那么也就陷入了文化决定论，即认为文化的精神内容决定、派生了作为文化外在形式的一切社会事物。这样一种观点，也就是泛文化主义的主张。

在泛文化主义那里，唯物主义反映论被斥为机械论，而遭摒弃；“经济归根到底对社会发展起决定作用”的原理被误读为经济还原论，而被消解；渗透着文化因素的人的物质实践活动被等同于抽象的文化活动，而被肯定。如威廉斯所谓的“文化活动就是物质生产形式”，“文化就是一种整体的生活方式”①；人的实践所创造的体现文化精神的社会历史也被说成是文化的总体性的社会构成。用威廉斯的话说，文化“除艺术产品、知识创造和价值理想观念之外，文化还涵盖了‘生产组织、家庭结构、代表或主宰各种社会关系的制度构成、社会成员用以交往的特定形式’”②。因而在他们看来，“通过文化的分析就可以将真实复杂的社会过程呈现出来，可以将社会历史主体的实践活动揭示出来”③。

总之，在泛文化主义看来，文化创造了一切社会事物，或者说，

① 转引自欧阳谦：《“文化唯物主义”辨析》，《哲学研究》，2012（1）。
② 转引自欧阳谦：《“文化唯物主义”辨析》，《哲学研究》，2012（1）。
③ 转引自欧阳谦：《“文化唯物主义”辨析》，《哲学研究》，2012（1）。

一切社会事物都是文化的产物。人在这一过程中只是充当了文化展现自己的一个环节，一种工具。不难看出，在泛文化主义那里，文化成了神化了的绝对。

三、泛文化主义在当代中国的影响

在当代中国，并不存在现代西方那种系统化、理论化的泛文化主义的理论观点，也不存在持这种主张的泛文化主义者。但如前所说，这种泛文化主义的影响还是存在的。产生这种影响的原因主要在于：在文化问题上，没有弄清马克思主义与泛文化主义的界限，于是有一些论者在强调文化的重要性，在说明社会主义文化建设重大意义的过程中，有失分寸，说了过头话，从而陷入了泛文化主义的误区。下面试举几例来加以说明。

事例之一：关于“人是文化”。

这一观点，在有些论者那里似乎成了一个不证自明的真理。其实不然。

一是，从文化生成论角度说，人首先是文化的创造者，其次才是文化的表现者。因而不能只从文化表现论的意义上来说明人与文化的关系。如果是那样，则是片面的。二是，从文化表现论角度说，人是文化的载体。但不能因此把“人是文化的载体”简约化为“人是文化”。这是因为人作为文化的载体并不能被文化完全涵盖。人之作为人，总有其自然的、肉体的、本能的一面，即非文化的、动物性的一面。而且无论人类的历史有多么悠久，无论人类的文明进步到什么程度，人是动物这一点，决定了人永远不能摆脱动物性，而只是在动物性的形式、程度上有所差别而已。可见，把“人是文化的载体”说成“人是文化”是很为不妥的。不仅如此，这一说法还会为泛文化主义提供一个方面的佐证。三是，在人与动物相区别的意义上，说“人是文化”，虽大体可以，但并不准确。因为人作为一种文化存在，总要有所依托。因此，相对于动物，准确的表述应该是，人是文化的动物。

另外，“人是文化”不仅在理论上不妥，而且在逻辑上还否定了对人施以教化的必要性。“人是文化”这一观点提出的初衷，可能是为了强调人与文化的紧密联系，强调文化对人的重要性。可在逻辑上，它恰恰又是对这一初衷的否定。因为“人是文化”，或人被文化完全涵盖，这样一来，也就意味着人已无动物性的、非文化的一面。既然如此，那么自然也就无须教化。不然，岂非多此一举。因此，“人是文化”这一观点，在实践意义上，也是不可取的。

诚然，“人是文化”虽不可取，但还是可以从人与文化的总体关系的角度来规定人。如是，可以形成这样一个较为全面、准确的观点，即人是以自身活动创造自身文化的动物。坚持这一观点，不仅在人与文化的关系上，对划清与泛文化主义的界限很有意义，而且在当代中国的文化建设中，对坚持以人为本的文化发展观也很有意义。即要充分尊重人作为文化主体的地位、作用和权利。

事例之二：关于“文化即人化”。

这一说法，在当今比较流行。

如果在文化生成论意义上，把“文化”与“人化”作为动词使用，即在文化过程与人化过程的意义上来言说“文化即人化”，那是完全可以，完全正确的。但人们往往是在静态意义上，即把“文化”与“人化”作为名词使用的意义上，来言说“文化即人化”的。即认为人类所创造和改造的一切都是文化。这种观点通常也被视为广义的文化论。对这一广义文化论，其实有文化表现论与文化决定论两种理解的分野。

在文化表现论意义上，对文化作广义理解，大体是可以的。即人所创造的一切，都是文化的载体、文化的表现。不论是文本载体，还是器物载体，或行为载体，都是人所创造的，其中都渗透着、浸润着文化精神。因而可以在这种意义上对文化作广义的理解。但“文化即人化”这个关于广义文化论的表述是有缺陷的，因为它没有标明是何种意义上的广义文化论。从而这也就为文化决定论的理解留下了可乘之机。

在文化决定论那里，并不排斥对文化作广义的理解，反倒认为那是最自然不过的事情。因为在它看来，既然文化的外在形式被文化精神所决定，是文化精神的产物，那么这些外在形式显然也就是涵盖于文化精神之中。但这样一来，也就把文化的精神内容与文化的外在形式混为一谈，或者说，把文化的“魂”与文化的“体”混为一谈，并把文化的“体”或外在形式归结为文化的“魂”，即文化的精神内容了。

文化决定论对广义文化论的这种理解显然是不妥的。例如，一件成功的石雕作品，作为某种文化精神的外在表现形式，这是毫无疑义的。但不能因此认为，这件石雕就是这种文化精神的产物，而只能说，它是石雕师利用主客观条件进行雕塑活动的产物，是在这种活动中所实现的文化之“魂”与文化之“体”相伴而生的产物。这里的客观条件包括多个方面。其中有一点是最基本的，即找到适合雕塑的从山上开采下来的石材。很显然，如果没有适合的石材作为前提，那么所谓石塑也就无从谈起。实际上，人世间任何高级复杂东西的制造其所用的材料，不管中间是经过多少次的加工而来，但最初都要以一定的自然物质为前提。如像原子弹这种高级复杂东西的制造，也一定要以找到地层中的铀矿为前提。而这是不以任何人的意志为转移的。如果像文化决定论那样，否认人类实践的自然物质前提，把人所创造的一切都看作文化精神的产物，那么也就与主张人类社会及其历史上的一切都是人类意识的产物这一唯心史观的根本观点完全一致了。

另外，文化决定论对广义文化论的这种理解，不仅在理论上是错误的，而且在实践上也是有害的。如果像它所主张的那样，把文化的“体”归结为文化的“魂”，那么这种在理论上以牺牲“体”的独立性或作用为代价的做法，在实践上也会使人看轻或忽视“体”的建设。这样一来，“体”不强健多姿，“魂”再崇高伟大，也会因依托不力，而难以传扬，难以发挥文化的价值。如是，文化软实力，也就只剩下“软”，而无“实力”可言。试想，如果中国仅凭这样的文化瘦弱之躯去抗击西方发达国家的文化强势之体，那么其结果也就只能是“败走麦城”，根本无法与它们争夺受众对象。因此，我国的文化建设，必须要破除文化决定论的影响，既要注重加强文化之“魂”的建设，也要注重加强文化之“体”的建设，要使文化之“魂”与“体”的建设相辅相成、相得益彰。

当然，这里的“体”是从广义文化论意义上来理解的。拿一个工厂来说，其企业文化的“体”，不仅包括宣传栏、阅报栏、广播、职工学习之家之类，还应包括厂区环境的优美、人际关系的和谐、生产管理的有序，特别是以产品质量所打造的品牌、所赢得的信誉等。显然，从文化软实力的维度看，一国的经济、政治、军事等的硬实力都可以作为文化的载体，或文化的“体”。同样，换一个维度，从经济、政治、军事等的硬实力维度上看，文化软实力也是这种硬实力的表现形式，或曰载体。正因为如此，所以一些历史学家才可以借助文化典籍和历史文物来研究以往时代的经济、政治、军事等硬实力的状况。总之，文化软实力与经济、政治、军事等的硬实力是相互支撑、互为表现的。

为了在广义文化论的理解上，划清文化表现论与文化决定论的界限，可以把“文化即人化”，改为“文化即人化之生成”。也就是说，文化是人化活动之生成。这里的“生成”，既包括人化活动中，从内化维度所表现的文化精神的生成，这一生成过程，是人的内在方面的人化，即从动物心理到人的精神的提升；也包括人化活动中，从外化维度所表现的文化形式的生成，这一生成过程，是人的外在环境的人化，即由自在世界到人化世界的提升。可见，坚持“文化即人化之生成”这一观点，不仅在理论上对科学表述广义文化论，从而在广义文化论的理解上，划清与文化决定论的界限有意义，而且这一表述有利于在当代中国文化建设中，统筹兼顾文化之“魂”与文化之“体”的建设，使其互相促进，不断提高。

事例之三：关于中国近代史的“文化三期说”。

如何看待中国近代史的进程，有一种观点把梁启超的“三期说”转换成了广义文化视域下的“文化三期说”，以之来说明中国近代史。

1922年，梁启超对中国近代社会变革作过这样的总结：“近五十年来，中国人渐渐知道自己的不足了。……第一期，先从器物上感觉不足……于是福建船政学堂上海制造局等等渐次设立起来。……第二期，是从制度上感觉不足……所以拿“变法维新”做一面大旗，在社会上开始运动。……第三期，便是从文化根本上感觉不足，……革命成功将近十年，所希望的件件都落空，渐渐有点废然思返。觉得社会文化是整套的，要拿旧心理运用新制度，决然不可能，渐渐要求全人格的觉悟。”[①]梁启超的“三期说”大致描述了中国近代史的进程，但他关于这一进程本质的认识，则是错误的。在梁启超看来，洋务运动的失败以及戊戌变法和辛亥革命的失败，归根到底是文化的落后、心理的陈旧，因而他主张要引进西洋文化。由此可见，梁启超所秉持的是一

① 梁启超：《人文心语录》，369—370页，成都：四川文艺出版社，1998年。

种文化决定论的历史观。

现代有些论者沿用了梁启超的“三期说”，不过是用广义理解的文化概念，把上述的第一期改为引进西方的器物文化，第二期改为引进西方的制度文化，第三期改为引进西方的精神文化，于是，将梁启超的“三期说”表述为“文化三期说”。在这些论者看来，引进西方的器物文化和制度文化之所以没能成功，是因为没有抓住西方文化的根本，即西方的精神文化。由此可见，在思维套路上，这些论者与当年的梁启超是一脉相承的，都是历史观上的文化决定论。

实际上，洋务运动、戊戌变法、辛亥革命之所以失败，固然有文化上的原因，但根本的，还是因为进行上述变革的进步势力脱离民众，势单力薄，因而与得到帝国主义列强支持的封建保守势力相比，在力量上相差悬殊。而造成政治上这种力量悬殊的原因主要在于：进行变革的新生力量所依托的新式工业才刚刚起步，还不甚发展。受历史发展本身的局限和这些新生力量所属阶级的局限，这些运动的发动者不可能认识并动员民众的力量，因而洋务运动、戊戌变法、辛亥革命是没有广大民众参与的少数人的运动，其失败是不可避免的。后来孙中山总结多次失败的教训，才认识到“唤醒民众”最为重要。在共产国际的影响和中国共产党的帮助下，孙中山提出了“联俄、联共、扶助农工”三大政策，才给革命带来了转机。由此可见，梁启超的“三期说”，以及有些论者的“文化三期说”所秉持的文化决定论，是一种没有历史依据的虚妄之论。

另外，还需指出的是，1922年提出上述“三期说”的梁启超所推崇的西方文化，后来在中国人的心目中早已失去了往日的光辉。用毛泽东的话说，其原因是先生老是欺负学生。如果说，当年的梁启超尚未看清事情的本质，还情有可原的话，那么，八九十年后的今天，有些论者还在沿袭梁启超并不正确的观点，就令人费解了。

诚然，否定历史观上的文化决定论，并不是否定文化推动历史前进的作用。但这种作用不能被抽象地加以肯定和夸大。因为这种作用一开始只是潜在的，只是头脑中的想法，或纸面上的蓝图。只有当它用之于宣传民众，并在为民众掌握以后，才能变成变革世界的现实力量。因此，当代中国文化建设的一个重要任务，就是要实现社会主义文化的大众化。即要通过丰富多彩、群众喜闻乐见的方式，尤其是实惠的措施，使社会主义文化贴近群众、贴近生活、贴近人心，带给群众以现实利益，从而化为广大人民群众的思维方式、行为方式，成为习惯、成为传统，这样才能焕发强大力量。

事例之四：关于“文明冲突论”的批判。

1993年夏美国《外交》杂志上发表了亨廷顿的《文明的冲突?》，接着他于1996年又出版了《文明的冲突与世界秩序的重建》一书。随后不久，亨廷顿的“文明冲突论”传到中国。

对此，我国有论者表示赞同。他们认为各民族的文化都有差异性，差异必然产生对立，对立必然产生冲突，并以历史和现实中所谓“文明”冲突的事实，如中东地区的巴以冲突，甚至用以美国为首发动的伊拉克战争等，来证明“文明冲突论”，是一种有历史和现实依据的真知灼见。

与之相反，我国另有一些论者针对“文明冲突论”，提出了“文明共存论”或“文明共融论”。其理由是，世界上的各种文化早已共存于世；且在历史的长河中，互取优长，相得益彰。这种观点也以历史和现实中的事实，如希腊学习埃及，罗马接近希腊，中国文化吸收、融合印度佛教文化，以及当代中国正在有效地学习、借鉴世界上一切优秀文化等来加以佐证。

应该说，到目前为止，攻辩双方各执一词，难分伯仲。其原因主要在于，都在抽象地谈论文化，都没有就文化背后的利益问题加以说明，或作深入剖析。这是极为不妥的。历史上西欧基督教国家的十字军，所发动的对伊斯兰国家的战争，虽然有宗教信仰方面的原因，但根本的，不是为上帝而战，而是打着上帝的旗号，为谋取侵略利益而战。当今的巴以冲突也不是单纯的文化冲突，而是涉及千百万人生存家园和生命财产的冲突。历史上，中国之所以能吸收、融合印度佛教文化，说到底，也是因为这种文化经过改造，能满足当时中国社会的需要。

其实，在观念性、精神性层面上，不同文化之间通过交流，通过争论，可以相互学习，取长补短。这里的“文化争论”与“文明冲突论”所言说的“文化冲突”，在性质上截然不同。因此，此二者不能相提并论，混为一谈，更不能用前者去证明后者。

这种观念性、精神性层面的“文化争论”既不会让人丢失性命，也不会损失什么利益（至多损失的只是争论者的“面子”，不过为争面子而争论，已不再是文化之争，而成了意气之争），而只会使争论双方开阔视野，深化认识，达于双赢。很显然，这种文化争论是文化进步的手段。因此，在观念性、精神性层面上，那种所谓卓然独立的文化冲突或文化共存及其二者的绝对对立，是一种人为的虚构，是根本不存在的。

但文化一旦超出观念性、精神性层面，而达于现实性层面（文化的现实性展开，即表现为文明），即不同的文化被不同的人群所掌握，并成为各自争夺利益的工具，那么这也就形成了不同文化互相冲突的景观。也就是说，文化冲突，说到底，根源于和服务于利益冲突。同样，如果不同的文化同时被用来满足某种利益，那么这也就形成了文化共存或共融的状况。其实质也在于，它们是为实现同一利益服务的。因此，不能脱离阶级、政党、国家的利益去谈论文化冲突或文化共存的问题，因为这种谈论是无根的。因为无根，所以谈不清楚，自然也难以服人。

上述两种观点的持有者虽然都在脱离利益问题讲文化冲突或文化共存，然而实际上，他们都不可能摆脱利益的纠缠。拿亨廷顿来说，他提出的“文明冲突论”，客观上是在为美国在全世界争夺利益进行掩饰、加以辩护、提供论证。同样，我国有些论者提出“文化共存论”，可能也是基于为我国提出的“构建和谐世界”进行文化论证。这种论证无疑是需要的，但“构建和谐世界”并不是根源于文化诉求，即所谓文化共存的本质要求，而是根源于利益诉求。随着世界历史的发展，全球化实践的深化，世界各国家各民族愈来愈多地处于一种共在的关联之中。因此，我国政府提出构建和谐世界的主张，既体现了对世界历史发展趋势的深刻把握，同时也是全世界绝大多数国家和人民要和平、要发展、要合作愿望和利益的集中体现。也就是说，为了实现这种共同利益，所以才要求构建和谐世界，也才要求世界各种文化的多元共存。可见，利益问题才是文化问题的根源，而不是相反。在这里，不能把利益问题归结为文化问题，不能本末倒置。

不仅如此，更为重要的是，只有立足于世界绝大多数人的共同利益这个“本”，来理解和坚持构建和谐世界的主张，才会认为这是顺世界大势而动，唯世人情怀而趋，从而也才能理直气壮、坚定不移。同样，在当代中国只有立足于人民利益这个“本”，在文化建设中，借鉴外来文化和继承中华优秀传统文化，才会有坚实基础和客观标准。这个基础和标准就是适合当今中国的需要，有利于增进当今中国人的福祉。如是，一切外来的、传统的文化，不妨拿来，加以改造，为我所用。

总之，在文化问题上，要注意划清马克思主义与泛文化主义的界限，要提高对泛文化主义影响的警惕性、辨别力，以推动我国的文化研究和文化建设沿着正确的方向前进。

怎样看待民主社会主义*

经过改革开放以来的探索与实践，中国特色社会主义已取得巨大成就，且日益深入人心。与此相反，各种非马克思主义思潮则“人气”下降，“市场”萎缩。然而它们并没有放弃阵地，而是变换手法，按各自的面貌歪曲中国特色社会主义，以试图影响中国发展的方向。在这类举动中，把中国特色社会主义歪曲为中国特色资本主义者有之，曲解为儒家社会主义者有之，误读为民主社会主义者亦有之。特别需要指出的是，近一个时期以来，上述第三种观点显得尤有锋芒。于是，这里也就提出一个问题，即怎样看待民主社会主义。

民主社会主义，乍一听这个名称，并不令人反感，因为它不仅标榜“社会主义”，而且强调“民主”。然而，这种对民主社会主义所作的纯粹字面理解，或据其标识所形成的第一印象，既带有几分天真，也含有几多猜测，因而是靠不住的。众所周知，在现实生活中，那种名不副实的情况并不少见。如果从本质上看问题，那么应该说，民主社会主义并非真正的社会主义，即科学社会主义，而是西方国家中带有社会主义色彩的、以改良资本主义为目的的社会民主主义思潮在演变过程中的一种阶段性的理论表现和实践模式。因此，关于民主社会主义理论归属问题的解答，应当联系改良的社会民主主义的演变过程来加以说明。

一、民主社会主义的理论归属

在社会主义文献中，民主社会主义曾经在两种意义上被使用。一是作为社会民主主义的同义语。在这个意义上，民主社会主义，即社

* 原刊于《安徽商贸职业技术学院学报》（社会科学版），2009（2）。

会民主主义；二是作为改良的社会民主主义在演变过程中的一种变通形态或替代形态。前者可视为广义理解的民主社会主义，后者可视为狭义理解的民主社会主义。本文所论述的是狭义理解的民主社会主义。也就是说，作狭义理解的民主社会主义在理论上归属于改良的社会民主主义。为了理清其间的脉络，这里先从民主主义说起。

（一）民主主义是以普遍形式表现的资产阶级政治思潮

民主主义的提出者是以孟德斯鸠、卢梭等为代表的18世纪法国启蒙思想家。为了反对封建阶级和教会的黑暗统治，他们提出了如下观点。第一，天赋人权。即认为，“我是人”，因而生来就有做人的权利。第二，私有财产神圣不可侵犯。在他们看来，人权的首要内容是财产私有权，因而维护私有财产天经地义，并以此抨击封建阶级和教会对资产阶级的横征暴敛。第三，主权在民。这种观点主张，国家主权来自人民，而非君权神授，政府首脑只是作为主权者的人民的受雇者。因此，反抗暴政是人民不可剥夺的一项权利。第四，法律面前一律平等。他们认为，法律是人民“公意”的集中体现，因而法律至上，由此必须剥夺贵族所享有的凌驾法律之上的特权。启蒙学者提出的民主主义对促进人的思想解放和催生资产阶级革命，曾发挥过不可磨灭的巨大进步作用。

但启蒙学者的民主主义在理论上又是以普遍形式来表现的。即在理论上，它所代表的不只是资产阶级利益，而似乎是一切人的利益。启蒙学者所抱有的也不是资产阶级的偏私心态，而是拯救人类的高尚情怀。然而正如恩格斯所指出的：“18世纪伟大的思想家们，也同他们的一切先驱者一样，没有能够超出他们自己的时代使他们受到的限制。”[①]即他们以普遍形式所提出的民主主义，在实践中只能表现为资产阶级民主主义。为了与这种传统的民主主义相区别，到19世纪中叶，一种新的民主主义即社会民主主义也就历史地产生并传播开来。

（二）社会民主主义是对民主主义的继承和更新

从“社会民主主义”一词的构成来说，是“社会”加“民主主

① 《马克思恩格斯选集》第3卷，720页，北京：人民出版社，1995年。

义”。那么，如何理解这一概念中的“社会”呢？这里的“社会”并非指作为人类生活的社会共同体，而是相对于人压迫人、人剥削人的关系而言的那样一种具有平等伙伴意味的共有、共享关系。也就是说，社会民主主义相对于传统民主主义不仅在形式上承认人人享有政治民主，而且关注这种政治民主得以实现的经济前提，即社会的平等。因此，社会民主主义更多地关注中下层群众的利益，以及如何解决由社会的不公分配所带来的经济剥削问题。

但是在如何实现社会公平、如何解决贫富两极分化的问题上，中下层群众中的无产阶级及其代表和小资产阶级及其代表提出了各自不同的主张。于是，对社会民主主义也就有了无产阶级和小资产阶级两种不同理解。前一种理解，被称为革命的社会民主主义。在这种理解中，社会民主主义等同于科学社会主义。后一种理解被称为改良的社会民主主义。在这种理解中，社会民主主义等同于社会改良主义。用马克思的话说，这种改良主义“不是为了消灭两极——资本和雇佣劳动，而是为了缓和资本和雇佣劳动之间的对抗并使之变得协调起来”①。而在马克思主义看来，“问题不在于改变私有制，而只在于消灭私有制，不在于掩盖阶级对立，而在于消灭阶级，不在于改良现存社会，而在于建立新社会”②。

不难看出，在对待资本主义的态度上，革命的社会民主主义与改良的社会民主主义是存在原则分歧的。然而在现实的历史进程中，这种分歧的形成和激化有一个过程。它们分别作为社会民主主义的左翼和右翼在地位消长上也有一个变化过程。另外，世界无产阶级和资产阶级、社会主义和资本主义斗争形势不断变化，为这种变化所制约，改良的社会民主主义也经历了一个演变过程。民主社会主义就是改良的社会民主主义在演变过程中的一种特殊形态。

（三）民主社会主义是改良的社会民主主义的一种特殊形态

改良的社会民主主义的演变过程到目前为止大体包含四个阶段：一是小资产阶级社会主义阶段，二是伯恩斯坦主义阶段，三是民主社会主义阶段，四是当代社会民主主义阶段。

---

① 《马克思恩格斯选集》第1卷，614页，北京：人民出版社，1995年。

② 《马克思恩格斯选集》第1卷，368页，北京：人民出版社，1995年。

1.小资产阶级社会主义阶段（19世纪中叶到19世纪末）

在这个阶段中，对社会民主主义的马克思主义的理解和改良主义的理解同时存在。这种改良主义的理解在当时的表现就是小资产阶级社会主义。其具体形态在19世纪中期在法国有以路易·勃朗等为代表的小资产阶级社会主义；19世纪60年代以后，在德国有拉萨尔主义，在法国有蒲鲁东主义，在英国有工联主义。在当时国际工人运动中，这种小资产阶级社会主义的影响在总体上不占上风。由于小资产阶级在许多方面与无产阶级有共同利益，因此，恩格斯曾经指出："共产主义者在行动的时候，只要民主主义的社会主义者不为占统治地位的资产阶级效劳和不攻击共产主义者，就应当和这些社会主义者达成协议，这时尽可能和他们采取共同的政策。当然，共同行动并不排除讨论存在于他们和共产主义者之间的分歧意见。"①马克思、恩格斯进一步指出，只有这样才能防止他们"用多少是经过掩饰的施舍来笼络工人，用暂时使工人生活大体过得去的方法来摧毁工人的革命力量"②。然而马克思、恩格斯的这一担忧不幸被言中。到19世纪末，以伯恩斯坦为代表的改良主义在第二国际所属的各国社会民主党中流行开来，并逐渐占据统治地位。于是，改良的社会民主主义也就进入其演变过程的第二个阶段，即伯恩斯坦主义阶段。

2.伯恩斯坦主义阶段（19世纪末至20世纪40年代）

为了平息社会的不满，达到从内部瓦解工人运动的目的，1890年德国首相俾斯麦废除了《反社会党人法》。德国社会民主工党由此成为合法政党，并在接下来的议会选举中获得巨大成功。于是，党内的改良主义乘机抬头。1895年恩格斯逝世。1899年，伯恩斯坦抛出了《社会主义的前提和社会民主党的任务》一文，系统地提出了他的社会改良主义理论，或曰伯恩斯坦主义。其主张主要有两点：第一，社会民主党应从过去的工人阶级政党转变为代表社会利益的"全民党"；第二，社会民主党应放弃暴力革命，而通过议会道路和平长入社会主义。第二国际分裂后，伯恩斯坦主义也就成为社会民主党意识形态的标志，而与共产党人的共产主义信仰和意识形态相区别。社会民主党从革命党向改良党转型，也就为其从体制外批判资本主义转到在体制内改良

① 《马克思恩格斯选集》第1卷，245页，北京：人民出版社，1995年。
② 《马克思恩格斯选集》第1卷，368页，北京：人民出版社，1995年。

资本主义扫清了道路。如果说伯恩斯坦主义基本上还只是一种改良主义的理论纲领的话，那么到20世纪40年代中期以后，随着一些国家的社会党成为执政党或参政党，这种原先作为理论纲领的改良主义也就更多地表现为一种实践模式。改良的社会民主主义也就从伯恩斯坦主义阶段演变到了民主社会主义阶段。

3.民主社会主义阶段（20世纪40年代中期至20世纪90年代）

二战结束后，形成了社会主义阵营与资本主义阵营对抗的态势。在西欧一些主要国家中，共产党人在二战中的杰出表现，使他们在人民群众中威信大增。针对这一形势，西方一些国家的资产阶级为了能与世界社会主义力量和国内共产党的力量相抗衡，于是对社会党人也就采取了拉拢和支持的策略。西欧各国社会党因此而活跃起来，其中有不少国家的社会党曾经先后成为该国的执政党或参政党。在英国工党和德国社会民主党的推动下，“社会党国际”于1951年6月30日在联邦德国的法兰克福召开的国际社会党代表会议上获得重建。大会通过的《民主社会主义的目的和任务》的宣言，正式将社会党的思想体系的名称由“社会民主主义”变换为“民主社会主义”。这一变换表明社会党人把“民主”置于优先地位。这里有两层意思：一是社会党通过议会民主上台执政或参政，作为执政党或参政党通过程序民主，实施社会政策，改良资本主义，对中下层群众的利益予以照顾，以缩小贫富差距，缓解劳资矛盾。他们认为，这就是和平长入社会主义。二是社会党以“民主”相标榜，借以区别和反对通过暴力革命取代资本主义，并以无产阶级专政来保障的社会主义。于是，它也就充当了西方垄断资产阶级和平演变社会主义国家及反对国际工人运动的同盟军。然而到20世纪90年代，东欧剧变、苏联解体的发生，也就意味着作为和平演变手段的民主社会主义的某种贬值。另外，更为主要的是，社会党人的民主社会主义政策在其国内基本失灵，于是，民主社会主义也就被当代社会民主主义所取代。

4.当代社会民主主义阶段（20世纪90年代以来）

20世纪90年代，在东欧剧变、苏联解体以后，社会党人把其思想体系的名称从“民主社会主义”改为“社会民主主义”。意在表明，它不是一种“民主”的社会主义，而是一种“社会”的“民主主义”。因为在他们看来，东欧剧变、苏联解体不仅表明无产阶级专政的社会主义的失败，而且也体现了社会主义制度本身的失败。于是，他们放弃了作为制度目标的社会主义追求，而去实现所谓人道目标的社会主义追求，即把社会主义视为通过对现存社会的不断调整所实现的平等与互助价值。这里的平等与互助是指发扬人类的友爱精神，倡导不同的利益集团之间的合作。社会党人在其指导思想的名称上之所以做上述改变，主要是因为20世纪90年代以来，奉行民主社会主义的社会党人遭遇到了政治上的严冬。由于其承诺不能兑现，因而威信骤降，党员人数大幅减少，国内选举连连失利。2001年以前欧盟15国中曾有13个国家的政府是社会党人领导，而现今执政的社会党只剩下这个数字的零头。面临如此危机，社会党人认识到原先奉行的民主社会主义道路已走到尽头，已经失败，必须向后退却，去开辟所谓介于民主社会主义和新自由主义之间的“第三条道路”，也就是走一条新形态的资本主义道路。

二、民主社会主义的实践模式

如前所说，民主社会主义是西方国家社会党所提出的一种思想体系，同时也是一种实践模式。作为一种实践模式，这是民主社会主义与伯恩斯坦主义的一个区别，同时，这也是民主社会主义与科学社会主义的一个区别。从一般意义上说，脱离民主的社会主义不是真正的社会主义，同样脱离社会主义的民主，也不可能是真正的民主。因此，强调社会主义与民主的根本一致性并没有错。但问题在于，民主社会主义把民主与无产阶级革命和无产阶级专政对立起来，企图在资本主义框架内，把民主作为实现社会主义的根本手段，因而这种实践模式也就具有了改良主义、空想主义的性质。社会党人在自己的纲领中把实现民主社会主义社会的民主手段划分为政治民主、经济民主、社会民主、国际民主等四个方面。下面分别来作一些具体分析。

（一）关于政治民主

民主社会主义者把实现社会主义的理想寄托于对资本主义社会民主制的运用上，即认为运用西方国家的多党制、议会制和三权分立制就可以充分保障社会主义政治民主的实现。在他们看来，这些制度具有超阶级性，能够为各阶级的利益提供均等的服务，因而可以用这些制度作为改造资本主义和实现社会主义的工具。在这种制度下，将发生从资本主义向社会主义过渡的历史性变化。社会党在上台执政或参政以后，一般都是按照自己的主张和信奉的理论进行实践的。第一，坚持多党制或多元政体；第二，尊重多数人的决定，保持少数人的政见；第三，坚持实行横向和纵向的分权；第四，保障民主平等的人权。这些都在一定范围和层次上活跃了社会的政治气氛，扩大了人民的民主权利，提高了人民的政治地位，客观上逼迫资产阶级做了一些调整和改善，形成了这些资本主义国家较为民主的状况。但是人民群众作为被统治阶级的地位并没有能从根本上得到改变，人民群众并没有成为国家的主人。这些国家的社会党虽然上台执政过或长或短的时间，但也没有能使这些国家从资本主义过渡到社会主义。这是因为资本主义社会的民主制和其他一切国家制度一样，既有公共性的一面，又有阶级性的一面，前者通过其社会职能得以体现，后者则是通过阶级职能来获得体现。不仅如此，二者还是密切联系、不可分离的。对此，恩格斯曾指出："政治统治到处都是以执行某种社会职能为基础，而且政治统治只有在它执行了它的这种社会职能时才能持续下去。"[①]很显然，民主社会主义这种凭借资本主义民主制向社会主义过渡的战略，过高地估计了资本主义国家的民主性、公共性，过分依赖于统治阶级的和解精神。殊不知掌握着经济和政治控制权的资产阶级，最终是不能容忍社会主义的。如果真的出现了社会主义通过议会民主而获得支配地位的情势时，那么它就会以疯狂的报复性来阻止社会主义的实现。因此，想借助资本主义国家的民主制来实现社会主义，只能是缘木求鱼。诚然，马克思主义不拒绝利用和平手段来实现社会主义，但如果没有相应的武装力量作后盾，这是绝不能成功的。相反，当危机来临的时候，反动统治阶级往往首先要把"刺刀"提到议事日程上来。这就迫使无产阶级不得不走上武装革命的道路。这是马克思主义对巴黎公社经验的总结，也是被后来俄国十月革命和中国革命所证明了的真理。当然，这样说，并不否认在某种特殊情况下和平过渡的可能性。

---

① 《马克思恩格斯选集》第3卷，523页，北京：人民出版社，1995年。

（二）关于经济民主

民主社会主义认为，最重要的不是谁掌握生产资料，而是人们在社会中生活得如何。那么，如何才能使私有制不是服务于少数私有者的利益而是服务于人民生活的改善呢？在社会党人看来，要依靠经济的民主监督，或曰经济民主。所谓经济民主，就是在社会党人掌权的一些国家中，通过实施一些举措，推行“工人参与制”，即让工人或工人代表参加讨论关于企业经营、生活待遇、劳动条件、低层管理和高层决策等方面的问题。其做法多种多样，大体可以分为三类。一是职工讨论建议制度。该制度规定，在一起工作的工人实行定期聚会，就企业生产和职工利益方面的问题进行讨论，提出解决办法。职工提出的建议，厂方视情况给予一定的奖励。二是职工参与管理制度。该制度规定工人或他们的代表有参与组织、指挥、协调或控制生产的权利。三是职工参与决策制度。即通过制度保障，工人及其代表有参加公司一般决策或最高决策的权利。比如，在法国，劳资双方成立“企业管理委员会”，最突出的是当时的西德所实施的“共决制度”，该制度规定2000人以上职工的企业董事会劳资双方的代表名额各半。我们应该承认在保存私有制不变的前提下，资本家在一定程度上允许职工参与资本主义的企业管理，这是一个有意义的创造，体现了对资本主义生产关系的一定调整，表明了劳动者在劳动中民主权利的扩大和主体地位的提高。工人参与企业的某些经营活动，既是工人运动长期斗争的结果，同时也反映了新技术革命条件下，现代大生产的客观要求。也就是说，由于在现代化生产过程中智力因素作用的增大，劳动者主体地位的加强，因而迫使资产阶级不得不重视发挥职工的积极性和主动性。由此可见，工人参与制的实行，对于提高工人的地位、改善工人的处境、维护工人的眼前利益、改善劳资关系、缓和企业内部的矛盾和冲突，都是有一定意义的。但由于西方国家的社会民主党都是在坚持私有制的前提下推行经济民主的，因而对于经济的民主监督不可能改变生产资料私有制的性质。另外，工人参与的经济民主权也只限于企业内部，至于企业之外，乃至地方和国家的政治、经济和社会事务等均不属于参与的范围。至于企业内部的工人参与，也仅限于在监事会中有一定的咨询权而已，而不是实质的决定权。企业的决定权在股东代表大会，执行权在董事会，监督权在监事会。即使在监事会中，劳资双方也是不平等的。按规定，虽然劳资双方有同等数量的代表参加，但同时又规定职工代表中必须有高级职员的代表，而高级职员的代表通常是站在企业主一方的，再加上监事会的主席是由资方出任，因此，在资本主义所有制不改变的情况下，企业内部的经济民主的作用是很有限的。民主社会主义者企图依靠经济的民主监督来解决劳资矛盾，将资本主义改造成社会主义，这只能是一种美好的愿望，是不可能实现的。

（三）关于社会民主

社会党国际纲领指出：资本主义的指导原则是私人利润，而社会主义的指导原则是满足人类的需要。那么，如何在资本主义制度下，实现满足人类需要的社会主义原则呢？在民主社会主义者看来，不仅要保障人类基本的政治权利，而且要保障经济和社会权利。这些权利主要有：工作的权利，医疗和福利的权利，休息的权利，因年老、伤残和失业而不能工作的公民有获得经济保障的权利，儿童福利与青年依据其才能而享受教育的权利，等等。怎样才能保障这些权利呢？民主社会主义者认为，要通过国家实行社会保障和社会福利制度。在民主社会主义者看来，自由资本主义所造成的贫富两极分化可以通过国家对市场的干预而得到缓解和克服，国家有义务提供市场无法提供的公共产品，国家干预经济和社会其他领域是正当的，可以通过福利国家创造更加平等的机会，救助贫困家庭，并且依靠累进税制度来达到削富济贫的目的。

民主社会主义的社会保障和社会福利制度的实行，在一定程度上缩小了贫富差距，缓和了社会矛盾，维护了社会稳定，为资本主义的发展创造了一个比较好的环境，在战后造就了一个经济增长的黄金时代，推动了资本主义的繁荣。但民主社会主义者也承认，这种社会保障制度说到底只是起到一种社会矛盾“缓冲器”的作用，不可能从根本上解决资本主义社会的种种痼疾。不仅如此，这种社会保障制度在解决了资本主义社会的某些问题的同时，又导致了影响资本主义发展的新的问题，产生了资本主义本身无法解决的结构性矛盾。也就是说，废除保障制度，对资本主义是具有毁灭性的，而实施保障制度对资本主义又是具有破坏性的。这是因为资本主义与社会保障制度在根本上是相抵触的。这种抵触的表现是多方面的。其一，保障制度作为一种非商品化的运作制度挤压了追求利润的资本主义商品化原则所通行的空间。其二，保障制度的实施造成了财政支出的大幅增加，而这主要靠税收的增加来解决，于是也就导致了生产者的成本增加和利润下降。其三，资本的原则是利润最大化。在全球化背景下，资产者可以通过资本的国际转移获得丰厚的利润，而这种国际转移所导致的西方国家产业空洞化，必然会削弱资本主义国家社会保障制度的经济支撑。其四，在资本主义民主政治的竞争体制下，增加社会保障就能讨好选民，于是竞选者过多的承诺与民众过高的期望之间就会相互推动，最终导致国家不堪重负。当执政党无法兑现自己的诺言，无法满足群众的期望时，必然造成其自身的合法性危机。20世纪90年代以来，不少西方国家的社会党就是在这种危机中丧失政权的。不难看出，社会保障制度与资本主义的矛盾，不过是资本主义社会化大生产与生产资料私人占有制这一基本矛盾的一种特殊表现形式而已。

（四）关于国际民主

民主社会主义认为，没有一个国家能孤立地解决它所有的经济和社会问题。因此，民主社会主义主张通过国际民主谋求人类的一致与团结。社会党人宣称：社会党国际各成员党的最终目标是建立世界政府。对社会民主党人来说，只有共处是不够的，国际合作才是我们时代的要求。在这个思想指导下，民主社会主义者希望实现世界的和平与发展，对世界上陷于极端贫困、落后的国家予以了同情和支持，并积极参与了全球性问题的解决，如核威胁、生态失衡、南北差距扩大等。应该说，其愿望是良好的，他们所做的种种努力也是具有进步意义、值得赞赏的。但是应该看到，在这样一个倚强凌弱、以富压贫的世界上，处于强国和富国中的西方民主社会主义者要切实迈出任何一步，都不是轻而易举的。其根本原因在于西方垄断资产阶级自私的干扰。

三、关于民主社会主义的总体评价

如何从总体上评价民主社会主义，这是一个有争议的问题。其中有这样几种观点，需要在这里提出来加以认真分析。这几种观点可分别概括为“西方特色社会主义说”“成功社会主义模式说”“资本主义改良主义说”等。

（一）关于“西方特色社会主义说”

这种观点认为，相对于一般社会主义，民主社会主义是西方特色的社会主义。怎样看待这一观点呢？笔者认为，这一观点不能成立。这是因为在马克思主义看来，一般社会主义是指科学社会主义所揭示的关于社会主义一般本质和普遍规律的基本原理。毫无疑义，科学社会主义在发展过程中必须要和各国家、各民族的特点相结合，这样，它才有生命力，才能发挥作用。根据这一理解，所谓西方特色社会主义应该是指以马克思主义为指导，以坚持科学社会主义基本原理为前提的具有西方特点的社会主义。很显然，“西方特色社会主义”首先应该是社会主义。然而民主社会主义并不具有这一本质属性。因为它从根本上否认马克思主义的指导地位，也违背了科学社会主义的基本原理。民主社会主义者在《歌德斯堡纲领》（1959）中曾公开宣称：在欧洲，民主社会主义植根于西欧的基督教伦理、人道主义和古典哲学。在这里，马克思主义从根本上就被排除在外。在其后通过的《纽伦堡新纲领草案》中，虽然把马克思主义的历史和社会主义学说，工人运动的经验等作为民主社会主义的思想根源之一加以列入，但那也只是为了装点门面，以消除工人群众的反感和在竞选中获得更多的选票，因此，并无多大实际意义。因为民主社会主义的根本主张都是与马克思主义科学社会主义的基本原理相违背的。这主要表现在以下几个方面。第一，民主社会主义否认马克思主义关于社会主义取代资本主义的历史必然性理论，而是以抽象人性论为基础，从人的本性和尊严引申出民主社会主义的目标。它认为资本主义和社会主义都是违反人性的，只有民主社会主义才符合人性的要求。第二，民主社会主义否认马克思主义关于无产阶级革命的理论，而主张以资产阶级民主制为手段通过改良和平长入社会主义。第三，民主社会主义否认马克思主义关于消灭私有制的理论，而认为在保存私有制的前提下，可以通过对经济的民主监督，化解私有制的弊端。第四，民主社会主义否认马克思主义关于在无产阶级专政的条件下，进行社会主义建设，促进人的全面发展的理论，而主张在资本主义框架下，实行社会保障和社会福利制度，缩小贫富差距，而不是消灭剥削和贫困。总之，把民主社会主义说成是科学社会主义意义上的“西方特色社会主义”是没有根据的。这种观点也是民主社会主义者自己要站起来加以否认的。

（二）关于“成功社会主义模式说”

这种观点认为，相对于失败的苏联暴力社会主义，民主社会主义是一种成功的社会主义模式。在笔者看来，这种观点似是而非。苏联失败了吗？是失败了。但苏联模式的社会主义的失败，并不是社会主义本身的失败，而是社会主义在前进中的曲折。苏联模式的社会主义为什么失败？有其内部和外部的原因。而在内部原因中，关键又在于共产党，特别是它的主要领导人背离了马克思主义，搞所谓人道的、民主的社会主义。当然这样说，并不是否认苏联社会主义模式存在弊端。但这种弊端主要不在于社会主义基本制度，而在于社会主义具体体制；不在于坚持无产阶级专政，而在于忽视民主和法制，以致在实践中出现了许多重大失误。民主社会主义者在对苏联的分析中，看到了苏联模式的官僚主义倾向、过于集权化倾向，这有其合理之处。但如果攻击其为暴力社会主义，则是不能成立的。民主和专政从来都有阶级性，无产阶级民主和无产阶级专政从来不是对立的。坚持无产阶级专政就是保障广大人民群众享有民主，同时也是利用强力并辅之以教育及其他手段把少数作为专政对象的人纳入民主法制的轨道。苏联模式的社会主义在实践中没有能处理好专政与民主、民主与法制的关系，这个教训是必须吸取的。至于民主社会主义是不是成功的社会主义模式呢？也不是。如果就民主社会主义的许诺来说，其在西方发达国家不仅不能算成功，甚至可以说遭到了失败。因为到目前为止，还没有一个西方国家在社会党执政期间，通过民主手段和平过渡到社会主义。这一客观现实在社会党国际十六大通过的《阿尔布费拉宣言》中也得以正视，其中说：“曾经有过资本主义已经得到改造的令人欣喜的幻觉，有过经济将无止境增长的田园诗……而今天则是一片混乱。”苏联的不同政见者麦德维杰夫在英国出版的《列宁和西方马克思主义》一书中也认为，虽然民主社会主义运动“对于社会生活的民主化还是做了大量工作”，但“在建设社会主义社会的实际过程中至今还没有取得什么成就”；日本学者冈崎三郎在《什么是社会民主主义》一文中也指出，由社会民主党执政的政府“在推进产业和金融机关的国有化，建立社会保障制度方面做出很多实际成绩，但同将生产资料资本主义私有制度变成社会主义公有制、消灭阶级对立的目标相比，相差太远，英国、法国仍然是资本主义社会”①。另外如前文所言，社会党人自己也已经从过去坚持的民主社会主义实行退却，从而表明它难以为继。由此可见，那种把民主社会主义说成是一种成功社会主义模式的观点是一种不实之词，是不能相信的。

（三）关于“资本主义改良主义说”

这种观点认为民主社会主义是带有社会主义色彩的、对资本主义进行改良的、以积极意义为主的左派思潮和力量。笔者赞同这种观点，但需要加以具体说明。

第一，民主社会主义不是科学社会主义。任何把民主社会主义理解为科学社会主义的观点，都是对民主社会主义的误读。这在前文已有说明。

第二，民主社会主义是带有社会主义色彩的社会试验。这里是说，民主社会主义的理论和实践不能使资本主义和平长入社会主义，但在西方发达国家无产阶级革命条件尚未成熟的情况下，民主社会主义的试验又在一定范围和程度上体现了社会主义的客观要求和发展方向。这表现在：民主社会主义不能使人民成为国家的主人，但它又通过社会改革提高了人民群众在社会生活中的地位；民主社会主义没有创造一个平等、公平的社会，但它又采取种种措施增进了社会公平和社会平等。当然这种社会试验的价值不可高估，因为它局限于资本主义框架内，所以不具有根本的意义。也就是说，它不是社会主义的试验，而是具有社会主义色彩的试验，但这种试验透露的信息却又是很有意

① 转引自徐崇温：《社会民主主义与民主社会主义：历史、理论和现状》，《中国特色社会主义研究》，2007（2）。

义的。它表明资本主义不能照旧生活下去，它需要借助具有社会主义色彩的措施才能得以延续。然而这样做却又引起了新的矛盾，从而使这些措施的实行遭遇障碍、效用降低，这也就预示着对资本主义社会的问题非有一个根本解决不可。

第三，民主社会主义是一种资本主义的改良主义，或者说是一种改良的资本主义。民主社会主义批判传统的资本主义，认为它有许多弊病，但它又认为这些弊病可以通过实现民主社会主义来加以治疗，因此，它以“资本主义病床边的医生”自居。从实践结果来看，民主社会主义政党在执政期间所采取的许多措施虽然不能解决资本主义社会的基本矛盾，却缓解了矛盾，这有利于生产力的发展和人民生活的改善。

第四，民主社会主义是西方国家中代表中下层群众现实利益的左派思潮和力量。民主社会主义不主张消灭资本主义，不主张人民采取革命行动去实现自己的根本利益，但它所采取的一些措施又在一定程度上代表了包括工人阶级在内的广大中下层群众的现实利益。因而民主社会主义在西方国家中曾有过广泛的影响，也曾得到过不少群众的拥护。当然，这也就必然引发了民主社会主义与代表大资产阶级利益的新自由主义之间的矛盾。这个矛盾自20世纪70年代以来趋于明显。在这场斗争中，民主社会主义不敌对手，因而西方社会党人不得不改弦更张，收起民主社会主义的旗帜。但是尽管如此，民主社会主义作为一种社会试验，它所提供的经验，还是值得为争取社会主义和为社会资源公平分配而斗争的人们所吸取和借鉴的。

四、正确对待民主社会主义

在长期的革命、建设和改革的过程中，中国共产党人坚持把科学社会主义与中国国情和时代特征结合起来，走自己的路，逐步探索形成了中国特色社会主义。这一当代中国马克思主义理论成果的形成，既是对国内外社会主义建设经验教训的深刻总结，又是对人类文明成果的充分吸收和借鉴。这些文明成果主要有中华传统文化的优秀成果和西方文化的优秀成果，其中包括资本主义的文明成果和民主社会主义的积极成果。研究和学习这些文明成果不是为了照搬照套，而是要通过批判继承，推陈出新，为解决中国自己的问题，为形成一整套建设中国特色社会主义的理论和策略提供借鉴。有人把借鉴了资本主义文明成果、中华传统文明成果和民主社会主义积极成果的中国特色社会主义加以肢解，抓住其中一个方面的联系，把中国特色社会主义解读为或是中国特色资本主义，或是儒家社会主义，或是民主社会主义，这样做，在认识上是片面的，在实践上也是极为有害的。拿我们人类来说，人们吃了猪肉、鱼类、谷物等，吸收了其中有营养的东西，总不能因此而把人归结为其中任何一类吧？如果是那样，岂不荒唐！上述的几种片面归结，实际上也就是这类荒唐之举。当然，这类曲解不仅是一个认识问题，而且还是一个政治问题。即对上述种种曲解，如果不加警惕、不加批判，任其泛滥，必然会搞乱人心，误导中国发展的方向。无论在理论上，还是实践上，中国特色社会主义与民主社会主义都是有本质区别的。

这种本质区别表现在：民主社会主义以抽象的“民主”原则为核心，在文化上鼓吹多元化，认为多元化才能防止思想单一和精神垄断。在政治上主张两党制或多党制，认为只有如此，才能防止一党专政和独裁；在经济上主张实行包含多种私有制经济成分的“混合经济制度”，认为只有这样，才有利于竞争，从而激发动力；在社会目标上主张实施以人道主义为基础的社会保障和社会福利制度，以缩小贫富差距，缓解社会对立。而与之相区别，中国特色社会主义在文化上则是坚持马克思主义一元主导与多样文化的和谐发展，坚持一与多、主旋律与多样性的统一。这样既能防止舆论一律、思想僵化，又能防止方向迷失、思想混乱。对社会主义中国来说，如果抛弃了马克思主义的主导地位，也就失去了灵魂，失去了自身存在的理论依据。在政治上，中国特色社会主义坚持中国共产党领导的多党合作和政治协商制度。这样既有利于避免某些国家因实行一党制缺少必要的监督而造成的失误，也有利于防止一些西方国家实行两党制或多党制而造成的倾轧和混乱。对社会主义中国来说，如果否定了中国共产党的领导，那么也就失去了国家稳定和民族团结的核心力量，就会走向分裂和动乱；就不能克服我国现代化过程中的种种困难；就不能实现国家富强、民族振兴、人民幸福的目标。在经济上，中国特色社会主义坚持以公有制为主体、多种所有制经济共同发展的基本经济制度；坚持以按劳分配为主体、多种分配形式并存的分配制度。这样既有利于克服因单一经济成分和单一分配形式所造成的活力缺乏，从而有利于调动各方面的积极性，又有利于保持经济的社会主义性质，避免两极分化。在社会目标上，中国特色社会主义努力建设广大人民群众共建与共享相统一的和谐社会。正确处理人民的眼前利益与长远利益、部分人先富与广大人民群众共同富裕、解决民生问题与促进人的全面发展等的关系。既防止因强调长远利益而忽视现实利益的倾向，要通过满足人民的现实利益，去调动人民群众为实现长远利益而奋斗的积极性，又防止因强调眼前利益而忽视长远利益的倾向，用长远利益去激发人民群众为争取和扩大眼前利益而奋斗的积极性。

从以上的分析可知，民主社会主义与中国特色社会主义的根本区别集中表现在以下四个方面：要不要坚持马克思主义指导思想的一元化；要不要坚持共产党的领导；要不要坚持公有制和按劳分配方式的主体地位；要不要坚持以共同富裕为根本内容的和谐社会建设。如果抛弃这四个坚持，奉行所谓民主社会主义，那么也就必然会使中国从社会主义演变为资本主义。苏联东欧的演变就是前车之鉴，这是中国共产党和广大人民群众所不能允许的。

当然，在上述四个坚持的前提下，民主社会主义从另一方面所强调的某些东西，尽管是片面的，在总体上是不正确的，但也绝不是无的放矢，而有其部分的合理性和深刻之处。因而，它对我们正确处理上述的“一元主导”与“多样纷呈”、“执政党”与“参政党”、民主与专政、民主与法制、“主体地位”与“多样并存”以及“眼前利益”与“长远利益”等的关系，对建设中国特色社会主义，是有借鉴意义的。

总之，对古今中外的一切文明成果，包括民主社会主义的积极成果，都只能借鉴，而不能照搬。我们要坚定不移地走自己的路，把中国特色社会主义事业不断推向前进。

苏联解体告诉我们什么*

苏联从1991年解体到现在已经整整20年了，人们从不同角度进行研究和总结，得出各自的结论。对中国共产党人来说，如何以马克思主义为指导，总结出一些带战略性、规律性的经验教训，从中获得启示，以作为推进中国特色社会主义事业不断前进的借鉴，这是必须认真做好的一项工作。

本文以《苏联解体告诉我们什么》为题，来谈以下四点体会。

一、只有尊重历史，才能开辟未来

苏联是一个什么样的国家？

（一）苏联是一个伟大的社会主义国家

苏联是一个在列宁领导的十月革命胜利中诞生的、由各加盟共和国共同组建的、人类历史上第一个社会主义国家。苏联的诞生标志着科学社会主义从理论变成了现实，由此打破了资本主义在全世界一统天下的局面。

苏联是一个拥有世界1/6领土版图、享有各种丰富资源、创造过辉煌历史的伟大国家。新生的苏维埃政权曾在极度困难的条件下，战胜了十四个帝国主义国家的武装干涉和国内白匪的叛乱，而顽强地生存了下来，并开始了由传统农业社会向工业社会的跃进。在第二次世界大战后的20年里（1950—1970年），在市场经济工业国中，除了日本和德国以外，苏联创造了当时最快的工业增长速度和持续最久的工业增长时间。[①]它曾发展了处于世界领先地位的科学技术，创造了包括原

* 本文为2011年在安徽省哲学年会上的发言。

① 《（世界银行）1987年世界发展报告》，44页，北京：中国财政经济出版社，1987年。

子能发电站、原子破冰船、人造地球卫星发射、载人宇宙飞船上天等多项轰动全球的世界第一。

苏联在二战期间，在持续1418天的卫国战争中，以2660多万人的巨大牺牲，战胜了希特勒300多万机械化部队的进攻，保住了社会主义苏联，为全世界反法西斯战争的胜利作出了英勇卓越的贡献。

苏联是国际共产主义运动的旗手，有力地支援了新生的社会主义国家，形成了社会主义阵营，并从根本上改变了国际阶级力量的对比。

苏联是广大殖民地、半殖民地人民争取民族独立和求得自由发展的坚强后盾。在苏联声援和支持下，亚非拉广大地区掀起了民族独立、民族解放和民族革命的浪潮。

总之，苏联是一个综合国力仅次于美国的具有巨大国际影响力的社会主义强国。这是苏联历史的主流和本质方面。

（二）否定历史就是否定未来

苏联这样一个伟大的社会主义国家，在走过了69年的历程以后却风光不再，瓦解崩溃了。这是为什么呢？从历史与未来的关系来说，这在很大程度上是对历史别有用心的篡改造成的。

历史指谓过去，但历史不是单纯的过去，它关联着现实和未来。这种关联可以表达为：历史是过去的现实；现实是延续的历史，同时也是未来的开端。当然这只是一般的议论，因为历史本身是复杂的、多面的，它为现实的展开提供了多种可能。如何使其中的一种可能真正变成现实，这取决于人对历史的认识和历史条件的运用。在这里，人充当了历史与现实、历史与未来联系的中介。如果不尊重历史事实，不尊重历史的主流和本质，把支流当作主流，甚至颠倒黑白、伪造历史，那么与这种虚假历史所关联的现实，就只能是与真实历史相断裂的异质的现实。其中，对一国历史的认知和解释尤为重要，因为它关系到政权的安危和国家的未来。

古人云："灭人之国，必先去其史。"所谓"去其史"，用今人的话来解释，就是使它忘却从何而来，丧失它的历史记忆，折断它的生存根基，剥夺它的历史荣耀。这样一来，便可以任意对其加以摆布。在苏联，从赫鲁晓夫、勃列日涅夫到戈尔巴乔夫、叶利钦，都一再否定苏联的光荣历史。特别是戈尔巴乔夫、叶利钦更是把苏联社会主义说得漆黑一团，一无是处。戈尔巴乔夫攻击十月革命，认为其导致了社会的巨大破坏，引起了国内战争。[①]他在1991年2月28日苏共中央全会的发言中诬蔑苏联社会主义“遭到了战略性的失败”，因为这几十年搞的不是真正的社会主义，而是“被扭曲了的”“专横霸道的”社会主义。正如曾主持苏联意识形态工作的前苏共中央书记处书记利加乔夫所指出的，在戈尔巴乔夫的支持下，“大肆歪曲历史，暴露文章犹如狂涛恶浪，席卷了舆论工具”，“这种不公正的、恶意中伤的、不真实的歪曲报道惊扰和刺激了社会气氛。于是矛头开始对准了共产党员、苏共，对准了党的历史（我再说一遍，这是艰难的，然而是光荣的历史），最终指向了人民，指向人民对历史的怀念”[②]。他们这样做的目的就是要搞乱人们的思想，模糊人们的视线，为颠覆苏联社会主义制度制造舆论。

邓小平说：“每个党、每个国家都有自己的历史，只有采取客观的实事求是的态度来分析和总结，才有好处。”“总结历史……是为了开辟未来。过去的成功是我们的财富，过去的错误也是我们的财富。”[③]一个党、一个国家如果不尊重自己的历史，那么必然会自误前程。如果野心家、阴谋家伪造历史并形成气候，以至夺得最高权力，那么就必然会造成民族的巨大灾难。我们党之所以能带领全国各族人民从“文革”中走出来，并成功开辟中国特色社会主义新路，从而取得举世瞩目的巨大成就，其中一条基本经验就是：我们党正确处理了历史、现实和未来的关系，特别是充分肯定了毛泽东在中国革命和建设中的伟大历史功绩。相反，苏联的亡党亡国，正是苏共二十大刮起的全盘否定斯大林的歪风邪气不断盛行的一种结果。

二、充分肯定人民领袖的巨大作用

列宁逝世以后，作为苏联党和国家主要领导人的斯大林厥功至伟。可以说，苏联的那段历史，苏联人民所取得的巨大成就，都是和斯大

---

① 李慎明主编：《十月革命与当代社会主义》，203页，北京：社会科学文献出版社，2008年。

② 转引自周新城：《必须尊重历史——俄教育部再版〈联共（布）党史简明教程〉有感》，《安徽师范大学学报》（人文社会科学版），2006（3）。

③ 《邓小平文选》第3卷，272页，北京：人民出版社，1993年。

林的名字联系在一起的。人民称颂斯大林，不仅仅是称颂斯大林个人，而是称颂斯大林是他们利益的代表、是他们意志和力量的象征，是称颂斯大林带领他们所创造的社会主义伟业、称颂斯大林所代表的那段辉煌的历史。对于人民的称颂，斯大林在后期有些喜欢，对于一些阿谀者的奉承也没有一如既往地加以阻止，这在客观上导致了个人崇拜的滋生，但斯大林在总体上保持了理智的清醒。[①]

斯大林认为，英雄不是天生的，是“人民创造英雄”[②]。人民应该受到尊重。一次，他对一些军队领导人说：“没有他们（指人民群众——引者注），我们大家，元帅们和方面军、集团军的司令员们，说得粗俗一点，就一文不值。”[③]

正是基于这样一种信念，斯大林坚决反对过分颂扬个人，特别是他自己。1938年，当他看到《斯大林童年时代的故事》这本过分颂扬自己的书时，十分生气，并“建议把这本书烧掉”[④]。他曾批评《斯大林传略》的作者说，在传略中好话太多，过分赞扬个人的作用，这是社会革命党人的调子。[⑤]

斯大林曾明确反对把自己的思想观点称为“斯大林主义”或抬高为学说。他说，我没有这样的学说。“我们有马克思和列宁的学说，任何补充的学说都不需要。”他认为自己是列宁的学生，而且把这种态度一直保持到晚年。

斯大林对授予他苏联英雄称号并不赞同。他认为自己“没有表现出这样的勇敢精神”，因而直到逝世，他都没有接受苏联英雄的金星勋章。至于大元帅军衔，开始斯大林也拒绝接受，后来在一些高级将领的坚持下勉强同意，但他对此曾后悔不迭。

斯大林终身保持着艰苦朴素的生活作风。这位人民领袖离世的时候，仅留下了几双织补过的短袜子，几双鞋跟都已磨破的皮靴，两套军服：一套是他每天都要穿的，另一套是用于节日检阅穿的。[⑥]在清点

---

① 张捷：《从赫鲁晓夫到普京》，52页，北京：社会科学文献出版社，2010年。
② 《斯大林文集》（1934—1952年），196页，北京：人民出版社，1985年。
③ 《斯大林文集》（1934—1952年），463页，北京：人民出版社，1985年。
④ 《斯大林文集》（1934—1952年），196页，北京：人民出版社，1985年。
⑤ 张捷：《从赫鲁晓夫到普京》，50页，北京：社会科学文献出版社，2010年。
⑥ 李慎明主编：《居安思危——苏共亡党二十年的思考》，261页，北京：社会科学文献出版社，2011年。

他的物品时，发现他仅有900卢布的存款。

斯大林功勋卓著，这是他的对手都不得不承认的。曾经担任英国首相的丘吉尔说：斯大林“是个卓越的人物，令我们残酷的时代敬仰，他在其中奉献了自己的一生”。还说，“在经受岁月艰难考验时领导俄罗斯的是位天才，是不屈不挠的统帅И.В.斯大林……他接手的是用犁耕地的俄罗斯，留下的是原子武器装备的俄罗斯”。不，无论是我们说他什么——历史和人民是不会忘记这样的人的。连曾任俄国临时政府总理的克伦斯基也说：“斯大林使俄罗斯从灰烬中振兴起来，使它成为一个伟大的强国，粉碎了希特勒，拯救了俄罗斯和人类。”[①]作为迟来的一种肯定，2008年出版的俄罗斯新历史教科书也指出“斯大林被视为苏联最成功的领导人”[②]。

但斯大林并非完人。世界上也没有这种完人，作为一位始终站在历史潮流前面，开创伟大历史的领袖来说，斯大林的错误，包括某些严重错误从当时的环境来说几乎是难以避免的。另外，他的错误不是目的性的错误，而是为着实现伟大目的的手段性错误。这种手段性错误，对个人来说，是他充当这种历史角色的某种悲剧；而从社会来说，它的发生又有着历史和认识的根源。至于后人则应重在分析这些根源，从而吸取经验教训，以作为可以利用的宝贵财富。

然而赫鲁晓夫在苏共二十大所作的秘密报告完全不是这样。他把领袖和人民完全对立起来，抽象地肯定苏联人民的历史作用，而把领导苏联人民创造历史的斯大林的功绩一笔勾销。这是十分荒唐的。不仅如此，赫鲁晓夫还含沙射影、歪曲事实，制造谎言来丑化和诋毁斯大林。这其中主要有两点：一是把肃反扩大化描绘成斯大林为排斥异己残杀无辜的惨剧；二是谎称在二战中“斯大林按地球仪制定作战计划”，以此来否定斯大林在反法西斯战争中的巨大功绩。由于这两则谎言出自苏共领导人之口，因而其影响力非同一般。

不过，假的就是假的，谁也不能一手遮天。对于后一则谎言，朱可夫元帅在自己的回忆录中早已作出了针锋相对且富有权威的批驳和

① ［俄罗斯］叶梅利亚诺夫：《斯大林：未经修改的档案——在权力的顶峰》，石国雄、袁玉德译，610页，南京：译林出版社，2006年。

② 转引自吴恩远：《俄罗斯最新历史教科书关于苏联历史评价的一些新观点》，《马克思主义研究》，2009（4）。

澄清。他依据大量事实，斩钉截铁地指明，在伟大的卫国战争中，“毫无疑问，他（指斯大林——引者注）是当之无愧的最高统帅”[①]。

至于前一则谎言，则通过不断发酵，致使肃反扩大化中冤死的人数被一次次随意夸大。从200多万到2000多万，再到4000多万以至5000多万。于是有了布热津斯基的“五千万冤魂”之说。几十年来，这则谎言成了各种敌人诋毁斯大林，诋毁苏联社会主义的重磅炸弹，也使全世界共产党人背上了沉重的包袱。

然而多年后，这一谎言终被揭穿。2008年8月俄罗斯出版的新历史教科书认为，“大清洗”是必要的，但确实犯了扩大化的错误。教材参考书指出，斯大林作为苏联社会主义制度的领导者、保卫者，作为要把国家变为工业国，建立一个自上而下的国家管理体制最坚决的拥护者，作为在即将面临一场大战威胁中的国家领袖，他的行为是完全合理的。对于扩大化的错误，斯大林负有领导责任，但直接责任人是贝利亚。[②]斯大林在一次军事委员会扩大会议上的讲话中曾指出：对于反革命的军事政治阴谋必须彻底揭露，但对“偶然牵涉进去”的同志、对被人“吓唬”“讹诈”“拉他进去”的胁从者，应该让这样的人自己来把一切说出来——然后宽恕他。[③]针对肃反扩大化的错误，早在1938年联共（布）中央已采取了纠偏措施并对破坏法制的人进行了惩治。

至于肃反扩大化中冤死的人数显然被离奇地夸大了。在20世纪30年代中期，苏联人口才1.6亿人，怎么可能有近1/3的人被杀呢？2008年出版的俄罗斯新历史教科书认为，被判死刑或被枪杀的人数大约为77万人，占当时苏联总人口的0.48%。[④]至于其中哪些应当属于被镇压的人，到目前为止还没有一个准确的说法。

赫鲁晓夫及其后继者为什么要否定和丑化斯大林呢？说到底是因为，斯大林是一位伟大的马克思主义者和无产阶级革命家，是苏联社会主义制度的代表。因此，斯大林的名字和影响使钻进党内高层的野

---

① 《朱可夫元帅回忆录》上卷，344页，北京：中国对外翻译出版公司，1984年。

② 吴思远：《俄罗斯最新历史教科书关于苏联历史评价的一些新观点》，《马克思主义研究》，2009（4）。

③ 转引自［俄］弗拉基米尔·卡尔波夫：《大元帅斯大林》，何宏江等译，144页，北京：社会科学文献出版社，2005年。

④ 吴思远：《俄罗斯最新历史教科书关于苏联历史评价的一些新观点》，《马克思主义研究》，2009（4）。

心家、阴谋家不得片刻安宁。他们为了抬高自己、蒙蔽群众，改变斯大林所坚持的社会主义政治路线，讨好帝国主义，因而对斯大林的威名必须除之而后快。赫鲁晓夫全盘否定斯大林，也就为日后在苏联形成一个既得利益集团，继而颠覆苏联社会主义制度提供了一个历史拐点。

需要进一步追问的是，苏联作为一个社会主义国家，为什么会在其内部形成一个既得利益集团，为什么会使“恶仆欺主”，以致“主仆易位”的悲剧发生。应该说，这里的原因是多方面的。其中一个重要原因是，作为社会主义制度本质的“人民当家作主”，在苏联并没有通过社会主义民主法制建设获得切实保证。

三、切实加强社会主义民主法制建设

从本质上说，社会主义国家是人民当家作主的国家。人民当家作主有两层含义：一是主权在民。即国家权力来自人民，而非天授。二是要按人民的意志行使国家权力。就二者的关系来说，一方面，主权在民为按人民意志行使国家权力提供了合法依据；另一方面，按人民意志行使国家权力则是主权在民的具体实现。

那么如何才能使掌权者按人民意志行使国家权力，而不是用国家权力来欺压人民，来谋取私利呢？这就需要有民主的制度保障和程序安排。这里包括民主选举、民主协商、民主决策、民主管理和民主监督等制度、体制和法律的建设，简称社会主义民主法制建设。如果这个问题得不到解决，那么按人民意志行使国家权力就必然落空，人民主权就会丧失。苏联社会主义解体的一个教训就是长期缺乏关于民主法制建设的理性自觉，以致把在一些特殊情势下采取的一些临时措施常态化，并在有的方面走向了极端。比如，用实际上的委任制代替选举制，用个人专断取代民主集中，以及民主监督流于形式等。这样一种缺失民主法制规范的国家权力，一旦被野心家、阴谋家所篡夺，也就必然会给国家和人民造成巨大祸害。

委任制是列宁在十月革命胜利后，为尽快接管地方政权而采取的一项临时措施。虽然后来颁布的党章和宪法都规定，党和苏维埃，以及实行代表制的人民团体的领导机构均由选举产生，但实际上由于候选人由上级党委指定，且等额选举，所以干部任职乃是形式上的选举制，实质上的委任制。这种变相委任制的长期执行，也就使作为社会主人的人民被冷落一旁。干部的任用，人民无权过问，于是干部只对上级负责，不对人民负责。为了讨得上级的喜欢，党内的弄虚作假、拉帮结派、找靠山、歌功颂德、阿谀奉承等不正之风也就盛行起来。赫鲁晓夫就是通过对斯大林的歌功颂德，骗取信任而一步步爬上高位的。这些阴谋家、野心家一旦爬上高位，必然会通过手中握有的授职权，封官许愿、结党营私。随着腐败的不断加深，到勃列日涅夫和戈尔巴乔夫时期，也就逐渐形成了一个凌驾于人民之上的既得利益集团。

民主集中制是列宁提出并加以实践的苏联党和国家的一项重要制度。民主是指人民内部各方面在重大决策之前，各抒己见，充分讨论，充分协商。集中是指在充分讨论、充分协商的基础上，根据少数服从多数的原则，形成统一的思想和行动。这里的少数服从多数，一是指共产党员作为少数要服从广大人民这个多数，要服从作为公民意志体现的国家的宪法、法律；二是指共产党的各级干部作为少数要服从全体共产党员这个多数，要服从作为这个多数意志体现的党的章程、党的决议、党的纪律；三是指党的最高领导人要服从党中央集体这个多数，要服从作为这个多数体现的党中央的集体领导。

然而在苏共十七大以后，随着斯大林个人威望的上升，个人专断逐渐取代了民主集中。一是党的组织和党的领导人凌驾于宪法、法律之上。其突出的表现是在肃反中，斯大林控制的内务部可以不经司法检察机关同意而自行捕人。在审讯中使用酷刑，大搞逼供，造成了不少冤假错案。二是党的领导机关和党的领导人凌驾于全党之上。苏共十七大以后，党的代表大会不再按时召开。从1934年1月召开十七大到1953年3月斯大林逝世将近20年的时间内，总共召开了两次代表大会和一次代表会议。许多重大问题都未经党的全国代表大会讨论并形成决议，而是由少数人或斯大林个人决定，这造成了决策中的许多失误。三是党的领导人凌驾于党中央的集体领导之上。在后期，斯大林的个人智慧代替了集体的智慧，斯大林的指示就是党的决定。斯大林的个人专断使苏联党和国家事业的发展面临着严重的危机。应该说，斯大林时期在民主与专政、民主与集中、民主与法制等关系问题的处理上所犯的错误，留给后人的教训是极为深刻的，也是极为沉痛的。

在斯大林的后任者中，不管是打着反“个人迷信”幌子的赫鲁晓夫，还是继承赫鲁晓夫衣钵的勃列日涅夫，以及打着民主社会主义旗号的戈尔巴乔夫实际上都十分青睐个人专断。其中戈尔巴乔夫更是自觉地把这种个人专断体制，作为其从内部来破坏苏联社会主义事业的得心应手的工具。

赫鲁晓夫批判斯大林的秘密报告是由一小撮人炮制的，是未经集体同意拿到代表大会上去的。[①]1979年苏联出兵阿富汗是勃列日涅夫否定中央政治局的一致决定而私下擅自做出的。[②]苏联解体，用普京的话说，“是二十世纪最严重的地缘政治灾难”，“是一场真正的悲剧”。虽然76%的苏联公民在全民公决中支持保留苏联，[③]但苏联还是解体了。这个解体的决定是三个人，即俄罗斯总统叶利钦、乌克兰总统克拉夫丘克和白俄罗斯最高苏维埃主席舒什克维奇于1991年12月7日在白俄罗斯西南的别洛韦日密林中作出的。三个人竟然决定了一个多民族国家的命运，这在实行民主制的西方国家也是难以想象的。更加不可思议的是，戈尔巴乔夫于1991年8月23日竟然以总书记个人名义，背着苏共中央、不经苏共代表大会审议而下达了解散苏共的命令。这个以民主标榜的伪君子实际把个人专断运用到了登峰造极的地步。

在个人专断不断强化和干部委任权掌握在上级机关特别是上级领导人手中的情况下，苏联的监督机关也只能是单向的向下监督，而缺失更为重要的向上监督。这样党和国家领导人的错误也就不能得到及时纠正，不称职的党和国家最高领导人也就不能得到及时更换。加之苏联实际上所实行的是最高领导终身制，因而党和国家最高领导人或是自然死亡，或是通过非常手段（如推翻赫鲁晓夫的宫廷政变）才能得以更换。在这样一种政治体制下，斯大林的错误是在他死后才得到批判的，赫鲁晓夫的错误也是在他下台以后才被揭露的。作为党和国家领导人的勃列日涅夫在去世前的八九年是在病中度过的。然而这样一个逐渐丧失正常思维能力和正常行为能力的病夫却仍然领导着一个社会主义大国。在他当政的18年间，任人唯亲，大搞特权，上行下效，

① 张捷：《从赫鲁晓夫到普京》，14页，北京：社会科学文献出版社，2010年。

② 李慎明主编：《居安思危——苏共亡党二十年的思考》，347页，北京：社会科学文献出版社，2011年。

③ ［俄罗斯］麦德维杰夫：《苏联的最后一年》（增订再版），25页，王晓玉、姚强译，北京：社会科学文献出版社，2009年。

大批干部腐化变质，为苏联解体埋下了种子。这一沉痛教训说明，加强社会主义民主法制建设，是一个关系到社会主义事业成败的重大问题。

四、坚持以人为本至关重要

如前所说，社会主义苏联解体的一个教训是长期缺乏关于民主法制建设的理性自觉。这种缺乏从更根本的意义上说，是关于社会主义以人为本理念的缺乏。在国家层面上，斯大林领导苏联人民取得了巨大的辉煌成就。这些成就在目的论意义上惠及了广大苏联人民，这是没有疑义的。但在手段论意义上，确实又在不少环节上伤害了苏联人民、疏远了苏联人民。这种情况被混进党内的资产阶级当权派所利用，他们打着民主、人道的旗号，挑动与激化党与群众的矛盾，丑化党和党的组织，使党孤立于群众之外，结果导致了苏联党的灭亡和苏联的解体，以及人民的巨大苦难。这里有以下几点教训需要认真总结。

（一）暴力革命离不开暴力但不能滥用暴力

无产阶级暴力革命是马克思、恩格斯在总结以往历史经验的基础上，所提出来的一个重要命题。巴黎公社失败的一个教训就是对敌人过于仁慈。但无产阶级革命并不崇尚暴力，不能认为越恐怖越革命，越血腥越革命。这是因为无产阶级之所以要革命，之所以要用暴力和专政来反对和镇压少数人，甚至要从肉体上消灭一些人，一个重要理由就在于，这少数人危害着多数人的生命和财产的安全。因而无产阶级革命和专政是就其对多数人的生命和财产的维护来说的，它是最人道的革命和专政。但是尽管如此，也还要保持暴力的节制和必要的限度。第一，不能滥施暴力，伤及无辜；第二，对放下武器的俘虏不能杀害，而应加以优待，施以感化教育，化敌为友；第三，要消灭剥削阶级和剥削制度，但对剥削者个人则要给予出路，加以改造，使其自食其力，重新做人。这在中国叫作革命的人道主义，或者说，是实现了革命所要求的必要的暴力和人道之间的平衡。这一平衡的实现，对中国人民瓦解、孤立并最终打败敌人，曾发挥过巨大作用，在国际上也产生了良好影响。

比如，1946年6月蒋介石发动全面内战时，国民党军有430万人，解放军人数为127万，实力对比约为3.4：1。到1949年1月三大战役结束后，国民党军只剩下204万人，解放军人数则上升到358万人，形成了压倒性的优势。短短两年多变化如此之大，究其原因，除了解放军在战场上取得一个又一个胜利，歼灭了大量的国民党军队外，通过教育改造，把大批的国民党军俘虏转化为解放军战士，是扭转双方力量对比局面的另一个重要原因。这些被解放过来的战士，被称为解放战士。在有的解放军部队，这种解放战士竟占到了总人数的80%。[①]可见，解放军这一优待俘虏的人道政策，对解放战争的胜利发挥了何等巨大的作用。又比如，新中国把清朝末代皇帝，也是中国历史上的最后一个皇帝溥仪，改造成为中华人民共和国的公民，他还被选为全国政协委员，在后半生为祖国作出了一定贡献。就像周恩来所说，他的改造开创了新纪元，是世界上的奇迹。

然而苏联共产党在这方面就做得比较粗糙，没有提出相关的理论和采取相应的措施，以致造成了某些历史的失误和污点，给人以攻击的口实。比如，十月革命初期，在白卫军逼近的情况下，托洛茨基下令枪杀了沙皇一家，这就损害了红色政权的形象。卫国战争前的1940年，苏联对战俘营的2万多名波兰军人实施枪决，史称“卡廷事件”。这一事件至今仍为世人所诟病。另外，对剥削者个人的处置也往往显得粗暴过激。

特别应该指出的是，在肃反运动中枉杀无辜，在人类历史上也属罕见。斯大林把党内持不同意见的人，包括布哈林那样的人在内都杀掉了。所以，毛泽东对此很不理解，他说：“斯大林不知道是怎么想的，抓到一个就杀一个，结果犯了大错误。其实，托洛茨基是可以不赶走的，季诺维也夫也是可以不杀的。至少可以让他们当个政协委员吧！”[②]

① 刘统：《中国的1948年：两种命运的决战》，151页，北京：生活·读书·新知三联书店，2006年。

② 薄一波：《若干重大决策与事件的回顾》上卷，489页，北京：中共中央党校出版社，1991年。

（二）坚持国家利益至上但不能损害个人正当利益

在集体与个人的关系问题上，或者说在社会主义国家集体与个人的关系问题上，马克思主义坚持集体主义。集体主义的核心内涵就是集体优先于个人。但这里有一个限度。这个限度就是不能损害，而且在可能条件下，还必须增进人民群众的个人正当利益。这是因为人民往往也是根据对自己的损益，特别是生存性利益的损益来决定政治态度。这从而也就要求共产党人必须关心人民群众的个人利益，要使人民群众在这种关心中，在对个人利益的满足中，认识国家的整体利益，并团结起来为国家整体利益而斗争。

1917年布尔什维克党人之所以能得到群众的信任和拥护，从而取得十月革命的胜利，其中一个主要原因在于：布尔什维克党人提出了给人民“和平、土地、面包”的口号，这样也就把争取民生利益与夺取革命胜利统一了起来。苏维埃政权从1918年5月开始实施余粮征集制。这一政策在国内战争期间解决了军队和城市的基本供应问题，为战争的最终胜利提供了物质基础。然而这一政策却从1920年起至1921年初遭到了农民的激烈反抗，甚至爆发了几乎遍及全国的50多起大规模农民暴动。原因也在于，无偿征集农民余粮，通过说服动员，短时间可以，但长期不行；适量征集可以，但过量征集不行，用暴力征集更不行。无数历史事实证明，谁如果损害了人民群众的生存性利益，那么必然会遭到拼死的抵抗。好在列宁及时发现了这一错误并坚决加以改正，即用粮食税制代替了余粮征集制。这样才重新赢得了广大农民的信任和拥护。然而漠视人民群众个人利益的错误，在斯大林时期，往往在实现国家富强的名义下，一犯再犯。有时甚至把这种对群众个人利益的漠视作为惩罚手段，去逼迫群众服从国家的需要。比如，在农业集体化运动中，对富农采取没收财产、流放等手段，以此威逼数千万中农无偿交出自己的土地、农具和牲畜，加入集体农庄。公正地说，斯大林是反对这样做的。他于1930年3月2日发表的《胜利冲昏头脑》一文，严厉批判了已犯的错误和过火行为。这起到了纠偏的作用。但以往的错误已经伤害了人民的感情，流失了人心。诸如此类的事件造成了广大民众对苏联党和政府的不满。这种不满又没有得到应有的化解，后来又经敌对势力的煽动，自然也就成为苏联解体的一个方面的原因。

这种情况的发生，主要还在于：苏联共产党在后来一个相当长的时期内，没能摆正党的领导与人民当家作主的关系。

（三）党的领导是领导和组织人民当家作主

共产党是代表工人阶级和广大人民利益的政党。之所以要成立共产党，就是因为只有共产党才能领导和组织人民推翻旧社会，建立人民当家作主的新社会，才能保证和发展人民民主，使人民以主人的身份组织社会生产和安排社会生活，促进人的自由和全面发展。

但共产党只是保证人民当家作主的工具，只是领导和组织人民当家作主，而不能代替人民当家作主。共产党要领导群众，必须向群众学习，必须和群众打成一片，必须倾听群众的声音。只有这样，它才能领导群众。所谓领导群众，也就是根据群众的觉悟程度，去启发提高群众的觉悟，使他们认识自己的主体地位，自愿自为地发挥历史主体的作用。也就是说，以人为本，自主为要。但令人遗憾的是，在苏联，由于长时间的中央高度集权和个人崇拜的发展，人民群众逐渐成为国家机器上的“齿轮”和“螺丝钉”，成为国家权力支配和驱使的客体，党政机关高踞于群众之上，发号施令，有时以势压人。如果不听使唤，则会遭到残酷斗争，无情打击，从而严重混淆了“两类不同性质”的矛盾。在这样的氛围中，人民群众逐渐习惯于消极被动，盲从上级，懒于思维，结果失去了自己的辨别力和免疫力。当篡夺最高权力的政治骗子妖言惑众时，人民群众也就难免上当受骗，甚至抱欢迎的态度。

（四）在承认社会差别的意义上追求社会公平，但不能人为地扩大差别

社会主义社会虽然消灭了旧社会因剥削阶级存在而造成的阶级对抗、阶级差别，但还存在其他种种客观的和人为的差别。这种差别在公有制前提下主要表现为收入上的差别。这种收入上的差别，如果是因为对社会的贡献不同，则是符合社会主义公正原则的，是能得到广大群众理解的，并且对社会的发展也是有利的。这里所说的社会公正也就是人与人之间平等权利与平等义务的统一。这种统一，在收入分

配领域的体现也就是坚持社会主义按劳分配原则。

反之，如果这种收入的差别不是来源于对社会的贡献不同，而是因为担任社会公职享有某种特权，或是以权谋利，那么这种收入上的差别与社会公正就是根本对立的，是广大群众所深恶痛绝的。以人为本，公正为尊。离开了社会公正，也就背离了社会主义的首要价值。

在苏联，把担任社会公职与享受特殊待遇联系起来，并作出制度安排，这一做法始于斯大林时期，强化于勃列日涅夫时期。这主要表现在三个方面：一是高档住房，二是特供商店，三是过高的工资和津贴。

在住房方面，苏联党政干部可以免费享受国家提供的“政府公寓”。这种公寓一开始是通过没收剥削阶级的财产而来。在早期，干部住房与普通居民住房差距不大，但后来差距则逐渐扩大。兴建的国家别墅，档次越来越高，内部设施也更加齐全，也就成为普通百姓难以企及的“世外桃源”。在勃列日涅夫时期，一些党政官员除了拥有国家别墅外，还以权谋私，修建了私人别墅，同时为自己的儿辈、孙辈修建了私人别墅。

在日用品供应方面。在国内战争发生的饥饿年代，为了保证党政干部的体力和健康，在列宁建议下，设立了“疗养食堂”。可是在苏联经济好转后，“疗养食堂”非但没有取消，而且逐渐演变为苏联党政干部享受特殊商品配给的“特供商店”。随着党政机关的不断扩大，配给的面越来越宽，标准也越来越高。在勃列日涅夫时期，这种特供商店在莫斯科就达100多家。[①]它为苏联党政干部供应包括进口生活用品在内的各种各样的商品，这是普通商店无法比拟的，更是普通群众无法企及的。

在工资和津贴方面。列宁时代和斯大林时代的早期，党政干部与普通人民群众的收入差距很小。1932年起正式取消了党员工资最高限额，二战后又开始为高级干部发放“党内津贴袋”，其额度相当于受益者正常工资的50%—100%。[②]到了勃列日涅夫晚年，为了“稳定”干部，他不断颁布各种条例、规定，使官僚阶层日益膨胀的利益要求固定化、制度化。据有的材料估计，在勃列日涅夫时期，苏联党政干部

① 李慎明主编：《十月革命与当代社会主义》，9页，北京：社会科学文献出版社，2008年。

② 张祥云、秦正为：《苏联的“增量腐败”及其当代警示》，《社会科学研究》，2010（6）。

和普通人民群众收入的差距达30—44倍之多。[①]因党政干部享有不断扩大的特权及其不断获得制度化，这样也就在苏联党内形成一个既得利益集团。这个集团的形成，也就成为社会主义苏联解体的一个根本原因。

总之，一个政权、一个政党，其前途和命运最终取决于人心向背。这是一条历史的规律，工人阶级执政党也不例外。如果执政的工人阶级政党沦为“特权党”“贵族党”，那么也必然会被人民所抛弃。因此，对工人阶级执政党来说，只有坚持以人为本，执政为民，始终保持党和人民的血肉联系，才能使自己兴旺发达，也才能使社会主义事业永葆青春。

① 奚广庆：《也谈苏联解体的一个原因——兼评美国学者科兹的几个论点》，《当代世界社会主义问题》，2001（2）。

人类原则与无产阶级原则*

——兼评戈尔巴乔夫的“全人类价值高于阶级利益”论

戈尔巴乔夫十分推崇“全人类价值”，他所主张的“新思维”的核心就是全人类的价值高于阶级利益。[①]因而主张坚决抛弃与全人类共同价值相对立的简化的阶级立场。他的这一主张，实际是对无产阶级原则的背叛，同样也是对全人类原则的背弃。他的这一观点在现实中所造成的危害，已经人所共知，但是其在理论上的荒谬还有待进一步揭示。另外，如何在马克思主义指导下，以无产阶级原则与全人类原则相统一的观点，来科学说明全人类的利益及其实现，来认识和解决人类所面临的全球性问题，确实是一个有着重大意义的时代课题。本文想就这些问题，来谈一些粗浅的认识，以求教于大家。

一、全人类原则是近代以来的历史呼唤

全人类原则的提出，是以全人类利益的形成为前提的。全人类利益是从全球维度所标示的人类的共同利益。基于这一认知，在笔者看来，那种关于从人类一产生，就形成了全人类利益的观点，是不妥的；那种把个人和一定群体的特殊利益，说成是全人类利益的一定层次的观点，也是不对的；至于那种所谓在全球性问题产生以后，全人类利益才得以存在的观点，也令人难以苟同。

按照马克思主义的观点，生产力的发展、分工和人与人之间相互交往的发展，才产生了交往者之间的相互依存，从而形成了他们之间的共同利益。全人类利益就是在近代生产力发展和世界普遍交往发展的过程中产生的。

---

* 本文为1992年4月17日给芜湖师专政史系大学生所作的学术报告，此次收入文集，文字上作了修改。

① ［苏］米·谢·戈尔巴乔夫：《改革与新思维》，苏群译，183页，北京：新华出版社，1987年。

在漫长的古代，在生产力发展的基础上，人类逐渐冲破了血缘关系，以及由狭隘到相对扩大的地缘关系的束缚，在愈来愈广阔的范围内发展着经济和政治的联系，以及思想的交流。但在总体上，由于古代社会生产方式的限制、高山大海的阻隔、交通工具的落后，致使世界各地的文明中心还处在较少联系的、相对孤立的发展状态中。也就是说，那时还不能形成世界性的广泛联系，并产生全人类的利益。

直到资本主义生产关系产生以后，经过地理大发现和产业革命，才开始有了经济、政治和文化的世界性联系。从这时开始，也才产生了全人类利益以及实现这种利益的客观要求。

马克思以其惊人的洞察力注意到这一历史趋势。他指出，资本主义生产关系是建立在商品经济不断发展基础上的。为了“不断扩大产品销路的需要，驱使资产阶级奔走于全球各地。它必须到处落户，到处开发，到处建立联系。资产阶级，由于开拓了世界市场，使一切国家的生产和消费都成为世界性的了。……过去那种地方的和民族的自给自足和闭关自守状态，被各民族的各方面的互相往来和各方面的互相依赖所代替了”[①]。由于“各个相互影响的活动范围在这个发展进程中越是扩大，……，历史也就越是成为世界历史”[②]。

18世纪以来，这种国际交往的扩大，迄今为止经历了互相衔接的几个发展阶段。

第一阶段，是在18世纪发生的第一次工业革命基础上形成的，交往内容主要包括原料和制成品方面的国际分工和交换，以及与此相伴随的思想文化的交流发展。

第二阶段，是从19世纪后期开始的，与第二次工业革命相伴随的，包括国际的生产分工和交换分工在内的国际交往体系的形成和在各方面交流的扩大。

第三阶段，开始于二战以后，在这一阶段，掀起了以研究和运用电子计算机、遗传工程、光纤通信、新材料为主要内容的新技术革命。新技术革命推动国际分工和国际交往发生了极其深刻的变化。集中表现在发达国家之间的生产分工开始推向要素分工这一更深的层次，从而使国与国之间的相互联系和相互依赖程度空前加深。同时在二战后，

① 《马克思恩格斯文集》第2卷，35页，北京：人民出版社，2009年。

② 《马克思恩格斯文集》第1卷，540、541页，北京：人民出版社，2009年。

无线电通信、洲际交通工具的出现，运输费用的下降，特别是全球性计算机网络的形成，为把全球联系为一个整体提供了负载、手段和条件。因此，有人认为，在现代，人类合作的基本单位，因而也是生存的基本单位，已经从国家一级移向了全球。①做出这种判断，虽然为时尚早，但这也表明全球一体化的趋势已十分强劲。

在这种全球性的日益加深的相互依存中，人类利益的共同性日益凸显在人们面前。在当今世界上，任何一个发展中国家，都不能离开世界的普遍联系，封闭起来发展自己。如果是那样，那么只能导致落后。同样，发达国家也不可能在绝大多数发展中国家仍处于贫困、落后和饥饿的状况下，来求得进一步发展。关于这一点，已经为不少西方有识之士所觉察。美国耶鲁大学历史学教授保罗·肯尼迪在其著作《为21世纪做准备》中就告诫人们说，不可想象占全球人口1/10的美国人和欧洲人将能够作为繁荣的岛屿，存在于一个贫穷和社会冲突的海洋中。②尽管这一认知在西方的声音还十分微弱，但它表明了一个真理。即世界各国只有相互依存，才能求得生存和发展，除此以外，别无出路。

总之，以近现代生产力发展为基础的世界，各民族各方面的互相往来和相互依赖，满足了实现全人类利益的客观要求，并且为实现这种要求提供了丰厚的物质条件。但是这只是问题的一面，还有另一面，即人们所创造的巨大社会财富，并没有使全人类过上幸福、美满的生活，我们今天和在今后一个相当长的历史时期中，仍要为全人类利益的实现而进行坚持不懈的斗争。这是为什么呢？从根本上来说，这是因为西方资本主义体系仍然在支配世界。

二、西方资本主义私利原则是全人类原则实现的最大障碍

如上所说，生产力的近现代发展和世界交往的扩大和加深，使世界逐渐成为一个整体，从而形成了全人类利益的整体需要。然而这个

---

① ［美］梅萨罗维克、［德］佩斯特尔：《人类处于转折点——给罗马俱乐部的第二个报告》，梅艳译，142页，北京：生活·读书·新知三联书店，1987年。

② 转引自丛志杰：《全球可持续发展中的南北关系探析》，《内蒙古大学学报》（人文社会科学版），2000（4）。

世界总体是西方资产阶级为服务于自己的利益，首次开创并逐步形成的。因为“资本主义如果不经常扩大其统治范围，如果不开发新的地方并把非资本主义的古老国家卷入世界经济的漩涡，它就不能存在与发展”①。正是在这个意义上，马克思认为，资产阶级“首次开创了世界历史”②。资产阶级在开创世界历史的过程中，一方面为全人类利益的实现准备了物质条件；另一方面，资产阶级的私利原则又妨碍着全人类利益的实现。在西方资本主义走向世界的早期，其殖民主义政策加剧着民族和国家间的不平等，残酷剥夺了殖民地人民享受工业文明的权利，而且极大地破坏了被征服各国所创造的历史的文明。欧洲侵略者、美国的奴隶贩子和种族主义者的殖民统治，持续了100年到150年，在不少地区，甚至持续了500年之久，导致千百万人丧失生命，给殖民地和半殖民地人民带来深重灾难。为了重新瓜分世界，帝国主义国家挑起了两次世界大战，导致大约一亿人死亡。按当时的比价计算，直接军费开支约1.5万亿美元，物质总损失达4万多亿美元。

在帝国主义战争所造成的西方资本主义总体力量一时削弱的背景下，有一些落后国家在近代工业有了一定发展和无产阶级力量逐渐壮大的基础上，鉴于资本主义制度给人类带来的巨大灾难，选择和走上了社会主义道路；另一些落后国家经过民族革命，摆脱了殖民统治，走上了民族独立的道路。这无疑是对帝国主义和殖民主义的沉重打击。但从全球角度看，西方发达资本主义国家仍然在利用其各方面的优势地位，在全世界推行资本主义私利原则，这表现在以下几个方面。

第一，利用国际生产分工中的优势地位剥削广大发展中国家。在以资本主义先进工业国为核心的国际生产体系中，资本主义发达国家对工业制成品的生产处于垄断地位，而发展中国家则是生产单一的初级产品。这种不合理的国际分工成为制约发展中国家发展的严重桎梏。由于这种情况的存在，许多发展中国家不能获得经济上的独立，从而不得不依赖于发达国家。另外，其单一制的经济结构对于世界市场的承受能力极为有限，一遇不利的国际贸易条件，就会造成重大损失。

第二，利用在国际贸易体系中的优势地位剥削广大发展中国家，即资本主义发达国家凭借经济和技术优势，通过抬高工业品价格，压

① 《列宁全集》第3卷，547页，北京：人民出版社，1984年。

② 《马克思恩格斯文集》第1卷，566页，北京：人民出版社，2009年。

低原材料和初级产品的价格，对发展中国家进行掠夺。

第三，西方发达国家实行贸易保护主义。对西方发达国家来说，为了便于到别国去攫取利益，它可以打着贸易自由的旗号；而为了保护自己的优先利益，它又可以祭起保护主义的旗号，即西方发达国家通过设置关税壁垒、非关税壁垒和限制性贸易条例等手段，对发展中国家的出口产品进行限制。这样，不仅严重影响了发展中国家生产的发展和减少了他们本来可能获得的出口收入，而且对发展中国家的贸易比价产生了不利影响。

第四，西方发达国家所实行的高利率政策使发展中国家的外债猛增。从20世纪70年代中期开始，国际垄断资本一方面向发展中国家大量放债，另一方面又对发展中国家的出口加以限制，使其创汇能力减弱，发生支付困难，于是利滚利，久而久之，形成债务陷阱。

第五，西方发达国家利用优厚条件抢夺发展中国家的高科技人才。西方发达国家利用科技优势、教育优势，吸引发展中国家的人才前来就读，又利用其待遇优势和机会优势，留住这样的人才，为己所用。这已成为西方发达国家剥削发展中国家愈来愈重要的手段。

由于长期殖民统治遗留下来的恶果和不平等国际旧秩序的存在，国际贫富两极分化加剧。在刚进入20世纪80年代的时候，低收入的发展中国家与发达资本主义国家人均国内生产总值的差距是1∶39.5，但到了1990年，这一差距又扩大到了54.6倍。

总之，西方发达资本主义国家对广大发展中国家的剥削，仍然是国际贫富两极分化加剧的总根源，是全人类价值实现的总障碍。因此，绝不能离开对国际阶级关系的具体分析，去一般地谈论全人类价值的实现，包括全球性问题的解决。

三、国际旧秩序是引起全球性问题的主要原因

什么是全球性问题？就是具有相当的普遍性、涉及整个人类利益，并需要协调一致的国际行动才能加以解决的一系列问题。可见，研究和解决全球性问题，是维护全人类利益的一个极为重要的方面。

当前，这些问题包括：核战争问题、生态环境问题、人口问题、粮食问题、资源问题，以及发展中国家的贫困问题等。

产生这些问题的原因，可以归纳为两个方面：一是人与自然关系的失调，二是人与人关系的失调。这两种失调又往往相互联系、相互作用。即人与自然关系的失调，可以引起人与人关系的失调；同样，人与人关系的失调，也可以引起人与自然关系的失调。这两种失调的相互作用，既可以表现为不良的自然后果，也可以表现为不良的社会后果。而这两种后果最后都要由人来承担，使全人类受害。

那么引起这些不良后果的主要原因是什么呢？是人与自然关系的失调呢？还是人与人关系的失调呢？许多论者认为，主要原因是人与人关系的失调。笔者赞同这一认识。

因为人与自然的关系，说到底，不过是以自然为中介而表现出来的人与人的关系。比如，对自然资源进行掠夺性开采，这无疑是人与自然关系失调的一种表现，但这种失调从本质上说，又是人与人关系失调的一种表现。即个别人或少数人为了一己私利，而不惜牺牲社会利益和子孙后代的长远利益。因此，要解决人与自然关系的失调问题，作为前提，首先要解决人与人关系的失调问题。

世界上所有国家都不同程度地存在着人与自然关系的失调，从根本上说，这都源于人与人关系的失调。从世界范围来说，造成全球性问题的主要原因，也只能是全球性人与人关系的失调。在笔者看来，这种失调的最大和最集中的表现就是不平等的国际旧秩序。或者说，它就是当代全球性问题的总根源。

在旧的国际关系下，国际贫富两极分化加剧，于是发展中国家的贫困成为一个影响全球发展的严重问题。关于这一点，前文已经说过了。

发展中国家由于经济文化的落后，也就缺失了经济文化发展对人口过猛增加的抑制作用。按1980年的统计，在当今世界上，人均收入在2000美元以上的国家，人口自然增长率大都在10%以下；而人均收入大大低于2000美元的国家，其中大多数的人口自然增长率在20%以上。加上计划生育工作在不少发展中国家尚未展开，或力度不够，于是造成了世界人口大量膨胀。世界人口增长率的90%来自发展中国家。

目前世界上大部分环境危机的总根源，也在于富国与穷国之间的巨大差距。富裕国家的人口占世界总人口的25%，但消耗的能源却占70%，消耗的金属占75%，消耗的木材占85%，消耗的粮食占60%。1992年联合国环境与发展会议资料表明，西方发达国家占世界总人口的1/4，消耗的自然资源约达全世界总人口消耗自然资源总量的3/4。美国前总统卡特曾坦率承认："世界环境中的大多数问题是富国造成的，它们是日本、美国、欧洲和其他国家。"[①]拿美国来说，一个美国人对环境产生的影响，就是发展中国家每个居民的30倍。无疑，西方发达国家应对世界大部分污染负责。

特别应该指出的是，20世纪80年代以来，美英等发达国家先后制定了各种法律，严格保护本国的生态环境。按说这是值得赞扬的好事，然而善良的人们并没有注意到，他们在主动改善各自生态环境的同时，却将淘汰的、有害环境的技术和企业转移到发展中国家。另外，一些发达国家正在不声不响地把一船又一船严重污染环境的工业废料，运往发展中国家。近年来，在我国也多次发生这类洋垃圾事件。按不完全统计，目前每年从北美、西欧输出到亚非发展中国家的各种有毒废弃物达2000多万吨。

遭受人口过多、营养不良、疾病打击的一些发展中国家，在努力追赶发达国家的同时，一个恶性循环开始形成：高速工业化进程毒害了城市，提高农产品产量的同时往往又毁坏了森林、耗尽了地力。一些不发达国家正是苦于经济上的贫困和科学技术的落后，而造成了极其严重的生态环境问题。

在旧的国际秩序下，少数发达国家在国际事务中以富压贫、以大欺小、以强凌弱。特别是美国，在苏联解体以后，它以唯一的超级大国自居，在国际上推行霸权主义、强权政治，企图把自己的价值观和政治经济模式强加于人，为此而侵犯他国主权、干涉他国内政。在困难中前进的、本来尚属平静的非洲，由于西方强加以多党制的模式，并将其作为获得经援的条件，从而引发了广泛的政治动荡，甚至激烈的内战。

总之，国际旧秩序的存在，是引发全球性问题的一个根本原因。因此，解决全球性问题的根本出路，就在于要改变国际旧秩序，建立国际新秩序。当然这样说，并不意味着轻视或减弱每个国家在本国范围内和一些国家在本地区范围内为解决全球性问题而应承担的责任，也不意味着可以轻视或排斥各种和平运动和绿色运动对解决全球性问题所作的努力。应该说，这种努力，对一些局部问题的解决、对唤醒

① 转引自王正平：《发展中国家环境权利和义务的伦理辩护》，《哲学研究》，1995（6）。

人们对于全球性问题的关注，都是有积极意义的。

四、坚持无产阶级原则，为全人类原则的实现而奋斗

随着历史向世界历史转变，资产阶级作为一种世界性的存在，与此同时，它的对立面无产阶级也是作为一种世界性的存在。马克思、恩格斯甚至认为："无产阶级只有在世界历史意义上才能存在。"[①]这是因为，第一，只有以大机器为标志的生产力发展和世界交往的发展为基础，才会产生摆脱原有小生产和地域性束缚的真正的无产阶级；第二，在世界历史意义上，各国的无产阶级处于相同的地位、有着相同的命运，各国工人阶级相互支持，才能使无产阶级作为一种国际性的力量而存在；第三，只有在世界历史意义上，才提出了全人类解放的任务，才需要一个为全人类解放而斗争的阶级，即无产阶级的存在。

无产阶级之所以能肩负起全人类解放的历史使命，这是因为无产阶级作为最先进的阶级，代表了社会发展的方向。无产阶级没有自己的私利。它的利益是和全人类的整体利益一致的。正如马克思、恩格斯所言："过去的一切运动都是少数人的，或者为少数人谋利益的运动。无产阶级的运动是绝大多数人的，为绝大多数人谋利益的独立的运动。"[②]于是，马克思获得了一个关于全人类解放的、意义非常重大的发现：他在社会中找到了能担当解放全人类这一历史使命的无产阶级，从而给全人类解放的学说灌注了新的内容，给予了新的力量，使它变成了现实的起重大作用的东西。因此，任何把无产阶级的解放和全人类的解放对立起来，以及无产阶级原则和全人类原则对立起来的观点，都是不对的。

历史上就曾有人把无产阶级解放与全人类解放对立起来。而在马克思主义看来，如果离开无产阶级解放，那么全人类解放就必然会落空，资产阶级的统治就会依然如故。恩格斯曾就此指出，如果一般地谈论全人类解放，"这在抽象的意义上是正确的，然而在实践中在大多数情况下是无益的，甚至是有害的"，因为"有产阶级不但自己不感到有任何解放的需要，而且还全力反对工人阶级的自我解放"。所以无产

① 《马克思恩格斯文集》第1卷，539页，北京：人民出版社，2009年。

② 《马克思恩格斯文集》第2卷，42页，北京：人民出版社，2009年。

阶级如果不愿把解放全人类的口号变成“自作多情的空话”，那么它“就应当单独地准备和实现社会变革”[①]。恩格斯的这段论述是极为深刻的，这对那种借口全人类价值高于一切，而摒弃无产阶级原则的所谓“新思维”也是一个极好的批判。

当然，全人类原则并不等同于全人类解放的原则。它是一个包括全人类解放原则在内的更为广泛的概念。全人类原则包含这样两个层次：一是它的高层次，是全人类解放的原则；二是它的低层次，即人类生存和发展的原则。无产阶级就其最终使命来说，无疑要为全人类解放而斗争；但就现阶段来说，它首先要为全人类的生存和发展而斗争。因为这是全人类目前最直接最现实的利益。

因此，坚持全人类原则，在现阶段就主要表现为：坚持世界各民族各国家的和平发展、合作共赢的原则。这些原则在现阶段体现了人类生存和发展的利益，是符合无产阶级和世界上绝大多数人的愿望和要求的。我国是工人阶级领导的社会主义国家。上述这些原则在我国内外政策中得到了重视和体现。我们奉行反对霸权主义、维护世界和平的政策，与世界各国发展友好合作关系的政策，在和平共处五项原则的基础上，为建立和平、稳定、公正、合理的国际新秩序，为解决人类所面临的全球性问题积极进行努力，作出了应有的贡献。

总之，在阶级、国家还存在的情况下，全人类原则作为人类理想的体现，它能激励人们为美好的社会理想而奋斗；作为人类现实利益的反映，它又是对全球性的人与人关系，以及人与自然关系的一种规范和协调。因此，高扬全人类原则，对于维护人类的生存、发展和争取全人类解放的事业，都是有意义的。但是全人类原则的实现，以及在什么程度上实现，这是有条件的。这种条件从根本上说，取决于国际无产阶级和世界人民通过斗争，在多大程度上限制、削弱，乃至最终消除资产阶级私利原则的干扰。

由此可见，那种借口高扬全人类价值，而对包括无产阶级原则在内的一切阶级原则，不加区别、一概拒斥的观点，实际上，不过是屈服于帝国主义压力，为改旗易帜、推行妥协原则而进行理论辩护。因而这种论调既是对无产阶级原则的背叛，实际也是对全人类原则的背离。

---

① 《马克思恩格斯文集》第1卷，370页，北京：人民出版社，2009年。

“历史终结论”的抽象人性论剖析*

1989年，日裔美籍学者弗朗西斯·福山在美国《国家利益》杂志上发表了《历史的终结?》一文。随后，他于1992年，又在该文基础上加以扩充，形成和出版了《历史的终结与最后的人》这一著作。其文章和著作所论述的一个根本观点，就是“历史终结论”。即所谓西方自由民主已取得历史的终结性胜利。然而30多年来，这一观点并未得到事实的印证，而是遭到历史的驳斥。之所以如此，是因为他所依据的是一种以“追求精神承认”为始原的抽象人性史观。在这一历史观看来：其一，追求精神承认，即获得以“自我价值感和身份感”为内涵的“尊重”或“名誉”，是人区别于动物，或“人之为人”的“最基本、最独一无二的特征”①。其二，精神承认的追求是一个斗争乃至“血战”的过程。福山说：“历史开端时期的这种血战为的不是食物、住所或安全，而是纯粹的名誉。”正是这种血战，造成了主人与奴隶的区分。即在生死的决斗中，“甘愿冒生命之险去追求荣誉”的一方成为主人；而“屈从于怕死的本能”的另一方则成为奴隶。不过，在福山看来，这种主奴双方的承认，是一种不平等、不充分的承认。于是，“因得不到充分承认而产生的不满情绪，构成了促进历史向后来阶段发展的‘矛盾’”。这一矛盾导致人们去“寻求一种满足主人和奴隶双方在相互平等基础上得到承认的方式”②。如此一来，人类历史也就表现为“主人与奴隶之间内在不平等的承认被代之以普遍的相互承认”的历史，或曰追求“精神上平等承认”的历史。其三，上述斗争的结果，也就导致了西方自由民主制度的确立。因为这个制度“承认他们作为

---

* 原刊于《马克思主义研究》，2020（9）。

① ［美］福山：《历史的终结与最后的人》，陈高华译，181、162、163页，桂林：广西师范大学出版社，2014年。

② ［美］福山：《历史的终结与最后的人》，陈高华译，14、15、168页，桂林：广西师范大学出版社，2014年。

自由个体的自主权”。或者说：“自由民主国家——用普遍的、平等的承认取代了主奴关系，从而一劳永逸地解决了承认问题。在整个历史进程中，人们孜孜以求的——驱动着早前‘历史阶段’的——就是承认。在现代世界，人们最终找到了这种承认，而且得到了‘完全的满足’。”①由此，福山认为，自由民主的理想则已尽善尽美。②作为这一理想体现的“自由民主制度”也就不是偶然之物，而是人之为人的本性的发现。③于是，他得出结论说：“自由民主也许是‘人类意识形态演化的终点’和‘人类政体的最后形式’，并因此构成‘历史的终结’。”④其四，“历史的终结”在黑格尔和马克思那里已有言在先。这个终结社会，在前者那里为“自由国家”，在后者那里是“共产主义社会”。

那么这一历史观的科学性和解释力到底如何？为了说明这个问题和澄清其间的理论是非，下面就人的最本质特征，人类历史的本质，西方自由民主制度得以确立的真实逻辑，黑格尔的“自由国家”和马克思的“共产主义社会”的实际所指，以及现代西方自由民主的命运等五个问题，分别来展开论述。

一、“追求精神承认”并非人的最本质特征

何为承认？在人际关系意义上，承认是一方以某种方式对他方表示肯定或接受的行为。人作为社会的人，都存在一个追求承认或被承认的问题。在这个意义上可以说，追求承认确实是人之为人的一个特征。但在肯定这一点的同时，也不能把追求承认作个体化、精神化，进而本体化和抽象圣洁化的理解，以至把它说成是人之为人的最本质特征。

---

① ［美］福山：《历史的终结与最后的人》，陈高华译，15、16、19页，桂林：广西师范大学出版社，2014年。

② ［美］福山：《历史的终结与最后的人》，陈高华译，9页，桂林：广西师范大学出版社，2014年。

③ ［美］福山：《历史的终结与最后的人》，陈高华译，71、72页，桂林：广西师范大学出版社，2014年。

④ ［美］福山：《历史的终结与最后的人》，陈高华译，9页，桂林：广西师范大学出版社，2014年。

（一）不能把“追求承认”作个体化理解

就自我来说，追求作为个体的他人的承认，无疑有其意义，但社会意义不大。故而人们所看重的，并非某个他人的承认，而是自己作为其中一员的组织的承认，包括国家和国际社会的承认。总体来说，承认作为广泛的社会范畴，除了作为社会个体间的相互承认以外，主要还有个人与组织、组织与组织之间的相互承认。

（二）不能把“追求承认”作精神化理解

如上所言，承认是一个广泛的社会范畴，因而其内容和形式都是丰富的、多样的。以至可以说，在社会生活中，某种社会关系的确立，都意味着是一种承认。比如，个人或企业的劳动和产品，通过交换变成社会劳动和社会消费品，这就是一种社会承认，而且这还是现代经济生活中人们相互承认的直接和主导形式。另外，仅就社会对个人贡献的承认来说，也有物质上的经济承认、政治上的待遇承认和精神上的荣誉承认等多种形式。其中，在物质承认与精神承认的关系问题上，邓小平曾经指出，要调动劳动者的积极性，既要有物质鼓励，即“承认物质利益”；同时又要讲“精神鼓励”，即精神承认。他举例说，“颁发奖牌、奖状是精神鼓励”。他还强调指出：“只讲牺牲精神，不讲物质利益，那就是唯心论。”[①]那么在追求承认的问题上，福山为什么只讲追求精神承认，以至失足于邓小平所批评的唯心论呢？其根源在于，他对人的最本质特征的理解，原本就是错误的，唯心主义的。

（三）不能把“追求精神承认”作本体化理解

我们不能认为，人之为人的最本质特征就是追求精神承认。在人的本质特征的理解上，福山根本否认有人之为人的物质特征的存在。在他看来，人的物质需要，包括“食物、住所、安全”等的需要，只是“人和动物”共有的“自我保存的自然需要和欲望”，或一种“动物本能”[②]。其实，福山的这一观点是片面的，在总体上是错误的。人固

① 《邓小平文选》第2卷，337、102、146页，北京：人民出版社，1994年。

② ［美］福山：《历史的终结与最后的人》，陈高华译，14、166页，桂林：广西师范大学出版社，2014年。

有其自然需要，但在马克思主义看来，这种需要在人身上已“不是纯粹的自然需要，而是历史上随着一定的文化水平而发生变化的自然需要”[①]。或者说，人的自然需要已是一种经过文化陶冶、打上了文明印记的自然需要。比如，“饥饿总是饥饿，但是用刀叉吃熟肉来解除的饥饿不同于用手、指甲和牙齿啃生肉来解除的饥饿”[②]。这就是说，即便是自然需要，对人来说，它的对象和实现方式也是受社会实践，特别是社会物质生产制约，并随之发展而改变的。正是在这个意义上，马克思、恩格斯认为，“一当人开始生产自己的生活资料，……人本身就开始把自己和动物区别开来”[③]。福山在这里的失误在于，他把人与动物的自然需要不加区别，混为一谈了。这也就排除了满足人的自然需要的物质生产对人的根本意义。这样一来，他也就把追求精神承认看成是人的“最基本的，最独一无二的特征”。

然而在任何地方都不存在与福山上述观点相对应的经验事实。相反，经验告诉人们：追求别人对自己的精神承认，并非如福山所言的源自人的本性的本该如此，或理所当然，而是有前提的。这个前提就是自我在他人心目中的“形象”或“名”，与自己的“实”不符。为了实现这种“符”，才要去追求精神承认的。如果“相符”，也就没有追求的必要了。当然，如果有人自我膨胀、自视甚高，并进而要求别人对自己加以认可，那么这就是通常所说的强人所难，或无理取闹。如果发生这种情况，则应另当别论。追求精神承认，或追求名实相符，是很重要的。因为名实相符，才能言顺事成。不过相对于人的“实”来说，追求精神承认，或曰“正名”，毕竟不是人的始原的特征，而是派生的特征。

福山在书中也曾提到“追求精神承认”是通过他人来获得自我“价值感和身份感”的确认。这一观点，诚然有理。但“身份感”必须是以“身份”的确立为基础；而“价值感”也必然是以“价值”的存在为前提。“身份”是什么，它就是个人在分工协作的社会活动中，特别是社会实践中的坐标定位，或曰所充当的“角色”；价值是什么，在这里，也就是此种“角色”所履行的责任或所尽的义务，或曰角色担

① 《马克思恩格斯全集》第47卷，52页，北京：人民出版社，1979年。

② 《马克思恩格斯全集》第46卷上册，29页，北京：人民出版社，1979年。

③ 《马克思恩格斯选集》第1卷，147页，北京：人民出版社，2012年。

当。因此，个人的最本质特征不是福山所言的追求精神承认，而是人在社会实践中的角色担当。用马克思的话说：“个人怎样表现自己的生命，他们自己就是怎样。因此，他们是什么样的，这同他们的生产是一致的——既和他们生产什么一致，又和他们怎样生产一致。”[①]个人为什么要追求角色担当，因为一般说来，只有担当了一定角色，才能获得与角色义务相当的角色权利，或曰社会回报，从而也才能得以为生，得以安身。这是生活的常识，也是马克思主义唯物史观所揭示的第一原理，即人类为了生存和生活，必须生产物质生活本身。而对个人来说，也就要通过角色担当，融入社会生活，从而才能在其中获得自己生存和发展的条件。人们追求精神承认，说到底，也是为了更利于实现这种角色担当。即上文所言的“言顺事成”。因此，福山脱离人的角色担当，把追求精神承认，说成是人的最本质特征的观点，是不能成立的，是唯心主义的。

（四）不能把追求“精神承认”作抽象圣洁化理解

在人类历史的不同时期，都不乏为个人、为家族、为家乡、为国家的荣誉而献身的人。这里的荣誉或名誉是精神性的，但不是纯粹精神性的。因为任何荣誉其背后都关联着利益。比如，国家给予的荣誉就意味着为国家的利益作出了贡献；家乡赋予的荣誉也就标示着为家乡人民的福祉作出了牺牲。在这个意义上可以说，那种没有任何利益关联的所谓纯粹荣誉是不存在的。另外，利益有高下之别，和正当与否之分，因而与之相联系的荣誉和为荣誉而战，也要进行具体分析，从而给予区别对待。极而言之，这里还有“泰山鸿毛”之别。即为人民的利益和荣誉而献身，就比泰山还重；相反，为侵略者、人民残害者的利益和荣誉去送死，则比鸿毛还轻。因此，在这里，不能像福山那样，脱离利益关联去讲所谓纯粹的荣誉，并把这种为纯粹荣誉而战的行为加以圣洁化，说成是超越动物本能的一种人性精彩，以至把帝国主义发动的战争，也说成是为纯粹的荣誉而战。[②]这是混淆视听和颠倒是非，是对帝国主义战争的美化。如果是这样，那么也就失去了基

---

① 《马克思恩格斯选集》第1卷，147页，北京：人民出版社，2012年。

② ［美］福山：《历史的终结与最后的人》，陈高华译，18页，桂林：广西师范大学出版社，2014年。

本的人道立场。这一事实启示人们：理论上抽象谈论的人性，用之观照现实，很可能走向人性的反面。如同抽象谈论的民主，在现实中可能导致民主危机，抽象谈论的人权，在现实中可能引发人权灾难一样，这是需要警惕的。

二、人类历史并不是“追求精神上平等承认”的历史

如上所言，福山所持的作为人生第一逻辑的“追求精神承认”，纯属子虚乌有。因而以这一逻辑为前提所推演出来的所谓历史逻辑，即认为人类历史是人追求精神上平等承认的历史这一观点，自然也就不能成立。这里的不能成立，不仅是指从上述错误前提所引申出来的这一结论不能成立，而且是指从既有前提出发，导出这一结论的推理过程本身充斥着逻辑矛盾，不能自圆其说。这里的逻辑矛盾主要表现在以下三个方面。

（一）从人性的同一逻辑推不出作为历史开端的主奴斗争逻辑

福山把“追求精神承认”视为人为之人的最本质特征，或曰普遍人性，那么既然如此，也就很难解释其在书中所描述的人类历史开端时期的状况，即在人类的生死决斗中，成为主人的一方，表现了追求精神承认的顽强意志，而成为奴隶的一方却没有这样的意志，如福山所言，他们“屈从于怕死的本能”。如此一来，这里的逻辑矛盾也就产生了。即，如果肯定上述普遍人性的存在，那么势必导致对奴隶是人的否定；反之，如果肯定奴隶也是人，那么也就必然造成对上述普遍人性的否定。为了避免这一逻辑矛盾，福山在理论上作了这样一种处理：承认主人和奴隶都是人，即都具有普遍人性，但认为这种人性，对主人而言是一种现实存在，而在奴隶那里则是一种潜在存在。[①]然而这一辩解仍然没有解决问题，即在历史的开端处，主人为什么生来具有人性的现实性，而奴隶却没有。从辩证论的观点看，潜在与现实是矛盾的两个方面，是不可分割的。现实是以潜在为前提的，通过扬弃，并赋予其外在直接性的存在。从潜在到现实是事物发展的客观逻辑。

① ［美］福山：《历史的终结与最后的人》，陈高华译，209页，桂林：广西师范大学出版社，2014年。

如果如福山所言，主人生来就具有人性的现实性，那么岂不是有违事物发展的客观逻辑。如此一来，这种与客观逻辑不符的观点，也就只能是一种虚假意识。

需要指明的是，最早论述主奴关系理论的是黑格尔。他指出主奴区分不仅在于二者自我意识觉醒程度的区别，而且还在于二者力量的悬殊，即“主人既然有力量支配他的存在，而这种存在又有力量支配它的对方（奴隶），所以在这个推移过程中，主人就把他的对方放在自己权力支配之下”[①]。这里的“力量”所指为何，黑格尔语焉不详。马克思从这里出发，对其进行了历史唯物主义的确认，即在马克思看来，这里的“力量”及其对比是指两个物品拥有者之间的关系，即“我的物品对你的物品所具有的权力的大小”。马克思指出，这种权力的大小，“当然需要得到你的承认，才能成为真正的权力。但是，我们互相承认对方对自己的物品的权力，这却是一场斗争”[②]。这样一来，马克思也就揭示了主奴关系的本质，即主奴关系是以物品拥有权的大小为前提的、通过斗争借以获得承认的一种社会物质支配关系，而非福山所言的作为固有人性两种不同表现形式（潜在与现实）的斗争关系。

（二）从人性的精神逻辑引不出作为人类历史初创手段的暴力逻辑

福山把人的最本质特征归结为追求精神承认。如是，为这一特征的精神性所决定，那么实现这种承认的手段一般也是精神性的，即采用或口头或文字或其他作为精神标识的方式即可，而且这也不难。然而福山在书中所描述的人类历史开端时期的状况似乎与这一合理推断并不符合，即那时的人们，为了追求精神承认，却弃用精神手段，而用暴力手段，以至展开“血战”或“生死决斗”。为什么会是这样？在这里，只有两种可能的解释。一是，如果人们实际所追求的，并非如福山所言的仅仅是纯粹精神的承认，而是内含物质利益的精神承认，或是比精神承认更为基本的物质利益的承认，甚至是根本对立的物质利益的承认，那么为了争夺这种根本利益，才会不惜使用暴力。不然，在逻辑上就难以解释。二是，如果如福山所言，人们所追求的仅仅是

---

① ［德］黑格尔：《精神现象学》上卷，贺麟、王玖兴译，186页，上海：上海人民出版社，2013年。

② 《马克思恩格斯全集》第42卷，35页，北京：人民出版社，1979年。

纯粹精神的承认，那么在肯定这一点的前提下，也就只能把这里的暴力使用视为一种偶发事件，即个别人在情急之下的一时冲动。可是，上述两种解释，对福山来说，都是不可接受的。因为如果采用第一种解释，即否认追求精神承认是人的最本质特征，那么也就从根本上违背了他的理论立场。这是福山不能接受的。反之，如果采用第二种解释，即用偶然性来说明人类历史的开端，那么这也有违福山关于“大写历史”的初衷，因而对他来说，这也是不能接受的。其实这一逻辑矛盾，是福山抽象人性史观自找的。在马克思看来，“人们为之奋斗的一切，都同他们的利益有关”[①]，特别是与物质利益有关，而与所谓先天人性无关。在奴隶社会中，主奴关系的核心并不是所谓追求精神承认的斗争，而是争夺根本利益的阶级斗争。由于涉及根本利益，所以这一斗争也就必然表现为激烈的冲突。

（三）从人性在历史展现中的不平等逻辑推不出平等逻辑

福山认为，人类历史是主人和奴隶之间内在不平等的承认被代之以普遍的相互承认的历史。[②]如此一来，这里也就隐藏着一个不容回避的问题，即如果如福山所言，追求承认是普遍的人性，那么人类一开始所追求的不平等承认，是否也属于普遍的人性？这里有两种可能的回答。一是如果认为那种对不平等承认的追求符合普遍的人性，那么这样一来，也就势必要否定追求平等承认是符合人性的。如是，福山上述所言的作为普遍人性展示的人类历史是以追求平等承认替代不平等承认的历史这一观点，自然也就泡汤了。二是如果认为人类一开始所追求的不平等承认，其中的“不平等”并不符合普遍的人性，那么人类在一开始为什么要追求这种“不平等”呢？如果按照上述思路，其致动因势必要到普遍人性之外去寻找。另外，这个并非源于普遍人性的致动因，似乎还强劲有力，以至于在人类历史的开端时期，它还能对普遍人性加以规定和制约。如此一来，那种把人类历史归结为普遍人性展示，或归结为“追求精神上平等承认”的历史的观点，也就不能成立了。不难看出，面对如此的两难，福山确实无能为力。

---

① 《马克思恩格斯全集》第1卷，187页，北京：人民出版社，1995年。

② ［美］福山：《历史的终结与最后的人》，陈高华译，15页，桂林：广西师范大学出版社，2014年。

福山在从人性逻辑向历史逻辑推演的过程中，为什么会遭遇上述种种两难推论，说到底，是因为福山用先天人性来说明历史的观点，这本身就是错误的、荒谬的。因为不是所谓先天人性创造历史，而是人类创造历史的活动生成人性。对此，马克思早就说过，创造历史的人们的生产实践活动不仅使客观世界改变着，而且使“生产者也改变着，炼出新的品质，通过生产而发展和改造着自身，造成新的力量和新的观念，造成新的交往方式，新的需要和新的语言”[①]。

另外，从更高的立意来说，用任何一种抽象要素论的观点，或人性、或科技、或地理环境、或以法律和教育所构成的社会环境等单一要素的观点来说明人类历史的发展，最终都会陷入历史的唯心论。原因在于，历史发展根本不是某种抽象要素单独发挥作用的结果，而是通过以一定生产方式为基础的社会实践方式，把包括人的、社会的及自然等的要素吸纳和组织于其中的人类实践活动的产物。正是在这个意义上，马克思说，“历史不过是追求着自己目的的人的活动而已”，“是人通过人的劳动而诞生的过程”[②]。正是在劳动，特别是物质生产劳动中所产生的生产力和生产关系的矛盾，以及在此基础上所形成的经济基础和上层建筑的矛盾，推动人类社会不断从低级向高级发展。

三、西方自由民主制度的确立并非所谓人性的发现

福山把西方自由民主制度的确立说成是人性的发现，这一观点牵强、空洞，是不能成立的。从逻辑上说，人性之发现，这其中所包含的谁之发现、何以发现，以及何时发现等三个问题，是绕不开的。应该说，福山在其论述中，虽然没有明确列出这三个问题，但还是有所涉及，从而提出了关于人性的“奴隶发现”“劳动发现”“近代发现”等的观点。下面就此来分别加以分析。

（一）所谓“人性的奴隶发现”是一个虚假命题

人性的发现者是谁？是处于尊贵地位的主人，还是原本处于屈辱地位的奴隶？在福山看来，主人本来就拥有人性的现实性，并能积极

① 《马克思恩格斯全集》第46卷上册，494页，北京：人民出版社，1979年。

② 《马克思恩格斯文集》第1卷，295、196页，北京：人民出版社，2009年。

顽强地加以表现，因而对主人来说，自然不存在人性发现的问题。而对奴隶来说，才存在这样一个发现或回归问题。那么这里的奴隶是个体，还是作为阶级的群体，福山没有说明。因为福山在其论述中只是一般地、笼统地论及主奴关系，而从不涉及主奴的阶级关系。众所周知，个人只是社会生活，包括政治生活的前提，并非其主体，通过社会关系把个人组织于其中的民众、阶级、政党，以及国家，才是这样的主体。如是，任何个人在政治生活中的作用都是微不足道的。另外，人的活动都是有意识的活动。因而综合上述两点，在人类社会发展中，如何实现个体觉醒向群体觉醒的提升是一个重要问题。诚然，这里的提升，不是福山所言的先天人性发现意义上的提升。因为如前所说，根本不存在这样的先天人性，因而先天人性的发现是一个虚假命题。在阶级社会中，只存在各阶级，包括各阶层的人们对自身实在处境、根本利益和其所拥有的实现这种利益的自身力量的发现。当然，这种发现一开始是该阶级或该阶层的少数先觉者。这个少数首先提出思想、喊出口号、拟定纲领，然后通过宣传鼓动、制造舆论，从而形成了该阶级或民众的觉醒，或曰思想解放，或曰启蒙。

（二）所谓“人性的劳动发现”不能自圆其说

在这个问题上，福山沿用黑格尔的说法，认为，是通过改造自然的“劳动，奴隶恢复了他的人性”。福山甚至承认，奴隶通过劳动不仅可以改变他出生于其中的自然环境，也能改变他自己的自然本性。[①]孤立地看，这里的所言与历史唯物主义观点很是相似。然而在实际上，他所说的奴隶劳动并非实际存在的劳动，而是其想象中的、被赋予了伦理性和自由性的劳动。福山认为，奴隶从原先的被迫劳动而逐渐变成了出于“义务感和自律感”的劳动，又认为，劳动本身就代表着自由。因为科学和技术显示了人克服自然规定并通过劳动进行创造的能力。[②]因而在福山看来，劳动也就成为奴隶恢复其人性的手段。福山在这里有些语无伦次了。如果如他所言，奴隶把自己的劳动看作是对主

① ［美］福山：《历史的终结与最后的人》，陈高华译，208页，桂林：广西师范大学出版社，2014年。

② ［美］福山：《历史的终结与最后的人》，陈高华译，208页，桂林：广西师范大学出版社，2014年。

人应尽的义务，看作是应自觉做好的劳动，即具有了所谓“义务感和自律感”的劳动，那么安于这种劳动的奴隶，不仅永远是奴隶，而且还是鲁迅先生所斥责的“万劫不复的奴才了”[①]。这种奴隶或奴才还会为改变自身处境和争取人的权利而抗争吗？显然不会。这是其一。其二，奴隶通过劳动掌握了生产技能，获得了在自然面前的某种自由，但这并不意味着在人际关系，即主奴关系上获得了自由。尽管这两种自由的实现在历史的发展中是相互交织在一起的，但其本质所指和实现途径毕竟是不同的。简言之，改造自然的斗争使人挣脱自然的束缚而获得自由；改造社会的斗争，才能使人挣脱以往社会关系的束缚而获得自由。因此在这里，不能把二者混为一谈，以至搞概念偷换。更何况，其三，在主奴关系上，福山把奴隶在饥饿压迫和皮鞭抽打下的劳动，说成是所谓“自由”劳动，这很荒唐，是毫无根据的。

（三）所谓“人性的近代发现”是一种纯主观的设定

以西方自由民主制度的建立为标志的人性发现，不早不晚，恰恰发生在近代，这作何解释？福山在书中没有明确提出这个问题，也没有加以说明。其实，从福山人性逻辑中提出的这一问题，在其人性史观的范畴内是无法解释的。虽然他的“历史终结论”以及所谓“大写历史”的命题，给人的印象似乎是他很重视历史，然而他所论的“历史”只是一个抽象的名词或单纯的“套语”，并无实质的内容，即根本没有体现历史过程本身所具有的发展性、前进性的特征。他把以往几千年来不断发展和丰富的人类历史，硬塞进其主观设置的主奴关系的简单公式中，因而他所言的“历史”，实际是“非历史”的。因此，在福山的著作中，呈现给人们的，往往不是依据历史真实逻辑的发挥与论证，而是从人性逻辑演绎出的宣示性断言或结语。因此，在其间，思维的脱节和跳跃常有发生，悖谬不经之处不胜枚举。原因就在于，这种关于历史的所谓人性逻辑与历史的真实逻辑是毫不相干的。

（四）西方自由民主制度确立的真实逻辑

历史的真实逻辑，在归根结底的意义上，就是马克思主义唯物史

① 《鲁迅全集》第4卷，453页，北京：人民文学出版社，1958年。

观所揭示的作为历史第一逻辑的生产力发展逻辑。正是在这一逻辑的推动下，人类才得以从无阶级社会过渡到阶级社会，并促进了阶级社会中代表生产力发展要求的新兴阶级和阶层在生产中地位和作用的提高，这促使他们提出了改变对他们不利的旧生产关系和社会关系，并建立有利于他们的新生产关系和社会关系的要求。正是这种要求和实现这种要求的阶级斗争和其他形式的斗争，推动着人类社会从奴隶社会前进到封建社会，并继而前进到资本主义社会，进而也才有近代以来西方自由民主制度的确立。关于这一确立的具体过程，可表述为：在西方封建社会末期，由于手工作坊对家庭手工业的取代，和以此为基础的商品经济的发展，使资产阶级从封建时代的市民中破茧而出，逐渐成长为一个独立的阶级。资产阶级针对经济发展中的诸如通商道路的不能自由通行，劳动力的不能自由招募，商品竞争和交易不能平等自由地进行等问题，首先提出了经济上的自由平等观念。随着资本主义经济规模的进一步扩大，资产阶级在政治上开始成熟起来，于是经济上的这种自由平等观念，也就升华为政治上的自由平等意识。为了宣传和高扬这种意识，于是才有了西方的文艺复兴、宗教改革和启蒙运动。为了把这种批判的武器变成武器的批判，即在现实生活中消除封建专制和教会压迫，于是就有了英国资产阶级革命，以及更为彻底的法国资产阶级革命，从而也才有通过此类革命所建立的西方自由民主制度。

不难看出，近代西方自由民主制度的确立，不是对作为普遍人性的“追求精神上平等承认”的发现，而是赤裸裸的利益考量。它是近代生产力发展基础上的商品经济关系的产物，是资产阶级经济权力的政治表现，或者说，是以政治形式所表现的资产阶级物质立场。这表明，西方的自由民主，说到底，是西方资产阶级的自由民主，是为少数富人享有和为之服务的自由民主。

然而为了掩盖西方自由民主的阶级实质，资产阶级思想家炮制出种种理论，企图撇开西方自由民主的思想和制度得以产生的历史条件和阶级基础，将其与资产阶级本身分割开来，从而把它描绘成一种超阶级的、完全独立的、符合所谓人性的、有“普世价值”的存在。他们这样做的目的在于给西方自由民主涂上一层神圣的色彩，让人顶礼膜拜，从而使这种制度所维护的西方资产阶级统治和西方霸权得以万古长青。应该说，福山的“历史终结论”是忠实服务于这种政治诉求的一个范例。因为它更贴近地反映了当代西方垄断资本实现全球扩张的利益、愿望和要求。当然，这只是一厢情愿。

为了达到上述目的，福山在书中还试图拉上黑格尔、马克思为其站台，以壮声威，说他们也有其“历史终结论”的观点，并以此来为自己的观点作证。然而，这是徒劳的。

四、黑格尔和马克思帮不了福山的忙

福山在书中说：“黑格尔和马克思都认为，人类社会的演化并不是无限开放的，在人类达成一个能满足其最深层、最基本的愿望的社会形式之后，它就会终结。因此，这两个思想家都设定了一个‘历史的终结’：对黑格尔来说，这个终结就是自由国家，而在马克思那里，则是共产主义社会。”[①]福山此处所论，其言下之意是，他提出“历史终结论”并不突兀，因为黑格尔和马克思早已有言在先。不仅如此，在他看来，黑格尔还是其鼻祖，这从而也就为其观点的确立构建了一个学理的深度背景。那么真相到底如何？下面先从福山与黑格尔的关系谈起。

（一）福山对黑格尔“历史终结论”的误读

在黑格尔的理论体系中，确实有关于“历史终结论”的一些论述，而且在这些论述中还明确使用了“整个世界的最后的目的”“历史的最后阶段”等的术语。[②]另外，在哲学性质上，黑格尔的这些论述与福山的“历史终结论”同属唯心主义和形而上学的范畴，这也是没有疑义的。但黑格尔的“历史终结论”，并不能用来为福山的“历史终结论”提供佐证，甚至根据。因为此“历史”，而非彼“历史”；此“终结”，亦非彼“终结”。归纳起来，二者的区别有以下三点。

第一，立论的意图不同。黑格尔的“历史终结论”的立论意图是服务其哲学体系的最终完成。用恩格斯的话说，“按照传统的要求，哲

① ［美］福山：《历史的终结与最后的人》，陈高华译，10页，桂林：广西师范大学出版社，2014年。

② ［德］黑格尔：《历史哲学》，王造时译，18、143页，上海：上海书店出版社，2006年。

学体系是一定要以某种绝对真理来完成的。所以，黑格尔，……还是觉得自己不得不给这个过程一个终点，因为他总得在某个地方结束他的体系”。不然，也就难免其理论在终点和起点之间无休止地循环往复，于是“只有一条路可走。这就是把历史的终点设想成人类达到对这个绝对观念的认识，并宣布对绝对观念的这种认识已经在黑格尔的哲学中达到了”[①]。也就是说，黑格尔为了实现其哲学体系的完整化和绝对化，不得不为其设立一个终点。或者说，黑格尔的“历史终结论”所服务的是其哲学意图。而福山的“历史终结论”则不然，其所服务的是政治意图，即用理论的方式来为西方自由民主制度的永恒性、“普世性”进行辩护，以达于在经济全球化背景下，为把非西方国家纳入西方体系，在理论上提供论证和支撑。

第二，“历史”的指谓不同。黑格尔“历史终结论”所言的“历史”，是指绝对观念自我认识的历史行程。即在绝对观念从“肯定”到“否定”的基础上，借助认识和逻辑，从而达于其对“否定之否定”的实现和完成。或者说，是实现以概念与现实相结合、主体与客体相统一为目标的，从抽象到具体、从低级到高级、从贫乏到丰富的前进上升的理性自觉过程。而福山“历史终结论”中的“历史”，所指谓的则是作为抽象人性展示的、感性地存在的人类历史，特别是政治历史。

第三，“终结”的意涵不同。黑格尔“历史终结论”中的“终结”或“终结点”，是通过世界历史所实现的作为绝对精神本质的“自由”。他说：“整个世界的最后的目的，我们都当做是‘精神’方面对于它自己的自由的意识，而事实上，也就是当做那种自由的现实。”[②]在黑格尔看来“世界历史无非是‘自由’意识的进展”[③]。黑格尔依据其所谓的“自由意识的各种不同的程度”表现，从而描绘出“世界历史”的走向，即从东方的中国、印度、波斯一路走来，经过希腊、罗马、法兰西，到日耳曼结束，从而经过了一个从低级到高级的上升过程。由此，黑格尔认为，这个形式上绝对的原则把我们带到了历史的最后阶段，就是我们的世界、我们的时代。[④]那么作为自由原则充分实现的，

---

① 《马克思恩格斯文集》第4卷，271页，北京：人民出版社，2009年。
② ［德］黑格尔：《历史哲学》，王造时译，18页，上海：上海书店出版社，2006年。
③ ［德］黑格尔：《历史哲学》，王造时译，17页，上海：上海书店出版社，2006年。
④ ［德］黑格尔：《历史哲学》，王造时译，413页，上海：上海书店出版社，2006年。

也即绝对精神最后阶段体现的，为什么会是日耳曼？对此，黑格尔有一个解释。他认为，哲学的形式的原则，在日耳曼到一个具体的实在的世界，“精神”在其中得到内在的满足，良心在其中得到了安息。因为在一方面，新教世界自己在“思想”里有了很大的进展，能够认识“自我意识”绝对的顶峰；而在另一方面，新教对于实在世界，在各种道德的和法律的关系上，享有一种安静的信心。之所以如此，是因为在日耳曼，世俗生活方面的一切已经由于宗教改革经过一番改良。①也就是说，在黑格尔看来，自由意识的实现，之所以青睐日耳曼，主要不是我们通常所认为的，黑格尔有其日耳曼的民族主义情结，故而把日耳曼视为自由意识最高体现的高贵民族；另外，也不是福山按照自己的意愿所杜撰的，日耳曼已经成为“自由国家”。实际上，当时的德国还没有一个真正统一的政府，况且那时作为德国一个地方性政权的普鲁士，仍然是一个在弗里德里希·威廉三世统治下的“等级君主制”政权。在黑格尔看来，原因只在于日耳曼进行了宗教改革，并由此改良了世俗生活，从而使自由精神得到了满足和良心有了安息之地。

不难看出，这只是黑格尔的一厢情愿。历史的事实是，被黑格尔视为终结社会的普鲁士专制政权早已被历史所终结。也就是说，黑格尔的“历史终结论”早已被证伪。因而福山借这个早已破产的黑格尔的“历史终结论”来为自己的“历史终结论”进行论证，不仅毫无帮助，而且适得其反。

下面接着来谈谈福山与马克思的关系。

（二）福山对马克思“共产主义社会论”的曲解

因为马克思的这一理论所依据和体现的是唯物辩证论与历史辩证论。马克思指出，世界是物质运动的世界。“在物质的固有的特性中，运动是第一个特性而且是最重要的特性”。其原因在于，“运动……是物质内部所固有的、活生生的、本质的力量”②。于是，“一切存在物……只是由于某种运动才得以存在、生活”③。由于世界是辩证运动的世界，因而“辩证法在对现存事物的肯定的理解中同时包含对现存

① ［德］黑格尔：《历史哲学》，王造时译，415页，上海：上海书店出版社，2006年。

② 《马克思恩格斯全集》第2卷，163页，北京：人民出版社，1957年。

③ 《马克思恩格斯选集》第1卷，220页，北京：人民出版社，2012年。

事物的否定的理解，即对现存事物的必然灭亡的理解；辩证法对每一种既成的形式都是从不断的运动中，因而也是从它的暂时性方面去理解”①。因此，在唯物辩证论看来，世界上根本没有一经产生，就永恒存在，从而终结了其运动、变化和发展的东西。因而那种所谓达于绝对真理的“真理终结论”，或实现了所谓历史最后目的的“历史终结论”，都是不实之词，或虚妄之论。正如恩格斯所说：“这种辩证哲学推翻了一切关于最终的绝对真理和与之相应的绝对的人类状态的观念。在它面前，不存在任何最终的东西、绝对的东西、神圣的东西；它指出所有一切事物的暂时性；在它面前，除了生成和灭亡的不断过程、无止境地由低级上升到高级的不断过程，什么都不存在。”②他又说：“历史同认识一样，永远不会在人类的一种完美的理想状态中最终结束；完美的社会、完美的‘国家’是只有在幻想中才能存在的东西；相反，一切依次更替的历史状态都只是人类社会由低级到高级的无穷发展进程中的暂时阶段。”③因而必须用历史的“无穷发展进程”即历史辩证论的观点，来理解马克思的“共产主义社会论”。在马克思那里，共产主义社会，也就是通过对“必然王国”的超越所不断实现的“自由王国”，或者说，是以超越必然王国为基础，同时又开启向自由王国迈进的新征程。即如恩格斯所说：“只是从这时起，人们才完全自觉地自己创造自己的历史。”④而向自由王国迈进，则是一个永远不能完全达到，却又是一个可以不断接近的历史过程。用毛泽东的话说：“人类的历史，就是一个不断地从必然王国向自由王国发展的历史。这个历史永远不会完结。”⑤由此可见，马克思的“共产主义社会论”并非福山所指称的“历史终结论”，这是他对马克思的一种曲解。

另外，马克思的历史辩证论，用来对现代西方自由民主的命运进行把脉，也是有价值的，完全适用的。

---

① 《马克思恩格斯选集》第2卷，94页，北京：人民出版社，2012年。
② 《马克思恩格斯文集》第4卷，270页，北京：人民出版社，2009年。
③ 《马克思恩格斯文集》第4卷，270页，北京：人民出版社，2009年。
④ 《马克思恩格斯文集》第3卷，564页，北京：人民出版社，2009年。
⑤ 《毛泽东文集》第8卷，325页，北京：人民出版社，1999年。

五、现代西方自由民主的命运堪忧

福山“历史终结论”把西方自由民主加以理想化、绝对化，认为作为理想，它已“尽善尽美”，作为制度，它已“一劳永逸地解决了平等的承认问题”，从而使人们得到了“完全的满足”，因而它将普化于世界，成为“人类政体的最后形式”。实际情况如何呢？这里谈以下两点认识。

（一）现代西方自由民主只是人类自由民主的个别形态

现代西方自由民主制度，是经过300多年风风雨雨而形成的东西，它凝结了历史进步的成果，但同时也只是历史长河中的一幕。换句话说，它既不完美，也非“普世”，而且已经总体失范，正在遭遇信任危机，因而迟早会被更高的自由民主所取代。

所谓凝结了历史进步的成果，是指，其一，它用政治上的自由民主替代了封建专制，从而体现了近代历史发展的潮流；其二，它逐渐赋予了公民以普遍选举权，并实行了多数决定的原则；其三，它给予民主以程序化、法治化的规范；其四，它对公权力运作的制衡和监督给予了制度安排。

所谓它将被更高的自由民主所取代，是指，其一，如前所说，西方自由民主是就少数人而言的，并非如福山所言，是对所有人的平等承认，因而它将为多数人的自由民主所取代。其二，西方自由民主是基于个人选票基础上的自由民主，它是被诉诸公民权利、政党责任、社会法治、国家法理等加以统筹的，以及被选举与协商相统一的自由民主所代替。其三，西方自由民主片面强调公权力对自由民主原则的保障，而忽视了自由民主对公权力得以有效运作的集中统一原则的尊重。于是，它不分青红皂白，把一切集中统一，包括合理、正当的集中统一，都统统斥之为所谓“威权政治”而一概加以反对。这种片面性所导致的结果，必然是使公权力运作艰难，即议而难决，决而难行，行而难就。因而它将被与集中统一原则达于互补的自由民主所取代。其四，西方自由民主更多的是形式上的自由民主，即停留在作为一项政治权利的公民选举权保障上的自由民主，而非一切政治权利，更非社会和经济权利保障上的自由民主，因而它将被形式与内容广泛统一的自由民主所取代。以上取代是一定会发生的，至于何时发生，取决于西方各国的传统、国情（包括条件、时机和民众意愿），以及国际环境。这是别国不能越俎代庖的。不过，就现实而言，现代西方自由民主已经总体失范，其命运堪忧。

（二）现代西方自由民主已经总体失范

所谓总体失范，是指它不是“偶感风寒”，而是“疾病缠身”，且“治愈无望”。这表现在以下几个方面。

第一，现代西方自由民主的经济基础正不断削弱。其原因在于，随着以“东升西降”和“南升北降”为核心内容的百年未有之大变局的逐渐形成，西方的经济盈余并不足以供养西方自由民主。西方自由民主作为少数人的自由民主，之所以能在以往相当长的时期内获得其国内多数民众的支持，其中一个重要原因在于：过去西方在主宰世界的历史条件下，从广大东方国家攫取了巨大利益，在西方富人大发横财的同时，国家通过向富人课税和政府再分配，使穷人在生活上也多少得以改善。这种经济上的利害关系，决定了西方广大民众对这种少数人的自由民主采取了某种容忍态度。然而随着东方国家在政治上走向独立，经济上获得自主，加之经济全球化和科技进步的推动，世界重心正从西方向东方转移，西方国家所获得的国际经济利益必将缩水，这种情况反映到其国内，必将加剧其少数富人与大多数穷人的矛盾。由此，西方自由民主也就失去了被民众认可的经济基础。在美国，由于GDP增长所提供的盈余在不断下降，为了维持社会稳定，只能靠债务融资来加以支撑。1980年，美国国债为1万亿美元；2000年，这个数字是6万亿美元；据美国财政部公布的数据，截至2018年底，美国债务已逼近22万亿美元。毫无疑问，这种状况是不可能长期维持下去的。

第二，现代西方自由民主的政治基础遭到不断肢解。这里的政治基础是指支撑现代西方自由民主的政治力量。然而，随着资本主义由自由竞争进入垄断，西方各国的政治力量正在发生分化和极化。在自由资本主义时代，资本的力量相对分散，其发展也不充分，国家权力只是为资本发展提供适宜的环境。在这样一种松散的政治经济关系中，议会立法权与政府行政权之间的矛盾并不突出，议会在国家结构中往往起着决定作用。但随着资本主义进入垄断时代，资本的充分发展和集中，使市场失灵越发突出。为了解决这其中的问题，则需要政府的大力介入，这从而也就导致政府权力强化和与之相应的议会权力的弱化，以至于国家权力中心从议会向政府转移。在资本与权力缠绕日益紧密的情况下，一边权力的弱化、另一边权力的强化，以及权力中心的转移等，都必然关联着不同资本集团的利益。这从而也就使政府和议会、执政党和反对党之间的矛盾加深、对立加剧，以致趋于极化。于是，权力分工逐渐演化为权力分割；权力制衡愈益变成权力掣肘。这样也就必然使政府运作代价高昂，而效率低下；议会中的各政党大搞否决政治，导致议会的立法和监督功能失序紊乱。对此，福山自己也不无忧虑地指出：由于“利益没有得到共享”，因而美国已变成“派性明显的两极化政治体制”[①]。这就使美国自由民主的政治基础不断被肢解。可问题虽然是明摆着的，但在现行资本主义制度下，似乎又解决无望。

第三，现代西方自由民主日益被金钱腐蚀。这里是指，随着资本对政治介入的加深，西方的自由民主日益变成了金钱操纵的自由民主。资本主义进入垄断阶段以后，资本在少数人手中的集聚，为其利益最大化所驱使，他们利用手中雄厚的经济实力，不惜重金，千方百计去攫取和控制政治权力，培植自己的政治代理人。美国是典型的金钱政治国家，选举一向被称为“烧钱游戏”。特别是在当今这个大众传媒时代，西方的选举民主已经蜕变为受金钱操纵的包装性、煽动性民主。在这个制度下，所谓一人一票的多数决定制，这里的多数并不是代表了多数人利益的多数，而是名义的多数，是被海量宣传所忽悠的多数。需要指明的是，这里的金钱操纵，并不只是政治道德腐败，而更根本的，则是政治制度腐败。不难看出，要消除这种腐败，非改变西方的政治制度不可。

第四，现代西方自由民主的移植祸及世界。这里的移植有两种情况。一是一些非西方国家在经济全球化和现代化的过程中，不顾本国国情，不了解西方自由民主的弊端，把现代化等同于西方化，照搬西

---

① ［美］福山：《历史的终结与最后的人》，陈高华译，2页，桂林：广西师范大学出版社，2014年。

方的经济发展和民主政治模式，结果遭到失败。二是一些西方国家特别是美国，为了一己私利，向一些非西方国家强推其自由主义经济制度和民主政治制度，结果造成灾难。比如，20世纪90年代，苏东地区的国家在政治经济转型期间，照搬西方模式。在政治上，致使一些国家发生动乱和解体；在经济上，也深陷危机。“东欧1996年真实GDP比转型开始的1990年下降了27%，俄国1998年比1990年下降了42%，超过第二次世界大战（下降17%），接近第一次世界大战加内战和大饥荒（下降44%）的损失。”[①]这个教训是惨痛的。又比如，中东和北非一些国家原本还算安宁和富足，但由于美国在那里发动战争，企图借以植入西方自由民主，结果弄得满目疮痍，民不聊生，惨不忍睹。

中国人民不信邪，经过40多年的改革开放，中国走出了一条中国特色社会主义民主道路。以上正反两方面的事实说明：民主，还得靠各国人民自己探索，还是要走自己的路。

总之，福山“历史终结论”所依据的，是一种充斥混乱和悖谬的、以“追求精神承认”为始原的抽象人性史观。以这一历史观为支撑的“历史终结论”，作为一种猜测和妄断，不仅是对西方自由民主历史进程的罔顾，而且也是对世界百年未有之大变局，特别是作为其表现的当今世界自由民主发展潮流的无视，因而它的“终结”，即被时代潮流所击破，是一种历史的必然。

---

① 陈平：《中国道路的本质和中国未来的选择》，《经济社会体制比较》，2012（3）。

走出“普世价值”的认知误区*
——兼论人类共同价值非“普世价值”

前些年，西方“普世价值论”在我国理论界遭到批判。但与此同时，却有一些论者站出来为“普世价值”本身的存在进行辩护。在他们看来，西方“普世价值论”把西方的“特殊价值”说成“普世价值”，这显然是不对的。对之进行批判是完全正当和合理的。但又认为，普遍毕竟是存在的，因而在价值论上，作为一种普遍的“普世价值”也必然是存在的。于是得出结论：拒斥西方“普世价值论”，与承认“普世价值”并不矛盾，毋宁说，还是统一的。

怎样看待这一观点呢？这里涉及对“普遍”的两种不同理解，即“现实普遍”与“抽象普遍”的理解。

这里要指明的是，“现实普遍”与“抽象普遍”区别于人们通常所知晓的“具体普遍”与“抽象普遍”[①]。尽管“现实普遍”和“具体普遍”都是相对于“抽象普遍”而言的，但在各自的相互关系中，其含义并不相同。“现实普遍”与“抽象普遍”是就普遍与特殊是否联结而言的；而“抽象普遍”与“具体普遍”是就对事物内在联系的普遍性之理性把握是片面还是全面而言的。因此，不能把二者混为一谈。

“现实普遍”的德文为“Universalität”。它是指与特殊作辩证统一理解的普遍。或如黑格尔所言，它是“贯穿于一切特殊性之内”，并“通过特殊性而给予自身以外在实在性”的普遍。[②]“抽象普遍”的德文为“Allgemeinheit”。它是指一种在想象中存在的、“与独立自存的特

---

* 原刊于《中国浦东干部学院学报》，2024（3）。

① “具体普遍”也即理性具体。在这个意义上，黑格尔说：“真理不是抽象的普遍性，而是具体的普遍性。”（［德］黑格尔：《小逻辑》，贺麟译，152页，北京：商务印书馆，1980年）马克思精准地阐发了黑格尔的“理性具体”思想：“具体之所以具体，因为它是许多规定的综合，因而是多样性的统一。”（《马克思恩格斯选集》第2卷，701页，北京：人民出版社，2012年）

② ［德］黑格尔：《小逻辑》，贺麟译，351、356页，北京：商务印书馆，1980年。

殊事物相对立”的普遍，[①]也即抽象共相，或“想象中的幻影”[②]。列宁对黑格尔这一论述曾给予高度评价。他说：“绝妙的公式：‘不只是抽象的普遍，而且是自身体现着特殊的、个体的、个别的东西的丰富性的这种普遍’……!! 很好!”[③]

从普遍与特殊的辩证关系角度看来，人世间只存在联结特殊与自身的现实普遍，并无所谓与特殊坚持对立着的，或不含特殊于自身的抽象普遍。为此所决定，在价值论上，只存在与特殊价值相联结的现实普遍价值，即一定程度和范围的共同价值，并不存在那种与特殊价值相对立的、适用于所有人的抽象普遍价值，即“普世价值”。

那么为什么说，共同价值是现实普遍的？这是因为：其一，共同价值之“共同”，意味着它是以一定社会共同体的存在为前提的，是该共同体得以存续的一种价值。[④]其二，共同价值之“共同”，是相对于异在而言的异中之同。比如，自由、民主、人权作为人类的共同价值，是通过不同国家的特殊模式来存在和表现的一种价值。其三，共同价值之“共同”，标示着它是一定社会共同体的成员所共创共享的一种价值。

与之相反，“普世价值”是抽象普遍的。什么是“普世价值”？按《美国传统词典》解释，“普世价值就是指，在任何时空、任何条件下对每个人或每一群体都普遍适用的价值”。依维基百科全书的定义就是：“普世价值是对所有人或几乎所有人都有相同价值的价值。”[⑤]我国有些论者进行了类似的解读，即认为，“普世价值”是适用于所有人的、永恒不变的、以普遍必然性呈现的价值。诚然，对此种解读，在我国除不以为然者以外，也还有论者持一种自以为的补正态度，即认为，为了避免绝对化，应对“普世价值”加以某种限定。由此，也就有了“有限的普世价值”“一定的普世价值”“底线的普世价值”等的

---

① ［德］黑格尔：《小逻辑》，贺麟译，332页，北京：商务印书馆，1980年。

② 《马克思恩格斯文集》第1卷，273页，北京：人民出版社，2009年。

③ ［俄］列宁：《哲学笔记》，83页，北京：人民出版社，1993年。

④ 附带说一句，即便是在剥削阶级国家中，对该国公民来说，其共同价值因剥削阶级自私的侵蚀有其被虚化的一面，但仍有其真实的一面。不然，这个国家离瓦解也就不远了。也就是说，共同价值对一定社会共同体成员来说，是真实存在的价值。

⑤ 转引自马德普：《价值问题的复杂性与“普世价值”概念的误导性》，《政治学研究》，2009（1）。

言说。殊不知，这种进行了某种限定的所谓“普世价值”，也就无普世性可言了。不难看出，其一，“普世价值”是不以人类共同体的形成为前提的，也不以全球交往实践为根据，故而在以往历史上，它是一种被想象为神赋的、或人性禀赋的、或某种至上理性设定的所谓价值。其二，“普世价值”是不以差异性为表现和规定的，是一种抽象僵死的所谓价值。其三，“普世价值”因其与特殊性坚持对立着，因而它对每个人或每个群体都似乎是普遍适用，而实际是毫无一用的虚假价值，即价值虚无。

由于对“现实普遍”与“抽象普遍”的区别缺乏审察，因而我国有些论者总是有意无意地在“抽象普遍”意义上来理解人类共同价值，从而来对“普世价值”加以辩护，以至把人类共同价值与“普世价值”混为一谈，并不时用人类共同价值来为“普世价值”张目、站台。这是极为不妥的。

鉴于这一情况，本文拟以“现实普遍”论为理论依据，就一些论者为“普世价值”辩护的理由，来加以具体分析。下面分八点来谈。

一、“普世价值”不能从“普遍人性”找到根据

有论者认为，“普世价值”存在的根据是普遍人性。因而我们只要能够证明存在着普遍人性，那么也就能证明存在着“普世价值”。什么是普遍人性？这位论者举例说，普遍理性，即公共理性，就是普遍人性，它就具有“普世价值”。就此，这里来谈三点。

（一）普遍人性是存在的

普遍人性以人性的存在为前提。所谓人性，在人类学意义上，也就是人类与物类相区别的特性。这里的特性，如果切换到社会哲学意义上，那么它也就是与社会关系中的各个个体和各种群体的特殊人性相联结的一般人性。

马克思主义承认人性的普遍性。这里的关键在于，不能把人性普遍性理解为一种内在的、无声的、把许多个人纯粹自然地联系起来的人性抽象普遍性。而必须把人性普遍性理解为在社会实践中生成的，受一定时代性、群体性和个体角色性等特殊性制约的，通过社会性、

能动性、历史性、意识性等的行为活动来表现的人性现实普遍性。那么在现实普遍意义上，能否用人性普遍性去证成其“价值普世性”呢？答案是不能。

（二）人性普遍性无以证成其“价值普世性”

人性与其价值的性质不同。其一，在存在论上，如前所说，人性是人之为人的一种本体属性；而价值则是存在于主客体间的一种关系属性。其二，在价值论上，作为价值客体的人性，只是价值构成的一个要素，它的性质与作为价值主体与价值客体相互作用所构成的价值系统的性质是不一样的。因而不能从人性普遍性来推断其“价值普世性”。如同不能用某种水果的普遍含糖性去论证它对所有人的“价值普世性”一样，这种做法是武断的（显然，糖尿病患者就不宜食用此类水果），不可取的。之所以如此，是因为此二者之间并不存在必然因果联系。同样，人性普遍性与其“价值普世性”之间也不存在必然因果联系。

（三）人性普遍性与其“价值普世性”之间没有必然因果联系

上述这位论者以作为普遍人性的公共理性来证明普遍人性的“价值普世性”。这种论证是似是而非的。如上所言，意识性是人性的一种普遍性，但它并非抽象存在，而是通过理性与非理性来表现的。就理性而言，其中有一种被称为实践理性，即对人的行为加以规范和引导的理性。然实践理性也是分层的。比如，在国家层面，有国家公共理性与非国家公共理性。后者包括个人自我理性，即公民作为个人在对自我利益盘算基础上所形成的个人福利理性。诚然，个人作为国家公民也会形成国家公共理性。这种理性在国家维度就表现为维护和增进公众利益的制度安排和道德规范；在公民维度就表现为维护和增进公众利益的责任意识和担当精神。从马克思主义社会存在决定社会意识的观点看来，在人类层面上，一定公共理性的形成，是与文明发展程度相联系的全球性交往实践的产物。为此所决定，全球化时代的人类公共理性，从世界公民的维度说，也就表现为维护和增进全人类利益的责任意识和担当精神。很显然这种公共理性只对与该时代同行的、拥有和践行此种理性的人有价值，而对该时代的逆行者、落伍者以及全人类利益的反对者、冷漠者，就没有价值。因此，作为人性普遍性之意识性表现的人类公共理性，只是在一定范围内才有价值普遍性，即共同价值，并无对所有人而言的“价值普世性”。因此，那种用公共理性来证明人性普遍性有“普世价值”的做法，是不可取的。

总之，普遍人性是存在的，但它并非脱离人性特殊的抽象普遍存在，而是内含人性特殊的现实普遍存在。作为现实普遍存在，它只有相对特定人群而言的有条件的共同价值，并无相对所有人而言的无条件的所谓“普世价值”。可见，那种脱离人性特殊性，来对普遍人性作抽象普遍的理解，并把它说成“普世价值”存在根据的观点，是不能成立的。

二、“普世价值”不能从“普遍需要”获得论证

有论者认为，地球上人类的个体之间，必然存在许多基本的、普遍的需要，而与每一个普遍需要相对应的价值，也就是“普世价值”。比如，含氧的空气是人之普遍需要，因而含氧的空气有“普世价值”。又比如，“吃”是人的普遍需要，因而它对人就有“普世价值”。关于这一观点，这里来谈以下三点看法。

（一）人有其普遍需要

因为每个人都作为自然、社会和精神的生命体而存在，无疑有其自然、社会和精神的需要。不然，就无以为生，也谈不上有所作为。在人的一切需要中，也无疑有普遍需要。其中，最普遍的需要莫过于维持生存的吃、喝、呼吸，以及安全和繁衍后代等的需要。那么能否用人之普遍需要去论证其“普世价值”呢？答案是不能。

（二）人之普遍需要不能证成其“普世价值”

因为对人的普遍需要，不能作抽象而须作现实理解。拿人的呼吸来说，含氧的空气确实是人的普遍需要。但对这一命题不能作抽象理解。现代科学证明，在标准大气压下，如果空气中的含氧量低于19.5%，那么必然会危及人的生命。另外，呼吸氧气作为人的普遍需要，是通过陆地上不同海拔高度中生活的人，深海或深空中生活的人，

以及高压氧舱中的高危病人等的不同呼吸来表现的，因而满足他们呼吸的对象，即空气的氧浓度，或含氧量以及呼吸的方式都是不同的。也就是说，只有一一相互对应，才能实现不同人的呼吸价值。因此那种离开了特定环境条件、特定的氧浓度规定、特定的呼吸对象，而抽象谈论含氧的空气是人的普遍需要的观点，是不能成立的。另外，那种没有任何氧浓度具体规定的所谓含氧的空气，在现实中也是不存在的，因而其对任何呼吸者来说，也就不成其为价值对象，当然也就谈不上有所谓价值，以至“普世价值”。诚然，这并不否认其中某种氧浓度的空气对一定人群而言的价值普遍性，或价值共同性。上述推论的不妥，就在于它是在抽象谈论人的普遍需要，又人为虚设了一个满足这种需要的对象，从而得出了错误的结论。这里的问题还在于：这个虚假对象的设立，还在客观上掩盖了以人之普遍需要为前提的、可能引发的价值冲突。

（三）人之普遍需要可能引发价值冲突

这是因为，需要作为价值主体的根本属性，只是价值系统得以构成的一个要素，因而需要不等于价值。也就是说，价值系统的现实构成除了需要以外，还要有满足需要的对象，即价值客体。拿人的“吃”来说，这是人的普遍需要。但要实现“吃”的价值，除了“需要吃”以外，还须“有得吃”，即有吃的东西。因此，不能因为作为吃的对象的X，是人人需要的，便由此推断，X具有“普世价值”。因为在存在利益冲突的社会中，并非每个人都愿意其他所有人都得到X。在维持生命的“吃”的问题上，阶级社会中的剥削阶级正是把饥饿作为压迫手段，而得以役使劳动者的。另外，从更高的立意来说，只有立足于现实的人，即处在人与人关系中的个人，才能科学说明人的需要及其价值实现。

社会关系中的人之需要及其价值实现，是随着社会的变化而变化的。还拿人之“吃”的价值的实现来说，在未来的实现了按需分配的共产主义社会中，撇开吃的偏好性、丰富性和精致性等不谈，至少在维持生命的“吃”的意义上，需要和满足实现了高度融合。由于“满足了的要求（want）不再是要求”[①]，因而到那时，饥饿消除了，与之相应的维持生命的“吃”，也就不再作为需要存在了。如同没有了战争，和平不再作为需要存在一样。

总之，那种脱离人之需要的特殊性，脱离人之现实需要满足的对象，以及制约人之现实需要满足的社会关系和所引发的各种矛盾，来对人的普遍需要作抽象理解，并以之去证成其“普世价值”的做法，是不可取的。

三、“普世价值”不能从“普遍真理”求得支撑

有论者认为，人之需要，还包括认知的需要。而作为科学认知成果的普遍真理，是有“普世价值”的。这里就此来谈一些看法。

（一）真理有人类价值

真理是与客体相符合的认识，或曰对客体的正确认识。作为真理对象的客观事物，其外延有广义和狭义之分。其中，有以整个世界为对象的最普遍的哲学真理，也有以一定范围或领域为对象的各门具体科学的普遍真理，还有以个别事物为对象的个别真理。我们这里所言的普遍真理，包括哲学和各门具体科学的普遍真理。

然而不管真理的普遍性如何，对人类来说，凡真理都是有价值的，都能指导人类对客观世界的实践改造和主观世界的精神提升。也就是说，真理是改造世界、造福人类、促进社会进步的力量。因此，对整个人类实践和人类利益的发展来说，认识的真理性和价值性是统一的。这种统一表现在两个方面。一是在人类实践基础上的统一。追求认识的真理性和实现认识的价值性是人类实践互为前提的两个方面。人类在实践中追求真理，同时又在实践中实现价值。没有真理的指导，价值的追求就不能成功贯彻。没有价值的追求，真理的坚持和发展也会丧失动力。其根本原因在于：价值的成功实现，要从真理获得客观依据；真理的实际运用，要从价值获得意义说明。二是在人类利益上的统一。一切普遍真理都是关于人与世界，包括人与自然、人与社会

① ［美］A. H. 马斯洛：《动机与人格》，许金声、程朝翔译，43页，北京：华夏出版社，1987年。

（内含人与人的关系）等关系的普遍本质和普遍趋势的揭示。人类作为上述关系的一方和上述关系的能动改造者，只有认知上述普遍本质，才能确立自己的行为根据；只有把握上述普遍趋势，才能找准自己的行为方向，从而也才能实现人类生存和发展的利益。历史上，无数志士仁人不惜牺牲生命去追求真理，说到底是因为真理代表了人类的根本利益。

（二）普遍真理无“普世价值”

普遍真理之普遍性，是相对其外延中的个别而言的普遍性。这种普遍性如果切换到对其外延中生活的人来说，那么它也就变身为无例外性，或曰真理面前人人平等性。这里的平等，是指在真理客观性意义上的平等。比如，水在一个大气压的条件下，100℃就沸腾，这是一个客观真理。因而不论什么人，哪怕重复一万次，它仍然具有不可否认的客观性。为此所决定，无论是谁，尊重真理的客观性就能获得价值，而违背真理的客观性就无价值可言，甚至要受到惩罚。很显然不能用认识的普遍真来论证其价值的“普世善”，即“普世价值”。这是其一。

其二，普遍真并非善。因为任何普遍真理只有与具体情况相结合，才能具有价值。比如，马克思主义的普遍真理只有与各国具体实际相结合，才能造福各国人民。反之，如果脱离与具体情况相结合，那么任何普遍真理，包括马克思主义的普遍真理也就无价值可言，更谈不上有所谓“普世价值”。

其三，普遍真的人类善并非“普世善”。如上文所言，对整个人类实践和人类利益来说，认识的真理性和价值性是统一的。但这并不是说，一切真理包括普遍真理对所有人和所有群体都有所谓“普世价值”。一是，如果某个特定主体的思想和行动与人类的根本利益和社会进步的趋势相背离，那么反映事物普遍本质和规律的普遍真理就不可能符合其需要，对其就没有价值。二是，在阶级和有阶级存在的社会中，哲学社会科学的普遍真理因其有相对于一定社会主体而言的意识形态性，因而在这样的社会中，哲学社会科学的普遍真理对不同阶级、政党、国家等社会主体就不具所谓“价值普世性”。应该说，这是显而易见的。那么自然科学的普遍真理呢？有论者认为，作为非意识形态的自然科学的普遍真理具有对所有人而言的“价值普世性”。其实，这也是不能成立的。

（三）自然科学的普遍真理不具“价值普世性”

到目前为止的社会中，自然科学的普遍真理并非人人共享的财富。其原因在于自然科学真理的学习和掌握是要付出代价的。这种代价除了国家付出的（比如义务教育）以外，还有相当部分是由个人及其家庭来承担的。在这个意义上说，谁花费代价掌握了自然科学的普遍真理，那它也就成为其个人享用并为其带来价值的知识、技能、技巧。

自然科学普遍真理的价值有两重性。即既有其正效应，也有其负效应。这在当代是一个常识。这正负效应如果被不同的主体所享有或承担，那么也就必然会引发价值冲突。比如，一家工厂把运用某种自然科学技术所获得的可观经济价值归其自己所有，而它所造成的环境污染却由其周围的公众来承担，这也就是当今引发许多地方生态冲突的原因所在。

自然科学普遍真理的价值是一种手段性价值，它要服务于利益主体的目的性价值的实现。在阶级和有阶级存在的社会中，利益主体并非统一，而是分立甚至对立的。在这样的社会中，自然科学的普遍真理也就不可能具有对人人而言的“普世价值”。对此，马克思曾指出，资本主义制度“迫使科学为资本服务”①，使“科学成为与劳动相对立的、服务于资本的独立力量”②。由此可见，即便是自然科学的普遍真理，其价值也并非具有“普世性”。

总之，那种脱离现实社会条件和社会关系的制约，对普遍真理的普遍性作抽象普遍的理解，并以此来论证其“价值普世性”的做法，是不可取的，是似是而非的。

四、“普世价值”不能从“普遍利益”赢得确认

这里的普遍利益是指人类的普遍利益。有论者认为，“普世价值”所关涉的是人类的普遍利益。怎样看待这一观点呢？我认为，这里有

① 《马克思恩格斯文集》第5卷，418页，北京：人民出版社，2009年。

② 《马克思恩格斯文集》第8卷，366页，北京：人民出版社，2009年。

以下三点是需要澄清的。

（一）"历史生成"的人类普遍利益并非超历史的所谓"普世价值"

说人类的普遍利益是历史的生成，是指人类在民族历史的阶段上，由于生产力和交往水平的低下，在很大程度上受血缘和地缘关系的束缚，因而在那时，还无所谓人类的普遍利益。直到近代，随着人类愈来愈多地进入世界历史的阶段，也才逐渐产生了人类的普遍利益。特别是在全球化深入发展，人类逐渐成为命运共同体的当今时代条件下，才形成了"和平、发展、公平、正义、民主、自由"等原则所标示的人类"普遍利益"，或曰"全人类的共同价值"①。因此，人类普遍利益是在人类实践基础上的历史生成，是近代以来人类实践创造和人类文明发展的产物。它与那种超历史的所谓"普世价值"，不可相提并论、混为一谈。

（二）联结特殊利益的人类普遍利益并非凌驾于特殊利益之上的所谓"普世价值"

这里的特殊利益主要是指世界上各国家各民族得以自我保存和发展的利益。就一个国家来说，维护其主权、安全、国民福祉、道路选择、制度安排等，就是它的特殊利益。人们为了获得和增进自身的特殊利益，也就必然要与他者进行交往。随着交往的国际化、全球化发展，也就形成了各国家各民族间的利益交汇点和共同点，以及利益摩擦点和冲撞点。为了扩大和增进利益交汇点和共同点，以及化解和消除利益摩擦点和冲撞点，于是也就在全人类意义上形成了彼此得以依存的、通过公共原则和规范来保障和体现的普遍利益。这种普遍利益对各国家各民族来说，是大家共同缔造、维护和享受的真正的普遍利益。它与那种脱离和凌驾于各国家各民族特殊利益之上的所谓"普世价值"是根本不相容的。因为后者对各国家各民族来说，是虚假的。

（三）人类普遍利益所标示的人类系统的导向价值并非对一切人而言的所谓"普世价值"

人类不是一切人的总和，而是各国人民通过交往所结成的以"人类"为指称的一个体系。为此所决定，人类普遍利益就是作为世界各

① 《习近平谈治国理政》第2卷，522页，北京：外文出版社，2017年。

国人民利益之集中表现的人类系统得以运行和发展的利益。人类普遍利益的维护和增进其所指示的方向，是从价值维度所标示的符合各国人民期待的人类系统发展的大趋势。“和平、发展、公平、正义、民主、自由”就是当今时代条件下，体现人类系统发展大趋势的导向价值，也是全世界一切爱好和平、力推合作发展的国家和人民的共同价值。而为了实现这种共同价值，一切进步的国家和人民必须团结起来，与单边主义者、霸凌主义者，以及恐怖主义者进行坚决斗争。不难看出，对当今人类的普遍价值不可脱离当代人类系统发展之总趋势，以及各国人民所面临的共同问题之解决，去作抽象普遍的理解，并以此去证成所谓“普世价值”。

总之，那种脱离人类普遍利益得以生成的历史条件、脱离与各国特殊利益的联结，以及当代人类系统发展所指示的历史方向，来对人类普遍利益作抽象普遍的理解，并以之来论证“普世价值”的做法，是不可取的，站不住脚的。

五、“普世价值”不能从“普遍规范”享得援助

有论者认为，对于世界性的组织和公约来说，其原则和规则作为一种规范，当然就具有全世界的普遍约束力。比如联合国宪章、国际人权公约等。这些规范所规定的价值，就可以看作全球各个国家或绝大多数国家都认同的普遍价值，可以看作是一种“普世价值”。然而，在笔者看来，这里的论述较为粗疏、笼统，且含有若干混乱。

首先，任何组织规范的价值普遍性只是相对该组织范围而言的价值普遍性。它并非所谓“普世价值”。因而不能将二者混为一谈。比如上面这位论者所提到的联合国宪章和国际人权公约，其约束力在其相应范围内，无疑都具有价值普遍性，但并非“价值普世性”。众所周知，联合国只是主权国家才能加入的国际组织，至于那些地区性组织就不能加入。因而联合国宪章对这些地区性组织也就不具约束性。国际人权公约也是如此。承认这个公约，并在此公约上正式签字的国家（不是地区组织，也不是个人），才能成为其成员，也才接受这个公约的约束。

其次，价值不同于价值认同。如前所说，价值是价值对象对价值

主体的一种意义关系。这种关系具有客观性。而价值认同则是对这种客观关系的一种评价和态度，具有主观性。因而这里的认同，可能正确，也可能不正确。上述这位论者把普遍价值说成是认同的普遍价值，也就把价值与价值认同混为一谈了，这也是不妥的。

最后，一切普遍规范都无所谓“普世价值”。这里的一切普遍规范，包括将来在全球一体化条件下所设置的那些规范，其对全人类的生存和发展无疑有巨大价值，但规范的本义就是基于一种比较的属性。也就是说，因为有不规范的人和事存在，所以才需要规范。由此，任何规范都有两面，即既有维护守规者的一面，又有排斥和打击违规者的一面。不然规范就不成其为规范，也就没有价值。不难理解，规范只对守规者有价值，因为他需要得到规范的保护；而对违规者来说，则没有价值，因为他无此需要，并根本反对规范本身。有论者大谈所谓“自由、民主、人权”等的“普世价值”，其实这是误谈。从规范论角度说，如果社会上不存在反自由、反民主、反人权的人和事，那么也就不会产生“自由、民主、人权”等的理念和规范。另外，在阶级和有阶级存在的社会中，也从来不存在超阶级的、适合一切人的所谓的“普世自由”“普世民主”“普世人权”。这一观点是马克思主义所一再申明了的。

总之，脱离一定组织规范的约束性和相对不规范而言的规范的比较性、针对性，来对普遍规范作抽象普遍的理解，并以此来证明其“普世价值”的做法，是轻率的、不妥的。

六、“普世价值”不能从“普遍解放”寻得理由

有论者认为：虽然马克思主义表明自己是为无产阶级服务的，但由于无产阶级的命运是跟全人类的命运联系在一起的，其最终指向无疑是维护整个人类的利益，其目标是实现全人类的解放和自由，因而其包含了符合所有人利益的“普世价值”。这里的论证看似言之有理、振振有词，其实牵强附会，甚为不妥。下面从人类解放的过程和愿景等两个维度来加以说明。

（一）人的普遍解放过程所体现的并非超阶级的所谓“普世价值”

也就是说，人的普遍解放，是无产阶级消灭剥削阶级和阶级最终消亡的历史过程。因而对其不可作抽象普遍的理解。“普遍解放”是马克思主义中所包含的一个重要命题。这个命题本身就是有条件的、现实的。正如《1844年经济学哲学手稿》中所指出的：“工人的解放还包含普遍的人的解放。”[①]也就是说，人的普遍解放首先是无产阶级的解放。或者说，人的普遍解放“是通过工人解放这种政治形式来表现的”[②]。而与之不同，空想社会主义的一个根本错误就在于：它“并不是想首先解放某一个阶级（指无产阶级——引注者），而是想立即解放全人类”[③]。然而这是一厢情愿的。正如恩格斯所指出的：“只要有产阶级不但自己不感到有任何解放的需要，而且还全力反对工人阶级的自我解放，工人阶级就应当单独地准备和实现社会变革。”不然就会把人的普遍解放变成“一句纯粹是自作多情的空话”[④]。这里是说，人的普遍解放对有产阶级并无价值，因为它“不感到有任何解放的需要”；而对无产阶级来说，如果对它作抽象理解，那么也就使之成为一句导致自我麻醉，以至忘却自己历史使命的有害的空话。恩格斯的这一论述警示人们，不能脱离无产阶级解放，以及与之相关联的剥削阶级和剥削制度的消灭，去空谈人的普遍解放，从而把它误读为超阶级的所谓“普世价值”。

（二）人的普遍解放愿景所代表的并非对每个人而言的所谓“普世价值”

人的普遍解放的愿景意味着：人类在普遍利益与特殊利益的关系问题上，已从以往所经历的前两个阶段而逐渐发展到第三个阶段，即从人类早期普遍利益与特殊利益的原始融合阶段，继而到阶级社会中的二者片面对立阶段，最后进入通过社会主义和未来共产主义来实现的二者高度统一的历史阶段。这个历史阶段的愿景也就是马克思、恩格斯在《共产党宣言》中曾经预言的：“代替那存在着阶级和阶级对立

① 《马克思恩格斯文集》第1卷，167页，北京：人民出版社，2009年。
② 《马克思恩格斯文集》第1卷，167页，北京：人民出版社，2009年。
③ 《马克思恩格斯文集》第3卷，526页，北京：人民出版社，2009年。
④ 《马克思恩格斯文集》第1卷，370页，北京：人民出版社，2009年。

的资产阶级旧社会的，将是这样一个联合体，在那里，每个人的自由发展是一切人的自由发展的条件。”[①]既然在人类解放的愿景意义上，每个人的自由发展是其他一切人的自由发展的条件，同样也可以说，其他一切人的自由发展也是每个人的自由发展的条件，因而在这个理想社会中，已经根本不存在与“自由人联合体”利益片面对立的、所谓个人及部分人的特殊利益，同样也不存在与这些特殊利益片面对立或有别的、以“自由人联合体”为标识的所谓普遍利益。既然在这种融合中，特殊利益和与之相对的普遍利益已经不复存在，因而在最终的意义上，人的普遍解放，也就是使人从普遍利益与特殊利益的对立中获得解放，从而使人成为促进社会全面发展的人，并从而使社会成为促进人全面发展的社会。因而作为历史发展愿景的人的普遍解放，也就意味着个体人再也不是以往那种特殊利益与普遍利益关系中的个别利益主体或个别价值主体，而成了个性得到自由全面发展的人。既然如此，那么在没有了上述个别价值主体的前提下，而去谈论对每个人而言的所谓“普世价值”，很显然，这在逻辑上是不能成立的。

总之，那种无视剥削阶级消灭和阶级消亡的历史进程，以及作为人类历史发展愿景所标示的人类普遍利益与特殊利益高度融合等的根本内涵，来对人的普遍解放作抽象普遍的理解，并以此来论证其“普世价值”的做法，是不可取的。

由上可知，“普世价值”在理论上得不到任何证明，那么它在事实上是否存在呢？答案是否定的。

七、“普世价值”的存在没有事实依据

所谓“没有事实依据”，是指自阶级产生以来的人类历史上，一些人所自以为的“普世价值”，其实从不“普世”。也就是说，所谓“普世价值”只是一种口头宣称，而从未真正存在过。

人们宣称的“普世价值”，大体说来有三种类型：一是古代的西方基督教所高扬的神性论“普世价值”，二是现代的一些神学家和伦理学家所倡导的伦理论“普世价值”，三是当今的西方霸权主义者所强推的

① 《马克思恩格斯文集》第2卷，53页，北京：人民出版社，2009年。

政治论“普世价值”。

（一）关于古代神性论“普世价值”的批判

如上所言，这里的“普世价值”是指西方基督教的“普世主义”。在基督教看来，上帝至高至圣，至仁至爱。因而作为上帝意旨体现的基督教在世界上也就具有“价值普世性”。即不受历史、地域、人种、文化和社会阶级及阶层差异的影响，凡是皈依基督教的人都能获得救赎，从而得享幸福。这就是基督教所谓的“普世价值”。这种“普世价值”从社会根源上说，是欧洲中世纪，西欧封建主和基督教主的特殊利益，借助上帝这种形式所获得的一种虚假普遍性表现。因而这种所谓普遍性，也就必然会遭到它企图凌驾其上的、拥有自己特殊利益的各民族各国家的拒斥，并最终走向破产。到16世纪时，随着欧洲出现反对罗马教会的宗教改革，以及其后的西欧各民族人民的觉醒和各民族国家的纷纷建立，基督教所宣称的作为西欧各国思想和政治主宰的所谓“普世价值”，也就遭到人们的普遍唾弃，从而使其退缩为仅仅是其信徒“关照灵魂”的一种个人信仰。

另外，基督教“价值”的所谓普世性，不仅就其内涵来说不真实，而且就其外延来说，也不具真实性。即基督教所谓的“普世”，其所涵盖的只是其信徒，而非世界上所有的人。如《圣经》所言：“信而受洗的必然得救，不信的必被定罪。”其罪行的最高刑罚就是“灭绝”。所谓“灭绝”，就是屠杀异教徒，或通过宗教战争征服异民族。历史上的“十字军东征”就是这样发生的。不难看出，基督教所谓的“价值普世性”，其实只是以“普世”为幌子，去谋取宣称者的特殊价值。

（二）关于现代伦理论“普世价值”的批判

发端于20世纪90年代初的“普世伦理”一说，是从伦理维度所言说的“普世价值”。这里，在说明“普世伦理”有无的问题之前，首先要划清社会群体伦理、人类命运共同体伦理与“普世伦理”的界限。

人作为社会存在物，一开始就生活在群体之中。共同的生活、共同的利益，也就逐渐形成了该群体的群体伦理，即该群体成员的共同伦理。随着生产力的发展和人际交往的扩大，人们生活的群体也在不断扩大、嬗变。与此相联系，相关伦理也在发生着生灭、变化。比如，一夫一妻制产生以后，才有了“不要奸淫”的规定；私有制产生以后，才有了“不要偷盗”的规定；在中国，封建的婚姻道德是“父母之命、媒妁之言”，新中国成立以后，才逐渐形成了男女平等、婚姻自由的道德风尚。

随着人类历史从民族历史愈来愈多地变成世界历史，随着世界愈来愈多地从无序到整合，随着二战后以联合国为首的一系列国际组织的建立，到冷战结束后全球化的深度发展，人类命运共同体从萌芽到初具雏形的演进，为此所决定，也就逐渐形成全球性的生态伦理、科技伦理，以及多边共商、共担、共享等的伦理。这也就是当今人类的共同伦理。

由上可见，任何伦理都是与时代条件、人们生活的群体，以及作为该群体成员的共同利益相联系，并为之决定的。世界上并不存在脱离时代条件、特定群体及其成员的共同利益而以所谓上帝或理性的“绝对命令”形式存在的“普世伦理”。这种抽象的“普世伦理”似乎适用于任何时代，但又在任何时代都是不适用的。不仅如此，这种作为抽象共相存在的“普世伦理”，一旦获得某种先入为主的解释，这类解释者自以为“上帝或真理与我同在”，因而在现实生活中，其对他者往往显得不是更平和、更讲道义，而是更专擅、更强暴。诚然，观念不等于行动，但二者之间存在联系。只要你把自己倡导的伦理看成“普世”的，那你就有一种道德优越感和道德使命感，从而使自己站在道德制高点上，在某种条件下，就会对别人指手画脚，以致不择手段，使他者屈服于自己的意志。

（三）关于当今政治论“普世价值”的批判

这种“普世价值”是在当代全球化深度发展的背景下，西方基于维护其霸权主义的政治图谋，以反对“专制主义”为旗号，在全世界所强推的，以“自由、民主、人权”为内容的“普世价值”。“自由、民主、人权”是西方启蒙学者提出来的政治理念。他们对这一理念的信仰是真诚的，并且这种信仰在西方资产阶级反对封建专制和教会压迫的斗争中，也曾发挥过积极作用。然而当西方资产阶级夺得政权以后，在其对外扩张的过程中，却沿袭了基督教“普世主义”的做法，把在一定历史条件和阶级基础上所形成的西方“自由、民主、人权”

等原则，从其产生的条件和阶级基础中抽象出来，给其套上“普世价值”的外衣，从而对广大非西方国家和人民发动侵略战争，进行剥削掠夺，以获得其特殊利益的最大化。如果说，在殖民主义时代，西方靠武力崛起和称霸世界，对西式“自由、民主、人权”等加以文化包装，那么在后殖民主义时代，随着广大发展中国家实现独立和人民的日益觉醒，西方武力侵略的代价太大，且在其国内引发了广泛的反战浪潮，于是在它们那里，那种原本作为武力包装的文化，现在则已变为以武力为后盾的一种武器。这也就是所谓“软实力”和“巧实力”的运用。然而其维护西方霸权主义的本质没有任何改变。正如美国学者亨廷顿所指出的：普世主义是西方对付非西方社会的意识形态，帝国主义是普世主义的必然逻辑结果，西方文化的普世观念是错误的、不道德的，对于世界来说是危险的。①

其实，何止是危险？美国近百年来，在全世界推广西方的“自由、民主、人权”等的所谓“普世价值”，已经造成了巨大的灾难和祸害。从更高的立意来说，不独“自由、民主、人权”是如此，世界上任何价值如果以一种模式加以复制、推广，那么没有不坏事的。因为人世间根本没有一种价值是无条件的、“普世”的，或绝对的。

总之，“普世价值”在学理上无从论证，在事实上也无可支撑，因而是不能成立的。

既然西方所宣称的“普世价值论”，其用心如此不良，其影响如此恶劣，那么为何国内还有一些论者要去肯定“普世价值”本身的存在呢？在我看来，其原因除了上文所指出的，在人类价值的对象及主体之普遍性问题上迷失于抽象理解以外，还在于其陷于“普世价值”的某些观念迷误。

八、消除“普世价值”的观念迷误

这里的迷误，概括起来，主要有三方面：一是认为，承认“普世价值”有利于我们变被动为主动。这一观点可简称为“主动说”。二是认为，承认“普世价值”才能使中国特色社会主义与世界文明大道保

① ［美］塞缪尔·亨廷顿：《文明的冲突与世界秩序的重建》，周琪、刘绯、张立平等译，45、286页，北京：新华出版社，2010年。

持一致。这一观点可简称为“一致说”。三是认为，承认“普世价值”，并把中华文化中的某些优秀部分提高到“普世价值”的高度，才有利于提升中华文化自信。这一观点可简称为“自信说”。下面就这三种观点来作一些具体分析。

（一）关于“主动说”的辨析

在这一观点看来，西方以“普世价值”作为其意识形态斗争的工具，占据道德的制高点，霸凌中国和世界，享尽主动，而我们则长期遭受压抑，似乎理屈词穷，被动挨批。为了扭转这种被动局面，变被动为主动，我们不妨接过“普世价值”的旗帜，用我们的观点来加以解释，并批判西方的“普世价值”，从而赢得主动。不难看出，这一观点用心甚好。殊不知，这样做的结果，不仅不能使中国变被动为主动，而且还会陷于更加被动的境地，以致从根本上丧失由被动变为主动的任何可能。这是因为世界上根本不存在所谓“普世价值”，因而不管怎样解释，或由谁来解释，都不能把虚假的东西说成真实的东西。如果硬要去做，那必然是漏洞百出，不能自拔。即为一个错误辩护，必然招致叠加的新的错误。如此错上加错，那还有什么主动可言，又何来翻盘的机会可说，其结果只能陷于彻底的失败。面对西方“普世价值论”的挑战，唯一取胜的途径就是：彻底揭露其反科学、反时代潮流、反人民的本质，高扬为中国人民服务的社会主义核心价值观，高扬为世界人民服务的人类命运共同体价值观。除此以外，别无他法。

（二）关于“一致说”的辨析

在这一观点看来，承认“普世价值”，也就是承认人类有其文明大道。每个国家所走的道路可能各有特色，但必须与人类文明大道相一致。即必须吸收人类所创造的共同文明成果。不然，就会走偏方向，从而招致失败。不可否认，这一观点其愿望甚佳，然而其在理论上却难以说通。这是因为它把“普世价值”与人类文明大道混为一谈了。所谓人类文明大道，也就是指世界各国走向以科学、民主、自由、法治，以及和平发展、合作共赢为旨归的康庄大道。承认这条道路的存在与承认“普世价值”的存在，并无任何关联。因为人类文明大道不是按照某种超民族、超国家的所谓“普世价值”走出来的，而是各民族各国家在各自的实践中，在相互交往、相互学习的过程中，共同走出来的。每个民族都为人类文明大道的开辟作出了自己的贡献；同样，每个民族也在为开辟这条文明大道所作的贡献中获得了自己的进步和发展。因此谁也不能背离人类文明发展的大道，把自己孤立、封闭起来。如果是那样，那么必然会导致愚昧、落后、衰败。但与此同时，也不能在对外开放中自我矮化、自我轻视，把他者的某些东西视为“普世价值”，或听信他者所宣称的“普世价值”，对它顶礼膜拜、奉为圭臬。如果是那样，那么也必然会自我迷失，或中人圈套，遭遇失败。就吸收人类的共同文明成果来说，一个国家要真正享受这种文明成果，说到底，还是要以我为主，从本国国情出发，在其内容和形式上加以民族化重塑，才能真正为其所用。

（三）关于“自信说”的辨析

持这一观点的论者，试图把中华文化中的某些内容提升到“普世价值”的高度，借以提升中华文化自信，并为增进世界人民的福祉，做出中华文化应有的贡献。应该说，这一观点期许善良，但如何提升民族文化自信，很有讲究。中国共产党成立一百多年来，中国人民的民族文化自信是极大地提升了。这种提升，一是来自中国人民拥有了一个久经考验和值得信赖的民族复兴的领导核心中国共产党；在中国共产党领导下，中国人民通过长期奋斗，走出了一条可以救中国和可以发展中国的中国特色社会主义道路；在中华民族复兴路上，成就了中国作为一个文明型大国的崛起。二是来自中华文明五千年所显示的历史辉煌，以及以此为基础，通过创造性转化、创新性发展所实现的当代弘扬。三是来自以自己的方式吸收世界文明成果，并向世界回馈和贡献的过程中，所赢得的友谊和尊重。就中华文化与世界各国文化的关系来说，其唯一正确的取向，就是差异互补、和而不同、共襄成功。这其中，无论哪种文化都没有权利自视高人一等，以所谓“普世价值”自居，自我吹嘘、盲目自信，并强加于人。既然是差异互补，那么中华文化对世界各国文化的发展无疑有其借鉴作用。不过，这里只是“借鉴”，而非“遵行”。至于这种借鉴程度，也不能由中国人说了算，而只能由借鉴国的人民说了算，不然就是王婆卖瓜——自卖自夸，那样就会引起所在国人民的反感，以至遭遇抵制和反对。西方文化霸权主义的覆辙，我们应引以为戒。由此不难看出，那种给中华文化中的某些内容戴上所谓“普世价值”的桂冠，从而借以提升民族文化自信的做法，并非明智之举，实乃南辕北辙。另外，对一个民族来说，如果不是故步自封，而是对外来文化抱有一种虚心学习、择善而从的态度，那么这本身就是民族文化自信的一种表现，同时也是民族希望的一种点燃。

正是基于上述认识，笔者认为，那种把21世纪说成是所谓中国世纪的观点，是不可取的。另外，那种把世界上一些国家借鉴中国的成功经验，说成是所谓世界将中国化的观点，也是不理性的。因此，为了中国好，也为了世界好，为了中国和世界都好，就必须与上述这些不着调的、显虚荣而招实害的观点划清界限。

总之，人类共同价值非“普世价值”。“普世价值”的辩护者，对人类价值的对象及主体之普遍性作了抽象普遍的理解，并以之来对“普世价值”加以论证的做法，是不可取的。“普世价值”这一命题，不仅在学理上无从论证，而且在事实上也毫无依据，因而必须加以拒斥。否则不仅不利于沿着人类文明大道推进中国式现代化，而且也不利于中国人民在建设自己国家的同时，为人类文明发展作出自己的贡献。

文明冲突，还是文明互鉴？*

——文明及其发展规律和当代走向

在对当代文明走向的理解上，存在着两种根本对立的观点：一是已故美国政治学家塞缪尔·亨廷顿所提出的，并得到美国新保守主义者青睐的“文明冲突论”；二是当代中国领导人，特别是现任国家主席习近平所大力倡导，并得到世界绝大多数国家和人民赞同和响应的“文明交流互鉴论”，简曰“文明互鉴论”。对这两种观点之间的分歧，不少论者发表了自己的见解。其中，有一种观点认为，文明既有相互冲突的一面，又有相互借鉴的一面。在我看来，这种观点看似辩证，实则非也。因为各种文明本无冲突，而只有在文明与野蛮之间才存在冲突。为了说明这一观点，下面就针对文明的本质内涵及基本属性、文明发展的基本规律、文明的当代走向等问题，来谈一些看法，并在此基础上，对“文明冲突论”与“文明互鉴论”展开评析。

一、文明的本质内涵

文明的本质是什么？这是一个众说纷纭的问题。要科学地说明这个问题，就必须厘清文明与自然、野蛮、利益、文化等的关系，这是因为文明的本质内涵是在这诸种关系中得以规定和彰显的。

（一）文明是人对自然超越中的实践创生

众所周知，自然的东西无所谓文明，只有人类才有所谓文明的问题。然而，人既来自自然，而又超越自然。这里的“自然”对人来说，包含两个方面：一是外在自然；二是内在自然，即人的本能。因而人对自然的超越，也就表现为通过社会实践，特别是作为其基本形式的

---

* 原刊于《中国浦东干部学院学报》，2020（5）。

物质生产来改造外在自然，同时又改造内在自然，从而使文明得以创生的过程。具体说来就是，改造外在自然即蛮荒自然，以适合人的需要，或曰“辟草昧而致文明”[①]；改造内在自然，即使原初的本能之人提升为文明之人。总之，文明标示着人对自然的超越，是这种超越中的实践创生。然而这种超越的最终实现，要经历一个漫长的历史时期。这一过程也就是人类不断克服野蛮走向文明的过程。

（二）文明是人对野蛮克服中的社会进步状况

这里的“野蛮”，一是特指，即摩尔根所言的，作为人类文明形成中的一个阶段的“野蛮”，也就是从蒙昧时代到野蛮时代再到文明时代这一发展过程中的“野蛮”。二是泛指，即在人类文明形成和发展的过程中，作为其克服对象的“野蛮”。这里的“野蛮”，是指对文明的悖反。在这个意义上说，只有克服野蛮，才能实现文明。这个斗争的最终结果就是人类最美好社会——共产主义社会的实现。

只有到那一天，人在一定意义上才最终脱离了动物界，从动物的生存条件进入真正人的即文明人的生存条件。诚然，如果就历史过程而不是其最终结果而言，可以说，文明是与野蛮相对立的人类社会的进步状态。在这里，不能像亨廷顿那样，脱离与野蛮的斗争而笼统地认为人类的历史是文明的历史，以至于有意无意地把文明与野蛮的冲突，说成是文明的冲突。关于这一点，后文还将作详细说明。既然人类进步史就是文明发展史，那么这里的“进步”和“发展”，其价值标准是什么？而要回答这个问题，就需要讨论文明与利益的关系问题。

（三）文明是保障和增进人类生存发展利益的社会工具

保障和增进人类生存发展的利益，换一个说法，也就是解决人类生存发展中遇到的问题，即所谓“人类生存问题”。因而，在这个意义上也可以说，文明就是解决人类生存问题的社会工具。但这里需要指出的是，不能脱离人类这一最高价值主体，去一般地谈论文明是在一定历史阶段，用于克服生存问题的社会工具总和。[②]因为在现实生活

① 李渔：《闲情偶寄·词曲部下·格局》。

② ［德］哈拉尔德·米勒：《文明的共存——对塞缪尔·亨廷顿“文明冲突论”的批判》，郦红、那滨译，31页，北京：新华出版社，2002年。

中，有一些社会群体，甚至一些国家和民族，为解决自身生存问题所采用的社会工具，比如转嫁危机、以邻为壑甚至发动侵略战争等，就是违背全人类共同利益和其他国家与民族的合理利益的。这样的社会工具，就不能被认为是文明的。可见，对这里作为"文明"指认的"社会工具"，应以是否服务于人类生存发展的利益来作为衡量其文明与否的最高标准，不然就会走偏方向。而这里，又涉及文明与文化的关系问题。

（四）文明是以正态精神文化为重要构成要素的一切正能量的总和

文明与文化不能混为一谈。在理论界存在这样一种现象，即把文明与文化不加区别，混为一谈，或把文明视为文化的某种形态。比如，亨廷顿就认为，文明是放大了的文化，一个文明是一个最广泛的文化实体。[①]从这些论述不难看出，亨廷顿所理解的文化，就是通常所说的"狭义文化"，即"精神文化"；他所理解的文明，或"放大了的文化"，就是通常所说的"广义文化"，即包含经济、政治和精神文化的成果及创造这些成果的活动等在内的总体文化。不过，如果把文化作为一个科学概念来看待，那么就不能像"广义文化论"那样，泛泛而论。因为泛泛而论的"文化"，也就等同于"人类社会"，因而其本质也就只能从人与自然的区别来加以规定。很显然，作如此理解的"文化"相对于人类社会，也就没有其独立价值可言了。如此一来，精神文化所具有的本质认知性、理想设置性以及目标激励性等特性也就缺场了。因此，还是应把文化理解为与经济、政治相区别，而又并列的精神文化为好。

不过话说回来，无论是狭义的文化还是广义的文化，都不能与文明画等号。因为如上所言，文明意味着进步，而文化则有正态和负态两种形态。很显然，在当今世界，负态文化，如话语霸权、恐怖主义信条、邪教理念以及淫秽色情文化等，都不配享有"文明"之美名。不仅如此，它们还是文明发展中所必须要清除的东西。因此，不能像亨廷顿那样，对文化的正负态不加区分，并把文明与文化混为一谈，以致把正态文化和负态文化之间的冲突，说成是所谓文明的冲突。这

① ［美］塞缪尔·亨廷顿：《文明的冲突与世界秩序的重建》，周琪、刘绯、张立平等译，第20、21页，北京：新华出版社，2010年。

是在偷换概念，混淆视听。

脱离“文化生成论”言说的“文化表现论”是一种唯心主义文化史观。如上所言，文明与文化不能混为一谈，那么在正态精神文化，即“精神文明”的意义上，能否如亨廷顿那样，把文明视为放大了的（精神）文化呢？不能。这是因为这一观点是一种片面的“文化表现论”或“文化决定论”的观点。这一观点认为，（精神）文化是文明的核心，社会的经济、政治都是（精神）文化的派生和表现。其之所以片面，就在于它把（精神）文化看成了原本存在的、不证自明的东西。其实不是这样。就社会的层次结构来说，经济和政治是基础，（精神）文化只是这个基础的派生，即观念形态的表现。为这种关系所决定，人类文明的系统结构，以物质文明、政治文明、社会文明、生态文明为基础，在这个基础上才形成了作为其表现的精神文明。就如同离开了物质变精神，而只讲精神变物质，必然会陷入唯心论那样，如果脱离上述“文化生成论”，而只讲“文化表现论”，那么也必然会陷入作为唯心史观一种表现形态的文化史观，即认为（精神）文化是人类社会的基础，因而人类发展史也就被归结为（精神）文化发展史。

“文明冲突论”是以唯心主义文化史观为逻辑根据的一种错误理论。亨廷顿正是把上述文化史观作为其“文明冲突论”得以成立的一个逻辑根据的。在他看来，既然文明是放大了的文化，那么很显然，文化也就本然地成为文明中最基础的东西。用这个观点来看待国际政治，亨廷顿也就由此得出了下述观点和结论：文化在塑造全球政治中发挥着主要作用。当今世界正在成为一个以文化认同为中心，按照文化的相似和差异来塑造联盟、对抗关系和国家政策的世界。[①]于是，文化相似的国家走到了一起，而文化相异的国家或国家联盟则会产生冲突。因此他认为，在这个新的世界里，最普遍的、重要的和危险的冲突是属于不同文化实体的人民之间的冲突。[②]

然而亨廷顿的这一系列结论都是建立在概念不清、片面归结的基础上的。其一，不能把文明归结为文化，前文已经说过了。其二，不

① ［美］塞缪尔·亨廷顿：《文明的冲突与世界秩序的重建》，周琪、刘绯、张立平等译，284页，北京：新华出版社，2010年。

② ［美］塞缪尔·亨廷顿：《文明的冲突与世界秩序的重建》，周琪、刘绯、张立平等译，6页，北京：新华出版社，2010年。

能离开经济和政治的根本利益认同，去夸大和极化全球政治中文化认同的地位和作用。因为在全球政治中，脱离利益认同的单纯文化认同是根本不存在的。比如，组成东盟的十国，各有自己的文化，但共同的发展利益使它们集合到一起。相反，同属一种文化的朝鲜与韩国却因现实利益的不同追求，至今仍处在对立之中。可见，国家之间、民族之间，其现实关系是复杂的，不能简单归结为文化关系。其间引发冲突的原因也是多样的，不能归结为单纯的文化原因，不然就无法解释普遍的事实。其三，文明有差异，但差异不等于冲突，不代表文明优劣，更不意味着对抗。因为对于差异可以相互宽容，即所谓“萝卜青菜，各有所爱”；差异可以搁置，或曰“求同存异”；差异可以互补，从而产生“化学反应”。这即是中国古人所说的“和实生物”[①]。从更高的立意来说，“同”与“异”本来就是一对矛盾。正因为如此，文明交流才能成立。不然，完全相同，何须交流？完全相异，岂能交流。因此亨廷顿“文明冲突论”的观点是武断的、臆造的，不能成立的。

当然，否定文化史观，并不是否定正态精神文化，即精神文明在解决人类生存问题中的重大支撑作用。只不过它是与社会系统中的其他文明一起，作为正能量的总和发挥这种作用的。

总之，文明是人类实践所创生、标示社会进步状况、服务人类生存发展、以正态精神文化为构成要素的一切正能量的总和。

二、人类文明的基本属性

人类文明的基本属性，根源于人类文明的本质规定。如前所说，文明是服务于人类生存发展的社会工具。为这一本质内涵所规定，相对于人类社会之构成单元的各国家各民族而言，人类文明在空间上展现为多样性；相对于人类历史延续的各阶段而言，人类文明在时间上展现为连续性和前进性，即向美性；相对于人类主体系统的各参与方而言，人类文明在其主体间关系上展现为平等性。下面就这些属性来做一些具体说明。

① 《国语·郑语》。

（一）多样性

世界上每一种文明相对于其他文明，都有其特殊性或个性，都有其独特魅力和深厚底蕴。这种特殊性在总体上表现为人类文明的多样性。正是在承认文明多样性的前提下，英国历史学家汤因比将世界上存在的文明划分出了20多个类型；亨廷顿也有关于当今世界7种或8种文明的指认。应该说，承认文明的多样性，这在当今世界已成为许多人的共识。但问题在于，如何说明这里的多样性。对此，汤因比认为，文明的多样性根源于宗教信仰的多样性。在亨廷顿看来，文明的多样性在于作为文明主体的他们的价值观、信仰、体制和社会结构的差别，以及语言、历史、宗教、习俗等的差别。[①]这其中，主要是宗教的差别。亨廷顿认为，宗教是界定文明的一个主要特征。[②]怎样看待他们的观点呢？其一，他们的上述认识都是以某些事实为依据的，因而在一定场合是有道理的。其二，他们的上述认识在总体上是不正确的。因为他们只是说明了作为文明多样性之结果的现象性表现，而没有揭示作为其源头的本质性根据。另外，作为结果的现象性被其个别性、定在性所局限，因而也就缺失了作为源头的本质性根据所具有的那种普遍涵盖性，及其所表现的延展性、开放性等特性。

那么形成文明多样性的根据何在呢？这个根据就是作为共同体的各文明主体，在生存处境和被生存处境所制约的活动方式，特别是生产方式上的差异。比如，在人类社会早期，“不同的共同体在各自的自然环境中，找到不同的生产资料和不同的生活资料。因此，它们的生产方式、生活方式和产品，也就各不相同”[③]。不同的文明也就由此产生。

诚然，随着分工的出现和交换的发展，各种文明也以各自的方式吸收、整合其他文明的因子，以至形成相邻文明之间交叉互动，你中有我、我中有你的状况。特别是近代以来，随着人类历史不断从民族历史愈来愈多地转变为世界历史，各种文明的开放性进一步增强，相

① ［美］塞缪尔·亨廷顿：《文明的冲突与世界秩序的重建》，周琪、刘绯、张立平等译，21、22页，北京：新华出版社，2010年。

② ［美］塞缪尔·亨廷顿：《文明的冲突与世界秩序的重建》，周琪、刘绯、张立平等译，26页，北京：新华出版社，2010年。

③ 《马克思恩格斯文集》第5卷，407页，北京：人民出版社，2009年。

互联系更加紧密，以往分散的文明也就愈来愈多地融合为整体的人类文明。正因为如此，亨廷顿“文明冲突论”所预设的那种各文明间边界分明、毫无关联和共性，以至没有什么对话、谅解的状况是根本不存在的。

另外，从历史过程来说，随着生产力的发展、生产方式和生活方式的改进，作为这些进步状况总体标识的文明还会愈益展现出美的光辉。

（二）向美性

向美性这一属性是通过人类文明发展的总趋势、其积淀式的变革方式以及其自由价值的不断实现来体现的。

第一，向美性指明了人类文明通过不断自我更新而表现出的越来越美的发展总趋势。只要人类还存在，不管其遭遇多少灾难和曲折，人类总会为文明所展现的美所吸引、所趋赴，从而把文明不断推向前进。正因为如此，人类文明才呈现为一个从古代文明到近代文明，又到现代文明，将来还要前进到未来文明的发展过程。这里的向美性，并不意味着人类文明的发展一帆风顺，而是说，其总趋势是在曲折中前进的。懂得这一点，对人们树立关于文明发展的信心和激发推动文明发展的斗志，是有重要意义的。汤因比和亨廷顿缺乏这种宏大视野，因此他们的文明观不同程度地带有循环论或悲观论的色彩。

第二，向美性标示了人类文明通过范式转型所实现的积淀式发展。如前所说，文明对人类而言，是满足其生存发展的社会工具。而人类的生存发展是一个不断面临挑战和应战的过程。在这一过程中，选择社会工具的唯一标准就是“管用”。管用的，即有利于人类生存发展的，就是文明的；反之，则不是。昨天管用的是昨天的文明，今天不管用，那它也就不再是文明的了。这里意味着，随着情势的发展，昨天的文明被今天的文明所取代，这是一种历史的必然。

但有一点需要说明，今天的文明取代昨天的文明，不是文明意义上的以新换旧。因为文明本身无新旧，如同真理无新旧一样。在社会意义上，只有文明的主导原则会发生历史的更替，或曰范式转型，即以一个新的主导原则去代替旧的主导原则。在这个新原则的统摄和组织下，昨天的文明中仍有价值的那些文明因子并没有丢失，而是与新产生的或外来的文明因子进行整合，从而在新的组织中，以新的面貌继续发挥作用。因此，昨天的文明的没落，是其组织原则的没落，而非那些仍有生命活力的文明因子的没落。毋宁说，这些文明因子不仅没有没落，而且是在新的组织原则统摄下，获得了新生，从而得以重放光彩。正因为文明是通过范式转型而不断获得历史积淀的，所以它的发展也才越来越趋于美好。另外，也正因为如此，通过对今天的文明的透视，可以窥见昨天的文明的光彩。这正是马克思所言的，“人体解剖对于猴体解剖是一把钥匙”[①]。

第三，向美性意味着人类自由的不断扩大和增进。如前所说，文明体现着人对自然和本能的超越，体现着人对自然原本没有的东西的创造，因而它在本质上体现着人的自由。这种自由的扩大和增进有两个方面：一是在人与自然的关系上，表现为人对自然即内在自然和外在自然之局限性的克服，从而不断赢得人在自然面前的自由，即不断向自然的深度和广度进军，不断提高改造和利用自然的能力。正如马克思所说：“靠消耗最小的力量，在最无愧于和最适合于他们的人类本性的条件下来进行这种物质变换。”[②]二是在人与人的关系上，表现为人对社会局限性的克服，不断赢得人在社会关系中的自由，即逐渐摆脱社会异己关系的束缚，使社会关系为联合起来的人们所驾驭，从而成为人本身发展的手段，以至达于马克思、恩格斯所预言的“每个人的自由发展是一切人的自由发展的条件”[③]那样一种社会状态。

（三）平等性

平等观念的提出和在现实中的不断实现，是近代以来人类文明发展的一个重大标志性成就。这种平等观念落实到文明层面，也就要求尊重各种文明的平等地位。这是因为：其一，作为文明主体的各共同体，包括世界上每个国家和民族都有不可剥夺的生存权和发展权。在这一点上，它们是平等的。其二，每个国家和民族都有享受自己所创造的文明成果的权利。在这里，它们也是平等的。其三，每个国家和民族所创造的文明成果，对它来说，都是满足其生存发展需要的，都

① 《马克思恩格斯文集》第8卷，29页，北京：人民出版社，2009年。
② 《马克思恩格斯全集》第25卷，927页，北京：人民出版社，1974年。
③ 《马克思恩格斯选集》第1卷，422页，北京：人民出版社，2012年。

是好的、美的，都是正能量的东西，因而是它引以为自豪的东西。正如习近平同志所说：“每一种文明都扎根于自己的生存土壤，凝聚着一个国家、一个民族的非凡智慧和精神追求，都有自己存在的价值。人类只有肤色语言之别，文明只有姹紫嫣红之别，但绝无高低优劣之分。”[①]总之，坚持文明的平等性，本身就是文明的体现。我们应推动不同文明相互理解、相互尊重、相互信任、相互学习。

对此，有人可能会表示不解。他们会问：在人类文明史上，资本主义文明取代了封建文明，难道这不是表明资本主义文明高于、优于封建文明吗？其实，资本主义文明取代封建文明，这是一个简单的、并不准确的说法。因为这里的取代，不是文明意义上的取代，而是如前文所言，只能理解为文明的主导原则的取代，即用符合文明发展要求的资本主义主导原则去取代丧失了文明性的封建主义主导原则，或者说，是用从封建社会产生的并上升到主导地位的资本主义原则，去解放和重组曾被封建主义主导原则所束缚的文明因子。也就是说，在一定的历史条件下，封建主义主导原则是具有文明性的。但在变化了的历史条件下，它逐渐丧失了文明性，以至成了落后腐朽的东西，因此被资本主义主导原则所取代。所以，不能把这种取代，误读为资本主义文明高于、优于封建文明。

总之，多样性、向美性、平等性是人类文明的三大基本属性。坚持这些属性，或按这些属性的要求去行动，才能使各种文明相互尊重，美人之美，相互学习，美美与共。

三、人类文明发展的基本规律

要把握人类文明发展的基本规律，必须坚持一个总原则，即必须从人类实践的发展出发。如前所说，文明是人类实践的创造，只有立足于人类实践的发展，才能把握人类文明发展的基本规律。发展着的人类实践，一是指不断创新的劳动实践，即不断发展着的改造自然、社会和人本身（包括人的精神在内）的劳动活动；二是指不断丰富的交往实践，即包括经济、政治、文化的交往在内的交往活动。由人类

① 《习近平谈治国理政》第3卷，468页，北京：外文出版社，2020年。

实践发展的这样两个方面所决定，人类文明发展的基本规律，也有两条。

（一）文明在劳动创新中推进的规律

这里的“创新”主要指人类劳动工具或生产工具的创新。马克思曾把人类的生产工具分为两种：一是“自然形成的生产工具”，包括耕地、水等；二是“文明创造的生产工具”①，即由人类文明创造的，作广义理解的，包括观念、科技、教育、制度等在内的工具。这些工具的创新又反过来成为推动文明进一步发展的动力。

第一，观念创新意味着推动文明发展的人之思想的解放。这一解放的历程，从其核心内容来说，大体可以概括为：从原始社会的“自然崇拜”，到奴隶社会的“血缘世袭”，再到封建社会的“等级特权”，又到资本主义社会的“个人至上”，进而到社会主义社会的“人民中心”。这一历史过程实际是在观念上反映了人从对自然的依赖关系和从人与人之间的剥削关系束缚下解放出来，从而获得更多自由的过程。因此，观念创新也就为人类文明发展提供了不竭的思想动力。

第二，科技创新意味着推动文明发展的人手及人脑的解放。科技创新包括科学发现、技术发明、工具革新及在生产中的运用等三个环节。就这三者的关系来说，科学是改造世界的系统知识，技术是应用科学改造世界的工艺流程，工具则是凝聚科学和技术的改造世界的操作手段。因此，科技创新集中表现为工具的革新。这一革新，大体经历了从人手工具到人手动力工具，到蒸汽动力工具，到电气动力工具，再到如今的智能动力工具的发展过程。这一过程，也就是用人之外手来代替人手的部分工作，进而用人之外脑来代替人脑的部分工作的过程。人之外手和人之外脑工作得比人手和人脑更连续、更有力、更精准、更有效。因此，科技创新也就为人类文明发展提供了日益强劲的物质动力。

第三，教育创新意味着推动文明发展的人之个体潜能的解放。教育创新，无论在西方还是东方，都经历了教育对象从少数到多数、教育内容从经院性死知识到实践性活知识（学研结合到如今的产学研结

① 《马克思恩格斯选集》第1卷，183页，北京：人民出版社，2012年。

合)、教育目的从谋生的片面教育到乐生的全面教育等的变革。这些变革，说到底，是为了促进每个人各方面素质的全面提高。因此，教育创新也就为人类文明发展提供了源源不断的人力资源。

第四，制度创新意味着推动文明发展的人之社会结合力的解放。人除了有个体力以外，还在人与人之间形成了一种结合力，或如马克思所称的“集体力”。这种结合力是超出个体力之和的力量，即“许多力量融合为一个总的力量而产生的新力量”[①]。个体力能否得到充分发挥，特别是共同体之结合力能否得到充分激发，取决于制度的优劣和效能。这是因为制度是具有全局性、根本性、稳定性的力量。因此，制度创新也就为人类文明发展提供了丰沛的社会动力。

总之，创新是文明发展的第一动力，是一个文明充满生机和活力的动力源泉。如果离开了创新，那么这种文明就会停滞不前，自然也就没有未来。

（二）文明在交往学习中提升的规律

这一规律是指人们通过交往，使文明相互交流、学习、促进。由于交往有两种，因此交往中的学习也有两种。

两种交往与两种学习。交往有两种形式：一是正态交往，即和平友好的交往。这种交往方式本身就是文明的体现，或曰文明的交往。二是负态交往，即非和平友好的交往。其极端形式，就是侵略、征服。这种交往方式本身就是非文明的、野蛮的。

与上述两种交往方式相联系的学习也有两种：一是主动学习，即在正态交往中，交往双方被对方的文明之美所吸引、所感动，从而相互仿效。二是被动学习。所谓被动学习，即在负态交往中，吃亏的一方为求得自我保存，被动吸收对手之长，以求击败对手的一种学习。鸦片战争失败以后，先进的中国人主张的“师夷长技以制夷”，就是一种被动学习。

那么能否因为这种被动学习的达成，而认为西方侵略者对中国近代文明的发展有功呢？下面对此作一点辨析。

关于“侵略有功论”的辨析。“侵略有功论”是一个长期流行的观

---

① 《马克思恩格斯文集》第5卷，379页，北京：人民出版社，2009年。

点。在这一观点看来，西方帝国主义发动的侵略战争给东方包括中国送来了西方文明。甚至有人无耻地宣称："如果中国能被西方殖民三百年，就可以从洋人手中接过一个现成的现代化中国。"还有人据此认为：征服战争是文明传播的一个途径，它作为文明冲突的一种表现形式，推动了文明的发展。其实，上述观点是没有根据的、荒谬的。

其一，侵略者不是文明的传播者。相反，它们是文明的破坏者、摧毁者。对此，马克思、恩格斯在谈到古代的征服战争时曾指出："蛮族的入侵，甚至是通常的战争，都足以使一个具有发达生产力和有高度需求的国家陷入一切都必须从头开始的境地。"[①]比如，古埃及人和古印度人都曾创造了令人叹为观止的古代文明，但这两个文明都因为外敌入侵而中断了。

其二，西方入侵者并非东方发展的有功者。近代以来西方列强发动的殖民战争具有双面效应：一是使被征服各国"丧失自己的古老形式的文明"，使那里的人民"丧失祖传的谋生手段"[②]。二是在客观上促进了当地人民的觉醒，以致引起了当地的社会革命，或用上文的话说，促成了殖民地、半殖民地人民的被动学习。那么我们能否认为，这种被动学习及其成果的达成是西方侵略者的所谓"功劳"呢？答案是不能。这是因为，西方的侵略只是这种被动学习得以开始的压力或诱因，而这种学习的进行并取得成效，其动力或主因是东方学习者的主体自觉和自我提升，即从"受制于人"到"以其人之道还治其人之身"的提升。在相同压力下，有的人可能被压垮，有的人则可能变压力为动力。因此，上述成功不能归功于作为压力提供者的西方侵略者，而只能归功于东方学习者的决心和努力。这是显而易见的。

其三，一切征服战争都是野蛮的。这里的征服战争，包括西方所进行的一切侵略战争。其发动者所奉行的都是弱肉强食的动物原则，即丛林法则。这本身就是一种丑恶的野蛮行径，根本没有文明可言。所以，那种把侵略战争所引发的冲突称为文明的冲突的说法，不管其提出者的主观动机如何，都在客观上给上述野蛮行径披上了一件文明外衣，从而起到了掩盖真相、混淆视听的作用。这是不可接受的。

---

① 《马克思恩格斯选集》第1卷，188页，北京：人民出版社，2012年。

② 《马克思恩格斯选集》第1卷，853页，北京：人民出版社，2012年。

“各种文明本没有冲突。”[①]这是习近平同志提出的一个原创性的、有重大意义的根本观点。在国际交往中，只要不怀傲慢和偏见，那么人类都会在交流的过程中体验到文明的美好，并获得共鸣。其深层原因在于：一是，在一切文明中，人们所面临的生存问题具有共同性；二是，人们对美好生活的向往具有一致性；三是，文明作为解决生存问题、实现美好生活的手段具有价值共享性。

学习推动了人类文明的提升。就总体而言，无论是主动学习还是被动学习，都促进了人类文明的发展。具体说来就是：人类通过学习使文明彼此相认，多样共存；使文明超越隔阂，交融共享；使文明超越固化，繁荣共进。也就是说，学习使人类文明更加丰富多彩，焕发生机。正如英国哲学家罗素所总结的：“不同文化的接触曾是人类进步的路标。希腊曾经向埃及学习，罗马曾经向希腊学习，阿拉伯人曾经向罗马帝国学习，中世纪的欧洲曾经向阿拉伯人学习，文艺复兴时期的欧洲曾向拜占庭学习。”[②]

总之，劳动中的创新和交往中的学习是人类文明发展的两大根本动力，如车之两轮、鸟之两翼，缺一不可。纵向的创新推进了横向的学习，横向的学习又转而推进了纵向的创新。人类文明就是通过创新和学习的综合作用，既与时俱进，又互鉴交融，从而不断开创新局面和不断进入新境界。

这里需要指出的是，在人类文明发展史上，相对于正态交往中的主动学习，那种负态交往中的被动学习，确实曾使人类付出了沉重代价。然而令人庆幸的是，这种情况正在发生变化。在东方与西方之间，长期存在的那种西方压迫东方、东方被动学习西方的状况，正逐渐被东西方平等交往中的主动学习所改变。这种改变的发生，说到底，是当代文明发展的大趋势使然。

四、人类文明的当代走向

这里还得从全球化的深入发展谈起。

---

① 《习近平谈治国理政》第3卷，469页，北京：外文出版社，2020年。

② ［英］罗素：《一个自由人的崇拜》，胡品清译，8页，长春：时代文艺出版社，1988年。

（一）全球化深入发展及其两大效应

所谓全球化，主要指经济全球化，也就是产品的生产越来越具有跨越国界的特征，从而产生了一个资金、技术、产品、产业和人员能够世界性流动和联通的网络体。其一，20世纪90年代初，东欧剧变、苏联解体，冷战结束，一定程度上促进了全球统一大市场的形成。其二，以互联网为标志的新技术革命迅速推进。其三，中国于1978年开始进行改革开放，投身市场经济大潮，从而为全球化提供了强劲动力。这三大因素的综合作用造成了新一波全球化的深入发展。在这一过程中，逐渐产生了互有联系的两大全球效应。

第一，力量对比的东升西降。随着全球化的深入发展，东方的后发优势得以逐渐显现，从而表现出了一种迎头赶上西方的态势。“21世纪以来，中国、印度、东盟、日韩等东方文明逐渐成为新一轮全球化的主要动力”，“过去20年，东方文明影响下的国家对全球经济增长的年均贡献连续超过50%”[①]。由于新兴市场国家和发展中国家的群体性崛起，世界格局中的东升西降已成历史必然。那么这种东升西降的最终前景是东西平等互补，还是东方反过来压迫西方？历史的走向只能是前者，而非后者。这是因为人类已逐渐成为一个荣辱与共的命运共同体。

第二，人类命运的共存共荣。近代以来，随着人类现代化从在少数西方国家局域性发展演变为全球性发展，以往存在的那种东西方失衡的发展正在被东西方平衡发展所取代，这为东西方的平等相待、相互尊重提供了现实可能。不仅如此，随着全球化的深入发展，世界各国家各民族也愈来愈多地处在一种紧密的关联之中，以至于一损俱损，一荣俱荣。这为东西方的和平发展、合作共赢，以及在主动学习中实现文明互鉴提供了条件。在这个意义上说，当代文明发展的大趋势或走向，就是和平发展、合作共赢。

然而上述全球化效应，却在美国引发了两种背离历史必然的认知。

---

① 王文：《500年？400年？300年？200年？100年？如何理解“百年未有之大变局”》，《人民论坛·学术前沿》，2019（7）。

（二）全球化效应在美国引发的两种认知

1.福山的“历史终结论”

在这一观点看来，全球化也就是全球西方化，或美国化。福山认为，东欧剧变、苏联解体，也就意味着社会主义制度和意识形态的终结和失败，同时宣告了西方自由民主的胜利，即西方的自由民主作为“普世价值”将会普及于全世界。

不过，对这种盲目乐观的认知，亨廷顿不以为然。他根本不赞同那种把西方自由民主视为“普世价值”的观点。在他看来，现代化并不一定意味着西方化，[①]世界文明是多元的，根本不存在所谓“普世价值”。他甚至一针见血地指出：“普世主义”是西方对付非西方社会的意识形态，帝国主义是“普世主义”的必然逻辑结果，西方文化的“普世”观念遇到了三个问题：它是错误的，它是不道德的，它是危险的。[②]

从这里的引述不难看出，在对国际政治走向和西方“普世主义”的认知上，亨廷顿比福山要清醒得多，也高明得多。为了克服“历史终结论”的理论盲点，以及为西方政要提供理论指导，亨廷顿提出了“文明冲突论”的观点。

2.亨廷顿的“文明冲突论”

亨廷顿在坚持文明多样性的前提下，清醒地意识到世界力量对比的东升西降以及东方文明的必然复兴。他认为，物质的成功带来了对文化的伸张，硬实力衍生出软实力，当东亚人在经济上获得更大成功时，他们便毫不犹豫地强调自己文化的独特性，从而促进全球本土化和非西方文化的复兴进程。[③]亨廷顿所言，似乎与他所坚持的唯心主义文化史观背道而驰。不过，从唯物史观看来，这些论述是正确的。但需要指出的是，亨廷顿虽然正确意识到东方文明复兴这一历史趋势，但由于受其阶级立场所局限，他并不为东方人感到高兴，反而是深感

---

① ［美］塞缪尔·亨廷顿：《文明的冲突与世界秩序的重建》，周琪、刘绯、张立平等译，57页，北京：新华出版社，2010年。

② ［美］塞缪尔·亨廷顿：《文明的冲突与世界秩序的重建》，周琪、刘绯、张立平等译，45、286页，北京：新华出版社，2010年。

③ ［美］塞缪尔·亨廷顿：《文明的冲突与世界秩序的重建》周琪、刘绯、张立平等译，89、84、71页，北京：新华出版社，2010年。

不安，以至恐惧。从本质上说，亨廷顿的“文明冲突论”就是美国资产阶级，特别是其新保守主义势力此种战略忧虑和恐惧的一种理论表现。

在亨廷顿看来，世界力量的东升西降，不仅意味着西方主宰天下的时代正在终结，[①]而且意味着东方主宰天下的时代正在开始。因为东方日益增长的自信会导致东方“普世主义”的出现，它会宣称自己的文化优越于西方文化，于是会对西方文化采取否定态度。[②]对此，亨廷顿主张：一是西方团结起来，通过拉拢、排斥、渗透、同化等手段，维护和扩大西方文明的阵地；二是在多文明的世界里，建设性的道路是弃绝“普世主义”，接受多样性和寻求共同性。[③]他还提出，文明的冲突是对世界和平的最大威胁，而建立在多文明基础上的国际秩序是防止世界大战的最可靠保障。[④]

怎样看待亨廷顿的这些论述呢？这里作如下分析。

结合前文所说，亨廷顿的“文明冲突论”在理论上有两大基本缺陷：一是混淆了文明与文化，二是以唯心主义文化史观为支撑。因此，运用“文明冲突论”来说明当代国际政治，自然是荒腔走板，不着边际。具体说来有三点。

（1）它是一个无根的理论。所谓“无根”即没有事实依据。“文明冲突论”所沿袭的仍然是“冷战思维”，即用零和博弈的观点来看待国际力量的东升西降，认为东升西降就是西输东赢或美输中赢。这是罔顾事实，乱贴标签。在经济全球化的背景下，不管是西方还是东方，所有国家如果不是自我封闭，而是通过开放参与其中，那么都会从中获益。所不同的只是，这里的“获益”从以往西方的单方受益，逐渐变为现在的东西方共同受益，即双赢。现在有些美国极右人士鼓吹所谓“美国吃亏论”。其实，这是睁着眼睛说瞎话。世界银行的数据显

① ［美］塞缪尔·亨廷顿：《文明的冲突与世界秩序的重建》，周琪、刘绯、张立平等译，71页，北京：新华出版社，2010年。

② ［美］塞缪尔·亨廷顿：《文明的冲突与世界秩序的重建》，周琪、刘绯、张立平等译，89页，北京：新华出版社，2010年。

③ ［美］塞缪尔·亨廷顿：《文明的冲突与世界秩序的重建》，周琪、刘绯、张立平等译，294页，北京：新华出版社，2010年。

④ ［美］塞缪尔·亨廷顿：《文明的冲突与世界秩序的重建》，周琪、刘绯、张立平等译，297页，北京：新华出版社，2010年。

示：自1960年以来，扣除通货膨胀因素后，美国人均收入和全球人均收入都增长了3倍，美国GDP增长近6倍。这说明美国和世界其他各国一样，都大大得益于全球化的发展。不难看出，上述这种历史变化，正是世界文明进步的表现。可是，美国偏好零和博弈的新保守主义势力对于这种进步却感到很不适应。因为这些人看不得别人好，认为对别人来说的这种好，就是对美国福祉的损害和对美国安全的威胁，于是他们心理失衡，甚至心生忌恨。亨廷顿的“文明冲突论”恰好为此种嫉恨提供了一种理论包装，给其罩上了一层遮羞布，以致使美国维护其霸权的种种倒行逆施，获得了某种借口。然而亨廷顿的“文明冲突论”终因其“想当然”而陷于虚妄，不能成立。

（2）它是一种使西方文明蒙羞的理论。亨廷顿的“文明冲突论”把东方反对西方主宰天下的霸权主义，说成是东方反对西方文明。这实在是把“文明”用错了地方。这不仅是对东方文明义举的误读，而且使西方文明蒙羞。西方，特别是美国的霸权主义，为了一己私利，以自己的优势地位，在全世界称王称霸，既无视公认的国际规则，也无视国际通行的道德准则，动辄挥舞制裁大棒，甚至不惜发动战争。这一切哪有什么文明可言？另外，亨廷顿为维护西方文明所支出的那些拉拢、排斥、抑制、利用等所谓“招数”，分明是霸权心态和冷战思维的生动体现。这哪里谈得上文明？如果把这些都说成是他心目中的西方文明，不仅不能给西方文明增光添彩，而且还是自毁形象。实际说来，东方人所反对的只是西方特别是美国的霸权主义，而非西方文明。对于西方文明，东方人不仅不反对，而且是虚心地加以学习借鉴。

（3）它是一种污化东方文明的理论。苏联解体以后，西方需要寻找一个新的敌人，来加强西方的团结，来维护西方特别是美国的霸权主义。“文明冲突论”适应了这种需要，它把伊斯兰文明和中国文明说成是威胁西方文明、挑起冲突的两个源头。然而这是虚构的，不真实的。

第一，它是对伊斯兰文明的污化。“文明冲突论”把原教旨主义、恐怖主义与特定民族、特定宗教、特定文明勾连起来的观点和做法，在理论上是极为荒谬的，在行动上是极其危险的。说到底，这些东西的猖獗，不仅有民族、教派、地缘等方面的原因，而且还与一定时期外部势力，特别是以美国为首的西方国家的介入紧密联系。苏联解体以后，以美国为首的西方国家在北非和中东地区多次发动战争和挑起所谓“颜色革命”，结果造成动乱发生且一发不可收拾。恐怖主义势力乱中得势，攻城略地，导致民不聊生、难民成潮，给欧洲各国经济、政治造成巨大冲击。直到现在，恐怖袭击还时有发生，搞得世界不得安宁。由美国霸权主义肆虐而引发的恐怖主义疯狂，不仅严重伤害和破坏了伊斯兰文明，而且也伤及了包括西方文明在内的全人类文明。可亨廷顿不作上述具体分析，直到离世前，仍坚持先前的观点，即把好战、恐怖主义的帽子扣到伊斯兰文明的头上。

其实，伊斯兰教中并不包含暴力和仇恨的种子。它和其他世界性宗教一样，都含有人类文明的共同因子。亨廷顿承认世界上的几大宗教都共有一些重要的价值观，[①]因而可以实现文明对话。可是在论证“文明冲突论”时，他却对此避而不谈，还把其间的差别加以夸大、极化。很显然，这是其实用主义论证所造成的一种前后矛盾。

第二，它是对中国文明的污化。“文明冲突论”担心中国崛起会给西方文明带来威胁，这更是对中国文明的误读和污化。国强必霸的逻辑不适用于中国。中国在19世纪40年代以前，曾长久地领先于世界，但中国从没有觊觎任何霸权。新中国成立以来，中国政府和中国人民与世界各国平等交往、和睦相处。改革开放以来，中国经济发展步入快车道。在这一过程中，中国对人类文明的贡献也越来越大。中国一再重申“永不称霸”，要“始终做世界和平的建设者、全球发展的贡献者、国际秩序的维护者”[②]。可是“文明冲突论”者却把中国的崛起视为对西方文明的威胁，这实在是杞人忧天。说得不好听一些，亨廷顿作为美国上层政治精英，忧惧于中国崛起会威胁以美国为首的西方文明，这不仅错得离谱，而且令人啼笑皆非。因为中国和广大发展中国家一直都在受美国的威胁，包括战争威胁。大量事实证明，美国霸权主义才是当今世界各种冲突的总根源和对人类文明的最大威胁。正如美国前总统卡特所言，美国才是“世界历史上最好战的国家”，它在

---

① ［美］塞缪尔·亨廷顿：《文明的冲突与世界秩序的重建》，周琪、刘绯、张立平等译，295页，北京：新华出版社，2010年。

② 习近平：《决胜全面建成小康社会　夺取新时代中国特色社会主义伟大胜利——在中国共产党第十九次全国代表大会上的报告》，25页，北京：人民出版社，2017年。

“242年的建国历史中仅有16年没有打仗”[①]。

不过话说回来，亨廷顿提出“文明冲突论”与现在美国新保守主义势力大肆炒作“文明冲突论”，借以挑动对立，任性而为，还是有所区别的。二者的区别在于，前者怀有某种人类良知。用亨廷顿自己的话来说，“我所期望的是，我唤起人们对文明冲突的危险性的注意，将有助于促进整个世界上‘文明的对话’”[②]。或如前文已引述的，他主张“接受多样性和寻求共同性”。因为亨廷顿清楚地意识到，他所说的“文明冲突”，特别是核心国家之间的“文明冲突”，一旦爆发就将使全球堕入“黑暗时代”。与亨廷顿不同，美国新保守主义势力之所以鼓吹“文明冲突论”，其目的是以此为幌子，指定“替罪羊”，制造恐慌，煽动仇恨，助长狂热情绪和歇斯底里，在中美之间制造冲突和对立，以便肆无忌惮地遏制中国的发展，从而维护和扩张美国的霸权利益。然而这是不能得逞的，只会搬起石头砸自己的脚。因为形势比人强。谁也不能背离文明交流互鉴这一当代文明的大道、正道，任性而为而不受惩罚。

五、“文明互鉴论”反映了人类文明的当代走向

(一)“文明互鉴论”的提出不是基于一种善良愿望

如上所言，亨廷顿虽然提出了所谓“文明冲突论”，但他还是主张要避免冲突，要实现“文明对话”。其中，他特别重视中美领导人的对话。他认为，未来的世界和平在相当大的程度上依赖于中国和美国的领导人协调两国各自利益的能力，以及避免紧张状态和对抗升级为更加激烈的冲突甚至暴力冲突的能力。[③]亨廷顿的上述观点，与中国所倡导的“文明互鉴论”有一致之处。

但要指出的是，亨廷顿的上述主张，多半还是一种善良愿望。至

---

① 《2019年美国侵犯人权报告》，中国政府网，https://www.gov.cn/xinwen/2020-03/13/content_5490935.htm。

② ［美］塞缪尔·亨廷顿：《文明的冲突与世界秩序的重建》，周琪、刘绯、张立平等译，中文版序言，北京：新华出版社，2010年。

③ ［美］塞缪尔·亨廷顿：《文明的冲突与世界秩序的重建》，周琪、刘绯、张立平等译，中文版序言，北京：新华出版社，2010年。

于这一愿望能否实现，他心中无底。甚至可以说，他是悲观的。这是因为他被自掘的“文明冲突论”的陷阱所困，以至不能自拔。因此他不得不一再重申：中美之间这些紧张状态和对抗将不可避免地存在。[①]其言下之意，此种结局似乎是中美难以摆脱的厄运。

另外，亨廷顿把上述善良愿望的实现，寄托于中美领导人的担当上，这多少有些一厢情愿。与之不同，中国所倡导的“文明互鉴论”，虽然并不否定杰出人物在中美文明对话中所发挥的重要作用，但它主要不是基于这种情感期待，而是立足于对世道人心的科学把握。因为顺全球化潮流，定成浩荡之势；为全人类之公，必能通行天下。也就是说，中国之所以高举“文明互鉴论”的旗帜，是因为这面旗帜不仅顺应了全球化的潮流，而且代表了全人类的心声。

（二）“文明互鉴论”反映了全球化的时代潮流

随着信息化技术以及交通、通信等的发展，实现政策沟通、设施互通、贸易畅通、资金融通等，已成为全球化的必然要求。要实现这一切，就必须通过各国文明的交流互鉴，夯实国家间相通的民意基础。正如习近平总书记所说：“国之交在于民相亲，民相亲在于心相通。”[②]

全球化的发展引发了种种全球性的问题。这些问题都不是一国所能解决的，只有通过各国文明的交流互鉴，统一认知，统一行动，举全球之力才能加以解决。

各国通过文明的交流互鉴，才能增加利益共同点和交汇点，按照各自优势实现战略互补，合力提升全球整体规模效应，从而激发巨大潜能，增进共同利益。

各国通过文明的交流互鉴，可以加深各国人民的友谊，加强各国人民的团结，从而解除和阻止单边主义、霸权主义和强权政治对当今人类文明的威胁和破坏。

（三）“文明互鉴论”代表了当今人类的共同心声

在全球化条件下，国与国之间的矛盾难以避免，碰撞也会增多，

① ［美］塞缪尔·亨廷顿：《文明的冲突与世界秩序的重建》，周琪、刘绯、张立平等译，中文版序言，北京：新华出版社，2010年。

② 《习近平谈治国理政》第2卷，510页，北京：外文出版社，2017年。

但和平总比战争好，对话总比对抗好。伤及别人，也必将伤及自身。这就是全球化的当代逻辑。因此，通过文明的交流互鉴，寻得共处之道，赢得和平红利、合作红利、发展红利，才符合世道人心。

在全球化条件下，世界各国的发展都面临不少新的问题。但这些问题有其基本的共同之处，即人们要生存，要吃饭，要住房，要就业，要有一个安定、公正和宜居的社会环境。为此，通过文明交流互鉴，消除发展赤字、安全赤字、治理赤字，在合作中扬长避短，实现互利共赢，也就成为人类社会的主流民意。

(四)“文明互鉴论”已从理念形态转为日益强劲的现实力量

这表现在多个方面。

其一，“美国优先”的单边主义、霸凌行径在美国已有越来越多的有识之士起而反对。他们主张正常的贸易自由，维护多边贸易体系。

其二，美国的盟国并没有像冷战时期那样追随美国，唯美国马首是瞻。不少国家抵制美国的单边主义，反对其公然抛弃二战后创立的合作性制度秩序，主张按国际通行规则进行国际交往。

其三，广大发展中国家之间所实现的南南合作，以及南方国家与北方国家所实现的南北合作，都已取得越来越多的合作红利。

其四，中国改革开放40多年来，始终在融入世界、参与全球化的进程中，不断学习、不断进步，同时也在用自己的发展成果回馈世界，促进世界的发展繁荣。在这一过程中，中国向世界展现了兼容并包、和平友好的负责任大国形象。中国已成为维护世界和平、促进共同发展的强大正能量。

总之，和平发展、合作共赢已然是当代文明发展的大趋势。这就是当代中国人坚持和践行“文明互鉴论”的底气、胆气和豪气所在。

新时期要继续深化对新自由主义的批判*
——兼论新自由主义的来龙去脉和本质特点

40多年来，中国特色社会主义道路的胜利开辟，在思想理论领域交织着两条战线的斗争：一是，对那种固守传统观念和体制的教条主义所开展的批判斗争；二是，对打着改革开放旗号，以新自由主义为理论导向的资产阶级自由化所进行的批判斗争。前一个斗争现已取得基本胜利，后一个斗争仍在进行之中。夺取这一斗争的决定性胜利，还将是新时代中国特色社会主义获得根本成功的一个关键所在。故此，下面就新自由主义的来龙去脉、本质特点、社会危害，以及新时期要继续深化对新自由主义的斗争等问题，来谈一些自己的看法。

一、自由主义与经济自由主义及其历史表现形态

到目前为止，在新自由主义的指谓和理解上，还存在种种混乱和歧见。为了辨明其间的是非，先从自由主义及作为其表现形态的经济自由主义谈起。

（一）自由主义及经济自由主义

自由主义不能笼统地被认为是关于自由的主义。“自由”作为一个历来存在争议的概念，不同的思想理论观点往往有着相异，甚至对立的理解。拿自由主义与马克思主义关于“自由”的理解来说，二者就存在着根本区别。这里的区别概括起来有以下三点。

1.着眼点不同

在作为社会思潮而非个人作风的意义上，自由主义是政治自由主义、经济自由主义、意志自由主义（唯意志论）等的统称。然而不论

---

* 原刊于《安徽师范大学学报》（人文社会科学版），2020（5）。

何种自由主义，其着眼点都是纯粹的个人，或“原子式的相互敌对的个人”①。因而自由主义所理解的自由，“是人作为孤立的、自我封闭的单子的自由”②。即“原子式的相互敌对的个人”的自由。与之相反，马克思主义在这里的着眼点则是“现实的个人”，即“处于既有的历史条件和关系范围之内”的“从事活动的人们”③。因而马克思主义所谓的自由，是“现实个人”的自由。

2.赋予的性质不同

自由主义把自由理解为人所固有的本质特性。或曰“人生而自由”，抑或“人就是自由”。而马克思主义则认为，自由是实践的产物、历史的产物。就此，马克思指出：“自我实现，主体的对象化，也就是实在的自由——而这种自由见之于活动恰恰就是劳动。”④恩格斯还从历史发展的角度指出：“最初的、从动物界分离出来的人，在一切本质方面是和动物本身一样不自由的；但是文化上的每一个进步，都是迈向自由的一步。”⑤

3.指谓的含义不同

这里的含义不同，不是指认识论意义上的，而是指社会历史论意义上的。自由主义的最早形态，是形成于17世纪英国资产阶级革命时期的，以洛克（1632—1704）为旗手的政治自由主义。这种政治自由主义所指谓的“自由”，是作为个人政治权利的自由。随着资产阶级革命的胜利，自由主义原则也就从政治领域扩大到经济领域，从而形成了其对自由的经济维度的理解，即经济自由主义。经济自由主义所理解的“自由”，是指自私人在市场上逐利的自由权利。用马克思的话说：“这一权利是自私自利的权利。……这种自由使每个人不是把他人看做自己自由的实现，而是看做自己自由的限制。”⑥在马克思看来，这种立足于个人，并把他人视为限制的所谓自由，并非真正的自由。真正的自由是指联合起来的个人，能够支配自己的生活条件，并用来发展自己的个性。因此，马克思说：“在真正的共同体的条件下，各个

① 《马克思恩格斯文集》第1卷，54页，北京：人民出版社，2009年。
② 《马克思恩格斯文集》第1卷，40页，北京：人民出版社，2009年。
③ 《马克思恩格斯文集》第1卷，517、524页，北京：人民出版社，2009年。
④ 《马克思恩格斯文集》第8卷，174页，北京：人民出版社，2009年。
⑤ 《马克思恩格斯选集》第3卷，492页，北京：人民出版社，2012年。
⑥ 《马克思恩格斯文集》第1卷，41页，北京：人民出版社，2009年。

人在自己的联合中并通过这种联合获得自己的自由。”①

总之，从上面的分析可知，经济自由主义是一种把自私人追求私利的自由在想象中幻化和普化为先天人性的社会思潮。这种思潮在历史的行程中也发生着演化，因而有其历史的表现形态。

（二）经济自由主义的历史表现形态

经济自由主义（以下所言的自由主义都是在经济自由主义意义上使用的）的历史表现形态主要有三种。一是古典自由主义。二是作为古典自由主义改良版的带有国家积极色彩的自由主义。这种自由主义在演变的过程中，最后还形成了相对于古典自由主义而言的，具有某种异质性的国家干预主义。三是作为古典自由主义极化版的自由主义，即新自由主义。

1. 古典自由主义

它是指以亚当·斯密（1723—1790）为代表的具有严重个人倾向的自由主义。这种自由主义的基本特征：一是强调私有财产神圣不可侵犯；二是强调市场自由，即在市场上赋予个人追求自身利益的最大自由；三是有限政府，即政府的作用只限于立法，通过立法来维护社会稳定、保护私有财产和市场交易自由。政府不得以任何行为去干扰市场这只“无形之手”的作用。在这个意义上说，最好的政府也就是最少（作为）的政府。因此古典自由主义是一种带有市场自由神圣化强烈倾向的、持消极国家观的自由主义。相对于这种自由主义，在历史上还产生了一种持积极国家观的自由主义，即对古典自由主义有所修正和改良的自由主义。

2. 改良版的自由主义

它是指以约翰·密尔（1806—1873）为代表的带有一定政府积极色彩的自由主义。正如我国学者所指出的：“密尔在有关自由的讨论中，在个人和政府之间加入了社会这一要素。”②也就是说，在密尔看来，个人和政府不是绝对对立的，政府可以通过对社会进行规范，从而来保护和增进个人自由。在这里需要指明的是，不可把密尔的改良版的自由主义与古典自由主义的区别加以夸大，即不能把这里的区别

---

① 《马克思恩格斯文集》第1卷，571页，北京：人民出版社，2009年。

② 浦兴祖、洪涛主编：《西方政治学说史》，415页，上海：复旦大学出版社，1999年。

说成是主张“社会自由”即人人共享自由，与主张自私人的“个人自由”的对立。二者都是以维护“自私人自由”为中心的。其区别只在于如何维护这个中心。前者是主张要防止政府的干扰作用；而后者则主张要发挥政府的保障作用。

不过，从后来的历史联系来看，密尔的这种改良版自由主义所开启的理论先河，经过一系列过渡环节的再度改良，在维护个人自由的前提下，最后还蜕变成了一种与古典自由主义有某种微妙而重大差别的国家干预主义。关于这一点，后文还将作详细说明。在历史的演进中，作为对这种国家干预主义的一种极端反拨，也就形成了极化的古典自由主义，即中文所译的“新自由主义”。

3.新自由主义

它是相对于古典自由主义而言的现代版古典自由主义，或具有现代特征的古典自由主义。因此，要了解新自由主义，就必须从了解新自由主义与古典自由主义的关系入手。那么此二者的关系如何呢？有一种观点认为，新自由主义是对古典自由主义加以“继承”和“模仿”的产物。比如，雅克·比岱就持这一见解。他说：“新自由主义的要求本身并没有包含什么新的东西：这是和自由主义相同的要求。”又说：“新自由主义则无非是被称之为‘自由主义’的旧梦之实现而已。”①其实，雅克·比岱只看到新自由主义与古典自由主义相一致的一面，但忽视了其相区别的一面。就总体来说，这里的既相一致又相区别的情况，主要表现在以下两个方面。

（1）新自由主义与古典自由主义所代表的都是资产阶级的利益。所不同的是，后者所代表的是资本主义自由竞争阶段的新兴资产阶级的利益；前者所代表的则是资本主义垄断阶段，特别是国家垄断阶段的没落大资产阶级的利益。

（2）新自由主义与古典自由主义以及国家干预主义都是为解决资本运行中的问题，而提供理论依据和解决方案的社会思潮。所不同的，一是，古典自由主义是为发展资本主义而提供服务的社会思潮。其矛头所指是妨碍资本主义发展的封建专制和教会压迫。二是，新自由主义和国家干预主义则是为拯救资本主义而提供服务的社会思潮。其矛

① ［法］雅克·比岱：《新自由主义及其主体：一个元结构的视角》，吴猛译，《哲学动态》，2016（2）。

头所指是资本运行中所产生的危机、革命和社会主义。三是，新自由主义与古典自由主义都是作为理论体系和策略主张而提出来的。但古典自由主义更偏重于理论建构；而新自由主义除了在理论上有所侧重和发挥以外，则更具操作性、工具性，以及鲜明的意识形态性。

总之，那种认为新自由主义与古典自由主义没有区别的观点，是没有根据的，是不能成立的。不过，对新自由主义与古典自由主义的联系和区别，要达于深入细致的了解，还须对古典自由主义、国家干预主义，以及新自由主义在历史上主流地位的先后更替有一个清楚的认识。

二、国家干预主义的地位变迁与新自由主义

这里发生了作为主流思想的两次推移。

（一）从古典自由主义向国家干预主义的推移

如上所说，从17世纪到18世纪，有先后产生的斯密古典自由主义与作为其改良版的密尔自由主义之分别，但在资本主义前期发展中，起支配作用或处于统治地位的一直是以斯密为代表的古典自由主义。这一理论的核心是主张“资本自由放任有益论”。在这一观点看来，凭借“自私的经济人”假设及自由放任的经济政策，就可以实现资本所有者利益的最大化，同时能带来社会的一劳永逸的自由和繁荣。因为那种自私地追求自身利益最大化的人，会无意但有效地促进公共利益的增进。那么其实际效果如何呢？后来的事实证明，这种自由放任政策的实施，一方面，确实调动了资本所有者的积极性，极大地促进了生产力的发展和社会交往的扩大；但另一方面，也导致了日益尖锐的劳资对立，引发了周期性的经济危机。西方发达国家为了向国外转嫁危机并扩大自己的发展空间，于是造成了国际性乃至世界性的尖锐矛盾。

在西方资本主义自身发展产生结构性危机，以及面临东方社会主义巨大挑战的时代条件下，以往占统治地位的斯密古典自由主义，也就被国家干预主义所取代。如前所说，这种国家干预主义，从理论渊源上说，它脱胎于密尔自由主义，但在内容上，它又形成了自己的部

分新质，即它更多地赋予和肯定了政府在经济方面的能动和积极作用，或曰拓展了政府的经济职能。另外，其在理论上具有了现代理性的自觉和更多方面的理论论证，以及其在现实指向上具有了更强操作性和更大的价值性，从而使它得以由社会的“边缘”逐渐走向了“中心”。

国家干预主义，起初表现为以格林和霍布豪斯为代表的理论。其观点是侧重从政府对个人自由的能力培养角度，来肯定政府的作用。随着实践的发展和理论的演进，它很快变成具有重要时代特色的、以凯恩斯为代表的国家宏观调控理论和与之伴随的罗斯福新政。其观点则是侧重从政府对个人自由的环境保障和制约角度，来肯定政府的作用，主张通过政府的调控，寻求市场均衡以提高效率和实现社会均衡以保障公平，从而为有效实现个人自由提供必要条件。二战以来，这种国家干预的理论和策略为西方各发达国家所信奉和仿效，以至成为其加强宏观调控、经济维稳，以及福利国家建设的思想基础。这是西方资本主义在二战后复兴的一个重要原因。

（二）从国家干预主义向新自由主义的推移

需要指出的是，国家干预主义理论和策略的实施，只是对资本主义自由放任政策的某种纠偏或改良，并不具有根本性，即它不能从根本上解决国家垄断资本主义充分发展所导致的资本主义固有矛盾的激化和由此产生的生存危机。另外，国家干预的不当运用或过度干预，也会引发新的危机。比如，20世纪70年代初发生的“滞胀”（高通胀、高失业率、低经济增长）危机，就与国家的不当干预有关。因而面对这一危机，国家干预主义自然也就无能为力。然而国家干预主义之局限性以及人们对其策略的不当运用，所造成的“部分失灵”，却被一些人抓住不放，并夸大和误读为“整体失灵”，而且这一舆论还逐渐形成气候。于是在这样一种氛围中，那种在20世纪二三十年代已经萌生的、以哈耶克和弗里德曼为代表的新自由主义则从先前的倍受冷落转而获得青睐。其标志是，20世纪80年代初，英国首相撒切尔夫人和美国总统里根上台执政以后，都把新自由主义视为拯救资本主义现代危机的一大法宝。这也是新自由主义从思潮转变为西方国家政府政策的开始。

不过，这里有两点需要说明：一是，不能把新自由主义的理论观点与其作为国内策略的实际运用，不加区别，相提并论；二是，不能把新自由主义作为西方国家国际战略的运用与作为其国内策略的运用，不加区别，混为一谈。具体说来包括以下两点。

其一，新自由主义的推行是西方国家内在策略的一种变换。在理论上，新自由主义相对于作为其理论渊源的斯密古典自由主义更趋极端。即它从极端自私的个人主义出发，竭力夸大斯密“无形之手”的作用，鼓吹“市场万能论”，因而也就更强调要限制乃至取消政府对经济生活的干预，从而听任市场上弱肉强食的逐利自由拼搏。然而西方国家在其国内治理上，并不是像其国内某些论者所认为的那样，其在指导思想上发生了从国家干预主义到新自由主义的所谓根本转变，实际此二者在这些国家是作为“两手策略”相互为用的。只是随着情势的变化，在某个时间节点或某个局部领域，发生了这两手在力度强弱上的某种变换。

其二，新自由主义的推行是西方国家国际战略的一种使坏。新自由主义作为西方（主要是美国）垄断资本主义的国际战略，也并非其国内策略的简单延伸。因为其在国内的目标是消除危机和恢复稳定。为了达到这一目标，它往往是有选择、有限度地采取新自由主义的策略。与之不同，其国际目标则是转嫁危机和在全球扩张利益。而新自由主义的主张，正好适应了20世纪90年代以来西方垄断资本主义的上述国际需要。其标志是1990年“华盛顿共识”的出炉。这不仅因为“华盛顿共识”是新自由主义一系列理论观点和政策主张的集中体现，而且还因为新自由主义通过“华盛顿共识”的表述，从而成为西方垄断资本主义实现其全球扩张的理论依据和政治纲领。“华盛顿共识”以推进经济全球化为幌子，其目的就是要非西方国家进行所谓去主权化的完全开放、毁掉作为其根本经济保障的国有经济、取消其政府的任何规范和管制，从而使西方垄断资本在这些国家畅行无阻、自由出入，任其兴风作浪，肆无忌惮地进行剥削掠夺。因此，新自由主义作为一种国际战略，充分暴露了西方垄断资本的贪婪本性和险恶用心。

总之，新自由主义是以亚当·斯密自私人自由放任主义为理论底色的、通过极化形式表现的、主要为西方垄断资本主义转嫁危机和实现全球扩张服务的一种社会思潮和国际战略。不过，近40年来的历史已经证明：这一思潮蔓延到哪里，哪里就会出现灾难。究其原因，既非操作层面的技术失误，也非局部的政策失当，而是在于，它在本质上是一种逆社会化潮流的发展陷阱理论。

三、一种逆社会化潮流的发展陷阱理论

（一）社会化的实现是一个过程

什么是社会化？社会化是社会活动主体超越自身的封闭和孤立状态，在普遍联系日益增进的过程中，所达于的以公平为核心价值的社会共有、共建、共享的状态。

社会化的实现是一个从低度社会性到社会化，以及从片面社会化到全面社会化的发展过程。

社会性即人的社会关系性。它是人的实践，特别是人的生产劳动的生成。也就是说，人通过劳动从动物提升出来的过程，同时也是一个从动物的“群性”到人的“社会性”的提升过程。原因在于，人的劳动都是社会地进行的，是以社会分工协作为形式的。因而随着人类劳动不断向广度和深度进发，人的社会性也就随之丰富和发展。从历史的联系来说，新一代人总是在前一代人已经创造的社会性基础上，以自己新的劳动创造出比前人更为丰富的社会性。这就是人类社会性发展的总趋势。

为这一总趋势所决定，所以愈往古远，人的社会性也就愈为狭隘、愈加贫乏。在人类历史上，随着原始生产力发展到农业生产力，并进而发展到工业生产力以至智能生产力，人类也就从原先的低度社会性而逐步迈上社会化的道路。这是因为农业生产力所支撑的是以家庭为中心的自给自足的自然经济；而工业生产力和智能生产力所支撑的则是以交易为中心的市场经济。这样一来，市场经济的发展也就必然要挤压和侵占自然经济的生存空间，并最终打破其封闭性和地域性的限制，使个人从血缘共同体中解放出来，获得独立性和自为性，从而促进人的社会化发展。即在市场经济条件下，属于不同分工领域的生产者通过彼此的普遍交往，形成了与其他社会成员或社会群体的日益普遍的联系和关系，实现了人们之间在物质、能量、信息和情感等方面的国际化乃至全球化的交流与共享。

（二）资本主义与社会化的矛盾及其解决

在资本主义市场经济条件下所实现的社会化，乃是片面的社会化。这里有两个方面：一方面，资本主义生产为了追逐利润，即最大限度地获取剩余价值，它必须到处落户，到处开发，到处建立联系，从而极大地推动了人的社会化发展。但另一方面，由于资本的本性在于追逐利润，因而它想方设法剥削工人阶级和广大群众，从而剥夺了他们共享文明成果的权利，造成了他们购买力的下降，不能形成有效需求，最终导致市场萎缩，致使人的社会化发展受限。对此，马克思指出："资本的发展程度越高，它就越是成为生产的界限，从而也越是成为消费的界限，至于使资本成为生产和交往的棘手的界限的其他矛盾就不用谈了。"[①]这里的诸多矛盾集中到一点，就是马克思所概括的生产社会化与资本主义私人占有制的矛盾。如何处理这一矛盾，有两种途径。

第一，通过社会主义革命以达于对矛盾的根本解决。即用社会主义取代资本主义。以此为前提，从而实现由资本主义的片面社会化向社会主义和共产主义的全面社会化转变。恩格斯指出："只能是在事实上承认现代生产力的社会本性，因而也就是使生产、占有和交换的方式同生产资料的社会性质相适应。而要实现这一点，只有由社会公开地和直接地占有已经发展到除了适于社会管理之外不适于任何其他管理的生产力。"[②]在这个意义上可以说，社会主义和共产主义就是追求和实现全面社会化的主义。中国的社会主义制度是在落后的经济文化的基础上建立起来的，因而现阶段所要实现的全面社会化还是初级的。这表现在经济领域，就是坚持公有制为主体、建设和健全政府宏观调控的社会主义市场经济体制，逐步实现全体人民的共同富裕；在政治领域，就是要坚持党的领导、人民当家作主与依法治国的辩证统一，不断提高广大人民群众参政、议政的能力和水平；在精神领域，就是要不断提升教育普及化、文化大众化、风尚文明化等的水平和层次。

第二，通过资本主义改良以达于矛盾的局部缓解。在资本主义自由竞争阶段，斯密古典自由主义占据了统治地位，其所主张的自由放任的经济理论和策略，与当时还处于相对分散的、点状发展的资本主

① 《马克思恩格斯文集》第8卷，97页，北京：人民出版社，2009年。

② 《马克思恩格斯文集》第3卷，560页，北京：人民出版社，2009年。

义市场经济阶段相适应。随着生产社会化程度的提高，市场经济在密度和广度上的充分发展，致使自由放任市场经济的弊端日渐暴露出来，以致爆发了20世纪30年代的资本主义经济大危机。由此产生了以国家干预主义为旗帜的、宏观调控的资本主义市场经济。在这种市场经济体制下，政府通过宏观调控所采取的一系列经济社会政策，比如，经济发展中计划性的纳入、具有社会化色彩的股份制改革、工人参与制的实施，以及福利制度的推行等，尽管不具根本性，但确实又在资本主义所允许的范围内，增进了社会公平正义，改善了人民生活，提高了他们的社会地位。这在客观上顺应了人类社会化的潮流，或以不依他们意志为转移的方式，使“资本主义之‘接近’社会主义”[①]。这在一定程度上缓解了生产社会化与资本主义私人占有制的矛盾。

（三）新自由主义是对人类社会化潮流的反动

上述矛盾的缓和，触犯了大垄断资本的利益，于是它祭起了新自由主义的旗帜，来了一个倒行逆施，试图以此来逆转人类社会化的潮流。即为了保障和扩大大垄断资本的一己私利，以所谓“自由”的名义，去鲸吞蚕食民众个人利益和社会公共利益，这就激化了资本主义的固有矛盾，从而造成了种种危机和灾难。由此，新自由主义也就成为人类发展的一种陷阱理论。20世纪90年代以来，从东南亚到拉美，从苏东到中东，凡是按新自由主义行事的地方，包括放松管制的美国金融市场在内，都无一幸免，陷入了一波又一波殃及地区乃至全球的金融危机，特别是至今还没有完全消除其影响的2008年世界金融危机。其导致经济停滞、失业增加、福利削减、两极分化、民主法制遭到破坏、国家公权力衰退，以及环境恶化等。在这一背景下，一些国家为了嫁祸自保，造成了孤立主义、单边主义抬头，以及以新自由主义祸害为其温床的恐怖主义的肆虐等问题。以上这些都是新自由主义酿成的苦果，同时也是对它的一次历史判决。

所幸，中国人民在中国共产党的领导下，在开辟中国特色社会主义道路的过程中，比较早地开展了与新自由主义的中国表现——资产阶级自由化的斗争。这样，不仅没有落入其设置的发展陷阱，而且还

① 《列宁选集》第3卷，171页，北京：人民出版社，2012年。

不断取得新的胜利。但是到目前为止，这一斗争还未取得决定性胜利。因此，还应以高度的理性自觉，把对新自由主义及资产阶级自由化的批判进行到底。

四、把对新自由主义及资产阶级自由化的斗争进行到底

（一）新自由主义利用社会主义国家的失误来和平演变社会主义

如前所说，国家干预主义和新自由主义都是为拯救资本主义提供服务的社会思潮。其矛头所指，是资本运行中所产生的危机、革命和社会主义。在对待社会主义的问题上，国家干预主义是通过借鉴社会主义国家在计划调控方面的某些成功经验，用来改良资本主义，以达于拯救其危机，并阻止其国民对社会主义的向往的目的；而新自由主义作为西方大垄断资本的国际战略，其目的在于要把广大发展中国家纳入其新殖民主义体系，借以否定社会主义，和平演变社会主义，从而使其成为西方资本主义的附庸。

东方社会主义与西方资本主义在攻守之势上，之所以会发生如此易位，其中的一个重要原因是社会主义国家在发展过程中都曾从早先的勃兴而陷入了其后的停滞，以致发生了重大挫折和失败。之所以如此，一是因为现实的社会主义国家面对自身贫穷落后的状况，在如何建设社会主义的问题上，还十分缺乏经验；二是面对帝国主义的包围，在如何壮大自身，去加以击破的问题上，还有些急于求成和操之过急。于是，试图用高度集中的计划经济体制，从上至下，调动国内一切力量，去完成那些不切实际的宏伟目标。

西方一些新自由主义者较早地发现了东方社会主义国家在发展中所存在的一些问题，但因受其资产阶级立场的支配，所以他们把上述原本属于体制方面的问题，通过移花接木，说成是根本制度的问题，并以此来诋毁社会主义。一是宣称所谓公有制无效率，[①]因而必须通过改革，去实现私有化，而且认为这种私有化应是一种“大放手”的急速私有化。这就是他们曾经为俄罗斯所设计和加以推行的“休克疗

① ［美］布坎南：《财产与自由》，韩旭译，50页，北京：中国社会科学出版社，2002年。

法"，实际是"休克死法"。二是攻击社会主义是集权主义，认为其所通向的是一条奴役之路，[①]因而要用西方的自由民主取而代之。三是主张自由主义的市场化改革，主张要去除政府的一切监管。

（二）中国取得了反对新自由主义即资产阶级自由化的重大胜利

改革开放以来，西方新自由主义的思想迅速传入我国，于是成为形成和助推资产阶级自由化的理论来源和思想引领。如果说，在改革开放启动之前和之初，在是否改革的问题上，我国思想理论战线的主战场是批判那种固守传统观念和体制的教条主义的话，那么在改革开放启动以后，在如何改革的问题上，我国思想理论战线的主战场，则已转向对西方新自由主义的中国表现——资产阶级自由化的批判斗争。对中国来说，不改革是死路一条，但如果改革走错了路，那也是死路一条。资产阶级自由化就是要误导中国改革走上一条邪路、死路。在这方面，苏联改革的失败是一个反面教训。在苏联解体以后，中国成为世界上最大的社会主义国家，西方新自由主义的某些代表人物也就把关注目光聚焦于中国，期盼中国成为所谓"自由思想的全球中心"[②]。为达此目的，他们用学术交流的名义，通过"派进来"和"请出去"两种途径，在中国培养他们的代言人和发声者，推销他们的理论主张，企图扭转中国改革的社会主义方向。

对于这一场斗争，邓小平早有警觉。早在1980年他就指出，"要批判和反对崇拜资本主义、主张资产阶级自由化的倾向"[③]。因为"搞资产阶级自由化就是走资本主义道路"[④]。而这是不能被允许的。在以邓小平及其继任者为首的党中央的领导下，在总体上，我国反对资产阶级自由化的斗争取得了重大胜利。这表现在：我国摒弃了经济上私有化和政治上西方民主化的自由主义改革主张，而坚持和不断完善了以公有制为主体的经济制度和中国共产党领导的人民民主政治制度；摒弃了以私有化为目标的所谓"休克疗法"，而采用了有领导、有步骤，先行试点、逐步推开的渐进改革方针，从而正确而有效地处理了改革、

① ［英］哈耶克：《通往奴役之路》，王明毅、冯兴元、马雪琴等译，29、157页，北京：中国社会科学出版社，1997年。

② 吴易风：《西方经济学中的新自由主义》，《红旗文摘》，2014（5）。

③ 《邓小平文选》第2卷，368—369页，北京：人民出版社，1994年。

④ 《邓小平文选》第3卷，123页，北京：人民出版社，1993年。

发展、稳定三者的关系；摒弃了自由主义市场经济的理论观点，而坚持了宏观调控的社会主义市场经济的改革方向。历史证明，这条改革之路走对了。经过40多年的奋斗，中国在各个方面都取得了举世瞩目的巨大成就，从而有力驳斥了西方新自由主义对社会主义的攻击和诋毁。

（三）正确估量形势，把反对新自由主义的斗争进行到底

如前所说，我们取得的成就是巨大的。但在肯定成就的同时，千万不要忘记，我国在反对资产阶级自由化的斗争中，还存在诸多不足，而且离最终胜利，还有很长距离。

比如，那种以所谓学术形态表现的资产阶级自由化还颇有影响。以至有学者认为："即便是在'金融海啸'引起全世界对新自由主义的批判和反思之下，其在中国高等院校的强势地位仍然没有动摇。"[①]这种情况应引起我们的高度警惕。又比如，相当长一个时期以来，"经济人假设"受到青睐，于是"一切向钱看"成为时尚，"市场万能论"仍很有市场。

在反对资产阶级自由化的干扰和破坏方面，为什么还会存在上述种种不足呢？这里有两方面的原因。

一是客观原因。即资产阶级自由化不是单纯的理论主张，它的形成和产生影响是有其社会基础的。其社会基础就是资本自发性的膨胀，即利润冲动性或逐利性的膨胀。社会主义国家要利用资本为自己服务，也就必然不能剔除其自发性，不然资本就不是资本。不仅不能剔除，而且还要利用它，同时又要规范它，即防止和扼制其自发性膨胀。然而，这里的规范往往具有滞后性，且难以一步到位，这也就为资产阶级自由化的生存和产生影响提供了可乘之机，或留下了某种空间。

二是主观原因。即我国的各级党政干部在如何改革计划经济为市场经济，如何超越资本主义自由放任的市场经济，去建立和完善宏观调控的社会主义市场经济的问题上，还十分缺乏经验。我国的改革开放是在思想准备不足的情况下进行的。主观不足表现在两个方面：其一，不少党员领导干部对社会主义改革开放与资产阶级自由化所主张

① 朱安东、王天翼：《新自由主义在我国的传播和危害》，《当代经济研究》，2016（8）。

的改革开放的尖锐斗争及其严重性，在一个相当长的时期内还缺乏足够的理性自觉。其二，由于经验缺乏和认识不到位，为资产阶级自由化提供了可钻的空子。比如，没有划清“经济搞活”与“自由放任”的界限，以至混为一谈，这就使“自由放任”在“经济搞活”的名义下大行其道。又比如，对市场化改革的经济边界认识不清，因而导致盲目的市场化，使“经济”的市场化部分扩大为“社会”的市场化。

为了纠正上述种种不足，必须认真总结经验、提高认识，并采取切实措施，从而把反对新自由主义及资产阶级自由化的斗争进行到底，这里有以下几点要注意的。

第一，要有长期斗争的思想准备。由于内外因素的共同作用，新自由主义及资产阶级自由化的干扰和破坏还将长期存在。正是基于这一认识，邓小平在1986年的一次讲话中强调指出：“反对资产阶级自由化至少还要搞二十年。”[①]1992年他在南方视察时又指出：“现在看起来还不止二十年。资产阶级自由化泛滥，后果极其严重。”[②]从那以来的多年的历史已经证明，这是一个富有远见的预言。不过现在看来，随着百年未有之大变局的到来，在国际体系中，美国维护霸权的野心与其控制世界能力之间的不匹配将更加明显。其所造成的战略恐惧，必然使美国急不可耐地要从外部围堵中国，费尽心机地用资产阶级自由化意识形态从内部瓦解中国。因而对这种危险的任何低估，都将使我们付出沉重代价。在这个意义上说，要取得对资产阶级自由化斗争的最终胜利，我们还应做更长远一些的思想准备。

第二，要充分认识新时代继续深化对新自由主义及资产阶级自由化斗争的意义。是以资本为中心，听任资本自发性膨胀，牺牲人民利益，造成两极分化，最终导致改旗易帜；还是以人民为中心，用中国特色社会主义制度逻辑规范资本逻辑，运用资本造福人民，实现共同富裕和促进人的自由全面发展，这是中国特色社会主义与新自由主义及资产阶级自由化这两种思想、两条道路、两种前途斗争的实质所在，也是新时代要把对新自由主义及资产阶级自由化的斗争进行到底的重大意义所在。对这一意义，全党和全国人民要有充分的认识，从而激发高度的理性自觉。

① 《邓小平文选》第3卷，196页，北京：人民出版社，1993年。

② 《邓小平文选》第3卷，379页，北京：人民出版社，1993年。

第三，深化对新自由主义及资产阶级自由化的斗争，既要破，更要立。所谓“破”，就是要对新自由主义及资产阶级自由化的反科学、反社会化潮流，反人民的本质，以及其争夺主流地位的图谋、伎俩、危害和根源，继续深入地进行揭露和批判，要通过批判，在思想和行动上与新自由主义及资产阶级自由化彻底划清界限。但为了破，更要立。所谓“立”，主要内容包括两个方面。

一是要加强思想理论建设。即要引导全党和全国人民系统学习和掌握马克思主义基本理论，推进马克思主义中国化、时代化、大众化，用习近平新时代中国特色社会主义思想教育和武装全党和全国人民，使之深入人心。加快包括中国特色马克思主义经济学、政治学等在内的各门哲学社会科学理论体系的建设，使之获得更系统的逻辑化表达，借以占领和巩固学术阵地。在这方面我们要有理论自信，要大力发扬创新精神。

二是要加强行动落实。就是要高举中国特色社会主义伟大旗帜，紧紧抓住我国新时代的主要矛盾，即人民日益增长的美好生活需要和不平衡不充分的发展之间的矛盾，要按照党中央“四个全面”战略布局，坚决贯彻新发展理念，采取切实措施，为实现下述目标而奋斗。这里包括，如何通过改革，做大做强公有经济，特别是国有经济，使之保值增值；如何在保障公有制为主体的前提下，实现公有经济、非公有经济的相辅相成、相得益彰；如何既发挥好市场在资源配置中的决定性作用，又更好地发挥政府的作用；如何在不断提高效率的同时，又不断提高社会的公平程度，使全国人民共享现代化发展的成果；等等。通过努力，获得更大的，以至决定性的胜利，这不仅意味着新时代中国特色社会主义道路获得了根本的成功，也是对新自由主义及资产阶级自由化的致命打击，使它彻底丧失市场，陷于失败。

总之，为夺取新时代中国特色社会主义的根本胜利，全党和全国人民必须以高度的理性自觉，把对新自由主义及资产阶级自由化的斗争不断引向深入，并进行到底。

关于逆全球化的当代主要矛盾论分析与应对*

20世纪90年代以来，在全球化运动深入发展的背景下，逆全球化浪潮却如异军突起，在世界不少国家特别是西方世界涌动。面对如此情势，全球化的命运如何，人类的路在何方，也就成为笼罩在世人心头的愁云。突然而来的新冠疫情对全球化所造成的干扰也被国际上某些势力加以夸大，并借以来对逆全球化推波助澜，从而使世人心头的愁云愈加浓重。这里涉及对当代全球化本质内涵的科学认知、逆全球化引发主因的准确指认，以及如何正确加以应对等的问题。本文试图从分析当代主要矛盾入手，分以下四个部分，来对上述问题展开论述。

一、当代主要矛盾

20世纪80年代中期，基于对当时国际形势，即东西紧张对峙、南北差距扩大的分析，我国作出了和平与发展是当今时代的主题的战略判断。这一判断为我国坚持和平与发展的道路提供了思想支撑。几十年来，我们行进在这条道路上，已经取得了辉煌的成就。这一实践成果证明，上述战略判断具有无可争辩的政治正确性。然而，在当今全球化深入发展的国际环境中，特别是人类已迈上了建设人类命运共同体的新征程，和平与发展也就成为当今时代的主题。时代主题即时代目标。这一目标的实现从根本上说取决于对当代主要矛盾的认知和解决。

当代主要矛盾是两种立场的矛盾。这个矛盾是指，全球化进程中的多边主义立场与单边主义或霸权主义立场的矛盾。所谓多边主义立场，即世界各国政府和民众把自己国家视为全球化的多边主体，主张

* 原刊于《安徽师范大学学报》（人文社会科学版），2022（1）。

通过携手努力，谋取共同利益的立场。所谓单边主义或霸权主义立场，即一些国家的政府、政党和民众把自己国家或参与的排他性集团视为全球化运动中孤立存在的所谓主体，试图通过单打独斗或零和博弈，来谋取一己利益的立场。当然，这样说并非否定各国政府和民众仍是其国内事务的主体。那么为什么说这两种立场的矛盾是当代主要矛盾呢？这里从以下两个维度来加以说明。

（一）两种立场矛盾的走向决定着人类未来

它是一个关系当代全球化前途和人类命运的决定性矛盾。具体说来就是，如果坚持多边主义立场，就能正确对待和处理本国与全球化的关系。即把二者视为“小我”与“大我”的关系。在这种关系中，作为“大我”的全球化也就会被如实视为作为“小我”的各国政府和民众得以生存发展的总体保障和基础支撑；同样，“小我”也会被如实视为“大我”的有机构成元素和动力源泉。因此，要实现“小我”，首先必须为“大我”；同样，为了“大我”，又必须最终落实为“小我”。为了实现“大我”与“小我”的辩证统一，世界各国政府和民众要增进共识，深化互信，同舟共济。即如习近平主席所指出的，要“共担时代责任，共促全球发展”，从而去建设一个“更有活力、更加包容、更可持续”的全球化。①

反之，如果坚持单边主义或霸权主义立场，那么一国政府和民众或其参与的排他性集团也就会把自己仅仅视为其心目中的“自我”。与之相关联，也就会把全球化及参与其中的别国政府和民众视为“他者”。这里的所谓“他者”，就是在有利时，将其作为自我谋取利益的工具；在有险时，将其作为避险和嫁危的对象。很显然，如果这种立场成为一些国家，特别是那些主要强国的立场，那么就会造成更多的无序和混乱，更多的对立和冲突，以致全面的对抗和动荡。这样一来，不仅已经取得的全球化成果会毁于一旦，而且还会从根本上“裂解”全球化，从而使人类陷入一个极为黑暗的时代。

① 《习近平外交演讲集》第2卷，1、4页，北京：中央文献出版社，2022年。

（二）两种立场矛盾的解决统摄着其他矛盾的解决

它是一个创造条件缓解和解决当今世界其他矛盾的统筹性矛盾。这里的其他矛盾主要是指“南北”和“东西”两大矛盾。

第一，关于东西矛盾。一个国家是选择社会主义，还是选择资本主义，是各国人民自己的事，必须予以尊重。别国代替不了，也无权干涉。从这个意义上说，并无所谓东西矛盾。但如果有谁因为社会主义与资本主义的制度有别，而干涉他国内政，或企图搞制度输出，那么也就造成了东西矛盾。历史已经证明，这种干涉和输出，不仅违背联合国宪章，遭世人唾弃，而且代价不菲，并通常是以失败告终。另外，历史也已昭示，社会主义国家和资本主义国家全面对抗，冷战对峙，也绝没有出路。因此，在社会主义国家与资本主义国家的关系问题上，其唯一正确取向就是和平共处、合作共赢。当代全球化的发展为这一目标的实现提供了一个好的平台。通过这个平台，不同制度的国家作为全球化的多边主体，共同治理全球事务，增进相互了解，扩大共同利益，共担全球风险。

第二，关于南北矛盾。这一矛盾也只有通过当代全球化这个平台，通过对多边主义立场的坚持和单边主义或霸权主义立场的克服，来逐步获得解决。坚持多边主义立场，也就是使北方的资金、技术优势与南方的劳动力优势得以合理结合。在这种结合中，南方以引进、消化、吸收为基础，因而其技术创新、产业升级相对于发达国家成本更低、风险更小，从而使其后发优势得以彰显，以迎头赶上。这样也就为缩小南北差距提供了根本路径。南方实力的提升是重要前提，这样也就能有力促进代表北方单边利益的国际旧秩序向代表南北双方共同利益的国际新秩序转化。

总之，多边主义立场与单边主义或霸权主义立场的矛盾是当代主要矛盾。只有以这个主要矛盾为思维框架，才能科学说明当代全球化的本质内涵。以此为前提，才能科学揭示逆全球化的引发主因，为人类指明出路。

二、当代全球化的本质内涵

（一）当代全球化的双重本质及其统一

什么是全球化？就其现实及发展趋势来说，全球化有两个方面的本质内涵。其一，在存在论上，全球化意味着经济联系和以此为基础的政治、文化联系的全球规模化。其二，在价值论上，全球化意味着世界各国政府和民众的命运息息相关，即生存发展利益的全球紧密化，也就是人们通常所形容的一损俱损，一荣俱荣。但到目前为止，被人们广泛引用的关于全球化的定义，往往只是在存在论上言说全球化，并且是侧重从经济维度来谈全球化，这显然是不够的。因为这样做，不仅较为片面，而且有其根本缺陷。这类定义把全球化视为一个无主体的过程，从而遮蔽了关于全球化的主体担当以及全球化与主体命运的紧密关联。实际上，全球化的当代发展与全球化的多边主体担当及其命运是高度融合、不可分割的。另外，如果脱离了主体来谈全球化，那么也就是脱离了利益来谈全球化。这样一来，也就很难看清全球化过程中的利益纠葛和利益结构的变迁。因而从总体上说，当代全球化就是世界各国政府和民众作为多边主体实现自身联系和利益日益全球紧密化的过程。

诚然，全球化作为一个历史发展中的事物，其本质是一个不断生成和丰富的过程。也就是说，当代全球化的本质也是一种历史的生成。

（二）当代全球化本质的历史生成

从主体维度说，到目前为止的全球化大体经历了三个阶段：一是西方各国作为单边主体的推进阶段，或曰全球化的单边主体阶段；二是以美苏为首的两大阵营作为平行主体的推进阶段，或曰全球化的平行主体阶段；三是正在形成中的多边主体的推进阶段。

全球化的单边主体阶段。其时间是从15、16世纪的地理大发现到1917年的俄国十月革命。这一阶段的全球化是作为单边主体的西方各国以暴力侵略，辅以商贸手段，打开东方大门，在政治上使东方成为西方殖民地或半殖民地，以及在经济上使东方成为西方原料供应地和商品销售地的过程。这一阶段的全球化本质上是血腥的全球化。马克思、恩格斯在《共产党宣言》等著作中所论述的，就是这一阶段的全球化。

全球化的平行主体阶段。其时间是从俄国十月革命到20世纪90年代初。全球化的第一阶段之所以会演变到第二阶段，说到底，是根源于资本主义内在矛盾的激化。一是帝国主义国家之间矛盾的激化，从而导致了世界大战的爆发；二是西方宗主国与东方殖民地、半殖民地之间矛盾的激化，因而导致了民族解放运动的兴起。在这些冲突和战争中，诞生了苏联和以其为首的社会主义阵营，一大批国家陆续走上了独立自主的发展道路。随着西方一统天下的格局被打破，以及东西力量对比的变化，形成了以苏联为首的华约国家集团和以美国为首的北约国家集团之间的对峙与冷战。双方在政治、军事上相互敌对的同时，在经济上也做了互相切割和脱钩的处理。但同时它们又在各自阵营内展开了跨国的分工与合作，从而形成了社会主义和资本主义两个平行的市场。这一阶段的全球化，因两大集团的政治介入，全球经济被生硬地一分为二，完全背离了全球化的本质要求。因而这个阶段的全球化是一种扭曲的全球化。它对社会主义阵营及其国家而言，既有其利也有其弊，且弊大于利。其利在于避免了西方政治经济的控制，其弊在于阻塞了向西方文明学习及通过这种学习实现自我提升的通道。由于没有处理好这种反控与学习的关系，在这一时期，东方社会主义国家相对于西方资本主义国家在经济发展上出现了停滞与落后。

全球化的多边主体阶段。这一阶段开始于20世纪90年代初。以互联网为标志的新技术革命的推进及东欧剧变、苏联解体所促成的全球统一大市场的形成，特别是近十亿中国人通过1978年以来的改革开放，投身市场经济大潮所带来的强劲动力，造成了新一波全球化的深入发展。在这一过程中，新兴市场国家和发展中国家利用其后发优势群体性崛起，成为全球化日益重要的主体。由此，过去几百年存在的那种东西失衡发展被东西平衡发展逐渐取代。不仅如此，随着全球化的深入发展，世界各国家各民族日益形成一个你中有我、我中有你，休戚与共的命运共同体。因而这一阶段才真正开启了全球意义上的全球化，或曰真正的全球化。全球化发展到这一阶段即当代全球化阶段，也才具有了上文所言的较为完整的本质内涵。

（三）关于对当代全球化本质误读的理论澄清

如上所言，全球化已进入第三阶段。但问题在于，人们的意识往往滞后于已经变迁的生活。环顾世界，仍有不少人停留在全球化发展的先前阶段上，从而滋生了对当代全球化本质的误读和种种不当对待。

比如，世界上有一些左派人士之所以反对全球化，是因为他们把全球化理解为“资本主义的全球化”“殖民主义的全球化”“帝国主义的全球化”。不难看出，这种关于全球化的理解，大体符合全球化第一阶段的实际。或者说，是对西方资本主义一统天下的那种血腥全球化的一种认知。然而时代已经不同了。殖民主义横行的时代早已一去不归，广大东方国家也早已作为主权独立国家投身全球化运动之中。与这种国际政治格局的变化相联系，在经济上，推动全球化的资本，不仅有西方国家的资本，而且有东方国家包括社会主义国家的资本。因此，如果对资本的社会制度属性不加区别，进而把资本等同于资本主义，以至把资本等同于西方资本主义，从而把资本所推动的全球化说成是全球的西方化，这是极为不妥的。

改革开放之初，在我国的理论界也曾有这样一种模糊认识，即把资本与资本主义混为一谈。由于受这种混为一谈的“左”的思想影响，有学者提出了一个关于全球化是“陷阱论”的观点。即认为全球化是西方资本主义为剥削压迫东方所设置的陷阱（诚然，相对于全球化的第一阶段，大体是可以如此言说的），因而投身全球化也就是自投西方陷阱。然而，改革开放40多年来的实践已经充分证明这一观点是片面的，总体上是错误的。拒斥全球化只会封闭落后，导致败亡，融入全球化才是出路。因此，全球化绝非陷阱，而是机遇与挑战同在。诚然，机遇对能抓住它的人来说，才是真正的机遇；同样，挑战对能应对它的人来说，也就不再是挑战。因此，机遇也好，挑战也罢，都取决于作为全球化主体的各国政府和民众如何加以应对。

又比如，美国新保守主义势力反对全球化。从思维方式来说，它实际是把全球化视为东西之间，特别是中美之间零和博弈的游戏场。为了捍卫自身的霸权利益，美国政府在近几年来一方面高举美国优先的旗帜，大搞单边主义、霸凌主义，挑起贸易战，实施极限施压；另一方面，继续拉帮结派，围堵和欺压世界上其他一些国家。这种做法背后的逻辑，实际是沿袭或再现了全球化第二阶段的冷战思维。然而全球化毕竟已进入第三阶段，任何留恋过去的倒行逆施，在伤及别国和世界的同时，也必将伤及自身。因为这是不以任何个人的意志为转移的全球化的当代逻辑。因此，在这个意义上说，美国推行的单边主义和霸权主义是不可持续的，它必将遭受惨重失败。

把握多边主义立场与单边主义或霸权主义立场这一当代主要矛盾，不仅为科学说明当代全球化的本质内涵，澄清认识上的种种是非提供了核心原则，而且对科学揭示逆全球化的引发主因也是很有意义的。

三、逆全球化的引发主因

在世界各国，特别是西方国家，参与逆全球化运动的人们成分复杂、诉求多样。但如果细加分析就可以发现，其引发主因是一些西方国家，特别是美国关于全球化的多边主义立场的缺位和单边主义或霸权主义立场的凸显。诚然，这里的单边主义或霸权主义立场表现各式各样。归纳起来，大体可以分为三类：第一类，一些西方民众发泄不满的迁怒型；第二类，一些西方国家的当权者推卸责任的诿过型；第三类，一些西方国家权力觊觎者捞取政治利益的操弄型。

（一）“迁怒型”逆全球化及其分析

“迁怒型”逆全球化是指一些人在认知上把那些不因全球化而起的、对自己而言的负面事件，借助其表面联系，与全球化硬扯在一起，迁怒于全球化，迁怒于全球化的其他参与方。即把全球化及其他参与方作为发泄其社会不满的“出气筒”。

比如，全球化包括各种人员为正当目的（求学、旅游、探亲、工作等）而进行的有序跨国流动。这与过去几年来源于中东、北非为躲避战乱、冲突和地区动荡而形成的难民潮不是一码事。可是有人把难民潮说成是全球化惹的祸，这显然是找错了对象。难民潮的问题不是源于全球化，因而不能通过逆全球化来求得解决。其唯一出路就是，要在难民流出地谋求和平，推动和解，恢复稳定。

又比如，全球化还包括金融全球化，表现为国际性的借贷、投资和贸易结算等。但金融全球化与国际金融危机没有必然联系。因此，不能把国际金融危机归咎于金融全球化。它的发生是金融资本过度逐利、金融监管严重缺失的结果。可见，那种为避免国际金融危机而对金融全球化乃至全球化加以非难的观点是不能成立的。

再比如，英国脱欧派打出了“反全球化”的旗号，因而不少人把英国脱欧视为“反全球化”的一个重要事件，其实不然。英国脱欧起源于英国作为欧盟的一员，在其享有权利和所尽义务的计算与权衡上，在英国社会引发了不同的观点认知和争议。这种争议原本可以通过适当的途径加以协调。然而由于当政者的不作为，加之这一分歧被一些机会主义政客所利用，被炒作、放大，最后只能以“公投”这种不靠谱的方式解决留欧还是脱欧这种复杂而重大的问题，致使英国在近几年处于不确定的阴影之中。实际上，英国脱欧以后，并没有脱离全球化而孤立发展自己。也就是说，“英国脱欧”这件事本身既非脱离全球化更非所谓逆全球化。

还比如，有人把新冠疫情的全球扩散归罪于全球化，这也是不对的。作为全球化一种表现的全球人员往来的加快、密切，只是为包括新冠疫情在内的传染性疾病的全球流行提供了某些条件而非病源本身。只有从源头上加以根除，才能从根本上解决问题。

从发展趋势来说，这种“迁怒型”的逆全球化，可以闹哄一时，但不会长久。因为随着引发人们愤怒的那些事件的淡化和消退，这种对全球化的迁怒，自然也就不复存在。

（二）“诿过型”逆全球化及其分析

上述“迁怒型”逆全球化，如果说是认为引发人们动怒的事件在其发生上与全球化无关的话，那么，“诿过型”逆全球化其所言之“过”，则不能说与全球化毫无关系，但又不能说，罪在全球化。

众所周知，资本运作、市场自由、优胜劣汰等机制对全球化发挥了巨大推动作用。其一，促进了生产要素在全球范围的优化配置和各国产业的合理分工，极大地提高了劳动生产率；其二，扩大了市场规模，形成了全球的整体效应；其三，给各国消费者带来了多样化的商品选择，从而使其享受到了生活方式的巨大改变和生活质量的巨大提高。可以说，没有上述机制的推动作用也就没有全球化，没有全球生产力的发展和人类生活水平的总体提高。

但是，在承认上述机制对全球化发挥巨大作用的同时也要承认，它们可能会带来一些负面效应，从而给一些国家的经济活动和民众生活带来一些不良影响。但这些负面效应的产生不是全球化的必然，也并非不可化解。要化解这些负面效应，就要求世界各国坚持多边主义立场，协调一致采取措施，加强全球治理，以达到互利共赢。但绝不能不作为，绝不能像某些国家的当政者那样，把自己在这一方面的不作为和无能诿过于全球化。

比如，作为全球化推动机制之一的资本运作有两种性质，从而有两种结果。一是以追求利润最大化为首要原则的资本运作；二是以增进国民福祉为首要原则的资本运作。前者必然导致劳资对立、贫富分化，即1%与99%的矛盾；后者则会导致公私兼顾、劳资两利。应该承认，资本主义社会的资本运作所造成的劳资对立、贫富分化在全球化背景下确实被放大和加剧了。但在承认这一点的同时又必须承认它不是全球化制造出来的。它的根子在于资本主义的制度危机，以及资本主义国家的治理危机。如果人们对这些危机不加正视，或有甚者，比如某些西方国家的当政者为了转移公众视线或向外转嫁危机，竟然把全球化当成了替罪羊，把参与全球化的别国视为祸源加以攻击，这不仅毫无道理，而且于事无补，只会使其国内危机愈发严重。

又比如，作为全球化推动机制之一的市场自由也有两种形式，从而有两种结果。一是放任的市场自由，即新自由主义所倡导和推行的市场自由。无数事实已经证明，哪里推行这种自由哪里就会发生灾难。二是监管的市场自由，即政府宏观调控的市场自由。在这种市场与政府相互作用所形成的张力中，监管意味着有序，但统而不死；自由意味着活力，但活而不乱。打个比方，那种放任的市场自由，犹如没有堤防的横流之水，难免造成灾难；而监管的市场自由犹如沿着河渠的流水，能浇灌绿色。因此，不能把放任的市场自由所引发的灾难，说成是全球化之过。在这里，我们不能放过真凶，而让全球化为之顶罪。

再比如，作为全球化又一推动机制的优胜劣汰在推动生产力发展和产业升级的同时，确实会导致一些缺乏竞争力的产业淘汰和相关人员的下岗失业，但失业和由此造成的贫困并不是全球化带给一些人的必然命运。因为产业升级在淘汰部分岗位的同时又创造了新的岗位。也就是说，它在造成部分人失业的同时，又开启了新的就业门路。然而，从失业到就业创业需要实现相关人员的技能提升。而这作为一个社会问题需要政府在这方面发挥组织领导作用，即加强对相关人员的职业技能培训。在最近40多年中，中国通过这种学习培训实现转岗就业或创业的人员数以亿计。至于那些出于各种原因失去就业能力的人，中国政府也是通过制度安排，施以援手，使其生活得到最低保障。对一些西方发达国家来说，因全球化所导致的工厂外迁从而形成“锈带”和工人失业等问题，也是完全可以通过政府引导蓝领转业和税收倾斜等措施，加以妥善解决的。

总之，在全球化推进过程中，某种推进机制因制度（包括政策）设置不当所引发的种种问题，作为全球化参与主体的各国政府是完全可以通过制度改革，强化内部治理和外部协调来求得缓解和解决的。如果在这方面不施作为，那就怪不得全球化，而只能怪它们自己。当然，一国的当政者能否在与外国的协调配合下，通过改革纠正原有制度和体制的弊端，这是需要勇气、智慧和力量的。

（三）“操弄型”逆全球化及其分析

“操弄型”逆全球化是指西方一些政治势力特别是新保守主义势力把全球化视为假想敌，操弄“反全球化”，作为其在国内骗取选票的手段和在全球化中谋取本国单边利益的工具。它们竭力炮制“全球化使本国受害论”，借以挑动不满、灌输恐惧、散布仇恨，从而对内助长民粹主义、对外推行民族主义。与此同时，它们还打出“本国优先”的旗号，以所谓爱国者、民众护佑者、弱群拯救者的形象装扮自己，借以打击政敌，骗取民众信任，捞取政治资本。然而此类政治势力一旦掌权，其所维护的依然是有利于少数精英的资本主义。近年来，这种戴着面具争夺选票的闹剧在一些西方国家轮番上演。然而民众并不像这些政客所认为的那样容易上当。民众所需要的不是空洞的承诺，而是其生活的实实在在的改善。

总之，无论是何种类型的逆全球化，都源于多边主义立场的缺失。或者说，其所立足的是与多边主义立场相悖的单边主义或霸权主义立场，因而才把全球化及参与其中的别国政府和民众视为“他者”，当作“出气筒”“替罪羊”或“假想敌”。然而不管其主观动机如何，打着逆全球化或“反全球化”的旗号这件事本身就起着混淆视听以至丑化和妖化全球化的作用，从而干扰和延缓了全球化的进程。因此，对逆全球化虽不能像某些论者那样，笼统地斥之为“倒退”[①]，但也绝不能像另一些论者所认为的那样，有所谓“进步性”“功劳性”或“正当性”可言。

四、加强全球化的多边主体建设

全球化出路在于要排除逆全球化的干扰，要在当代全球化事务中，加强多边主体建设。加强多边主体建设涉及可行性、艰巨性，以及条件创造等问题。

（一）加强多边主体建设的可行性

加强多边主体建设的可行性可以从历史和现实两个方面来加以说明。在西方历史上，战争曾被不少国家视为谋取生活资料的一种方式。作为这一传统的延续，在全球化起步阶段，西方列强也把炮舰政策作为其开疆拓土、建立殖民帝国的工具，同时也被作为列强之间争夺利益的首选，于是导致了第一次世界大战的爆发。然而这次大战的惨烈后果，改变了各国公众对战争的认识，他们于1928年签署了“非战公约”，作为多边主体来承担维护和平的责任。然而事物的发展是曲折的。这股和平主义浪潮没能阻止第二次世界大战的爆发。但这次更为惨烈的战争，也进一步唤醒了人们的多边主体自觉。于是，二战后的1945年，有了51个国家作为创始国的联合国的诞生，后来其会员国发展到190多个。大家共同承诺，遵守联合国的宪章和宗旨，共同维护国际和平与安全，发展国与国之间以尊重各国人民平等权利及自决原则为基础的友好关系。由此，联合国的诞生也就成为国际政治事务中世界各国作为多边主体生成的一个历史标志。直到现在，联合国仍然是国际政治事务上代表性最广泛、最具权威的国际组织。

在国际事务中，多边政治主体的形成离不开多边经济主体的形成。世界多边经济主体的形成，也离不开基于历史教训的总结。20世纪30年代的大萧条时期，各国奉行孤立主义、保护主义，通过恶性竞争，

① 陈文通：《对“全球化”和“反全球化”的经济学分析》，《中国浦东干部学院学报》，2017（6）。

互相争夺有限的市场，这作为一个原因，促成了第二次世界大战的爆发。这一历史昭示人们，经济的多边合作是必要的。于是，二战结束时，在美国主导下所建立的布雷顿森林体系，汲取了大萧条时期的经验教训，支持有限与可控的国际贸易和资本流动，以避免损人利己的保护主义的危害。后来在这个体系的基础上，又相继建立了世界银行、国际货币基金组织、关税与贸易总协定（世贸组织的前身）等一系列全球经济机构，从而使全球化得以突飞猛进发展，世界许多国家也随之经历了迄今为止最高速度的经济增长。

这段历史昭示人们，在我们这个人际交往日益密切的星球上，加强多边主体建设，遏制国际事务中的单边主义和霸权主义冲动，用有序替代无序，是完全必要的、可行的。不仅可行，而且早已迈开了成功步伐。其原因在于，它体现了历史发展的必然，也是人类走向美好未来的唯一选择。

2008年金融危机以来，经济全球化遭遇波折，国际贸易和投资低迷，逆全球化浪潮奔涌。但全球化并未因此出现重大反转。另外，从衡量全球化的最客观最重要的经济指标——世界出口额占GDP的比重来说，全球化仍在不可阻挡地推进。到目前为止的全球化曾有三个高潮期。第一个高潮期（1870—1913年）的高峰年，即1913年，上述比重为8.7%；第二个高潮期（1950—1990年）的高峰年，即1990年，这个比重为15.5%；第三个高潮期（1990—2008年）的高峰年，即2008年，这个比重为25.6%。从那以后，这个比例因国际金融危机和美国单边主义和霸权主义的影响虽然有所下降，但在2015—2018年仍保持在23%左右的高水平上。

这一现实告知人们，运输成本急剧下降的不可逆性和物流与采购方面的技术突破，支撑全球价值链在过去20多年中获得爆发式增长。这就使当代全球化作为多边主体共同推动和利益共享的联通体，比囿于一国视角或个别集团利益驱使的行动更加强大有力，以至不可抗拒。这意味着加强多边主体建设是大势所趋，人心所向，因而是完全可行的。

另外，就此次新冠疫情来说，为了阻断它的继续扩散和流行，各国不得不采取各项措施，减少或切断人员包括跨国人员的直接往来。这在短期内确实给全球化造成了一定的，甚至相当大的不良影响。但不能夸大其词，不能像有些论者那样，认为这是压倒全球化的最后一根稻草；或者认为，全球化会从此停摆，不会再来。其实这是危言耸听。因为此次疫情终将被战胜，它所造成的对全球化的负面影响只是一时的。也就是说，它作为全球化中的一个小插曲，终将过去，终将会被克服。事实上，国际上已经出现了积极现象。其一，世界上一些国家和地区随着疫情的缓解，已经在逐渐恢复开放和人员直接往来。其二，在抗疫期间，虽然人员跨国直接往来减少，但并没有减少其间接往来。某些方面的往来和往来中的国际合作不仅没有减少，而且还增加了。因为疫情之下，全球命运与共，一损俱损，只有全球合作、共同应对，才能战而胜之。其三，也是最根本的，全球化所体现的是一种规律性发展趋势，并非任何偶然因素所能扭转的。当然，加强多边主体建设，肯定其可行性，并不意味着这个建设轻而易举。毋宁说，它十分艰巨。

（二）加强多边主体建设的艰巨性

加强多边主体建设的艰巨性来自西方特别是美国的单边主义和霸权主义。

美国为什么要推行逆全球化的单边主义和霸权主义？这与当代全球化发展中的主体格局变化有关。如前所说，在全球化的第一阶段，欧美发达国家是全球化的开创者、引领者、推动者，从而也是最大获益者。后来在全球化的第二阶段，出现了苏联和以其为首的社会主义阵营，从而使西方利益受到限制。于是冷战对峙，西方必欲除之而后快。东欧剧变、苏联解体，西方如愿以偿，以为世界又将回到西方一统天下的时代，于是福山的“历史终结论”受到热捧。然而当美国霸权独大之际，其被胜利冲昏头脑，以致肆无忌惮地挑起了多场战争，从而使其国力大为削弱；另外，也因其盲目乐观，麻痹大意，放松管制，导致了2008年金融危机的爆发。不仅使美国自己受到重创，而且殃及世界。可当此之时，中国等新兴市场国家和一些发展中国家却在群体性崛起，且在全球的影响力、吸引力空前增强。于是，世界经济的重心和活力正在不可阻挡地由西向东转移。在这种情势下，西方国家特别是作为其领头羊的美国陷入了战略恐惧。于是它祭起了逆全球化的旗帜，力图扭转当今全球化的发展方向，阻滞中国和其他东方国家的发展势头。

我国有学者列举了许多数据批判美国一些人所宣扬的“全球化使美国受害论”。应该说，这一批判是正确的，因为这个命题确实是一个虚假命题。然而，应当指出的是，这一批判并没有完全抓住要害。因为对美国来说，其要害不仅在于它在全球化中在具体的数量上赢得多少的问题（诚然，美国希望成为最大的赢家，实现赢者通吃），而且主要还在于西方作为全球化的主场，美国作为全球化的主帅所面临的主场易位、主帅换人的问题。对于这样一个命运攸关的问题，美国基于其霸权本性，特别是作为其支撑的、至今仍保有的相对优势而言，它心有不甘，因而仍会不遗余力甚至不择手段去维持其全球霸权。考虑到美国在现今国际秩序中独一无二的地位，因而他们对单边主义、霸凌行径的疯魔般执着，也就特别危险。于是，美国的单边主义和霸权主义立场也就成为多边主体建设所面临的真正艰巨之处所在。

美国把矛头指向中国，然而中国并无意挑战美国，也不想取代美国。中国只想与美国和世界其他各国优势互补，从而作为多边主体携手打造一个公平世界。美国自己的命运如何并不取决于中国，只取决于美国自身。可以断言，如果美国不敢正视其内在问题，不进行自我改革，而想靠遏制、打压中国来达到目的，那么其结果只能是事与愿违。然而到目前为止，美国当权者尚无此种理性自觉，而是以己度人，认为中国强而必霸。因而它对中国和平发展的宣示并不信任，而是充满敌意。面对这种情势，我们所能做的只有两件事：一是继续深化改革，做好自己的事；二是与世界各国一道，创造条件，加强多边主体建设，为不断推进全球化而努力奋斗。

（三）加强多边主体建设的条件创造

加强多边主体建设的条件创造，包括增进全球共识、健全主体结构、促进规则平等、扩大共同利益、共担主体责任等五个方面。

1. 增进全球共识

多边主体首先意味着有其共同理念支撑或思想武装。思想是行动的先导，行动受观念制约。只有志同才能道合，从而才能真正成为多边主体。不然，只会同床异梦，各行其是。所谓增进全球共识，集中到一点，就是要形成中国所倡导的人类命运共同体。之所以如是，一是自然原因，人类只有一个地球。二是社会原因，各国共处一个世界。即当代人类已处在全球性、紧密性联系的全球社会之中。因而，尽管世界各国间存在着差异性、多样性，但它们已具有了共同处境、共同身份（“地球村”的“世界公民”）、共同命运（命运相连、休戚与共）。从这个意义上说，增进全球共识也就是对上述诸方面加以认知、认同。为此，就要超越意识形态和价值观的片面对立，追求人类的共同价值。即习近平总书记所概括的“和平、发展、公平、正义、民主、自由”[①]等价值。为了增进全球共识，各国之间要相互尊重、平等相待、增进了解、求同存异，或聚同化异，从而形成最大价值公约数。诚然，要做到这一点是有前提的。其前提之一，就是要健全多边平等的主体结构，或简曰健全主体结构。

2.健全主体结构

这里是说，多边主体建设不仅是一个全球共识增进的问题，而且主要还是一个全球化主体结构健全的问题。这里的健全意味着，要使世界各国作为主体共同掌握世界命运、共同书写国际规则、共同治理全球事务、共同分享发展成果。换句话说，要求一国增进多边主体意识的前提是，它必须是全球化的主体。众所周知，由于历史的原因，在全球化的早期阶段，西方发达国家曾独占主体地位。为了从根本上改变这种西方垄断的主体结构，新兴国家必须积极参与全球化，扩大发展中国家的话语权，使自己上升成为主体。现在这种情况正在发生。随着亚太经合组织、二十国集团、上海合作组织和金砖国家等国际组织和机制的兴起，新兴国家在全球化过程中的主体地位快速提升。但到目前为止，东方尚没有达到与西方平等的主体地位，因而东方国家仍需继续努力。这里的平等主要是指规则的平等。因而多边主体建设又进而表现为多边参与的平等规则的形成。

3.促进规则平等

规则平等的核心包含以下三点。其一，非歧视性。这意味着对所有可能的参与主体保持开放政策，同时对所有参与主体一律平等、一视同仁。即实现同等权利和同等义务的统一。其二，可预测性。即规则一旦确定，保持其基本稳定。如需改变，也须按大家认可的程序来

---

① 《习近平谈治国理政》第2卷，522页，北京：外文出版社，2017年。

进行调整。其三，透明性。即规则是参与各方共同制定或共同认可的，是明文规定了的，是公开的。

规则意味秩序，无规必然紊乱。具体来说：第一，在全球化遭遇逆风，现行国际规则遭到一些国家破坏的困难局面下，对现有以联合国、世贸组织、世界银行、国际货币基金组织等为代表的国际多边机构，应予以充分尊重和维护。第二，要按照规则平等的要求对现有多边机制进行改革。在这个问题上，广大新兴国家应加强协调，联合发声，提出规则改进的主张，并在其中更多地反映广大发展中国家的诉求。第三，除了要改革完善原有机制外，还要适应时代变化，创造新的机制。比如，要建立反恐的全球协作机制，以防止恐怖主义利用一些国家在这个问题上的双重标准为非作歹。又比如，要建立对大型跨国公司的全球监管体系。可以说，在这一方面至今还是空白。一些大型跨国公司既通过排挤该行业的中小企业，借以获取巨额垄断利润，又利用各国税制不一，实现国际逃税，加剧了世界不平等。平等规则或机制的确立，说到底是为了增进共同利益，实现合作共赢。从这个意义上说，多边主体建设，也就是共同利益主体建设。

4.扩大共同利益

对各国人民来说，作为利益主体，其基本需要是相同的。归纳起来有两点：一是活下去，二是过得好。从共同利益维度说，要活下去，不是你死我活而是大家共同活下去。为此，就要坚持共同安全、合作安全。安全的最大威胁是战争。因此，维护和平也就成为世界人民的一大共同利益。另外，要过得好，不是你坏我好而是大家共同过得好。为此，就要坚持合作发展、共赢发展。因而，促进合作共赢发展也就成为世界人民的又一大共同利益。总体来说，扩大共同利益，就是要坚持和平发展、合作共赢的原则。说到利益，传统的信条是争斗，而且是你死我活、你输我赢、有我没你的争斗，以至父子可以反目，朋友可以成仇，何况国家之间？因而西人有言，在国家之间，没有永远的朋友，只有永远的利益。其实，利益争斗并非天然合理更非天生必然。人们完全可以拥有另一种更为妥当、更具建设性的选择，这就是孔子所说的“成人成己”。即“己欲立而立人，己欲达而达人”①。在

① 《论语·雍也》。

国际关系中，给别国以更大的生存空间，同时也就扩大了本国的生存空间，这对双方都是好事。处理国际关系的大道、正道就是追求共同利益，实现合作共赢。为此，就要打造政治互信、经济融合、文明互鉴、互联互通的利益共同体，给参与方带来实实在在的福利和获得感。诚然，在增进共同利益的过程中，还要正确处理利益与责任的关系，要共担主体责任。

5.共担主体责任

享受利益与承担责任是密切联系的。因为共同利益不是上天的恩赐，而是利益攸关方共担责任，协力创造出来的。只讲利益不讲责任，难以为继；只讲责任不讲利益，也不可持续。因此，为了增进共同利益，各利益主体必然同时是责任主体。在享受利益的时候，要承担对应的责任。当然，这里的对应是相对的。因为在国际关系中，承担责任不仅取决于意愿更取决于能力，因为不同国家所处的现代化发展阶段不同。与此相联系，承担国际责任的能力有强有弱。因而必须坚持各国共同而有区别的责任原则，即能力强的国家可以多承担一些，能力弱的国家不妨少承担一些，从而以利其发展壮大。等其日后能力提高以后，再相应多承担一些责任。在当今世界，随着越来越多的不可预测、不负责任的政治人物的出现，越需要相关国家及政治人物有胸怀广大、坚如磐石的责任担当。

总之，全球化仍是历史潮流。世界各国要把握多边主义立场与单边主义或霸权主义立场这一当代主要矛盾，通过加强全球化的多边主体建设，排除逆全球化的干扰。而这是一个具有可行性、艰巨性，通过条件创造完全能够实现的伟大工程。

欧美新民粹主义的兴起与科学应对*

欧美新民粹主义，即21世纪以来，在欧美兴起的民粹主义。现在它已成为一股冲击全球化的逆流。如何看待和应对这股逆流，已成为当今世界各国人民所不能回避的一个全球性问题。下面围绕这个问题，就其所涉及的民粹主义的一般本质、欧美新民粹主义的产生原因及特点，以及对欧美新民粹主义逆全球化如何加以科学应对等几个方面，来展开具体论述。

一、民粹主义的一般本质

什么是民粹主义，到目前为止，国内外学界都感到解答这个问题的难度很大。但是尽管如此，一些论者在有关的论述中，为了行文的方便，还是不得不对此有所言说。也正是在这些言说的启发下，笔者发现，要对民粹主义的一般本质加以科学规定，必须在理论上划清如下三个界限。

（一）民粹主义的引发原因与其本质不能混为一谈

这里的引发原因是指，民众对于自身处境恶化的不满。这里的民众是一个广义的指谓。在不同时代、不同性质的民粹主义那里，这一概念的实指对象是不同的，可能是农民群体，或工人群体，或选民群体，或国民群体。但不管其实指如何，民粹主义作为一种社会思潮或社会潮流，其社会基础离不开社会广大中下层群众。既然他们人多势众，因而他们的处境如何，是正常、改善，还是恶化，无论对他们自身，还是对整个社会，都非同小可。

* 原刊于《中国延安干部学院学报》，2020（4）。

民众对自身处境恶化而感到不满，大体有以下两种情形：一是在经济社会正常或整体发展的情况下，民众处境发生绝对恶化，或发生相对恶化，都会使他们产生不满；二是在国家危难之际，如果其后果完全由下层民众承担，而上层少数还借机发财，那么也就必然会使民众产生不满或抱怨。

在上述两种情形下，民众对自身处境恶化的不满，都是正当的、合理的。因而作为负责任的执政者，应该体察民情、倾听民声，对民众处境恶化加以正视，并采取切实措施予以纾解。

但是，在肯定民众对自身处境恶化之不满有其正当性、合理性的同时，不能去肯定民粹主义有所谓正当性、合理性；另外，也不能因为民粹主义的不正当、不合理，而去否定民粹主义的引发原因有其正当性、合理性。应该说，这两种倾向在理论界都有所表现。比如，有的论者在对民粹主义的非理性、极端性和破坏性展开批判的同时，却对其发生原因只字不提；更不用说，去肯定其正当性、合理性。另有论者则把民粹主义看作是民众对自身处境恶化之不满情绪的一种必然表达，因而在字里行间，给予民粹主义以某种同情之理解和宽容之对待。其实，这两种做法，都是不妥的。

其不妥之处在于，他们都混淆了民粹主义的引发原因与其本质的区别。不懂得民粹主义是把民众对自身处境恶化之正当不满，引向了不正当，以至破坏性的方向。即民粹主义不仅不能使民众恶化的处境得到改善，而且还可能使民众正常生活得以保障的、作为公共理性体现的社会秩序和公共道德遭到破坏，以至造成社会的动荡与分裂，从而进一步加深民众处境的恶化。因此，肯定民众对自身处境恶化之不满的正当性，与批判和拒斥民粹主义应区别开来，不能混为一谈。

那么民粹主义何以从正当性的引发原因，而陷于其不正当，以至破坏性结果呢？为了回答这个问题，必须划清马克思主义革命主义与民粹主义的界限。

（二）不能把马克思主义革命主义和民粹主义混为一谈

在某种意义上说，马克思主义革命主义与民粹主义在引发原因上，具有同一性。即除了各有其理论基础以外，马克思主义革命主义与民粹主义的社会基础，都是民众对自身处境恶化的不满。诚然，马克思主义革命主义所关注的不是一般民众，而主要是处于资本主义社会最底层的工人群众，以及其处境的根本改善。

那么能否因为马克思主义革命主义与民粹主义在引发原因上有其同一性，而有意无意地在马克思主义革命主义的意义上去谈论和肯定民粹主义，或把马克思主义革命主义混同于民粹主义，去一道加以批判和否定呢？不能。在现代西方，确有论者把马克思主义革命主义混同于民粹主义，或把这种革命主义视为民粹主义的一种表现形式，而去加以否定。另外，在我国，也有论者用马克思主义革命主义的内涵去附会、拔高，以至美化民粹主义。比如有论者认为，民粹主义是以平民为本位，极其崇尚平民，从而体现了对平民的终极关怀。①其实这里的论述不仅言过其实，而且显得错乱。

其一，世界上只有马克思主义革命主义才是把包括平民在内的广大人民视为自己服务的根本对象，即以人民为本。其余的所有思想都不具有这种精神品质。至于民粹主义所言的代表人民，即便是出于民粹主义者的真诚动机，也并不表明这个理论本身能真正代表人民和服务人民。关于这一点，后文还将论及。

另有论者为了证明民粹主义是主张以人民为本，于是把“民粹”解读为“以民为粹”。这种解读纯粹是在玩概念游戏，望文生义，以图无中生有。稍知历史的人都知道，在19世纪俄国民粹主义那里，“民粹”即“民之精粹”，是那些标榜人民代表者的平民知识分子所进行的一种自诩。这与“以民为粹”“以民为本”根本扯不上关系。

那么民粹主义何以不能像马克思主义革命主义那样做到“以民为本”呢？因为这不取决于民粹主义者的主观愿望，而是民粹主义的根本缺陷使然。

其二，民粹主义的根本缺陷在于：在它的心目中，民众只是苦难者、不满者，而非历史创造者。另外，它也只是停留于民众对自身处境恶化之不满的表层，而没有像马克思主义那样去揭示造成民众处境恶化及其不满的深层原因，即社会基本矛盾所制约的阶级矛盾和其他社会矛盾方面的原因，因而它并不懂得什么是民众的根本利益，当然也就更谈不上如何去实现这种根本利益的关怀，亦即终极关怀。因此，

① 郭忠军：《价值观与经验现象：民粹主义概念的尴尬及其重构》，《复旦学报》（社会科学版），2019（1）。

那种所谓民粹主义体现了对平民终极关怀的观点，说来确实是一种无稽之谈。

归纳起来可以说，马克思主义革命主义与民粹主义的根本区别就在于：马克思主义革命主义是把民众对自身处境恶化的不满，在理论上加以科学说明，在行动上予以政策规范，从而使其作为一种前进动力去实现人民处境的根本改善；而民粹主义则是少数人基于民众对自身处境恶化的不满，加以引爆，企图借这种力量，去实现民众的眼前利益或引爆者自我目的的某种实现。因此，不能把二者混为一谈。

（三）不能把民粹主义指认为反精英主义

有不少论者，把“反精英”视为民粹主义的矛头所指，或根本特征。其实，这是一种浅表性的片面之词。

众所周知，在原始社会末期以来的社会中，随着原始的自然分工被后来的社会分工所取代，也就产生了民众与精英的分化。“精英”这个概念古来就有。在社会学上，它是指有别于优秀人物，也有别于伟大人物的杰出人物。前者的区别在于，精英不是一般的优秀之人，而是指社会上具有卓越才能或身居高位或在世人眼中富有魅力并有影响作用的人。后者的区别在于，杰出人物只有具有了民众情怀，才能称得上伟大人物。因此，就精英与民众的关系来说，精英大体可以分为两类：一是民众的善待者，二是民众的冷漠者。

民众对自身处境恶化的不满，其怪罪对象大体有两类：一是造成他们处境恶化的为祸者；二是在民众心目中处于“护佑者”地位，却对民众处境恶化无动于衷和不予施救者。

在长期的奴隶社会和封建社会中，民众在“命该如此”的天命观的禁锢下，对自身处境的恶化大体是自哀自叹。这是其一。其二是乞求上天，或好皇帝、清官即“青天大老爷”的护佑。如果得不到这种护佑，就会怨天尤人，以至铤而走险，去打倒坏皇帝和贪官污吏。于是，在中国古代，农民起义也就充当了改朝换代的工具。

历史发展到近代，产生了作为一个社会阶层的具有平民意识的知识分子。在他们的启蒙下，民众才从“命该如此”的天命观的束缚下解放出来，从而形成了个人作为“自我”所具有的社会权利观念。然而一旦民众把获得救助不再视为他者对自己的恩典，而成为自己应该享有的社会权利时，也就产生了对自身处境恶化之不满的社会意识。只有在这种不满成为社会意识的前提下，这种不满意识才可能经少数人加以引爆，从而以民粹主义这种扭曲形式表现出来。然而有论者不做这种历史分析，认为古来就有所谓民粹主义。这种认识不能被认为是妥当的。

由于时代不同，引发民众处境恶化的原因不同，以及少数人对之加以引爆的目的不同，因而各种民粹主义的矛头指向也不相同。比如，当今的美国白人至上民粹主义，其在国内所针对的就是非白人少数族群。又比如，近几年在欧洲一些国家所兴起的民粹主义，其反对的对象之一，就是从中东和北非涌入的移民和难民。

诚然，民粹主义也排斥精英，但它所排斥的，只是在它看来违背或冷对民众利益的精英，而对那些声称代表其利益的精英则不仅不排斥，而且还拥戴其为自己的领袖。因此，从总体上来说，那种认为民粹主义是一种反精英主义的观点，不能被认为是一种正确的观点。

在划清了上述三个界限的基础上，可以把民粹主义的一般本质规定为：它是基于自身处境恶化而心怀不满的民众，在少数人的引爆下，对被视为的仇恨者表达愤怒的一种极端性、非理性的政治狂热主义。

如上所言，民粹主义在不同国家、不同时期的形态表现各有特点，那么欧美新民粹主义相对于以往的民粹主义而言，比如，19世纪俄国的民粹主义和美国的“人民党运动”、19世纪三四十年代在西欧形成的被法西斯所利用的民粹主义，以及20世纪后期的拉美民粹主义等，其产生原因和特点如何呢？下面就此来加以说明。

二、欧美新民粹主义的产生原因及特点

（一）欧美新民粹主义的产生原因

其实这里的产生原因，与其他民粹主义没有两样，都是源于民众处境的恶化。

拿美国来说，1980年以来贫富差距不断拉大。美国最富的1%的人群，从那时占全美收入的10%，至2016则占有全美收入的约20%；而同期处于收入分配底层的一半美国人，只获得经济总增长的3%。据联

合国赤贫与人权特别报告员菲利普·奥尔斯顿的调查，现今美国有14%的人生活在贫困线以下，另有大量的人生活在贫困边缘。[①]

又比如，英国脱欧公投被一些论者视为英国民粹主义抬头的标志性事件。对于为什么那么多人拥护脱欧？英国前首相特雷莎·梅曾多次指出："脱欧绝不仅仅是英欧关系变革的问题，而是要改变英国国内现状的问题，特别是那些感觉被'抛弃'的人。"有数据显示：英国"最支持脱欧地区"，其居民的年收入比"最反对脱欧地区"少40%。我国驻伦敦记者曾指出："只要在英格兰北部的传统'锈带'地区走一走，和当地老人们聊一聊，你就能感受到老工业基地衰落给英国人带来的困顿。""北部老人"正是最坚定的脱欧拥护者。[②]

在欧洲大陆一些国家，情况与美英有相似之处。在意大利，生活成本超过了收入水平，许多年轻人没有钱搬离自己的父母家。至于结婚及组建新的家庭，更是可望而不可即。在西班牙，25岁以下年轻人当中有近1/3失业。在法国，燃油税的上涨，引发了一场以"黄马甲"为标志的全国性抗议浪潮。

值得令人反思的是，许多年来，生活优裕、被后发国家作为仰慕对象崇拜的欧美各国，何以会发生民众处境恶化，并引发社会抗议浪潮呢？究其原因，还得从时代的变迁中去求得说明。

在近代以来的历史上，先是欧洲人，继而美国人投入世界历史的开创工作。他们作为全球化的推动者、主宰者，同时也是全球化利益的独享者。在这一过程中，为了缓和其国内矛盾，在欧美富人从东方攫取巨大利益，从而大发横财的同时，政府也通过制度设计，向富人课以高税，借以实现再分配，从而使广大穷人的生活也得到了相当程度的改善。于是，这种情况似乎给人一种印象：任何人只要勤劳，就可以过上美好的生活，就会使自己变成富人的梦想成真。

然而自20世纪80年代以来，这个梦想破灭了。因为从那时起，代表大资本利益的新自由主义成为欧美各国的指导思想。这一思想鼓吹要减少政府管制，让资本在世界各地自由流动，听凭市场这只"看不见的手"发挥作用。这一新自由主义的主张，一方面，在客观上促进了全球化的发展，促进了生产要素在全球范围的优化组合。另一方面，

---

① 徐剑梅：《美国：更加强盛，还是走向衰落》，《参考消息》，2017—12—19。

② 《英国"脱欧"沉思录》，《解放军报》，2019—3—30。

资本的原在国也就失去了对成为跨国资本的经济主权，这就为跨国资本的“海外逃税”提供了条件，使少数人获得巨额垄断利润，大发其财。与此同时，也就使作为资本主要流出国的欧美，因税收减少，从而侵蚀和动摇了“福利社会”得以维持的经济基础。在此之际，欧美各国的“当权派”，又不能适应这种变化了的形势，进行相应的改革。因为对他们来说，那种舒舒坦坦的好日子，毕竟过得太久了。于是这样一来，也就造成了贫富差距的拉大，以及1%与99%的矛盾的激化。如前所说，当民众福利已经作为民众权利而被视为天经地义、心安理得地进行享受时，民众福利的受损，自然也就使不作为的“当权派”，成为人民怨恨的对象，欧美新民粹主义也就因之而起。

不难看出，欧美新民粹主义的崛起，既是当代全球化背景下，欧美资本主义国家内在矛盾激化的产物，同时也是由欧美社会治理失败催生的。在这种时代背景和社会条件下所抬头的欧美新民粹主义也就形成了自己的一些特点。

（二）欧美新民粹主义的特点

欧美新民粹主义的特点可以概括为三个方面：手段上的政治操弄，路径上的建制依附，指向上的逆全球化。

1.政治操弄性

欧美新民粹主义是被一些体制外的政治精英所操弄的民粹主义。如前所说，民众对自身处境的恶化表示不满，一开始，这些民众是处于分散状态的，他们的不满也是偏于感性的。而为了把分散的民众组织成一种政治力量，就必须把民众的感性不满，加以理性的概括说明，提炼出目标集中的动员口号，制定行动的策略。这就需要少数人的引领或引爆。如前所说，马克思主义革命主义对上述不满，是一种前进性的引领，而民粹主义对上述不满则是一种破坏性的引爆。

不过，这里的“引爆”也有两种情形：一是，在传统民粹主义那里，对少数引爆者来说，其在主观上更多的是侧重于民众短期利益的实现（至于客观效果如何，则应另当别论）。二是，欧美新民粹主义对其引爆者来说，在其主观上，主要不是为了解决民众的现实问题，而是为了达到自己的政治目的。即为了蛊惑人心、吸引眼球、捞取选票，从而把对民众愤怒的引爆作为一种策略手段来利用。

民粹主义在当代欧美政治中，既然被少数引爆者视为一种策略手段，那么谁去引爆已经不重要了。反正只要对实现其目的有利，又有谁会拒绝采用这种策略手段呢？因而也就有了同时并存的左翼民粹主义与右翼民粹主义的不同类型。如果说，传统民粹主义或多或少可称之为“真诚的民粹主义”，那么欧美新民粹主义则大体可以如赛亚·柏林（Isaiah Berlin）所指谓的是一种“虚假的民粹主义”。

2.建制依附性

有不少论者把欧美新民粹主义概括为“反建制”，而笔者则认为，它是一种对现有建制具有依附性的民粹主义。欧美国家的现有建制是多党制加普选制。如前所说，传统民粹主义主要是为了解决民众的现实问题，那么欧美新民粹主义则是为了争夺政治权力。如何夺取政治权力，欧美新民粹主义并不是脱离西方现有建制去另搞一套。何况，它从未提出过有别于现有建制的、系统的政治蓝图。它所诉诸的也不是街头暴力，而是投票箱。也就是说，欧美新民粹主义从表达社会抗议到转向控制政策议程，同样要服从现有建制的选举规范，要通过公开的选举程序掌握政权，并在建制规范下行使权力。因此，所谓欧美新民粹主义“反建制”，这一指谓并不准确。实际说来，“反建制”只是建制外精英的一个标签，是争夺选票的一种策略。这种策略的运用，既可以把自己打扮成民众的代言人、民众利益的护佑者、为民请命的英雄，从而赢得选民的信任和支持，又不失为对建制内精英实施精准打击的一种手段。即用“建制”这块篱笆把这些精英与外在民众隔离开来、对立起来，指斥他们为少数既得利益者，从而通过打击对方以作为一个前提，来建构自己的政治合法性和占领道德的制高点。然而不管欧美新民粹主义的“反建制”口号喊得如何震天响地，其根本目的，终究要依靠建制，并进入建制。

因此，那种认为欧美新民粹主义会动摇西方民主的根基，甚至认为其走向会导致法西斯主义的观点，说来都是夸大其词。其实，这也是建制内精英借以反制建制外精英的一种策略运用。另外，那种认为建制外精英可借助民粹主义，而摇身一变成为建制内精英，由此也就扩大了西方建制的民众代表性的观点，也只是一厢情愿。既然民粹主义只是一些建制外精英获得政治权力的一种手段，一旦这种权力到手了，这个手段也就随之丢弃了。因此，欧美新民粹主义，到目前为止，依然是一种依附建制的骚动。

另外，它的崛起在客观上还对欧美社会起到了一种“减压阀”的作用，即成为欧美向外转嫁危机的一种手段。即它把矛头指向了全球化，从而具有了逆全球化的特征。

3. 逆全球化

欧美新民粹主义把欧美民众处境的恶化，说成是全球化造的孽，因此去怪罪全球化，从而主张逆全球化。如前所说，在当代全球化浪潮中，西方社会暴露出了其固有的制度缺陷，特别是西方政党政治在国家治理体系和治理能力方面的懦弱与失能，使民众的迫切诉求得不到应有的回应，从而激发了民众的愤怒和政治极化的偏好。欧美社会的少数政治人物，瞅准了这一机会，通过精心策划，把民粹主义与民族主义结合起来，一方面炮制“本国受害论”，把自己的国家和人民所面临的困局，甩锅给别的国家和人民，挑动不满、散布恐惧、制造仇外情绪，从而成功地把民众的视线从欧美内部转向外部；另一方面，又鼓吹“本国优先论”，把本国利益凌驾于其他国家利益之上，凌驾于国际组织之上，不然，就“退群”“毁约”，就用国内法取代国际法，实施“长臂管辖”。民粹主义一旦与民族主义相结合，就会淹没任何理性的声音，形成一致对外的不屈情绪和难以抑制的保护主义、单边主义冲动，从而维护西方，特别是美国在世界格局中的霸权地位，这样也就给世界造成了威胁，给世界发展带来了不确定性。正如习近平总书记所指出的：“2017年以来，全球经济出现了稳定向好态势，但世界经济增长依旧乏力，贸易保护主义、孤立主义、民粹主义等思潮不断抬头，世界和平与发展面临的挑战越来越严峻。”①

总之，欧美新民粹主义是在当代全球化背景下，资本主义矛盾激化和西方治理失败所催生的，具有政治操弄、建制依附、逆全球化等特性的一种政治潮流。这股潮流，必须通过科学应对，来加以抗击。

三、对欧美新民粹主义逆全球化的科学应对

欧美新民粹主义在其国内的走向如何？是如弗朗西斯·福山所言

① 《习近平会见出席“全球首席执行官委员会”特别圆桌峰会外方代表并座谈》，《人民日报》，2018—6—22。

的，民粹主义的本质是饮鸩止渴，它将使一切变得更糟而不是更好，因而终被丢弃；还是如某些论者所预言的，民粹主义可以为利用者带来惊人的“选举效应”，但这种利用一旦被识破，也会导致残酷的“选票报复”。这个问题作为一个研究对象，我们还要继续观察。但是这里的观察和研究的目的，只是为中国的国家治理获得借鉴。因为别国的治理毕竟是人家的内政，而内政是不容别人插嘴的。但欧美新民粹主义的外溢效应，即它对全球化的干扰，不可等闲视之。为了加以科学应对，有以下两点必须弄清：一是当代全球化的失衡性，二是当代全球化的不可逆性。

（一）关于当代全球化的失衡性

当代全球化，从基本方面来说，主要是经济的全球化。或者说，是跨国资本获得利益最大化的全球化。当代全球化与以往的全球化有一个根本不同，即以往的全球化是以国界相区别的世界商品贸易体系的形成和运行。而随着冷战所造成的世界分裂局面的结束，于是也就形成了作为当今全球化一个重要标志的跨国界的投资体系。这个投资体系的直接产物是跨国的产业链、供应链的形成。在这个体系中，高度机动的工业和商业资本在全球范围内流动，可以寻找最廉价的劳动力和最廉价的资源（如矿山、水源、森林），生产出有最高性价比的产品和服务，从而获得最大的利润。因此，到目前为止的全球化，从根本特征来说，也就是跨国资本获得全球利益的最大化。

这种全球化之所以被称为失衡的全球化，是因为它不是受全球监管的，使全球所有人和所有国家都受益的全球化。这种失衡性表现在如下四个方面。

其一，资本流出国在丧失了对这种资本监管，而又缺失全球监管的情况下，其所造成的税源流失，是形成资本主要流出国，即欧美各国贫富差距拉大的一个重要原因。这在前文已经说过了。

其二，生产的四要素，即资本、技术、资源和劳工，可进行全球流动的只有资本和技术，而资源和劳工则是不流动的。因而也就可以说，能流动的资本和技术才能在全球化中获得利益最大化。在这种流动中，欧美资本脱西向东是一个不可避免的趋势，即从劳工和资源成本较高的欧美流向此种成本较低的东方国家。由于劳工和资源不能流动，所以造成欧美国家的“锈带”，以及工人的大量失业。当然，这不是欧美独有的现象，当东方某国的劳工和资源的成本提高以后，资本也会离它而去，寻找此种成本更低的国家进行投资。

其三，广大发展中国家，将在全球化中获得的外来资金、技术与本国劳动力和资源相结合，确实可以带来一时的繁荣。但由于作为投资高回报区的研发和销售的两端在外，而处于投资低回报区的发展中国家，其所从事加工和组装的企业自然所得甚少。如果这种情况得不到改变，那么跌入中等收入陷阱就是不可避免的现象。另外，由于经济的主动权不掌握在这些发展中国家手中，因而它们往往难以抵挡世界性的风险，并成为一些发达国家转嫁危机的对象。

其四，在全球流动的资本一方面在追逐廉价劳动力，另一方面也在追逐廉价的自然资源。如果不加监管，在资本输入的同时，也会造成对输入国资源的掠夺和环境的破坏。其后果必然会造成全球性的资源枯竭和环境恶化。

不难看出，当代全球化的失衡性，说到底，是当代资本生产的全球化与资本私人占有制的矛盾，在缺失全球监管条件下的一种激化的表现。

那么其出路何在呢？能否像欧美新民粹主义的引爆者所认为的那样，因为当代全球化的失衡性，不能令人满意，而去搞所谓逆全球化，即实行单边主义、民族主义，去重建本国经济主权？（即用各种奖补政策，使资本回归本国，以重振实业；提高关税壁垒，阻击廉价进口工业品对本国实业的冲击，鼓励民众使用国货；甚至在国与国之间搞所谓经济“脱钩”）不能。因为全球化不可倒逆，倒逆者必受惩罚。

（二）关于当代全球化的不可逆性

这种不可逆性是当代全球化的规律使然。这里谈以下几点。

1.生产要素国际流动所遵循的优化组合原则，是不可抗拒的

如前所说，以往的全球化是最终产品的国际流动，而当代全球化则是跃升为生产要素的国际流动。这样也就使最终产品的贸易扩大到了生产要素的贸易。这样一来，不仅极大地增加了商品的贸易量，而且形成了从生产要素到初级产品，到中间产品，再到最终产品的价值链条。这一链条的形成，既是当代全球化的体现，又是当代全球化深入发展的条件。也就是说，生产要素的国际流动，不是无序的，而是通过优化组合，以实现全球性的价值链条为归宿的。这种链条一旦形成，是不能人为阻断的。美国一些极右人士，鼓吹与中国经济“脱钩”论，即中断与中国经济的价值链，去重建一条价值链，说说可以，但做起来很难。因为优化组合原则是不能违背的。一条价值链的成功打造，需要经多年探寻运作，是多种因素综合作用的结果，是不可轻易废止和转移的。何况中国是一个拥有14亿多人口的大市场，消费能力强劲的中等收入群体已高达4亿多人。只要中国实现可持续发展，不断扩大开放，不断优化投资环境，华尔街怎会放弃中国？如果它放弃，欧洲、日本也会争相填补空缺。因此，华尔街的经济逻辑定将战胜白宫的政治逻辑。

2.生产要素国际流动所遵循的成本最低原则，是不可违逆的

生产要素的国际流动以贸易自由为前提，不然就无从谈起。实现贸易自由就要降低或取消贸易障碍，从而使贸易成本趋小化，以至趋零化。正是为适应这种需要，2018年，由日本、加拿大、澳大利亚等国牵头的全面与进步跨太平洋伙伴关系协定（CPTPP）已经把零关税条款列入其中。然而美国政府逆这种历史潮流而动，与中国和一些国家搞贸易战，将从中国进口的近三分之二产品的平均税率，从此前的3.0%提高到19.3%，而大多数中国产品是中间产品。因此，美国政府的关税只是增加了美国生产商的成本，从而把这种成本转嫁给了美国消费者。另外，对中国的报复性关税涉及美国57%的出口产品，平均关税为20.7%，而这高于特朗普上台前的8%。这样一来，对美国这部分商品来说，也就造成了中国市场的流失。

3.生产要素的国际流动与优化组合，必然会形成“你中有我，我中有你”的全球性深度融合

在这种融合中，必然是“一损俱损，一荣俱荣”。这就为世界各国的和平发展、合作共赢提供了历史必然。经济全球化的实践已经充分证明，任何国家只要通过开放，积极参与全球化，都会从中获益良多。拿美国来说，世界银行的数据显示：自1960年以来，扣除通货膨胀因素后，美国和全球人均收入都增长了3倍，美国GDP增长近6倍。这一事实说明，美国和世界其他国家一样，都在全球化的发展中大大获益。然而美国极右势力无视这种情况，鼓吹“美国吃亏论”，面对当今全球合作共赢的大方向，反其道而行之。既想与世界其他国家保持联系，又企图使这种联系按照它的意愿，即“美国优先”的原则运行。不然，就“退群”“毁约”。然而冷战思维、零和博弈的时代毕竟已经过去了。随着时间的推移，美国如不改弦更张，那么它在全世界范围内必将失去朋友和信任，从而陷于孤立，招致失败。

既然当代全球化带给世界各国的互惠互利远大于全球化失衡性给世界各国造成的负面效应，那么人类唯一正确的选择，也就是加强全球合作，健全和完善全球治理。

（三）通过完善全球治理去建设一个新型全球化

这里谈三点。

1.完善全球治理的目标任务

这个目标任务就是：在一个没有世界政府管事的情况下，世界各国（包括各种非国家行为体）作为多边共同主体，通过协商谈判，共同建立国际规则或机制，解决全球性问题，包括逐步实现对资本的全球监管，去建设一个更有活力、更加包容、更可持续的全球化，从而使全世界所有人和所有国家共享全球化的成果。为了实现这一目标，就要做好以下几项工作。

一是完善全球治理的主体结构，即吸收越来越多的国家，特别是发展中国家参与全球治理，提高它们的参与度、发言权、影响力。

二是完善全球治理的规则体系。这里包括要维护和健全以联合国、世贸组织、世界银行、国际货币基金组织等为代表的国际多边机构和所体现的多边机制，也包括适应时代变化，创造新的多边机制和机构。这里要建立关于生态安全、公共卫生安全、信息安全、粮食安全、能源安全、金融安全等全球安全机制，要建立对国际资本的全球共同税制等在内的监管制度。

三是进一步落实全球治理的三大原则：平等、合作、互惠。平等是指全球治理的参与主体是平等的。即每个行为体，无论大小、贫富、强弱，都是全球治理的平等参与者。合作是指全球治理的实现途径是合作。即在解决全球性问题的过程中，需要各国同舟共济，共同努力。为此，要通过合作，寻求利益契合点，追求最大公约数。互惠是指全球治理的目标是普惠。即惠及所有人和所有国家。诚然，这里的普惠不是每个人和每个国家的等价受惠，而是通过合作，使所有人和所有国家都能得到更多收益。

这个目标无疑是美好的。但能够实现吗？应该说，难度很大，但大有希望。

2. 完善全球治理大有希望

这是因为存在以下五个方面的有利因素。

其一，高新技术，包括人工智能、互联网、云计算、大数据等，已成为推动新一轮全球经济合作和世界经济增长的核心动力，也为加强全球治理提供了新的技术支撑。

其二，美国的霸权主义、单边主义是完善全球治理的最大障碍。但随着美国国力的下降、内在矛盾激化、政治分裂，国家债务螺旋式上升，以及以美国为首的同盟体系的松动，可能逐渐消灭美国霸凌世界的野心。不过，这需要假以时日，要保持战略定力。

其三，为世界市场、国际分工和各国经济相互依存所决定。2018年以来，不少双边的和多边的自贸协议，有的已经签署，有的谈判取得了进展，这体现了全球化强健的生命力和全球治理的不可或缺。

其四，威胁世界所有人的全球性问题日益凸显。在这些全球性危机面前，世界各国谁也不能独善其身，谁也无力单独面对，其唯一出路就是加强全球合作，健全全球治理。

其五，在西方特别是美国主导的全球秩序，以及全球治理机制的意愿和能力明显削弱的同时，新兴国家，特别是中国已成为完善全球治理的新支柱。有数据显示：2019年，亚洲其他国家和中国加在一起，按照购买力平价计算，占据了世界经济增长的63%。而美国和欧洲加在一起才占到15%。中国和亚洲其他国家，以及世界广大新兴国家作为全球化的参与者和受益者，积极参加全球治理，始终捍卫自由贸易，捍卫多边主义，捍卫国际组织的规章制度，已成为不可小视的力量。下面重点来谈谈中国。

3. 中国在完善全球治理中应作为负责任大国发挥作用

所谓负责任大国作用，即指中国作为一个发展中的大国，应当发挥与这一地位相当的作用。世界上有人希望中国发挥领导作用。这可视为对中国的一种期待，也可视为对中国的一种恭维。听听而已，不可太过认真。

至于如何在全球治理中发挥好作为负责任大国的作用，一是要做好国内的事，二是要承担好中国的国际义务。

中国做好国内的事，这本身就是对完善全球治理的重大贡献。因为中国已成为世界第二大经济体、第一制造大国、第一货物贸易国、第一外汇储备国，中国经济对世界经济的贡献率已达30%左右。如果中国能通过治理实现国内稳定和可持续发展，那么也就会继续成为世界经济发展的动力源和抗衡各种风险的稳定器。中国好，必将促进世界好。在这个意义上说，中国人为全球治理做贡献，首先就在于把中国治理好，在国内率先解决好相关问题，进而为全球层面提供可选择的治理方案。比如，在解决减贫问题、生态治理问题、公共卫生问题等方面，中国都可以和能够为解决这些问题提供有益借鉴。

如上所言，中国为完善全球治理做贡献，还必须承担好中国的国际义务。这里不仅包括中国要大力支持广大发展中国家作为主体积极参加全球治理，要带头坚持全球治理中的平等、合作、互惠原则，要在维护和完善现有国际多边机构和机制的过程中发挥建设性作用，而且主要还包括要为完善全球治理提供新的互利互惠理念和制度框架。中国提出的人类命运共同体理念、“一带一路”倡议，亚投行的建立与运作等，都体现了我们为建构新的国际关系所作的努力，都发挥了全球治理的功能。在这一方面，我国还要不断努力，作为负责任大国继续发挥作用。

总之，全球化不可逆，欧美新民粹主义的逆全球化难成气候。任何政治势力在历史上的成败，关键取决于其思想和行动是否符合历史发展规律。当代全球化的失衡性，完全可以通过加强和完善全球治理去加以克服。虽然难度很大，但新型全球化是大势所趋、人心所向，且有利条件不断得到增进，因而大有希望。

马克思人学视域下的“人权高于主权论”批判[*]

近些年来，北约国家特别是美国，以“人权灯塔”自居，打着“人权高于主权”的旗号，对广大发展中国家的人权状况说三道四，动辄制裁，甚至对不少国家发动了以“人权保护”为名的侵略战争。值得警惕的是，美国现政府还把所谓人权政策提升到了比军事政治施压、科技经贸施压更高的高度，以之作为其总揽对外关系的核心政策，对广大发展中国家特别是中国展开攻势。那么，“人权高于主权论”的合法性到底如何？对此，我国理论界在总体上是持否定态度的。然而这种否定尚鲜见在其根基处驻足，即对其所依据的抽象人性论进行批判。本文拟从马克思人学角度出发，对立足于抽象人性论，以“人权生来论”“人权个体本有论”“人权建构主权论”“人权普世论”以及“美国人权灯塔论”等为支撑的“人权高于主权论”进行批判。下面分五点来谈。

一、人权并非“生来”而是“劳赋”

（一）“劳赋人权论”与“人权生来论”的根本对立

在现代文明社会，一个孩子降生后，就拥有了作为基本人权的生命权、生存权。有一种观点认为，这里的拥有是一种“生来”拥有，即这个孩子拥有了生命，就自然拥有了生命权、生存权等人权。在近代以来的人类思想史上，对这种“生来”的理解，大体有三种：一是

---

* 原刊于《中国浦东干部学院学报》，2022（5）。

造物主的“神赋”[①]，二是自然秩序的“天赋”，三是基于自身利益或尊严实现的“自赋”[②]。不过，从普通人的生活经验来看，一个孩子并非生来就拥有了生命权、生存权，而是他所在的家庭或者说社会给了他生命权、生存权。这样一来就产生了一个新问题，即他所在的家庭和社会为什么要给予他生命权、生存权。这是人的本能（传宗接代）使然，还是爱心体现？以上这些言说都各有其道理，但缺陷也很明显，即都漠视了保障生命权、生存权的社会物质条件。而离开了这一点，其他一切都无从谈起。

众所周知，保障人的生命权、生存权的社会物质条件是由劳动创造的。由此不难推知，是前人通过劳动创造的社会物质条件保障了作为后人的这个孩子的生命权、生存权。前人这样做的原因在于，这个孩子会成长为劳动者，从而会通过劳动造福于他所在的家庭和社会。因而这个孩子所享有的生命权和其他人权，说到底不过是对其未来劳动的一种提前支付。在这个意义上说，是“劳赋人权”[③]。

说到这里，也许有人会问，在现代文明社会，对那些从小就丧失劳动能力的人，不是也要保障其生命权和生存权吗？这又作何解释？实际上，这并不构成对“劳赋人权”的否定。其一，“劳赋人权”与其他关于人类生活的命题一样，揭示的是普遍规律，并不否认特殊情况的存在。同样，“劳动致富”所揭示的也是普遍规律，并没有否认有人会劳而无功。普遍规律是算总账，而不是算细账。它存在于事物相互联系的总体过程之中，而不是某一独立事件之中。对此，列宁曾从历史方法论的角度指出：“每一个别情况都有其具体的历史环境”，因而要“从事实的整体上、从它们的联系中去掌握事实”[④]。其二，给从小丧失劳动能力的人以生命权和生存权的保障，这种保障是由作为义务

① 美国《独立宣言》（1776年）称人权是上帝赋予的，《开罗伊斯兰人权宣言》（1990年）则把真主视为人权的赋予者。在近代思想史上，霍布斯等一些论者也往往借上帝来论证人权，并以此来反对中世纪的至上教权。参见赵敦华：《从自然状态到社会状态的历史过渡：从圣经的观点看》，《哲学研究》，2013（1）。

② 关于人权的来源，有两种比较有影响的观点：一种是将利益（需求）保护作为人权论证依据的“利益说”，另一种是将人的尊严视为人权根基的“尊严说”。参见甘绍平：《人权论证的绝对主义与相对主义进路》，《哲学动态》，2013（8）。

③ 我国学者依据马克思主义理论相关论述，提出这一见解。参见何云峰：《劳动幸福权：通过劳动创造兑现的人之初始权利》，《湖北大学学报》（哲学社会科学版），2020（3）。

④ 《列宁全集》第28卷，364页，北京：人民出版社，2017年。

载体的其父母或其所在地的政府提供的，而这也是以具有这种能力为前提的，从根本上说，是以劳动所创造的一定社会物质条件为前提的。在这个前提下，上述保障才能作为一个人权问题而存在。也就是说，在总体上，仍然是“劳赋人权”。否则，就变成了一个超出人权范畴的，需要上述义务载体以外的他者（如慈善机构、志愿者组织、援助国、联合国等）施以援手的人道问题。

然而，文艺复兴以来，“人权生来论”一直在西方思想界居于主导地位。在当代，它也是“人权高于主权论”的一个最基本的理论支撑。最早提出“人权”概念和“人权高于主权论”理论雏形的是文艺复兴时期的意大利诗人但丁。他说：“帝国的基石则是人权”，帝国“不能做任何违反人权的事。”[①]人权何以成为“帝国的基石”，但丁没有说明，而17、18世纪的人文学者提出了如下两个观点来加以论证：一是在当时作为“人权生来论”主要形态之一的“天赋人权论”；二是基于“人权生来论”的“社会契约论”。这里先来谈“天赋人权论”。17世纪的英国哲学家洛克认为，人们“生来就享有完全自由的权利，并和世界上其他任何人或许多人相等，不受控制地享受自然法的一切权利和利益”[②]。作为“天赋人权论”主要倡导者的18世纪法国哲学家卢梭也认为，“人类主要的天然禀赋，生命和自由……人人可以享受”[③]。对启蒙运动时期资产阶级思想家提出的“人权”概念，马克思是持肯定态度的。1843年，他在《〈黑格尔法哲学批判〉导言》中曾说，无产阶级“遭受普遍苦难……它不能再求助于历史的权利，而只能求助于人的权利”[④]。1864年，他在为第一国际起草的《协会临时章程》中提出：“一个人有责任不仅为自己本人，而且为每一个履行自己义务的人要求人权和公民权。”[⑤]

与此同时，马克思对“天赋人权论”是持批判态度的。在他看来，人是自然界长期发展的产物。在这个过程中，劳动起了决定性作用。劳动是人区别于动物的根本特征。因而人的一切，包括人的本质、人

① ［意］但丁：《论世界帝国》，朱虹译，76页，北京：商务印书馆，1985年。

② ［英］洛克：《政府论》下篇，叶启芳、瞿菊农译，53页，北京：商务印书馆，1996年。

③ ［法］卢梭：《论人类不平等的起源和基础》，李常山译，137页，北京：商务印书馆，1962年。

④ 《马克思恩格斯选集》第1卷，15页，北京：人民出版社，2012年。

⑤ 《马克思恩格斯全集》第21卷，17页，北京：人民出版社，2003年。

的社会、人的历史、人的权利等，都要立足于人的劳动，才能求得根本的说明。马克思指出：“出生只是赋予人以个人的存在，首先只是赋予他以生命，使他成为自然的个人。”[①]而作为个体的自然人必须经过以劳动为基础的社会的“催化”，即浸润在一个文化环境中，通过耳濡目染、教育训练、生活消费、实践交往，去接受社会的熏陶、教化，才能获得“社会的规定”[②]，成为一个社会人。

人权是对社会成员必要需求（包括劳动和享受）的满足，如前所说，它的实现是以劳动所创造的社会物质条件为基础的。正是在这个意义上，马克思引用黑格尔的话说：“‘人权’不是天赋的，而是历史地产生的。”[③]从上面的引证不难看出，虽然马克思没有明确提出“劳赋人权论”，但当代中国学者提出的这一观点，确实是对马克思相关论述的引申和发挥。

（二）人类历史对“劳赋人权论”的证成和对“人权生来论”的否定

“人权生来论”与“劳赋人权论”谁是谁非呢？对于这个问题，回溯人类历史就不难获得正确答案。历史越往前追溯，社会生产力愈低下，人在生产中的地位和作用愈微弱，人的生命的价值则愈低贱；而历史越是向后延续，社会生产力愈发展，人在生产中的主体地位和作用愈凸显，人的生命的价值则愈贵重。因此直到近代，才有了作为基本人权的生命权、生存权一说，也才有了作为权利最一般形式的人权。

在历史发展过程中，人的生命经历了如下几个阶段。一是在原始社会早中期，人特别是俘虏的肉体，作为食物被食用；[④]二是在原始社会晚期和奴隶社会，人的肉体不再被作为食物，而是作为神灵和逝去主人的供品或陪葬品被使用；三是在封建社会，以俑或纸人取代人作为祭祀品，从而把作为劳动力的人置于依附关系中，加以某种程度的庇护；四是在资本主义社会取代封建社会的过程中，人挣脱人身依附关系而成为人格独立的人，进而出现了对生命、安全、财产、自由等人权的伸张和相应的宪法化规定。这一历史进程说明，作为人权最基

① 《马克思恩格斯全集》第1卷，377页，北京：人民出版社，1956年。
② 《马克思恩格斯全集》第30卷，222页，北京：人民出版社，1995年。
③ 《马克思恩格斯全集》第2卷，146页，北京：人民出版社，1957年。
④ 王心喜：《远古“食人之风”探秘》，《世界文化》，1999（2）。

本内容和其他形式人权前提的生命权不是天赋的，而是以物质生产力发展为基础的以往历史特别是近代历史的产物。

其实，不仅人权是历史的产物，与此相联系，作为“人权生来论”两种早期形态的“神赋人权论”和“天赋人权论”，也是历史的产物。从客体维度说，近代人本主义思想家能提出自己的“人权论”，是人在现实中即在工场手工业和近代商业发展中主体地位和作用日益彰显的观念表现。从主体维度说，近代人本主义思想家作为新兴资产阶级的思想先驱提出“人权论”，旨在用人权去否定和推翻压在他们头上的教权和君权的黑暗统治。为了使这种否定更有力度，更不容置疑，他们就给这种“人权论”以所谓“神赋”性或“天赋”性规定，即具有绝对性和不可剥夺性的规定。这一策略使他们的“人权论”作为思想武器，在资本主义与封建主义的斗争中，发挥了鸣锣开道的巨大作用。

不过话说回来，把人权来源归结为“神赋”或“天赋”，仍然是对人的一种不自信的表现。这种不自信，也从一个侧面说明，那时的人在现实中的主体地位和作用尚未得到充分的表现。到了现代，这种情况已从根本上发生改变，于是基于自身利益或尊严得以实现的“自赋人权论”，也就上升为“人权生来论”的主要形态而流行开来。人权的“自赋论”，相对于“神赋论”和“天赋论”而言，无疑是认识上的一大进步。但它仍然局限于“人权生来论”的框架之内，从而表现出非科学性和消极性的一面。这是因为对人而言，利益或尊严都不是先天而是后天的。人固有其需要（起初是自然需要，后来这种需要日益被打上了文明的印记，并在满足自然需要的过程中，生发了人的社会需要），但需要不是利益。利益是人通过劳动、奋斗对需要满足的实现和维护。因此，离开了劳动、奋斗，利益也就无从谈起。同样，尊严对个人来说，也是通过劳动、奋斗，履行角色责任所实现的关于人生价值（自我价值和社会价值）的自我肯定和不容贬损。离开了劳动、奋斗，也就无所谓尊严。因此，在归根到底的意义上，人权不能从利益或尊严而只能从劳动中获得终极的支撑和说明。

二、人权享受并非个体本有而赖于集体保障

在人权来源理解上的“生来”与“劳赋”的对立，引发了人权享

受上的个体本有与集体保障的认识对立。

17、18世纪的“天赋人权论”者认为，在社会和国家产生以前，人类曾处于一种个体独立的自然状态。在古希腊文中，“自然”是相对于“人工制造”而言的“自然而然”，或相对于“人为约定”而言的“本性使然”。作为对此种理解的一种延续和发挥，这里的“自然”意味着，人与自然界的其他生物一样，是其生命的自然所有者。只不过相对于其他生命，人可以用心灵支配肉体，拥有自由意志。人凭借这种自由意志，平等地追求幸福和财产。因而在自然状态下，人天生享有生存、自由、平等追求幸福和财产等自然权利，即个体本有的权利。于是，在“天赋人权论”者看来，既然人权是个体本有的，那么对人来说，人权享受就是不假外求、不受约束的。不难看出，在上述逻辑联系中，自由意志是人的自然权利的核心概念。

何为自由意志？早在15世纪，作为人文主义代表人物之一的意大利人皮科就曾借上帝的口吻对人说：“我们交与你一个自由意志，你不为任何限制所约束，可凭自己的自由意志决定你本性的界限。”[①]17世纪的英国学者休谟认为，所谓自由只是指可以照意志的决定来行为或不来行为的一种能力。[②]而以个人自由意志为核心的“人权个体本有论”，在近代以来的西方逐渐深入人心，几成西方人的思维定式。此等人权个人主义不仅使西方人引以为傲，而且已成为他们对中国人权集体主义（以追求集体利益、共享福祉为原则）进行批判的一件武器。体现“个人自由优先原则”的“人权个体本有论”，也就成为“人权高于主权论”的又一个基本理论支撑。

那么，能否从孤立个体的生命自然所有而引出以自由意志为根本内容的“人权个体本有论”呢？不能。这里谈以下三点。

（一）个体并非孤立存在而是社会性存在

如上所言，“人权生来论”假设人类有一个作为孤立个体存在的自然状态。然而人类作为孤立个体能存在吗？不能。进化论告诉我们，人类祖先在自然界中是一种弱势存在。其既没有厚重的毛发，也无尖利的牙齿、头角；既不能分泌可以御敌的毒液，更无利于躲避追杀、

① 转引自王海明：《伦理学导论》，122页，上海：复旦大学出版社，2009年。

② ［英］休谟：《人类理解研究》，关文运译，96页，北京：商务印书馆，2011年。

适宜奔跑的肉体组织。在强者为王的动物世界中，一些强势动物尚且要为求生存而依群活动，何况人类的祖先乎？

人类祖先与外在环境的这种关系，迫使其采取了一个不同于一般动物的生存策略——劳动。劳动使人类祖先从动物变成人，而分工协作也使原先的“动物兽群”变成了后来的“人类社会”。正是在这个意义上，马克思指出：“个体是社会存在物”[①]，“是只有在社会中才能独立的动物”[②]。人的“活动和享受，无论就其内容或就其存在方式来说，都是社会的活动和社会的享受”[③]。人在一定的社会关系中从事实践活动，不是孤立存在的人本身决定人权，而是人所处的社会关系决定人权。因此，人权是特定社会关系中的人的权利，或者说是人作为社会成员的权利。

由此，人类作为孤立个体存在的自然状态，是从来没有过的。这纯粹是一种人为的虚设，是根本不能成立的。

（二）人权并非指向私人任意行为的自由意志而是经由集体保障的权利享受

那种把人的自由意志的任意挥洒理解为个体本有的人权观点，是不正确的。因为人权并非“个体本有论”所认为的指向私人任意行为的自由意志，即“由自己”或曰“想怎样干，就怎么干”的所谓自由。

诚然，在相对意义上来说，人的自由意志还是有的。在由意志所支配的心理活动意义上，那种非奴隶状态、非依从状态的思维，或曰独立思考，就体现了自由意志，即思维的自我舒展和自我成全。这种独立思考的自由意志，是人的一种最可宝贵的品格，是激发一切创造的根本前提。不过，这里有三点要指明。其一，人的这种在心理活动意义上的自由意志，不是“由自己”的那种胡思乱想、信马由缰，而是以解决问题为目的的思想放飞。其二，这里的自由意志或独立思考，作为一种思维品格和能力，并不像“人权个体本有论”所认为的那样源于自然禀赋，而是要通过长期实践和思考来获得。其三，这里所指谓的作为人的一种思维品格和能力的自由意志，不属于人权范畴。因为人权所标示的是人与人之间的一种利益关系，而这里所说的自由意

① 《马克思恩格斯文集》第1卷，188页，北京：人民出版社，2009年。
② 《马克思恩格斯选集》第2卷，684页，北京：人民出版社，2012年。
③ 《马克思恩格斯文集》第1卷，187页，北京：人民出版社，2009年。

志或心灵自由，所体现的只是一种自我的内在意向。所以，不能把这种自由意志与所谓的人权硬扯在一起。

不可否认，人的意志活动除了由意志所支配的心理活动以外，还有由意志所支配的人的行为活动。人的行为活动是一种涉及人际利益关系的活动。只有在人的行为活动意义上，才存在所谓的人权问题。人的行为活动，从个体维度说，包括两个方面。

一是私人空间的个体行为活动，如穿衣吃饭、梳妆打扮、休闲娱乐等。在这类活动中，个人享有对自身劳动所得的支配权和享用权，包括食品享用权、外表修饰权、休息权、娱乐权等。在享受这类人权的过程中，个人是自由的。但这种自由并不是“人权个体本有论”所认为的那种“由自己”的自由意志，而是受到约束的。其一，享有这种人权的前提是自己的劳动所得；其二，享用劳动所得仅限于私人空间。比如欣赏音乐时不能把音量开得太大，以免吵着邻居。由此可见，这里的人权约束在另一种意义上就是人权保护。

二是公共空间的个人行为活动，如发表演讲、出版著作、参加集会或结社等。在这类活动中，个人享有言论、出版、集会、结社等自由权利。个人在公共空间中享有的这些人权，也不是“人权个体本有论”所认为的那种“由自己”的为所欲为，比如人不能以个人自由为借口而拒绝对自己的不当行为承担责任。这里的“由自己”不是所谓自由，而是任性。正如黑格尔指出的，“任性却不是自由的本身”①，“只有服从法律，意志才有自由”②。

由上可见，生命的个体自然所有，以及心灵对肉体的自由支配，只是自然事实，不是社会权利，更无所谓自然权利。个人在行为活动中享受的权利，都要受物质条件和以法律为主的社会规则的制约或保护。而物质条件的获得和社会规则的遵守，都必须经由个人所在的集体来保障。人权之所以需要集体保障，从根本上来说，是因为作为人权来源的劳动就是以社会集体的方式进行的。

（三）破坏集体保障必然危害个体人权

应该说，这个道理并不深奥，而是生活的常识、社会的常规。以

① ［德］黑格尔：《小逻辑》，贺麟译，302页，北京：商务印书馆，1980年。
② ［德］黑格尔：《历史哲学》，王造时译，79页，北京：商务印书馆，1963年。

自驾出游为例，自驾出游是人行使休闲权的一种表现形式，要实现这种权利，总得有可以通行的道路、加油站和休息区等物质条件以及能够严格执行的交通规则。如果没有这些社会保障，个人就很可能无法出行，即便出行也极容易遭遇危险乃至事故。

以上事实说明，人从来不是原子化的个体，而是社会性存在；人权享受并非个体本有，而是有赖于集体保障；人权个人主义只能使人类在整体上更加脆弱，从而危害个体人权。

三、主权非由人权派生而是人权的集体承载和实现前提

人权要获得集体保障离不开社会公权力，特别是在一定历史阶段内形成的、具有系统性和权威性社会职能的国家主权。那么，人权与主权的关系如何？

（一）"人权第一主权第二"的观点不能成立

西方启蒙学者用"生来"来说明人权，继而又用"社会契约论"即人权的派生来说明主权，以此证明"人权第一主权第二"的观点。由此，这种基于"人权生来论"的"社会契约论"，也就成为"人权高于主权论"的一个直接的学理支撑。然而，这一论证在逻辑上并非天衣无缝、顺理成章，反而存在松脱乃至悖反的问题。

从"人权生来论"维度说，既然人权是个体的自然禀赋，那么人权对个体来说就是本有和自足的。按此逻辑，那就根本不存在人权要借助主权来加以实现的问题。由此，"人权第一主权第二"的观点，也就无从谈起，或者说不攻自破了。

从"社会契约论"维度说，这一理论要在逻辑上立得住，那就必然要或多或少地否定人权对个体来说的本有和自足，承认在所谓自然状态下孤立个体的局限性，即无法自存。正如卢梭所说："当时，自然状态中不利于人类生存的种种障碍，在阻力上已超过了每个个人在自然状态中为了自存所能运用的力量。"[①]他认为，为了应对这种危局，拥有天赋权利的人们聚合在一起，通过契约结成社会、国家，从而得

① ［法］卢梭：《社会契约论》，何兆武译，19页，北京：商务印书馆，1963年。

以用主权来保障和实现人权。然而这里所言的人权派生主权，在历史上从未发生过。这一理论是全然抽象的，无法用任何史料佐证，因而只是美丽的童话。也就是说，人权既非个体本有和自足，也不存在人权派生主权的问题，所以“人权第一主权第二”的观点是毫无根据的。不仅如此，人权的保障和实现反而要依赖主权。“人权高于主权论”把基于“人权生来论”的“社会契约论”作为自己的学理根据，是站不住脚的。

既然如此，17、18世纪的“社会契约论”者为什么还要这样做呢？作为理论的创立者，他们可能还没有自觉地意识到自身理论逻辑中所存在的上述松脱和悖反的问题。而这一理论的后继者，虽然对这种问题有所认识，但基于自身意识形态利益的考量，不愿自曝其短，于是有意无意地加以回避，进而导致了其在理论主张上的偏执与自相矛盾。下面举两个例子，分别从集体人权和个体人权维度出发，来说明人权与主权的关系问题。

（二）主权承载集体人权

第一个例子是罗尔斯的“新契约论”。相对于“古典契约论”，“新契约论”不是以所谓自然状态为逻辑起点，而是从人的理性，即“无知之幕”及“理性选择”或“公共理性”（重叠共识）的形成，来展开对“人权清单”的说明；与此同时，它也用“公共理性”的达成来说明国家的形成。从马克思主义的观点来看，这是不科学的。马克思主义认为，与人权一样，国家也是以生产劳动为基础的，是“社会在一定发展阶段上的产物”[①]。但是，罗尔斯确实又在存在论上切断了他的“新契约论”与“古典契约论”背后的“人权生来论”的勾连，从而在客观上否定了人权派生主权的观点。这不失为一个明智之举，因而还是值得肯定的。问题在于，他在迈出这一步的同时，又受“人权优先论”这一思维定式的束缚，而倒退了回去。他在存在论维度上否定了“人权第一主权第二”的观点，却又在价值论维度的一个方面，即目的与手段层面上，片面强调“实现这些人权，是社会的政治机构及其法

① 《马克思恩格斯文集》第4卷，189页，北京：人民出版社，2009年。

律秩序合宜性的必要条件”[①]，以此来证明“人权高于主权”的合理性。然而，这种论证是偏颇的，是不能成立的。

其一，它只从目的与手段，特别是只从目的对手段的制约性着眼，得出了作为目的的人权高于作为手段的主权这一结论。可是按此逻辑，如果反过来只从手段对目的的制约性着眼，那同样可以得出作为手段的主权高于作为目的的人权的结论。因为手段有效与否，决定了目的能否实现。不难看出，上述两种结论都是片面的，总体上都是错误的。目的与手段是相生相伴、相辅相成的。试想，如果没有主权为人权提供集体保障，何来人权？同样，不为人权提供集体保障的主权，又何以称之为主权？在卢梭那里，主权原本指的就是人民主权。

那么症结何在呢？就在于不能在目的与手段简单对应的意义上，来片面谈论人权与主权。主权本身所承载的就是集体人权。所谓集体人权，是指作为一个集体的国家、民族，在处理其内部事务时和与其他国家、民族交往过程中所享受的独立、生存、发展和平等正当权利。在这个意义上说，无主权即无集体人权；同样，无集体人权，也就无从属于集体人权的个体人权。因此，在主权与人权关系问题上，不能遮蔽集体人权去抽象谈论主权，也不能把人权片面归结为个体人权。否则，就必然会把关于上述问题的讨论引入歧途。

另外，西方有论者曾用“主权在民”来论证“（个体）人权高于主权”。其实这种论证并不妥当。因为“主权在民”中的“民”是指组织起来的、拥有国家权力的、作为集体概念的人民，而非作为个体概念的单个人，不能把“主权在民”理解为主权来自个人，并以此来证明（个体）人权高于主权。不仅如此，从马克思主义关于人是社会性存在的观点来看，虽然个人与集体相互依存，但两者相比较，个人对集体的依赖程度更高，因为个人从属于作为整体的社会集体。“覆巢之下，安有完卵”，说的就是这个道理。而用这个道理来考察人权问题，也是完全合适的。承载集体人权的主权，当然高于被集体人权所统摄的个体人权。也正是在这个意义上，邓小平说：“真正说起来，国权比人权（指个体人权——引者注）重要得多。”[②]

---

① ［美］约翰·罗尔斯：《万民法》，张晓辉、李仁良、邵红丽等译，85页，长春：吉林人民出版社，2001年。

② 《邓小平文选》第3卷，345页，北京：人民出版社，1993年。

其二，主权对集体人权的承载，还应从权利与义务关系层面，作进一步说明。人们通过劳动，履行对国家的义务。这为国家行使主权、履行社会职能（除此以外还有阶级职能），如维持社会秩序、保卫国家安全、组织生产建设、进行社会服务、实现环境友好等提供了基础和条件，人民也由此得以享受由国家主权保障的各种权利。国家行使主权、履行社会职能，既是对集体人权的实现，也是对个体人权的落实。主权的公共性与人权的人民性都植根于人民。主权是公权力，国家行使主权，就是取之于民，用之于民。国家主权与统摄个体人权的集体人权，实际是职能与权利的关系，无国家主权即无集体人权。

需要指出的是，有些论者认为主权与人权之间存在矛盾并非没有道理。但这里所说的矛盾不是权利社会职能意义上的主权与人权的矛盾，而是转换意义上的矛盾。在存在私有制和私有观念的社会中，有人会利用作为公权力的主权去谋取特权，从而也就在利益上导致了所谓主权与人权的矛盾。然而这个矛盾实际上是特权与人权的矛盾。

从人类历史来看，在人们共同劳动、共同享受的原始社会，权利和义务尚未分异。正如恩格斯所言，谈论那时候的权利与义务问题是“荒谬”的。[①]但在私有制和阶级产生以后，私有制和阶级特权造成了社会不平等，各种危害人们生命财产安全的丑恶现象不断滋生，而以人人平等为旨归的人权追求也随之产生。人权是与特权相比较而存在和相斗争而发展的。随着生产力的不断发展和社会关系的不断调整、变革，特权在不断被扼制、削弱，人权在不断扩大、伸张。尽管如此，在当今社会，特权与人权的矛盾依然存在。

由于各国统治阶级的性质不同，主政的领导集团能力参差不齐，因而各国主权的公权性在成色上也就有所区别。但无论有何不同，在现实社会中，上述特权与人权之矛盾的解决或缓解，总还得依赖作为公权力的主权发挥作用，即借助公权力去打击和取消特权，从而保障和维护人权。从世界历史发展来看，这一矛盾的最终解决还需要经历一个很长的过程。

另外，人权与主权的现实统一，还具体表现为个体人权局限于一国范围之内，也就是一国公民在本国享受公民权。换句话说，丧失了

---

① 《马克思恩格斯选集》第4卷，175页，北京：人民出版社，2012年。

一国主权所赋予的公民权，也就丧失了个体人权。关于这一点，将在下面这个案例中来具体说明。

（三）主权是个体人权实现的前提

第二个例子是法国的《人权宣言》（以下简称《宣言》）。1789年法国大革命期间颁布的《宣言》，作为人权宪法化的经典文本，被人们高度称颂，并被视为“人权高于主权”的法律依据。其实，这种观点是建立在对人权与主权关系认识不清和对该《宣言》的误读基础上的。

其一，把该《宣言》称为人权宣言，这很不妥。该文本的法文名称是《人权与公民权宣言》。在这里，人权与公民权的依据是根本不同的，甚至是相悖的。在该《宣言》中，人权所依据的是生来赋权，而公民权所依据的是国家保障。因此，上述简称就在客观上掩盖了二者之间难以调和的矛盾。

其二，翻译为中文后，《人权与公民权宣言》中“人”与“公民”是看不出性别的，或者说是中性的。而在法文中，这里的“人”与“公民”特指男性和男性公民，是不包括妇女的。因此，该《宣言》之标题应翻译为“男性人权与男性公民权宣言”。该《宣言》通过两年之后即1791年，一位叫奥兰普·德古热的法国女士起草了一份《女权和女公民权宣言》，可她后来竟因此被送上了断头台。可见，强调《人权与公民权宣言》的男性特征，在当时的法国是极为重要的。

其三，该《宣言》中的男性和男性公民，是不包括有色人种的。因此，对《宣言》之标题更为准确的翻译应为“白人男性人权与白人男性公民权宣言”。

其实，除了人们对该《宣言》之标题的理解和翻译不够准确之外，更为严重的是，该《宣言》的标题与内容以及其内部各条文之间，也存在不少相互龃龉的情况。

比如，该《宣言》第一条声称：“人生而保持自由和平等的权利。”这里是说人权是生来拥有的，是不可剥夺的；人权的拥有，与性别和肤色无关。可该《宣言》在名称上，恰恰是把女人和有色人种排除在外的。这实际是对“人权生来论”的否定。

又比如，该《宣言》第二条规定：“一切政治结社的目的在于保持人的自然的和不可剥夺的权利。”但其第三条又指明：“一切主权本质上存在于国家之中。”在这两种言说中，矛盾也就不可避免地产生了。其矛盾在于，人权如果是生来拥有的、不可剥夺的权利，那么凡人皆有人权，人权与人的出生地是毫无关系的。然而国家的一个属性是“按地区来划分它的国民。……因此，按地区来划分就被作为出发点，并允许公民在他们居住的地方实现他们的公共权利和义务”[①]。由国家的这一性质所决定，对于个人来说，人权作为“政治权利，只是与别人共同行使的权利。这种权利的内容就是参加共同体，确切地说，就是参加政治共同体，参加国家。这些权利属于政治自由的范畴，属于公民权利的范畴”[②]。这意味着，参加与一定出生地相联系的国家这个共同体，成为它的公民，凭借公民权才能享有其国家主权所提供的人权保障。

应该说，这是到目前为止，世界各国普遍通行的原则。在这个原则下，别国的公民或丧失国籍的难民，是不可能享有该国公民的公民权或该国主权所保障的人权的。也就是说，不可能要求政治国家用法律去保障那种所谓“人的自然的和不可剥夺的权利”。“人权生来论”看上去十分美好，但它只能存在于各种纸面上的“宣言”中，在现实生活中是行不通的。说到底，是因为不能以它为基础去搭建切实的法律体系，从而也就使它不能在法律上获得保障。由此，生活在一定国度的人们只能享受公民权意义上的人权，而无法享受所谓生来意义上的人权。“公民权”这一概念的提出，本身就意味着对“人权生来论”的否定，同时也是对基于“人权生来论”的“社会契约论”的否定，以及对以“社会契约论”为理论支撑的“人权高于主权论”的否定。

总之，主权非由人权派生。在一定历史阶段内产生的主权，在社会职能意义上，是人权的集体承载和实现前提。所谓“人权建构主权论”是不成立的。

① 《马克思恩格斯文集》第4卷，189—190页，北京：人民出版社，2009年。

② 《马克思恩格斯文集》第1卷，39页，北京：人民出版社，2009年。

四、人权是具体而非“普世”的

(一) 关于“人权具体论”

否定了“人权生来论”，也就否定了以“人权生来论”为依据的“人权普世论”。与此相联系，也就要坚持“人权具体论”。所谓“人权具体论”，是指那种主张在人权保护和发展事业中，坚持以尊重各国主权为前提的人权的国际共性与各国个性相统一的观点。为什么要坚持“人权具体论”，下面分别从人权保护和人权发展两个维度来加以说明。

1.实现人权保护要坚持“人权具体论”

这里必须要以尊重各国主权为前提。国家主权是指一个国家所拥有的独立自主地处理内外事务的最高权力。如前文所述，在个体维度上，人权就是人们作为公民所享受的公民权。在联合国成立以前，（个体）人权曾是一国主权管辖的内部事务。公民享有哪些权利，以及如何保障这些权利得以实现，几乎完全是由国内法规定的事项。在那时，人权的国际保护还没有作为一个问题被提出来。

二战后，随着联合国的建立，以及作为国际法的《联合国宪章》(1945年)、《世界人权宣言》(1948年)、《给予殖民地国家和人民独立宣言》(1960年)、《经济、社会文化权利国际公约》(1966年)和《公民权利和政治权利国际公约》(1966年)等的陆续通过和颁布，人权(包括个体人权和集体人权)原则才愈来愈成为国际法的一个重要原则，人权保护也才从国内领域逐步走向国际领域。在这一背景下，如何看待人权的国际保护与国内保护的关系，才作为一个问题被提了出来。与此相联系，也才产生了在人权保护问题上，是尊重各国主权还是人权高于主权这样两种对立的主张。“人权高于主权论”，如果说一开始是一些论者或多或少基于人权保护的善良愿望，以及出于对国际人权保护的误读，而提出来的一个错误观点的话，那么到20世纪晚期特别是进入21世纪后，则已成为被西方霸权主义加以恶意利用的一个政治工具。

其实，国际人权文件中提到的国际人权保护有两个层次。一是全面意义上的对各国主权即集体人权加以维护的国际人权保护。二战期间，德、日、意法西斯侵犯各国主权，造成全世界数千万人死亡的人间惨剧。为避免悲剧重演，各国共同主张反对侵略战争，维护各国主权，维护各国主权对人权保护的自主权。如《给予殖民地国家和人民独立宣言》规定：“一切国家应在平等、不干涉一切国家的内政和尊重所有国家人民的主权及其领土完整的基础上忠实地、严格地遵守联合国宪章、世界人权宣言和本宣言的规定。”在这个层面上，国际人权保护，就是在保护集体人权的意义上，去保护包括领土在内的各国主权，而不是削弱主权。为此，外国和一切国际组织不得干涉一国内政。当然，特殊情况除外。

二是局部意义上的针对个别国家严重侵犯人权行为的国际人权干涉或保护。首先，这里的严重侵犯人权的行为，是国际人权干涉的内容，包括侵略罪、战争罪、反人类罪、种族灭绝罪、种族隔离罪、迫害难民罪、虐待和杀害战俘罪等。其次，这里的干涉主体必须要经过联合国安全理事会的授权。也就是说，任何国家和国家集团不得擅自对别国进行人权干预。最后，这里的干涉手段通常不是单纯的外在武力，而是与相关主权国家配合的国际监督、国际维和与救援，而且其程序也必须依照国际法的规定。由此可见，对国际人权保护的两个层次不加区别，把国际人权保护完全归结为国际人权干涉，进而把国际人权干涉归结为超越一国主权的单纯外力作用，从而得出“人权高于主权”的结论，是片面的、错误的。

2. 实现人权发展更要坚持“人权具体论”

如果说实现国际人权保护作为消极意义上的人权事业，要坚持“人权具体论”，那么实现人权发展积极意义上的人权事业，则更要坚持“人权具体论”，即更要坚持以尊重各国主权为前提的人权的国际共性与各国个性的统一。可以从如下几个方面来说明其理由。

（1）关于人权问题现实表现的分析说明。人权问题根源于人的需要与供给的矛盾。要生存，要吃饭，要住房，要就业，要一个安定、公正和宜居的社会环境，这在世界各国是共同的需要，为此就要消除减贫赤字、安全赤字、治理赤字。但各国所面临的贫困问题、安全问题、治理问题是不同的。拿贫困来说，不同国家的贫困发生率、贫困程度是有很大差别的。

（2）关于人权问题产生原因的分析说明。各种人权问题的产生原因可归结为自然原因、人为原因或二者兼而有之，这在世界各国是相同的。但何种自然原因或何种人为原因造成的人权问题，这在各国是不同的。拿安全问题来说，白人至上主义所造成的种族矛盾是美国安全赤字长期存在的一个重要原因。又比如美国对古巴60多年的封锁，是古巴遭受安全威胁的一个根本原因。

（3）关于解决人权问题方式方法的分析说明。相同的人权问题在各国有着不同的表现，其背后既有共同原因也有各自的特殊原因。因此，在解决同一人权问题的方式方法上，世界各国也就既有其共性的方面，也有其个性的方面。拿扶贫来说，获得成功的案例在方式方法上的共性至少有以下三点：一是政府要下定决心和进行严密规划，二是要有高效的执行系统，三是要有独立的评估和监督机制。同时，由于国情不同，各国扶贫的方式方法也自有其个性。相关国家要根据自身的情况确立贫困标准和贫困人口认定标准，以达到扶真贫的目的。此外，还要制定可执行的扶贫政策和个性化的扶贫措施，如产业扶贫、易地搬迁扶贫、教育扶贫、医疗救助扶贫等。这样，才能达到真扶贫、精准扶贫。

从以上论述可以得出：其一，坚持人权的具体性，即坚持人权的国际共性和各国个性的统一，才能真正解决各国面临的人权问题。其二，解决各国面临的人权问题，应当以尊重各国主权为基本前提。人权问题的解决离不开担当主体，这个担当主体主要就是一国之政府。从现实情况来看，到目前为止，还没有一个覆盖全球的、能切实保障各种人权得以实现的类似世界政府的政治机构，因而民族国家之政府仍然是解决人权问题、保障人权实现和发展的主体。

（二）关于“人权普世论”

为了实现人权的保护和发展，必须坚持“人权具体论”。与此相联系，必须拒斥“人权普世论”。所谓“人权普世论”，是指那种把人权的国际共性与各国个性绝对对立起来，主张人权凌驾于国家主权之上的观点。西方一些政要从本国私利出发所宣称的“人权无国界”，就是这种观点的另一种表述。此种观点也就成为“人权高于主权论”的一个最直接的理论支撑。

然而，这一观点是不能成立的，因为它会陷入如下四个困境而不能自拔。

第一，逻辑困境。“人权普世论”在逻辑上或理论上是无根的。它所依据的“人权生来论”，立足于一个没有任何身份标识的人，即既没有国籍、种族、文化信仰也没有其他社会关系的人。很显然，这里的人，并非现实存在的，而是想象和虚构的，是道德形而上学的一种预设。而这种不在任何社会关系中生活的人，是根本谈不上有所谓人权或“普世人权”的。因为任何权利都是在人际关系中存在的，是相对于他方而言的，关于我方利益的一种表达和肯定。那个由于偶然原因而流落到无人岛上的鲁滨孙，在“星期五”没有出现以前，在那个毒蛇出没的地方，他是无所谓生命权和其他人权可言的，更无所谓生来人权。在“星期五”出现并成为他的仆人以后，他才拥有了“星期五”为他服务的特权。而这种“拥有”之成为现实，也不是因为他有什么生来权利，而是因为他手握武器。事实上，个体人权从来都是由个人所处的社会关系决定的，其具体内容取决于这个社会的发展水平和受这个水平所制约的对人本身所持的社会承认。

第二，承认困境。人权作为人之需要的满足和价值实现，是以社会承认为前提的。同样，人权的“普世性”或“普世人权”，也是以各国的共同承认为前提的。其一，这里的共同承认，所承认的不是单纯形式的人权或作为抽象概念的人权，而是权利与义务、内容与形式相统一的现实人权。其二，这里的共同承认，不是口头承认，而是由各国通过立法把国际人权法变成国内人权法来加以承认的。否则，任何国际人权法在各国国内都不能发挥效力。拿言论自由来说，在当今世界，恐怕没有人会在口头上或在抽象概念意义上反对言论自由。而一旦将言论自由现实化、具体化，就会导致分歧迭出，难以形成统一认识。关于这种认识，不要说不同国家之间会有差异，就是某些国家自身也会前后不一。比如一些西方国家把在本国报刊上发表文章、漫画来攻击发展中国家的行为称为“言论自由”，而对别国媒体运用同样手段揭示其丑行的行为，却视为“大逆不道”并加以讨伐。这就是双重标准。这种双重标准，也从反面说明西方所宣称的“人权普世论”，对其自身而言，也不过是说说而已。

第三，操作困境。如果说人权的“普世”承认不能达成，那么人权的“普世”实现则更无可能。其一，“人权普世论”只是脱离各国人权具体问题的空洞说教，无论多么诱人、多么动听、重复多少次，终究是无的放矢、黄粱一梦。其二，脱离了作为担当主体的国家以及国家主权，人权问题的解决就必然会止于口头，而无法落实在行动上。其三，脱离了各国的环境条件，如经济发展水平、政治历史、制度遗产、族群构成、文化传统等，任何人权计划、方案都必然会水土不服并最终以失败告终。因为世界上没有千篇一律、放之四海而皆准的人权问题治理方案。在这个意义上说，要发展人权事业，就只能从各国国情和人民需要出发，选择适合本国实际的人权发展道路和保障模式。

第四，事实困境。“人权普世论”没有可靠的事实依据，而且遭到事实的无情驳斥。美国和其他一些西方国家作为“人权普世论”的倡导者，总是说一套做一套。西方现在的主流话语，一直把美国《独立宣言》和法国《人权与公民权宣言》作为确立人权“普世价值”的经典文本依据，而这是有悖于事实的。关于《人权与公民权宣言》，前文已经说过了。至于1776年通过的美国《独立宣言》，在人权问题上也是口是实非。写明“人人生而平等”的《独立宣言》，其起草者是白人奴隶主代表。这里的“人人”并非指所有的人，其中不包括外国人，也不包括作为美国人的妇女、奴隶、有色人种以及白人中的穷人，而仅指美国白人奴隶主。恩格斯曾经揭露，“美国宪法，它最先承认了人权，同时确认了存在于美国的有色人种奴隶制”①。这实在是一个极大的讽刺。长期以来，美国的有色人种不仅享受不到所谓的“普世人权”，而且经常处于被摧残、被杀戮的境地。建国后近百年中，美国通过“西进运动”，大肆驱逐、杀害印第安人。到20世纪初，美国的印第安人数量已从1492年的500万骤减到25万。②一些美国媒体也坦言：美国对待印第安人的行为是美国历史上最不光彩的一章。美国在其国内治理上没有实现“人人生而平等”，在国际事务中更是把这一信条丢在一边。自1776年宣布独立以来的240多年中，美国有220多年处于战争之中。美国发动的这些战争，不仅使大量军人丧失生命，而且造成了极为严重的平民伤亡和财产损失。据美国布朗大学“战争成本核算”项目估计，从2001年美国入侵阿富汗开始到2019年底，美国在阿富

① 《马克思恩格斯文集》第9卷，112页，北京：人民出版社，2009年。

② 李云龙：《触目惊心的美国人权纪录》，《人民日报》，2021—4—7。

汗、伊拉克、也门和其他地方发动的反恐战争导致80.1万人丧生，其中40%可能是平民。美国自2017年开始对叙利亚展开空中打击，造成该国650万人在国内流离失所，500万人作为难民外逃。美国输出动乱并造成严重人权灾难，在祸害世界的同时，也在反噬其自身霸权的根基。[①]

这里指出美国《独立宣言》和法国《人权与公民权宣言》不能作为“人权普世论”的法律文本依据，并不是否定这两个宣言的重大历史价值和现实意义。它们不仅反映了当时进步资产阶级的利益，而且在维护资产阶级根本利益的前提下，部分反映了人民群众的利益。因此，劳动人民仍然可以把这两个宣言作为法律武器，去揭露当代资产阶级在人权问题上的虚伪，为争取自己的人权和提升自己作为人的地位而斗争。

另外，批判“人权普世论”，不是否定人权的国际共性，也不是否定体现这种共性的和平、发展、公平、正义、民主、自由等人类共同价值，更不是否定为实现这些共同价值而去加强全球人权治理和推进世界人权事业发展的必要性。这里的关键是以下两点：一是要坚持把人权的普遍性与当代国际社会的现实情况相结合，即与解决当代全球性问题相结合；二是要坚持把人权的普遍性与各国国情相结合，走符合各国国情的人权发展道路。

五、美国鼓吹“人权普世论”的伪善与霸道

既然西方一些国家特别是美国的所作所为，明白无误地说明其所宣扬的“人权普世论”是虚妄和不真实的，那么它们为什么还要在全世界大肆兜售呢？这是因为其用心不良、别有所图。

（一）用“人权普世论”掩盖国内资产阶级特权

人权在形式上具有普遍性，但对其实际所指要作具体分析。比如在资本主义社会中，人权实际表现为资产阶级特权。拿“私有财产神圣不可侵犯”这一项人权来说，在形式上它是一视同仁、公平公正的，

① 向洋：《该给美国“原罪”拉清单了（三）：输出动乱令人发指》，《参考消息》，2021—4—26。

然而在现实中却并非如此。正如马克思主义所指出的，“被宣布为最主要的人权之一的是资产阶级的所有权”[①]，“平等地剥削劳动力，是资本的首要的人权”[②]。而这种“人权本身就是特权”[③]。用邓小平的话说，这是少数人的人权，而非多数人的人权。[④]

马克思、恩格斯指出，作为剥削阶级的新统治阶级，为了维护一己私利，“不得不把自己的利益说成是社会全体成员的共同利益，就是说，这在观念上的表达就是：赋予自己的思想以普遍性的形式，把它们描绘成唯一合乎理性的、有普遍意义的思想”。一开始，这个新统治阶级“的确同其余一切非统治阶级的共同利益还有更多的联系”，但“后来，非统治阶级和正在进行统治的阶级之间的对立也发展得更尖锐和更深刻”[⑤]。马克思、恩格斯的这一论述对我们认清美国和其他一些西方国家宣扬的“人权普世论”的本质，是有指导意义的。为了掩盖国内人权问题上日益尖锐和深刻的对立，它们自然会宣扬超阶级的“人权普世论”。

（二）用“人权普世论”在全世界推行霸权主义

以美国为首的北约国家宣扬的“人权普世论”，针对的主要还是外部世界。这里涉及两个问题：什么样的人权是“普世”的，谁说了算？如何在全世界实现这种“普世人权”，谁是担当主体？对此，美国社会的主流观点认为，美国是“人权天使”“人权灯塔”，是“闪耀的山巅之城”，因此只能由美国说了算，或曰由美国来充当全世界的“人权法官”。另外，也只能由美国去承担实现“普世人权”的全球责任，即由美国来充当全世界的“人权卫士”。然而，美国真的是所谓“山巅之城”“人权灯塔”吗？

1.“美国人权灯塔论”不能成立

从马克思主义的观点来看，在人权发展问题上，只有更好，没有最好。人权是同经济社会发展和社会制度密切联系的。人权作为一种法权，以客观经济利益和社会权益为内容，以一定经济社会条件为保

① 《马克思恩格斯文集》第9卷，20页，北京：人民出版社，2009年。
② 《马克思恩格斯文集》第5卷，338页，北京：人民出版社，2009年。
③ 《马克思恩格斯全集》第3卷，229页，北京：人民出版社，1960年。
④ 《邓小平文选》第3卷，125页，北京：人民出版社，1993年。
⑤ 《马克思恩格斯文集》第1卷，552、553页，北京：人民出版社，2009年。

障。马克思指出："权利决不能超出社会的经济结构以及由经济结构制约的社会的文化发展。"[①]而在一定历史时期内，经济社会的发展总是有限的，因而受其制约的人权发展也是有限的。所以，美国自诩为人权发展的"山巅之城"，在理论上是不能成立的。

西方国家曾利用"先手之利"，对广大东方国家进行征服、掠夺。在这一过程中，西方少数富人发了大财。与此同时，为了缓和国内矛盾，西方国家又通过政府调控，使广大民众的生活有所改善。在这个意义上说，美国等西方国家的人权事业一度走在了东方国家的前面。随着20世纪90年代以来全球化的深度发展，一些东方国家开始群体性崛起，而以美国为首的西方国家的发展速度下降甚至趋于停滞，且其国内的人权状况也开始恶化。2020年11月1日，英国《卫报》网站上一篇题为《美国是一个失败国家，既成政治体制解决不了危机》的文章中说："在地球上最强大的国家里，有2930万人说他们'有时'或'经常'吃不饱饭。据联合国数据，美国有4000万人生活贫困，50万人无家可归。这一切在疫情引发的经济衰退全面来袭之前，就已经是事实。"[②]加之其他种种社会痼疾的存在，"占领华尔街"运动、"黑人的命也是命"运动以及2021年1月国会山骚乱等的发生，就不难理解了。

由上可知，任何国家人权事业的发展，都受到该国经济、政治、文化发展水平的制约。这是历史的铁律，没有例外。所谓"美国人权灯塔论"，只是美国一些人的幻觉，而不是对客观事实的反映。

2.美国的人权干预变成了人权灾难

如前所说，"美国人权灯塔论"不能成立。退一步来讲，如果一国的人权事业相对于其他国家而言走在了前面，那么该国就能凭此而自认为可以充当世界"人权法官"或"人权卫士"了吗？不能。因为世界人权事业不是哪个国家的私事，而是世界上所有国家的公事。公事就要公办。世界人权事业的发展，离不开联合国，离不开以《联合国宪章》《世界人权宣言》和《发展权利宣言》等为规则的国际法，也离不开各国合作。

美国作为世界上最大的发达国家，应该在国际事务包括国际人权

① 《马克思恩格斯文集》第3卷，435页，北京：人民出版社，2009年。

② 转引自詹得雄：《2020年，大瘟疫催化大变局》，《参考消息》，2020—12—22。

事业中多承担一些责任，多做一些贡献，多提供一些公共产品。这是其应该履行的国际道义责任。然而美国的所作所为却不是这样。它在对外关系中盛气凌人，坚持美国优先，动不动就挥舞制裁大棒，甚至不惜使用武力，发动侵略战争。然而，随着时代的发展，赤裸裸的武装侵犯太过刺眼，代价也太大。这不仅使其在国际上陷于孤立，在其国内也引发了广泛的反战浪潮。于是，它捡起了“人权”这一工具。由是，“人权普世论”的声量日益加大，以此为根据的“人权高于主权论”喧嚣日盛。如上所言，这里的人权并非作为世界各国共识的、为国际法所规定的平等性、包容性、共建性、普惠性人权，而是作为“地方性知识”的美式人权。这里的“人权普世性”，在美国一些人的眼中，就是“美式人权普世性”。所谓“人权高于主权”，实际指的就是美式人权高于别国主权，特别是发展中国家和社会主义国家的主权。其目的就是干涉这些国家的内政，策动颜色革命和发动侵略战争，维护西方特别是美国的霸权主义。

1999年以美国为首的北约所发动的科索沃战争和21世纪以来美国所发动的伊拉克战争等一系列战争，都是打着人权干预的旗号进行的。而这些战争不仅没有带来和平，还导致无数平民丧生或沦为难民，使相关国家长期陷于动乱之中。所谓的人权干预，变成了道地的人权灾难。

3. 美国对中国人权状况的妖魔化终将失败

美国用人权谎言干涉别国内政，然而谎言终究是谎言，可骗人一时但不能骗人一世，可骗一些人但不能骗所有人。不只是在广大发展中国家，就是在美国国内，也有越来越多的有识之士看清了这套把戏。比如美国学者亨廷顿就指出：“普世主义”是西方对付非西方社会的意识形态，它是错误的、不道德的，对于世界来说是危险的，帝国主义是“普世主义”的必然逻辑结果。①在这个问题上，基辛格比亨廷顿更进一步。他不是一般地批判西方的“普世主义”，而是直指美国的“普世主义”。他指出，美国坚持通过施压和激励来实现价值观的普适性，

---

① ［美］塞缪尔·亨廷顿：《文明的冲突与世界秩序的重建》，周琪、刘绯、张立平等译，45、286页，北京：新华出版社，2010年。

也就是要干涉别国内政。[1]而劳伦斯·肖普则早在20世纪80年代就已一针见血地指出，美国以“人权普世论”为根据，推行人权外交，这有助于树立一种为美国重建霸权所迫切需要的仁慈、正直和正义的形象；有助于使美国卷入和干涉世界各地的政治斗争合法化。[2]

上述三位论者在多年前就已经用如此明白的语言，深刻揭示了西方特别是美国的“普世主义”和人权干预的实质。应该说，这是很有见地的。不过他们没有料到的是，随着东方特别是中国的崛起，作为西方领头羊的美国，会陷入如此巨大的战略恐惧，会如此粗暴地践踏国际法，会造谣生事、无端抹黑，“无理且恶毒”地攻击中国人权。[3]这是中国人民不愿看到和坚决反对的，而这也确实没有什么可怕的。因为中国站在了历史正确的一边，这是最根本的。

所谓中国站在了历史正确的一边，是指中国共产党和中国政府把人民幸福生活视为最大的人权，奉行以人民为中心的人权理念，把生存权、发展权作为首要的基本的人权，不断协调增进全体人民在经济、政治、社会、文化、环境等各方面的权利，努力维护社会公平正义，促进人的全面发展。经过70多年的不懈奋斗，14亿多中国人民摆脱了绝对贫困，基本实现了人人有饭吃、有衣穿、有房住、有学上、有医疗。人民生活幸福，不再遭受战乱、贫困、饥饿之苦。中国共产党和中国政府在为中国人民谋幸福的同时，还把为人类谋发展作为奋斗目标，领导中国人民与世界各国人民一道，维护作为全人类利益体现的以联合国为核心的国际体系和国际关系基本准则，维护人的尊严和权利，推动形成更加公正、合理、包容的全球人权治理，推动构建人类命运共同体。中国已连续多年对世界经济增长的贡献率超过30%，对全球减贫贡献率超过70%。中国站在人类进步的一边，也就是站在历史正确的一边。对于站在历史正确一边的中国，谁能奈何？美国肆意抹黑中国人权状况，破坏中国的国际形象，妄图以此遏制中国发展。但这种倒行逆施，阻挡不了中国的前进步伐。在全球化的当下，中美作为两个世界性大国，冲突对抗没有出路，合作共赢才是正道。

① ［美］亨利·基辛格：《论中国》，445页，胡利平、林华、杨韵琴等译，北京：中信出版社，2012年。

② ［美］劳伦斯·肖普：《卡特总统和美国政坛内幕——八十年代的权力和政治》，冬梅译，154—155页，北京：时事出版社，1980年。

③ 《联合国人权专家撰文：美攻击中国人权行径“无理且恶毒”》，《参考消息》，2021—5—8。

总之，人权是“劳赋”的，而非“生来”的；人权享受有赖于集体保障，而非个体本有；主权是人权的集体承载和实现前提，而非由人权派生；人权是具体的，而非“普世”的；人权的发展只有更好，没有最好，“美国人权灯塔论”是不能成立的。立足于抽象人性论，以“人权生来论”“人权个体本有论”“人权建构主权论”“人权普世论”以及“美国人权灯塔论”等为支撑的，服务于西方特别是美国霸权主义的“人权高于主权论”，是一个荒谬且极具世界性危害的理论。

实践探索篇

百年变局中的中美关系走向*

美国近几届政府改变了以往以接触为主的对华战略，转而实行以遏制为主的对华战略，致使中美关系不断恶化，至今仍在低谷徘徊。美国民主党、共和党两党在许多内政、外交问题上都有着巨大分歧，但在对华遏制战略上却保持着高度一致。这说明，中美关系在短期内恢复正常尚有难度，中国必须要作长期斗争准备。

美国政府为什么转而实行以遏制为主的对华战略？其目的何在？中国应如何应对？在目前这种状况下，中国关于构建中美新型大国关系的设想还能否实现？要回答这些问题，必须考虑一个大背景，即当今世界正经历百年未有之大变局。美国对华战略之变缘于世界格局之变。百年变局是不可抗拒的历史潮流，从根本上决定着美国的对华战略，从而决定着中美关系的走向。基于这一认识，笔者拟以百年变局为背景，对中美关系的走向加以探析。

一、何为“百年变局”？

“百年变局”，即所谓“百年未有之大变局”，是习近平总书记提出的一个富有前瞻性和高度概括性的重大命题。我们可以从以下三方面来理解和把握这一命题。

（一）前瞻性

到目前为止，旧世界格局的瓦解与新世界格局的形成均处于初始发展阶段。正因如此，人们往往难以察觉，对其视而不见。进入21世纪以来，许多人特别是一些西方政要和学者，还沉浸于对美国所主导

* 原刊于《中国浦东干部学院学报》，2023（2）。

的单极世界的憧憬和迷恋之中而不能自拔。例如，美国前国务卿基辛格毫不讳言地指出："美国雄踞各国之上"，"从武器装备到企业家精神，从科学到技术，从高等教育到大众文化，美国在全世界势压群雄"，是"全球民主体制的发源地和保护人"[①]。然而美国所主导的单极世界，真的如一些论者所认为的那样固若金汤、不可替代吗?

对此，习近平总书记立足现实，从世界历史的高度指出，世界格局之变已经开始，正在进行，且前景可期。2017年10月18日，习近平总书记在党的十九大报告中指出："世界正处于大发展大变革大调整时期"，尽管"世界面临的不稳定性不确定性突出"，但"和平与发展仍然是时代主题"，"和平发展大势不可逆转"[②]。2017年12月28日，习近平总书记在接见回国参加2017年度驻外使节工作会议的全体使节时，把党的十九大报告中的"世界正处于大发展大变革大调整时期"等相关论述，凝练为一个全新的命题——"百年未有之大变局"[③]。在2018年6月召开的中央外事工作会议上，习近平总书记重申了这一命题，指出："我国处于近代以来最好的发展时期，世界处于百年未有之大变局，两者同步交织、相互激荡。"[④]

习近平总书记提出"百年变局"这一命题，不仅在存在论上指明了世界格局发生变化的现实，而且在价值论上指明了世界格局变化的走向。对中国人民和世界人民而言，它是以正态价值为主导的变局。或者说，和平与发展是百年变局的主轴。我们应当从存在论与价值论相统一的维度，来理解"百年变局"这一命题的前瞻性。

（二）高度概括性

一切自在自然之物都是本然存在，在没有与需要以及为满足需要而进行活动的人联系以前，是无所谓价值的。在这个意义上说，价值是由人赋予的。一切社会事物都是由人的活动生成的，这就使其内在地包含和体现了人的本质力量，包括价值规定。从这个意义上说，一

① ［美］基辛格：《基辛格：美国的全球战略》（全译修订版），胡利平、凌建平等译，2页，海口：海南出版社，2012年。

② 《习近平著作选读》第2卷，47、48页，北京：人民出版社，2023年。

③ 《习近平接见二〇一七年度驻外使节工作会议与会使节并发表重要讲话》，《人民日报》，2017—12—29。

④ 《习近平著作选读》第2卷，178页，北京：人民出版社，2023年。

切社会事物都是价值性存在。懂得这个道理，对我们全面把握“百年变局”这一命题的高度概括性，是很有帮助的。

习近平总书记提出“百年变局”这一命题后，不少西方政要和学者表示赞同。但他们往往局限于存在论维度，认为世界格局确实在发生变化，同时有意无意地忽视了这一命题的价值内涵。比如，2019年法国总统马克龙在一次演讲中提出：“我们正经历西方世界霸权终结。”“现在一切都变了，一切都被西方所犯的错误和美国政府近些年来的选择所颠覆。”[①]应该说，马克龙之言，确是少有的真知灼见。不过，他并未说明世界格局之变的价值指向。又比如，美国知名中国问题专家包道格也认为，“百年变局”这一命题“概括是准确的”。“不管是冷战体系还是独霸体系，都不能够反映现状。”这是一个“新的时代”[②]。但对如何理解这个“新的时代”之“新”，他也所言不多。

另外，国内一些学者认为，对不同国家而言，“百年变局”是一个价值论上的中性概念。在百年变局中，机遇与挑战并存，时机与风险兼具。这一观点貌似辩证，实则大谬。因为它回避了一个根本问题，即矛盾的主要方面是机遇还是挑战。按矛盾论的观点看，矛盾的主要方面决定事物的性质。如果认同和平与发展是百年变局之主轴，即主要方面，那么，对世界上广大爱好和平和力促共同发展的国家和人民来说，百年变局带来的机遇将大于挑战，人类的前途是光明的。

“百年变局”这一命题的高度概括性就在于，它从存在论与价值论相统一的维度，指明了这一变革是世界历史总体格局或者说总体结构之变。

（三）世界历史总体结构之变

“世界历史”是马克思、恩格斯提出来的概念。在他们看来，近代以来的历史，是一个从民族历史到世界历史的变迁过程。人类社会的经济、政治、文化，不断超越民族国家的地域限制而日益趋向国际化、全球化，以至全球一体化。当今的人类社会，正处于超越了国际化，达于全球化，但尚未实现全球一体化的阶段。而百年变局中的“百年”，并不单纯指100年这个时间段。百年变局是以百年为时间单位的

① 沈孝泉：《马克龙感慨“西方霸权正在终结”?》，《半月谈》，2019（20）。

② 朱东阳、胡友松、刘杰：《大国竞争新时期中美无法“脱钩”》，《参考消息》，2019—3—21。

世界历史格局之变，即包括全球化的主体结构、规则结构和利益结构在内的世界历史总体结构之变。

从总体结构的视角来看，近代以来的世界历史大体经历了“血腥的全球化”“扭曲的全球化”和“真正的全球化”三个阶段。

所谓“血腥的全球化”，是指从15、16世纪的地理大发现到1917年俄国十月革命，各西方国家作为单边主体，奉行零和原则，以暴力侵略和商业贸易为手段，把世界其他国家和地区变为殖民地和半殖民地的全球化。

所谓“扭曲的全球化”，是在对“血腥的全球化”的抵制和反击中所表现出来的一种反常的全球化样态，即从俄国十月革命到20世纪90年代初苏联解体，以苏联为首的华约集团和以美国为首的北约集团作为两个平行主体，相互对峙，生硬地把全球一分为二的一种全球化。

所谓“真正的全球化”，是指从20世纪90年代初开始，在以互联网为标志的信息技术的发展加强了全球联系，苏联解体后全球统一大市场真正形成，中国实行改革开放后10多亿中国人民投身市场经济大潮带来强劲发展动力，以及一大批新兴市场国家和发展中国家快速发展等多种因素的共同作用下，逐渐形成的东西方各种行为体共同参与、共享成果的全球化，即真正的全球意义上的全球化。

由上可见，“真正的全球化”是对“血腥的全球化”和“扭曲的全球化”的超越。在这一阶段，全球化的主体结构，实现了或正在实现从单边特质、集团特质到多边特质的转变；全球化的规则结构，实现了或正在实现从强者霸凌、集团对抗到相互尊重、平等参与的转变；全球化的利益结构，实现了或正在实现从零和博弈、赢者通吃到共同担责、互利共赢的转变。

总之，百年变局指20世纪90年代以来，由全球化深度发展所推动，以和平发展为主轴，从“扭曲的全球化”到“真正的全球化”的总体结构之变。这一变革的影响是巨大而深远的。在变革过程中，也必然会产生种种矛盾、冲突。当今世界上的多边主义与单边主义、霸权主义的矛盾，以及作为这一矛盾具体表现的美国对华战略的改变，就是在百年变局这一大的背景下产生的。因此，必须从这一大的背景出发，来分析美国改变对华战略的原因。

二、美国因何改变对华战略?

对这个问题，美国的主流看法是，责任或错误在中国一方。其中又有三种观点即“上当论”“吃亏论”和“威胁论”最具代表性，也最耐人寻味。下面就对这三种观点分别进行辨析。

(一)“上当论”系信口雌黄

此观点认为，自1972年尼克松访华以来，中国在政治上欺骗了美国，美国上当了，美国的对华接触战略失败了，因此必须改弦更张，调整对华战略。

其实，这一观点毫无根据。尼克松访华，是为了美国的利益；同样，周恩来代表中国政府邀请他访华，是为了中国的利益。中美达成“跨太平洋握手”，是互有需要的结果。中美建交以来，通过多方面、多层次的交流接触，双方均获益良多。首先是和平红利。中美了解了对方的核心诉求，管控了分歧，减少了误判，从而消除了不必要的紧张，进而减少了可能造成的大量资源浪费。其次是发展红利。通过交流接触，中美均为对方提供了持续的增长动力和发展机遇。仅以经贸为例，中美贸易额从1979的24.5亿美元增长到2021年的7556亿美元，双向投资也从几乎为零增长到2400多亿美元。物美价廉的中国商品给美国消费者带来了实惠，中国的广阔市场和良好的营商环境也给美国企业带来了丰厚利润。以上事实说明，通过交流接触，中美实现了双赢。

一些美国政客声称，美国当初与中国接触和建交是为了改变中国，后来中国长期在政治上欺骗美国，所以美国的对华接触战略是失败的。这一说法显然是不符合事实的。正如美国学者格雷厄姆·艾利森等人所指出的，“在过去半个世纪的大部分时间里，改善与这个国家（指中国——引者注）关系的努力并不是要改变它。从尼克松开始，动机无疑就是不带任何感情色彩的”，其所采取的是将核心利益置于首位的一种“理性的中国政策”[①]。不难看出，“上当论”者所言的“失败”，并

① 《美学者：一厢情愿改变中国，是美对华政策核心教训》，《参考消息》，2021—2—24。

非所谓美国对华接触战略的失败，反倒是这些论者希图改变中国的那种痴心妄想的失败。

（二）“吃亏论”属人为杜撰

这一观点认为，美国的对华接触战略使中国在经济上占了便宜，美国吃亏了，所以美国必须进行战略调整。

事实真的如此吗？当然不是。社会的发展进步、人民生活水平的提高，是中国人民通过不懈奋斗取得的。中国积极推动对外开放，促进贸易往来，与世界各国互通有无。这种经济交往是按国际通行规则进行的，是和平而非暴力的，是平等自愿而非强力胁迫的，是互惠而非零和的。因此，所谓“吃亏论”毫无根据，也违背常识。在正常的市场交易中，美国商人和企业与其他国家的商人和企业一样，都是要追求利润的，怎么可能长期在中国做亏本生意？可见，“吃亏论”是人为杜撰。

在全球化深度发展的时代条件下，美国等发达国家的资本、技术流向中国等发展中国家。全球产业转移和其他社会条件的变化，导致美国等国家形成了“锈带”，造成了工人失业等问题。资本、技术、人员、信息以及其他资源的全球性流动和优化组合，是全球化的必然结果。这确实可能带来某些负面效应，但并不是不可化解的。在市场经济条件下，一切资源的国际流动都要遵循利润原则。哪个国家的营商环境更好，更有利于提高利润，资源就会往哪个国家流动。对一个国家而言，本国的资源可能流出去，而他国的资源也可能流进来，这与其营商环境特别是政府作为有很大关系。一国政府对全球化带来的对本国而言的某些负面效应不负责、不作为，并把责任完全归于别国，这不仅毫无道理，而且于事无补。当然，美国一些政客鼓吹“吃亏论”，本来就不是出于对本国人民的关心，而是想要散布仇恨，挑动中美对立。

（三）“威胁论”是贼喊抓贼

这一观点认为，中国日益强大，对美国造成了安全威胁。中国在美国周边建有军事基地吗？没有。中国派军舰到美国沿海耀武扬威了吗？也没有。中国干涉美国内政了吗？更没有。既然如此，何来威胁呢？一些论者认为，中国的强大本身就是威胁，他们的逻辑前提是“国强必霸”。其实，所谓“国强必霸”，只是西方的特殊逻辑，并非世界的普遍逻辑。

国家富强，是各国人民的普遍愿望和实现美好生活的根本保障。一个国家富强之后是否由强而霸，不仅取决于实力，更取决于道义。无道义，意味着唯利是图，威逼胁迫，强者为王；有道义，意味着有利共享，在给别国生存发展空间的同时，也扩大了本国的生存发展空间。在国家关系上，如果无道义，定是强则必霸；有道义，当会亲仁善邻。

在历史上，中国曾长期领先于世界，是世界上最强大的国家之一。但它并没有凭借武力为祸世界，而是坚持亲仁善邻、协和万邦。当代中国继承和发扬了这一优良传统，倡导和平发展、合作共赢。日益深度融入世界的中国，承担起更多的大国责任，更主动地为世界提供公共产品。这是有目共睹的。

反观西方国家，荷兰、西班牙、葡萄牙、英国、美国等都曾在富强起来的过程中，走上了一条由强而霸的道路。中国和广大发展中国家的人民曾深受其害。直至现在，某些西方国家仍然利用自己的强势地位在世界各地以大欺小、以强凌弱、以富压贫。但它们惯会玩弄贼喊抓贼的把戏，把被威胁者污名化为威胁者，从而为施加更大的威胁提供借口。不过，这终究是没有好结果的。强而霸，霸而亡，这是为霸者逃不脱的历史命运。

（四）美之错在于违逆世界大势

上文已述，所谓“上当论”“吃亏论”和“威胁论”均不能成立。美国改变对华战略，责任在美国一方。在一种病态心理的支配下，美国违逆了世界大势。这种病态心理源自野心与实力之间的矛盾，即对霸权主义旧梦的追求与相对下降的实力之间不可调和的矛盾。

这里的“梦”，指的是前文所说的“血腥的全球化”阶段由西方主宰世界、独享发展成果的状态，或曰全球霸权主义之“梦”。之所以称之为“旧梦”，是因为它早已被以十月革命为代表的世界社会主义运动和世界性的民族解放运动所打破。在这个意义上说，十月革命的历史功绩就在于它打破了西方一统天下之梦，为用社会主义方式和其他各具民族特色的方式推进全球化提供了可能。因此，十月革命虽发生在俄国，但它属于全世界。

然而，二战结束后不久，美国就迫不及待地挑起集团对抗，组织成立了北约集团。为了对抗北约，苏联也组织成立了华约集团。这种集团对抗既限制了对方，也束缚了自己。但从总体上看，这种集团对抗对占优势的一方更为有利，对弱势的一方不利。在长期的全方位对抗中，苏联难以吸收资本主义的文明成果来优化自身，同时耗费了大量本可以用来发展生产和改善人民生活的资源，引起了人民的不满。再加上政治改革失败和一些外部因素的影响，苏联最终走向了解体。

苏联解体后，西方世界一片欢腾。福山的“历史终结论”应时而发，广为流行。在这种观点看来，苏联解体意味着社会主义被扫进了历史垃圾堆，昭示着资本主义取得了最后的胜利；所谓全球化，自然就是指全球西方化、美国化。前文所引的一些西方政要和学者关于美国所主导的单极世界的乐观言论，就是这种集体幻觉的体现。

然而目前看来，冷战并没有绝对的胜者。苏联失败了，美国恐怕也并没有赢。美国停止了对自身制度弊端的反思，目空一切，盲目自信，认为旧梦重圆指日可待，于是一方面粗暴干涉别国内政，发动颜色革命，挑起地区争端，甚至直接发动战争，导致自身深陷泥潭；另一方面则陷入了治理困局，国内矛盾丛生，贫富分化、社会撕裂等问题愈加严重。与此同时，中国和广大发展中国家则在探索本国现代化道路的实践中不断进步，逐渐成为推动全球化发展的重要力量。2010年，中国成为仅次于美国的世界第二大经济体。从那以后，中国追赶美国的步伐越来越快，中国特色社会主义在世界的影响力也越来越大。面对相对优势日渐减弱的现状，曾经盲目乐观的美国极右势力，并没有接受现实、回归理性，而是从一个极端跳到另一个极端，形成了一种包含偏执、焦虑、恐惧等多种情绪在内的病态心理。正是在这种病态心理的支配下，美国改变了对华战略。前文所言的“上当论”“吃亏论”“威胁论”，不过是美国一些政客和学者的政治话术。

总之，美国改变对华战略，违逆世界大势，目的在于遏制中国发展、维护自身霸权。

三、美对华遏制战略的错误和缺陷

从系统论的观点来看，任何一个战略的成功，都离不开四个方面的支撑：一是对战略背景的认知要正确，二是对战略对象的把握要准确，三是战略目标的设置要科学，四是战略手段要有效。在这四个方面中，前两个方面是根本前提。美对华遏制战略之所以不会成功，就在于它在根本前提上犯了原则性错误，在目标手段上有重大缺陷。

（一）时代认知错位

美国的政府、军方、媒体、智库等，是如何认识作为美国对华遏制战略之背景的当今时代的呢？他们认为，当今时代是一个“大国竞争时代”，中美作为世界上最强大的两个国家，其竞争是不可避免的；为了在中美竞争中不被中国击败，美国必须行动起来，对中国实施遏制战略。

然而，这种时代认知是完全错误的，其错误在于它把“竞争时代”与“竞争”混为一谈了。竞争没有什么可怕的，在自然界和人类社会中，竞争与合作都是很自然的现象。而按系统论的观点，任何一个系统都要经历从无序到有序的转化过程。自然界中的这种转化是纯然自发的，而人类社会中的这种转化则是从自发到自觉的过程。在无序阶段，系统因子间的竞争是矛盾的主要方面，合作是矛盾的次要方面。在有序阶段，矛盾的主次方面则发生了翻转。因此，可以将无序阶段看作该系统的竞争时代，将有序阶段看作该系统的合作时代。在合作时代，系统内的各方不是放弃或回避竞争，而是按照一定的规则开展良性竞争，在竞争中实现优化和提升。

冷战结束后，全球化深度发展，世界各国、各民族间的联系愈加紧密，已经结成了一荣俱荣、一损俱损的命运共同体。和平发展、合作共赢，是全人类的共同要求。也就是说，当今时代是合作的时代，不仅是大国合作时代，而且是包括大小国家在内的全球各国合作的时代。

将当今时代看作“大国竞争时代”，是一种时代认知错位，是在用旧思维来看新时代。“文明冲突论”“修昔底德陷阱论”“冷战2.0论”

等，都是这种陈旧思维的体现。以这种陈旧的时代认知为基础制定的对华遏制战略，自然从起点上就偏离了正确轨道。

（二）遏制对象虚构

美国将中国视为“体系性、战略性对手”，认为中国有追求霸权的野心。然而，这一认识是虚妄的，是对中国的误读，具体可从以下几个方面来说明。

第一，中国梦是强国梦，不是霸权梦。中国曾长期领先于世界，只是在近代落后了。中国人民进行了英勇斗争，付出了巨大牺牲，终于实现了国家独立、民族解放。经过长期努力，中华民族迎来了从站起来、富起来到强起来的伟大飞跃。如今，中国已经全面建成小康社会，实现了第一个百年奋斗目标，正在向建成富强民主文明和谐美丽的社会主义现代化强国即第二个百年奋斗目标进军。这个目标还要经过近30年的奋斗，才能实现。这就是中国人所追求的中国梦，即国家富强、民族振兴、人民幸福的梦，与争夺霸权、成为霸主毫无关系。中国对追求霸权没有兴趣，因为这不仅有违中国的文化传统，而且不符合中国的现实利益。美国把中国梦视作霸权梦，是毫无根据的，更没有必要对其产生恐惧。

第二，对美国而言，中国的发展是机遇而不是威胁。在全球化背景下，中国要实现强国梦，就必须打开国门，与世界各国广泛合作，共同发展。也就是说，对外开放是实现发展的根本前提。对外开放的主要内容是发展国际商贸，而发展国际商贸就必须遵守国际商贸规则，努力实现互利共赢。因此，对包括美国在内的世界各国而言，中国的发展是机遇而不是威胁。

中国欧盟商会主席伍德克强调：“通过在中国经营和不断创新，欧洲企业不仅支持中国，也支持自己”，“退出中国市场的企业会伤害自己”[①]。哈佛大学肯尼迪政府学院高级研究员威廉·H·奥弗霍尔特也指出：“中国对美国贸易和投资的开放程度远超美方盟友日本和韩国”，“两国的共同利益是密不可分的”[②]。那么，美国一些人为什么会把中国的发展视为威胁呢？这是因为他们从政治角度或者意识形态角度来

① 《中国对美欧企业持续释放“磁力”（国际论道）》，《人民日报》（海外版），2022—6—20。
② 《哈佛大学学者文章：中美存在被忽视的共同利益》，《参考消息》，2021—8—14。

看待中国的发展，从而得出了错误的结论。

第三，中国道路是适合自身发展的路。西方论者将其概括为所谓“北京共识”，并将其视作对“华盛顿共识”的威胁，这种认识是不准确的。在中国共产党的领导下，中国人民通过艰辛探索，走出了一条新路、好路，即中国特色社会主义道路。这条道路是符合中国国情的正确道路。中国从来不干涉别国内政，从来都尊重各国人民对本国政治制度和发展道路的选择。正如新加坡学者马凯硕所指出的：“中国不认为自己的制度对任何国家都适用，不会干涉其他国家选择自己的体系和模式，不想改变别人的生活方式。”[①]美国国家利益中心特聘研究员保罗·希尔也认为：“中国的言论始终如一地倡导多极世界而不是单极世界”，“北京专注于将其模式合法化，并使它在全球规则制定中的影响力和作用相对于美国最大化，而不是将其模式强加给其他国家，并取代美国建立一个以中国为中心的世界”[②]。将中国道路概括为“北京共识”，并将其视作对“华盛顿共识”的威胁，这纯粹是一种主观臆想。当然，中国的发展道路或曰中国模式在世界上产生了很大影响，也可能为其他国家所借鉴。这并没有什么可奇怪的。因为中国能够成为榜样，也是向别国学习的结果。

第四，中国乐意成为别国学习的榜样，但并不是要争夺世界领导权。成为别国学习的榜样，意味着在国家治理和国际事务上有出色表现，为全球性问题的解决和国际秩序的改善提供中国智慧、中国方案、中国力量。中国在力所能及的范围内，对有困难的国家能帮则帮，能扶则扶；针对世界上的矛盾纠纷，积极劝和促谈，力求化解；设置合作平台，联合有意愿的国家和国际组织一起努力，共同发展。作为国际社会的一员，中国受益于现有的国际秩序。而成为榜样，是中国对国际社会的回报。中国希望推动形成更有利于维持世界力量和利益平衡的国际秩序。这并非美国一些政客指责的所谓中国对现有国际秩序的破坏或另起炉灶，而是对国际秩序的维护和改善。

成为榜样与成为世界的领导者，是不能混为一谈的。到目前为止，美国仍然是世界第一大强国，仍然承担全球领导者的角色。中国没有取代美国成为全球领导的意愿，也不具备这样的实力。中国历来主张，

① 《马凯硕：拜登政府应明智终止对华错误政策》，《参考消息》，2021—5—9。

② 《美学者：美对华战略不能陷入零和思维》，《参考消息》，2022—6—8。

世界的事是大家的事，大家的事必须由大家商量着办。

总之，中国反对美国的霸权，并不是要谋取霸权；中国反对美国的欺压，并不是要通过发展超越美国后再去欺压美国；中国不信奉西方的“华盛顿共识”，并不是要打造取代“华盛顿共识”的所谓“北京共识”，而是要走自己的路；中国力争成为榜样，并不是要取代美国成为世界的领导者。

既然如此，这里就产生了一个新的问题，即美国对中国的误读是无心之举，还是有意为之？很显然，答案并非前者，而是后者。美国的情报和智库体系之发达堪称世界第一，它要了解一个真实的中国并非难事。那么它为什么要有意为之？因为它希望通过妖魔化中国，欺蒙世人，团结内部，达到遏制中国发展、维护自身霸权之目的。当然，这种虚构了遏制对象的遏制战略，是不可能成功的。

（三）战略目标反噬

这里的反噬，是指在运用手段祸害他人的同时，自己也遭受祸害。这种举动是愚蠢的，得不偿失的。

美国为了遏制中国发展、维护自身霸权，采取了多种措施，包括在经贸领域加征关税、在科技领域搞技术封锁、在军事上蓄意挑衅、在政治上罗织罪名、在国际上组织反华集团、在媒体上刻意抹黑中国、在网络上操纵舆论等。可以说，这是以贸易战、科技战为核心的总体战。下面就从贸易战、科技战、总体战三个维度分析美国对华遏制战略的反噬效应。

首先，对华贸易战是一把“双刃剑”。特朗普政府于2018年发动对华贸易战。2018—2019年，美国对中国进口产品加征三轮关税，平均税率从3.2%提高到19.3%。而根据穆迪投资者服务公司2021年的一份报告，美国进口商承担了90%以上的额外成本。[①]按照美国国会预算办公室的估算，特朗普政府征收的关税让美国普通家庭每年多支出超过1200美元。美国发动贸易战，引发了中国的对等反制。根据牛津经济咨询公司研究，在巅峰期，贸易战使美国损失了约24.5万个就业岗位

① 《美国企业承担了美国对中国商品加征关税中大部分额外费用》，《环球时报》，2021—5—18。

和1080亿美元的国内生产总值（GDP）。[①]

美国政府发动对华贸易战的目的是降低对华贸易逆差，通过提高进口商品关税，减少中国对美出口，促进美国企业回流。然而根据中国海关总署2022年初公布的数据，2021年中美贸易总额和中国对美贸易顺差均创历史新高。为何会出现这种情况？原因就在于国家贸易遵循的是经济原则，而非政治原则。在全球化时代，全球供应链、产业链和价值链是环环相扣、不可分割的，是通过长期的优化组合而逐渐形成的。其中任何一环都不能离开整个链条而独立存在，也不可能在短期内形成一个新的链条。

拜登政府上台以来，美国国内取消对华加征关税的呼声日高。但由于受两党政治斗争的牵制，对华加征关税政策延续了下来。这种使自身承痛受损的政策，迟早会得到调整。不管拜登政府如何动作，有一点是肯定的，即对华贸易战已然失败。

其次，对华科技战是一支“回旋镖”。美国政府除了发动贸易战，还以芯片技术及相关产品为武器挑起了科技战，企图限制和阻碍中国高科技企业的发展。然而，这一行径也限制和阻碍了美国高科技企业的发展。要知道，技术及产品的先进性是相对的，需要不断地改进和提升，需要不断投入人力资源和经济资源。人力资源，特别是高科技人才既要从国内获得，也要从国际上引入。经济资源，则需要企业通过出售产品来获得。任何一项新技术、新产品的研发，背后都有一条很长的链条。

芯片技术的发展，需要具有丰富专业知识的高级人才来推动，而这些人才主要来自大学。美国许多大学的研究项目大多由国际学生完成，这些学生主要来自中国、印度和其他发展中国家。他们中的许多人留在美国，为美国的知识进步提供支持。如果中国学生和研究人员在美国不受欢迎，这种知识进步的动力就会减弱。中国是美国半导体产业的重要市场。从短期来看，美国对华制裁将阻碍中国的先进芯片生产和以此为基础的高端电子设备生产。但这也意味着美国公司将失去从中国市场获得的很大一部分收入，这种收入的损失意味着研发资金的减少。由此，美国作为全球知识中心的地位将遭到削弱。此外，

① 《美媒：中美贸易争端损害美国人利益》，《参考消息》，2021—6—28。

中国的芯片研发能力不容低估，美国的制裁反而会强化中国发展芯片技术的决心。在半导体领域，中国正在不断取得技术突破。

总之，美国发动的对华科技战无法阻挡中国迈向科技强国的步伐，反而会影响美国自身。正如美国财政部长珍妮特·耶伦所说，“全球已经大大受益于一个地方对另一地方的技术溢出效应”，如果美国的“政策过于宽泛”，“就可能失去拥有全球一体化技术系统所带来的好处”①。

最后，发动对华总体战是走入死胡同。其一，美国面临的真正威胁不是中国，而是自身经济、政治领域的一系列问题。将自身病患诿过于人，必将导致病情拖延并加重。其二，对付一个不是威胁的所谓威胁，是空耗国力。与独立自主、人口众多、具有强大组织力和巨大发展潜力的中国进行全面较量，付出的代价将是极其高昂的，也是得不偿失的。其三，将中国视为最大威胁，就必然要拒斥与中国有关的一切事物，包括中国的资金、技术、人才和中国搭建的国际合作平台等。中国是当今世界发展与创新高地之一，主动与中国切割，就是主动放弃发展机遇。其四，将中国视为最大威胁，将激化美国国内的族群冲突，美国的华裔族群乃至亚裔族群会受到歧视和攻击，美国社会的内部矛盾会进一步加剧。

（四）遏制手段乏力

一个国家的实力，大体由三部分构成。一是硬实力，包括经济实力和以其为基础的科技实力、军事实力等物质力量；二是软实力，即基于国家综合实力和进步状况，通过精神文化、价值观念、道德风尚及国家外在形象等所表现出来的道义力；三是组织力，即通过各种制度，包括政党制度、组织制度、领导制度、决策及实施制度等所表现出来的社会统摄能力和治理能力。美国要实施对华遏制战略，必然要发挥上述三种力的作用。然而，美国拥有的这三种力的内部及相互间的严重失衡，导致了其遏制手段乏力。

第一，经济实力与军事实力严重失衡。这里的经济实力，是从总体而非人均角度来说的。如果一个国家人口较少，经济规模不大，即

① 《美财政部长耶伦称中美技术彻底脱钩不明智》，《参考消息》，2021—6—18。

便人均数据较高，在全球经济中的影响力也是有限的。就经济与军事的关系来说，军事作为上层建筑之一部分，是以经济为基础的。通常来说，经济发展是积累性的，而军事发展是消耗性的。在和平时期，一国的军事开支过大，必然影响其经济发展。

苏联是这方面的前车之鉴。冷战期间，苏联是与美国并驾齐驱的全球军事大国。它的GDP在最高时也远低于美国，但其国防开支在GDP中的比例却远超美国。可以说，美苏军事竞赛拖垮了苏联经济，这是苏联解体的一个重要原因。而如今的美国似乎没有吸取苏联解体的教训，在全球军费开支排行榜上，美国长年位居第一。近年来，美国军费开支保持在每年7000亿美元以上的高位，占全球军费开支总额的近40%。军费开支过大，是美国政府财政赤字高企的主要原因。为了弥补财政缺口，美国政府只得举债。到2021年底，美国债务规模已膨胀到29.2万亿美元，其债务和GDP之比已达到122%，超过了二战期间的峰值119%。①

随着全球化的深度发展，“东升西降”的趋势愈加明显。美国之所以保持巨额军费开支，就是为了在经济实力相对下降的情况下，继续依靠强大的军事实力来维持其全球霸主地位。然而，一国竞争力的基础是经济实力，而不是军事实力。影响经济发展的军事优势，是不可能长期维持的。以这种军事优势来遏制在经济上蒸蒸日上的中国，也是不可能成功的。

另外，美国重拾集团对抗的老办法，组建“反华小圈子”。这种做法恐怕也达不到遏制中国的目的。参加这种军事联盟，意味着牺牲与中国开展正常经济交往的好处，而集中力量搞军事对抗的美国又不可能在经济上给他国带来真正的长远利益。世界上绝大多数国家反对选边站队，原因就在于此。当然，还是会有一些国家追随美国搞集团对抗，企图从中捞取好处，但它们毕竟只是极少数。

第二，硬实力与软实力严重失衡。西方有论者把软实力理解为强势话语权带来的对他国的影响力或诱导力，这种理解是不全面、不准确的。真正的软实力是上文提到的道义力。

道义力是一个国家最重要的无形资产。就本国而言，它能够提升

① 《专家认为：拜登与中俄搞对立是逆流而动》，《参考消息》，2022—1—5。

民族自信心，增强社会凝聚力，激发人民的前进动力；就世界而言，它可以提升本国的国际地位，增强外交优势，减少他国的戒备心理，从而为本国的生存发展营造良好外部环境。从某种意义上说，在当今世界，提升道义力比提升硬实力更为重要，对大国来说尤其如此。大国的存在本身就容易使与之交往的中小国家产生戒备和畏惧心理，因此大国在国际交往中更应该讲规矩、讲道义。

美国很注重树立自己的良好国际形象，彰显自己的道义力量，但在实践中往往达不到它所希望达到的效果。美国在经济上搞新自由主义，放松资本管制，用“金融创新”来装点资本主义，导致金融危机频繁发生，社会财富向极少数人手中集中；在政治上搞保守主义，导致族群矛盾不断激化；在对外关系上，总是打着人权、民主、自由的旗号，以“人权卫士”“民主灯塔”自诩，干着维护霸权、滥用霸权的勾当，造成了众多的人权灾难、民主陷阱。

第三，要素力与组织力严重失衡。要素力是指构成社会系统的经济、科技、政治、军事等各方面行为体所拥有的力量，而组织力是指把这些力量组织起来的能力。强大的组织力，意味着减少无序内耗，提高系统整合度，将要素力高度集成放大。组织力的基础，是制度和制定、执行制度的人。

制度有先进、落后之分，只有先进的制度才能带来强大的国家组织力。从根本上说，国与国之间的竞争，是制度的比拼。苏联解体的一大原因，就是制度过于僵化，组织力不足，不能适应本国的发展要求和全球经济竞争的要求。而中国之所以在经济建设上取得了巨大成功，就是因为中国共产党创立了充满生机和活力的中国特色社会主义制度。

评价一种制度是先进还是落后，要从具体的历史情境出发。在相当长的一段时间内，美国是生机勃勃的，是世界其他国家和地区羡慕和学习的榜样。美国是在反对英国殖民统治的斗争中诞生的；它颁布了世界上第一部比较完整的资产阶级成文宪法；作为同盟国的主要成员，它为世界反法西斯战争的最终胜利作出了巨大贡献；在它的主导下，联合国和其他一系列国际组织得以创立。然而时至今日，美国的资本主义制度已是弊端凸显。美国的选举制度被金钱所腐蚀，为利益集团所绑架。美国的两党制日渐失调，激烈党争导致政治乱象丛生。

美国的执政团队代表的是相关利益集团的利益，而不是全体美国人民的利益，所以许多重大社会问题，如基础设施老化、贫富分化加剧、公共医疗缺失、枪支泛滥成灾、种族矛盾激化、暴力犯罪猖獗等，始终无法在现行制度体系下得到有效解决。在皮尤研究中心2021年进行的针对16个国家的舆情调查中，有45%的人认为美国的政治制度运作不良，有57%的人认为美国曾经是但近年来不再是其他国家学习的榜样。[①]

四、必须坚定前进方向

面对美国的对华遏制战略，我们必须坚定自己的前进方向。

（一）顺百年变局大势，奔百年目标前程

这里的顺大势，即顺应全球化深度发展所推动，以和平发展为主轴的百年变局大势。只有顺应这一大势，才能实现第二个百年奋斗目标。百年变局为百年奋斗目标之实现提供了千载难逢的机遇，而在实现百年奋斗目标过程中所付出的努力也为百年变局的形成和发展提供了不可或缺的推动力。二者是辩证统一、不可分割的。

这里之所以要提出“顺”与“奔”的问题，是因为近些年来世界上出现了一些不安定、不确定因素。欧美国家掀起逆全球化浪潮在前，美国实施对华遏制战略在后，接着就是新冠疫情全球流行，俄乌冲突牵动世界。这些不安定、不确定因素，使不少人对全球化产生了怀疑，引发了人们对于全球化的未来和中国百年奋斗目标能否实现的担忧。我们决不能受这些因素的干扰和阻碍，决不能转移视线、走偏方向，决不能使百年征程半途而废。

怎样看待这些不安定、不确定因素对作为中国百年奋斗目标之实现机遇的当代全球化的影响呢？这里必须具体问题具体分析，不可一概而论。

比如，逆全球化浪潮的出现，与全球化在欧美国家产生了某些负面效应和有关国家当政者应对不力有关。之所以会产生某些负面效应，

① 《港媒文章：制度劣势削弱美国基建竞争力》，《参考消息》，2021—8—25。

原因不在于全球化本身，而在于全球化还发展得不够全面和深入。因此，要解决问题，就不能采用一些西方政客所鼓噪的走回头路、去全球化的办法，而是要在总结经验教训的基础上，推动形成更有活力、更为包容、更可持续的全球化，即全人类共建共享的全球化。

又比如，新冠病毒之所以在全球肆虐，与全球化的发展有一定关系。为了阻断新冠病毒的全球传播，各国减少了国际人员往来，这对全球产业链、供应链的安全稳定造成了很大的不良影响。但新冠病毒的出现，与全球化无关。一旦全球抗疫胜利，它对全球化造成的不良影响就会随之消除。大流行病只是全球化发展过程中的一段插曲，绝不是所谓的压垮全球化的最后一根稻草。而且，全球抗疫胜利，也有赖于国际合作。

再比如，俄乌冲突引发的制裁和反制裁，确实造成了俄罗斯与欧美国家间产业链、供应链的部分中断。然而到目前为止，它还只是全球化发展过程中的局部事件，并不影响全球化的总体进程。而且，由于政治原因而中断的产业链、供应链，最后总是能够以其他方式得以重新连接。作为局部事件的俄乌冲突产生了许多溢出效应，如全球粮食价格飙升、全球通胀加剧等。这也从反面说明，全球化已经成为当今人类的一种生活逻辑。违背了这个生活逻辑，就必然会走向失败。

总之，我们要坚信，不管出现多少不安定、不确定因素，全球化深度发展的趋势没有变，和平与发展的时代主题没有变，各国人民对美好生活的追求没有变，国际社会同舟共济、合作共赢的美好愿景没有变。在新时代新征程中做好自己的事，为实现百年奋斗目标而不懈努力，就是为国际社会提供正能量，注入稳定性。

（二）沉着应对中美分歧，把握战略主动

我们要在顺百年变局大势，奔百年目标前程的基础上，沉着应对中美分歧，把握战略主动。这里的“沉着应对”，指的是按照世界公共理性，特别是作为这种理性之体现的以联合国为首的各种国际组织所制定的制度和规则来应对。

如前所述，当今时代是大国合作的时代。中美作为深度融入全球化的两个世界大国，交往极为密切，而随之产生的分歧也是难以避免的。一般说来，这些分歧可以按照国际通行的制度和规则，通过对话、

协商和相关国际组织的裁决来解决和管控。在过去的数十年间，中美两国就是这样处理分歧的。然而现在的问题是，美国改变了以往以接触为主的对华战略，转而实行以遏制为主的对华战略。它以纯粹的实用主义态度来对待国际通行的制度和规则，以其一国之规或以其为首的小圈子的“帮规”来冒充和取代国际规则，并强加于中国，对中国进行遏制打压。

中美之间的分歧，应当通过友好协商、互释善意来解决和管控。但如果美国无视国际规则，破坏国际秩序，那中国就必须与其针锋相对，坚决回击，绝不能手软。当然，这种回击不是情绪化的以牙还牙，必须按照国际通行规则来进行。我们不能把鲁莽当作强硬，也不能把理智混同于怯懦，要有理、有利、有节地沉着应对和处理。

美国搞集团对抗，企图把“新冷战”强加给中国。对此，我们必须保持战略定力，把握战略主动。美国把中国视为最大威胁，中国则应高举合作共赢的大旗，明确底线，避免全面冲突与对抗。美国搞产业“脱钩”，中国则应积极创造良好营商环境，实施高水平对外开放，大力吸收包括美资在内的外资。美国竭力拼凑“反华小圈子”，中国则应反其道而行之，广交天下朋友，团结一切可以团结的力量。在全球性问题上，中国要争取美国的参与。对美国为世界提供公共产品的努力，中国也应积极支持和予以配合。总之，中国要推动构建人类命运共同体，推动构建新型国际关系。

台湾问题是中美博弈的焦点。美国反华势力与岛内“台独”势力相互勾结，不断武装台湾，制造台海紧张局势，企图以维护台海和平为由，扩大和巩固反华集团，进一步围堵中国，使中国陷于孤立。对此，中国政府应从中华民族的根本利益出发，坚持“和平统一、一国两制”的方针，推动两岸关系和平发展，推进祖国和平统一进程，同时做好充分准备，敢于“亮剑”，坚决挫败任何形式的“台独”分裂图谋。

（三）坚持合作共赢，努力构建中美新型大国关系

面对中美关系在低谷徘徊的现状，我们仍应抱有信心，坚持与美合作共赢，努力构建中美新型大国关系。中美两国展开合作，可以增进共同利益。在国际层面，中美应当共同应对气候变化、疫情大流行

等全球性挑战，共同提供全球公共产品，为世界和平与发展作出贡献。在国家层面，中美应当互学互鉴、互相支持、共同提高，造福两国人民。虽然中美两国有许多共同利益，但出于维护自身霸权的目的，美国依然要实施对华遏制战略。这里有三点需要说明。

其一，美国作为超级大国，长期享受霸权带来的红利。其霸权集中表现在四个方面，即美军、美元、美票、美媒。美国拥有强大的军事力量，截至2021年，其在全球80多个国家和地区设立了750个军事基地，享受了许多优惠和特权。这些海外军事基地成为美国对外输出战乱的工具和维护霸权的支点。美国利用美元在国际金融体系中的优势地位，通过操纵汇率向别国转嫁危机，从全球收割利益。美国利用投票权优势，控制相关国际组织，设立有利于自己的所谓国际规则，在遵守投票程序的同时，冠冕堂皇地谋取一己私利。美国利用美媒的信息霸权进行政治煽动，常常以极小的代价实现其政治图谋。

其二，掌握霸权的国家从开始衰落到意识到自身不再掌握霸权，有一个相当漫长的过程。曾经称霸世界约两个世纪的英国，其GDP在19世纪后期被美国超越。但直至二战结束后，殖民地纷纷独立，英国才意识到荣光已去，霸权不再。相对于英国而言，美国掌握全球霸权的时间要短得多。随着全球化的深度发展，世界格局加速变化，美国霸权的衰落迹象越发明显。当然，这一过程也将是渐进和缓慢的。

其三，到目前为止，美国仍是世界第一的经济、科技和军事强国。在未来相当长一段时间内，美国还将保持自己的全球优势地位。在这些优势丧失之前，它的霸权行径是不会停止的。我们应认识到，美国的优势丧失之时，就是美国回归理性之时。到那时，中美新型大国关系才可能真正构建起来。因此，对于美国的对华遏制战略，我们必须做好长期斗争准备，在斗争的同时争取合作，在合作的同时不忘斗争。

全球治理与中国担当*

随着全球化深度发展，“积极参与全球治理”[①]，成为日益深度融入世界的中国所面临的一个紧迫的时代课题。这一课题的破解，关系中国的命运，也关系世界的命运。为了有效破解这一课题，就必须在理论上进一步厘清什么是治理、什么是国家治理，特别是什么是全球治理；全球治理的艰难几许与希望何在；中国在全球治理中的角色定位与责任担当如何。下面笔者从哲学视角就这些问题来谈一些看法。

一、治理与国家治理及全球治理

（一）何为治理

在中西文化史上，“治理”都是出现得比较早的一个词语。在古希腊和中国的春秋战国时期，此语均已获得较为广泛的应用。而且，古代的中西治理论都十分关注国家治理，这里的“国家”，在古希腊指的是城邦国，在那时的中国指的是诸侯国。所不同的是，中国古来所言的治理，不仅主要有现代人看来的政治学含义，还内含了更为广泛的哲学意蕴。所谓“内含”，是指这种哲学意蕴在当时尚未获得语言的概括和表达，而是以潜在形式存在的。中国古人往往把“治理”理解为人处理人与世界的关系的一种方式，因而其所言的治理主客体都是极为广泛的。治理主体既可以是个人，也可以是群体。治理客体，既可以是自然客体，比如山、水、沙、土等，因而有了治山、治沙、治水、治土之说；也可以是社会客体，比如，产业的经营，称为治产，学业的研习，称为治学，军队的统领与操训，称为治兵。大而言之，儒家

* 原刊于《中国延安干部学院学报》，2022（5）。

① 《习近平谈治国理政》第2卷，449页，北京：外文出版社，2017年。

所言的“修齐治平”，都可以归纳为一个“治”字，即治身、治家、治国、治天下。

附带说一句，在战国时期流行的“天下”一词，它常常是指包括许多国家（诸侯国）的国际社会。如荀子所言，“大有天下，小有一国”①。在现代意义上，“天下”则是指谓“全球”或“全世界”。因而有了“我们的朋友遍天下”之说。由此，古代的“平天下”一语，在当今也就顺理成章地被赋予了“全球治理”之意。

那么在中国文化中具有哲学意蕴的治理，其含义到底如何？归纳古人的相关论述，这里可以讲三点。

第一，治理是人处理人与世界关系的一种自觉能动活动。中国古人肯定“人为万物之灵”②。故而认为：“天之所能者，生万物也；人之所能者，治万物也。”③也就是说，治理万物是人的特有的能动性。那么如何才能正确发挥这种能动性？中国古人认为，要遵循物之所理，方得事之所顺。

第二，治理是一种循理至顺的活动。中国古人把“理”解释为文理，或法则，或规则，并认为“万物有成理”④，即万物固有其法则。因而人要治万物，须得循其理，即合乎法则。循理而治就是治理。只有符合理，才能把事情做顺、做成，这就叫“成事在理”⑤，从而也才能使人向善得安。

第三，治理是人的一种向善得安的活动。向善就是促进个人和社会的进步，从而增进个人和社会生存发展的利益。这种利益的基本表现就是“安”。因而古人云：“乱国则危，治国则安。”⑥又说：“利莫大于治，害莫大于乱。”⑦总而言之，治理是人循理至顺、向善得安地处理人与世界关系的一种根本方式。

---

① 《荀子·王霸》。
② 《尚书·泰誓上》。
③ 刘禹锡：《天论上》。
④ 《庄子·知北游》。
⑤ 苏轼：《拟进士对御试策》。
⑥ 《荀子·王霸》。
⑦ 《管子·正世》。

（二）何为国家治理

人是社会的人。进入人的认知和改造活动的物，也就转化成了对人而言的“事”，被称为“物事”。人对“物事”的治理是社会地进行的；同样，人作为个体对自身事务的治理也离不开社会的支撑。为此所决定，社会治理就成为一切治理的核心。又因为社会事务或公务通常被理解为广义的政治，因而也可以说，一切治理的核心是政治治理。这种广义的政治治理，在阶级社会和有阶级存在的社会中，也就在狭义上表现于国家治理方面。正因如此，中西治理论都十分关注国家治理。

那么在一般治理的意义上，相对于物事治理的人事治理，进而相对于私务治理的公务治理即政治治理，特别是相对政治治理的国家治理，其特点如何呢？这里来谈三点。

第一，国家治理是为了实现国泰民安而对人的社会多样性及对抗性之放任的规范。国泰是指国家独立、统一、稳定、富强，民安是指民众生活幸福安康。国泰民安兼顾了国家大善即共善和民之小善即个人权利之善两个层面。这种兼善在主张家国一体的中国人看来，是再自然而不过的事情。然而在西方却缺乏对这种兼善的理解，往往是在二元对立中思维，从而形成了两种观点的对立，即以国家大善或共善为立足点和取向的与以个人小善或个人权利为立足点和取向的两种治理论的对立。当然，这种对立大体只是理论上的，因为在实际的国家治理中，这两种取向在不同国家的不同时期中，只是各有侧重，在总体上又是兼顾互补的。只是这种兼顾的自觉程度不同而已。之所以要兼顾，是因为国家治理的一个本质特点，就是用体现国家之大善的统一性，去规范作为个人小善之体现的多样性及对抗性之放任。

人的社会多样性及对抗性的生成是历史发展的产物。在晚期以前的原始社会中，还谈不上人的社会多样性及对抗性。正如马克思所指出的，“我们越往前追溯历史，个人，从而也是进行生产的个人，就越表现为不独立，从属于一个较大的整体”[①]。在原始社会末期，由于生产力和劳动分工的发展，私有制和阶级产生，原先与原始共同体同一

① 《马克思恩格斯文集》第8卷，6页，北京：人民出版社，2009年。

的个人，也就愈来愈多地冲破了血缘和地缘关系的束缚，而分化为拥有特殊地位和利益的，因而具有社会多样性及对抗性的个人和群体，特别是阶级性群体。为了防止这种多样性及对抗性之冲突导致社会的毁灭，于是产生了作为治理机关的国家。在消灭了剥削阶级，但尚有阶级存在的社会主义社会中，整体性的阶级对抗消除了，但并没有消除其他形式的对抗，也没有消除人的社会多样性。不仅如此，而且还为这种多样性发展创造了条件。因为从本质上说，社会主义社会就是为最终消除社会的对抗性，并为人的全面发展，包括人的多样性发展创造条件的社会。

但多样性本身并不意味着发展。这对阶级社会和社会主义社会是同样适用的。因为多样性有两种：一是放任的多样性，因其放任，所以这种多样性所呈现的是离散破碎、混乱不堪、内耗衰亡。二是通过治理获得规范的多样性，因其规范，使多样性与统一性相结合，从而得以形成发展的张力。这种张力具体表现为，多样性因有统一性规范，而得以活而有序；统一性因有多样性相伴，而得以统而不死。

在这个意义上说，国家治理就是治理人的社会多样性及对抗性的放任之乱，以达人的社会多样性及对抗性的规范之治。有了这种规范之治，才能克服作为人的社会多样性及对抗性之体现的种种既得利益的干扰、破坏，从而增进社会公利，实现国家富强、民众安乐。

然而，在阶级社会很难做到规范之治。在这样的社会中，握有国家治理权的剥削阶级，其本身就是一个既得利益集团。正因如此，在自秦汉以来延续两千多年的中国封建社会中，那种治理成效显著，从而被誉为“治世”“盛世”的时期屈指可数。另外，从根本上说，治理失败也是中外历史上数不清的王朝、帝国，一个个走向灭亡的根本原因。

需要指出的是，我国理论界在关于国家治理现代化的讨论中存在着一种推崇多样性的风气。这有其可取之处，即它对避免那种“一刀切”或“单打一”的统而即死的管理是有意义的。但也不能因此而淡化用统一性去对多样性加以规范。如果是那样，就把尊重和发展多样性与放任多样性混为一谈了，这是不可取的。

第二，国家治理是凭借强制性公权力所实施的治理。如前所说，有社会就有治理。要治理就离不开公权力的作用。公权力就是为社会公众服务的权力。在不同的社会中，这种公权力的支撑点是不同的。在原始社会，这种公权力是以习惯、传统，以及领导人的威望为支撑的。然而到原始社会末期，人的社会多样性日益生成，特别是阶级对抗性产生以后，原先那种世俗道义力的支撑已经不起作用了。于是，代之而起的是以暴力为支撑的公权力，即形成国家这种强力机关。这里的暴力包括武装部队、警察、监狱在内的强迫他人服从国家意志的一切手段。为了防止国家暴力的滥用而有了法律的约束，把法律视为治国的第一原则，这就是依法治国。为了增强法律的效用，而有了道德的加持，即所谓以德治国。

国家公权力的根本特征不是法制，也不是道德，而是强制力。试想，如果没有强制力作为后盾，那么法律也就成了一纸空文。由此，法治国家的建设也就必然落空。与此相联系，如果没有作为底线道德体现的法律强制，那么道德也就难以形成社会风尚。由此，礼仪之邦的建设也就会泡汤。

凭借强制性公权力实施国家治理，这在阶级社会和社会主义社会是同样适用的。所不同的是，在阶级社会，掌握着国家政权的剥削阶级为了巩固自己的统治而公权私用，即利用国家政权来镇压劳动阶级的反抗并谋取各级官吏的私利。与此同时，为了巩固自己的阶级统治，它所主政的国家还不得不去履行自己的社会管理职能，即保卫国家，抵御外辱；维持社会秩序，捍卫国家统一；组织社会生产，提供社会服务。诚然，剥削阶级国家的社会治理职能从属于其阶级职能，因而是扭曲的、残缺的，有时甚至是虚化的。在社会主义社会，人民是国家的主人，国家的阶级职能趋于弱化，国家的治理职能也就上升为主要职能。另外，社会主义国家的阶级职能从属于其治理职能，并从而作为一个环节在其中发挥作用。无论是国家的阶级职能还是治理职能的发挥，都离不开国家强力的作用。这在阶级社会和社会主义社会都是毫无例外的。

在国家治理现代化的讨论中，有论者提出了这样一种观点，认为提出国家治理现代化这一任务的意义在于，它启示人们要从“国家统治”走向“国家管理”，并进而走向“国家治理”。其理由是，统治具有强制性，管理具有行政性，而治理则具有法治性。不过，在笔者看来，国家意义上所言的统治、管理、治理，在含义上无疑有其区别，但把这里的区别分别与强制性、行政性、法治性简单挂钩，似有不妥。因为在这里，强制性、行政性、法治性不是非此即彼的关系。比如，行政性就离不开强制性，不然，行政处罚就无法实施。至于法治性要以强制性为后盾，这在前文已经说过了。

还有论者认为，治理之区别于统治和管理，就在于后者具有由上而下的单向性，而前者则具有国家治理多边主体间包容合作所体现的双向性。怎样看待这一观点呢？这里可以讲两点。其一，扩大和增强治理的包容性与合作性无疑是国家治理现代化的一个努力方向。其二，治理的合作性、包容性是有前提和限度的。这个前提和限度的最根本方面就是要遵法守法。因此，在笔者看来，那种脱离和淡化国家治理的强制性，以及脱离了以强制性为后盾的法制性来谈国家治理的合作性、包容性的观点，是一种带有浪漫色彩的清谈。国家治理兹事体大，是容不得浪漫主义的。

第三，国家治理是在政治权威领导下的治理。这里的权威是指执掌国家公权力的、具有威望的政治力量。任何社会要实施有效治理，都必须有权威的领导。不然，就谈不上治理，更谈不上有效治理。在这个意义上说，这种领导权威的有无或大小决定了国家治理的成败与得失。而且政治事务愈复杂，政治局面愈艰难，也就愈彰显政治权威的极端重要性。一个国家如果没有说话算数的领导权威，那就是一盘散沙。在这里，要防止把权威与独裁混为一谈，把领导威望与个人崇拜相提并论。其实，任何兴旺发达的国家都必须有权威。充当政治领导权威的是作为国家代表的个人或执政团队或执政党，或受托执行全国大多数人决议的委员会。

这里需要指出的是，在国家治理现代化的过程中，无疑要积极引导公众广泛参与，要发挥各界别、各团体、各党派在国家治理中的作用。但有论者把这种情况概括为“多元共治”，并进而认为“多元共治”是“水平型”的，而非“垂直型”的，即非刚性的、自上而下的。其言下之意是，这种“多元共治”是无须领导权威的。其实，多元共治并不排斥一元主导。不仅不排斥，而且是以它为根本前提和根本保障的。从积极方面来说，如果没有一元主导的动员、组织、协调，原先分散存在的各方面就难以成为聚在一起的各方面，从而成为共治的多元。而没有共治的多元，又何来多元的共治？从消极方面说，如果没有一元主导，那么又如何防止议而不决、决而不行、行而不果的多元陷阱？因此，那种把所谓“多元共治”看成纯粹“水平型”的观念，不能被认为是正确的。

总之，国家治理是在政治权威领导下，凭借强制性公权力，为实现国泰民安而对社会多样性及对抗性之放任的规范。

（三）全球治理的本质内涵

相对于国家治理，什么是全球治理？有论者认为：“所谓全球治理，顾名思义，就是世界各种行为主体共同参与，对关涉人类福祉的全球性问题进行综合整治与调理。”[①]在笔者看来，这个定义是正确的，但有些简单化了。如上所说，任何治理都少不了权威、手段、对象和目的。按照这四项要求来衡量，上述定义，规定了全球治理的对象和目的，但没有涉及手段；讲到了主体，但比较笼统。另外，行为主体也并不等于权威。

那么，谁能充当全球治理的权威或核心呢？在笔者看来，能充当这个权威的不是某个国家，也不是部分国家的政府间组织，更不是非政府组织，而是当今世界上最具普遍性、代表性、权威性的国际组织——联合国。联合国之所以会成为具有这些特性的国际组织。这是因为在联合国成立之前，我们生活于其中的地球大体是一个人类居住的物理意义的所在，或弱肉强食的动物意义上的丛林。[②]联合国的成立，开始了对人类远景和合作新时代的追求。从此，地球对世界各国人民来说，也才成了与自己利益相关联的全球。也就是说，人们才开始从世界整体利益上去定义全球，去筹划着成为所有人共享的世界。因此，联合国代表了世道人心，是最具世界公正性的组织。

联合国不是一个国家，也不是独立和超越其会员国的世界政府。相反，它是一个从属于主权国家体系的国际协商组织。联合国在全球

---

① 刘建飞：《世界政治变局下的全球治理与中国作为》，《探索与争鸣》，2019（9）。

② 1648年签订的《威斯特伐利亚和约》，确立了国家平等和主权原则。这是很有历史意义的。但其涉及的只是西欧主要大国，因而这一和约并不妨碍这些西欧主要大国在尔后对东方进行殖民掠夺。1920年成立的国际联盟，制定了共同遵守的《国际联盟盟约》，强调国与国之间的矛盾要通过对话协商加以解决。这也是很有历史意义的。但其具体所指，是西方在东方殖民和势力范围划分的问题上，要加强欧洲大国的妥协与协调，以免兵戎相见。这一盟约也并没有能阻止第二次世界大战的发生。

治理中的权威作用，其所凭借的，不是如同原始社会治理的世俗道义力支撑，也不是如同国家治理的那种强制力支撑，而是要依赖于其会员国，特别是世界性大国的支撑，或曰多边力支撑。显然，这里的多边是真多边，即以联合国为核心的、以联合国宪章宗旨和原则为准绳的平等参与和共享成果的多边，而不是美国以自己为霸主，以某些他国为随从的那种等级性的伪多边、真单边。

总之，全球治理以联合国为核心，凭借的是多边支撑的公权力，目的是解决全球性问题，实现人类福祉。

二、全球治理的艰难与希望

（一）全球治理的艰难之处

全球治理难在何处？相对于国家治理，其难处有三。

第一，它是一个需要在探索中不断积累经验的事业。从历史维度看，国家治理事业已经走过了两千多年的历程，积累了丰富的实践经验和思想资源。在中国，一部二十四史，从某种意义上说，就是中国古来之变史，也是国家治理得失史。而全球治理，从联合国成立到现在也只有不到80年的历史。关于全球治理的理性思考，即“全球治理”概念的提出和讨论，也才区区30多年。这是因为联合国的成立在很大程度上是基于人类对世界大战的恐惧，建立联合国以防人类重蹈血腥屠杀之覆辙。至于如何去联合世界各国，通过治理让这个世界变得更加美好，当时还没能提出多少实际的建议。后来随着全球化历史的现代展开，特别是20世纪90年代以来全球化的深度发展，以及全球性问题的日趋凸显，才使全球治理作为一个紧迫问题，无可回避地提到了世界各国面前。为此所决定，才有了“全球治理”概念的兴起和讨论。正如约瑟夫·巴拉塔所言：在20世纪90年代“全球治理”这个新词在有关国际组织的辩论中脱颖而出，取代了“世界政府”，成为一个可接受的术语，用以描述渐进的努力所指向的那个可望而又可即的目标。[①]

从治理难度说，国家治理所涉及的只是一个国家，其对象是生活

① ［美］托马斯·韦斯、［英］罗登·威尔金森：《反思全球治理：复杂性、权威、权力和变革》，谢来辉译，《国外理论动态》，2015（10）。

于同一地区、享有共同文化、具有共同社会制度的人们所结成的群体。而全球治理所涉及的则是人类整体，它所面对的是世界不同地域、不同文明、不同国家、不同社会制度下生活的人们如何和睦相处、共同发展的问题。因此，全球治理相对于国家治理要艰难许多。如果说，一国治理如同小河击水，那么全球治理则类似大海搏浪。因而它不是一国治理的类物，也不是立足于一国利益所实施的国际战略，而是一个需要摸着石头过河、在探索中不断前进的、人类史上的全新事业。

第二，它是一个通过制度创新提升联合国权威才能得以实现的事业。如前所说，能充当全球治理核心的是联合国，这只是相对于世界上其他组织而言的。如果从实施全球治理的艰难任务角度来说，现在的联合国还是一个有待提升权威的组织。一个组织的政治治理的权威，要通过其拥有的道义、制度和实力来体现。

从道义说，联合国的道义集中表现为联合国宪章等一系列联合国文件所标明的联合国宗旨，即维护国际和平和安全；发展国际间以尊重各国人民平等权利及自决原则为基础的友好关系；进行国际合作，以解决国际间经济、社会、文化和人道主义性质的问题，并促进对于全人类的人权和基本自由的尊重。正是冲着这个道义理想，在联合国的旗帜下才聚合起了一百九十多个国家。这说明联合国在全球治理中拥有当之无愧的道义权威。

然而道义权威离不开制度权威。就二者关系来说，道义权威是根本，它不能归结为制度权威，但它又必须通过制度权威来体现和落实。不然，就会失去抓手。而制度要具有权威，则必须通过制度的全域覆盖性、协商和多数决定的民主性，以及一视同仁的公正性来体现。

就联合国在全球治理中的制度建设来说，除上文所言的它为制度建设提供了道义理想外，它还通过一系列倡议、宣言、议程为实现上述道义理想提出了具体规划。另外，它还通过一系列条约性文件提出了落实这些规划的操作性规范。应该说，这些都推动了全球治理事业的发展，从而作为制度权威的体现，发挥了不可或缺、不可替代的作用。然而，这种制度权威还体现得不够充分、不甚到位。

从领导制度说，联合国的文件包括条约性文件不具有全球涵盖性。即它只对其会员国有约束力，而对部分国家的政府间组织，比如北约，以及非政府组织，比如跨国公司就没有约束力。而这些政府间组织和非政府组织对全球事务都有或大或小、或好或坏的影响，且某些组织的影响还有增强之势。为了使联合国文件真正发挥全球性作用，不妨通过制度创新，即通过会员国协商和多数决定，以联合国的名义去设立一个专门机构，实施对部分国家的政府间组织和非政府组织的监管。这种监管实际只是联合国对其会员国实施制度约束的一种延伸。因为政府间组织总是某些国家的政府间组织，而非政府组织也总是在所在国登记和注册的非政府组织。

从组织制度说，联合国宪章中将联合国定位为“协调各国行动之中心”。或者说，联合国是力图通过对话协商，“采取有效集体办法”来化解冲突，以实现和平理想的机构。但问题在于，那些根本利益冲突，特别是联合国安理会常任理事国之间的根本利益冲突，想要通过协商达成共识，往往很难，更不用说采取集体行动了。比如，面对历史上长达40余年的以美苏为首的集团对抗、冷战对峙，联合国就无能为力、难有作为。

从执行制度说，联合国的文件包括条约性文件的签署遵循自愿原则，由各会员国自行决定是否签字。即便加入了，也随时可以宣布退出。这样造成的结果是，有赖条约保护的国家，特别是弱小国家通常会积极加入。至于那些原本需要约束其特权的大国、强国却因享有上述自决权而成了规外之国，这样就使联合国的制度权威减色不少。为了改变这种状况，不妨通过其会员国协商和多数决定，规定大国、强国不得享受上述自决权。因其是大国、强国，故而应该承担更多的全球治理责任。

总之，联合国的文件没有充分体现制度权威性所要求的制度全球性、民主性、公正性原则，因而要通过制度创新，提升联合国在这方面的权威。当然，联合国任何一项制度改革都是极为艰难的。因为这涉及一些国家，特别是一些大国、强国的既得利益，必须在制度改革方面做长期斗争的思想准备。

制度权威离不开实力权威。就二者关系而言，制度权威具有全局性、稳定性，它不能被归结为实力权威，但它又必须通过实力权威来保障和彰显。不然也会落空。实力权威主要是指硬实力权威，硬实力包括经济实力和作为其依托的金融实力、科技实力以及军事实力。

由于联合国受制于现代主权国家体系的政治逻辑，因而它不具有这样的硬实力。这表现在，联合国的运作经费是由其会员国按比例分摊的，除此以外没有别的经济来源。联合国的维和部队也是由各国委派的，它本身并不拥有自己的军队。联合国也无权指挥和运作全球金融系统、全球技术系统，以及互联网等具有实力的机构和组织。正因如此，联合国要发挥全球治理的核心作用，必须有会员国，特别是世界性大国的多边支撑。

现在的问题是，作为世界上第一大强国的美国，不仅不发挥这种支撑或补台作用，还到处拆台，违背联合国宪章宗旨和原则，在世界范围内横行无忌，大搞霸权主义、强权政治。这样一来，美国霸权主义危害也就成了当今最大的全球性问题。由是，清除美国霸权主义障碍，也就成了全球治理的最大难点。

第三，它是一个清除美国霸权主义障碍才能大步前进的事业。美国作为联合国的发起国之一、联合国的五大常任理事国之一，以及世界上迄今为止实力最强大的国家，在联合国近80年历史中，它利用自己在联合国的优势地位和自身拥有的无可匹敌的实力，曾为世界提供了不少公共产品。但与此同时，它也把联合国作为自己的政策工具，干了不少损人利己、危害世界的事情。在冷战时期，为了赢得相对于苏联的比较信誉优势，它还不得不多少顾及自己的大国脸面而有所收敛。随着东欧剧变、苏联解体的发生，美国自以为自己是冷战的最终胜利者和世界上唯一的超级大国，于是胆大妄为起来，不再把联合国放在眼里，认为联合国体系是二战结束后继承而来的一套僵硬而陈旧的体系。美国不但对联合国不感兴趣，甚至也无视它对该机构所应履行的金融责任，曾一再拖欠所应缴纳的联合国会费。美国愈来愈反感加入任何形式的联合国公约。对于签字加入的那些联合国公约，美国也是采用实用主义态度，合则用，不合则弃，或搞赤裸裸的双重标准，或根本弃之不顾，另搞一套，建立以美国“家规”或西方“帮规”为基础的所谓国际秩序。为了建立这样的秩序，美国打着自由民主人权的旗号，实行“长臂管辖”，对世界上许多国家实行制裁。[①]甚至对有些国家采用舆论攻势策动“颜色革命”或进行直接入侵。自2001年以

① 根据美国财政部《2021年制裁评估报告》，截至2021财年，美国已生效的制裁措施累计达到9400多项。参见《中国人权研究会发布〈美国在中东等地犯下严重侵犯人权罪行〉研究报告》，新华网，http://www.xinhuanet.com/2022-08/09/c_1128900676.htm。

来，美国以“反恐”之名发动战争和开展的军事行动覆盖了世界上约40%的国家，破坏了这些国家的独立主权，干涉其内政，掠夺其资源，造成了大量平民伤亡和数百万人流离失所。美国为遏制中国发展，维护自己的世界霸权，还力图在世界内拼凑“反华小圈子”，搞新的集团对抗，选边站队，撕裂世界。

总之，美国霸权主义已成为当今世界的祸乱之源，不清除这个祸源，全球治理就会大受阻碍。那么面对美国霸权主义的挑战，全球治理的事业还有希望吗？在这个问题上，悲观绝望毫无益处，盲目乐观于事无补。应当坚信：事在人为、希望在前。

（二）全球治理的希望所在

这个希望就在于以联合国为核心的全球治理顺应世界大势，深得世界人心，并日益获得世界各国特别是东方国家的有力支持。

第一，以联合国为核心的全球治理符合世界大势。这里的“大势”是指全球化深度发展之大势。全球化从经济维度说，就是商品的生产和销售越来越具有了跨国界的特征，从而逐渐形成了一个各种生产要素的世界性流动和联通的网络体。以互联网为标志的新技术革命的发展，中国通过改革开放投身世界市场经济大潮所激发的强劲动力，以及东欧剧变、苏联解体所促成的全球统一大市场的形成，这三大因素的共同作用造成了新一波全球化的深度发展。

然而，世界上的事情总是得失相依、机遇挑战并存。全球化的深度发展虽然促进了人类的发展进步，但也带来了大量全球性问题。比如，经济全球化的发展，造成了生态的全球性危机；人员直接往来和全球流动也增加了传染性疾病的全球性流行的概率。全球化条件下，随着各国利益融合性增长，其利益的摩擦性也在增加。与此同时，一国发展会泽被世界，一国危机也会波及全球。这就叫一损俱损、一荣俱荣。

面对全球性问题的挑战，与全球化切割，画地为牢，搞逆全球化，或是以邻为壑，以势压人，搞霸权主义都不行。全球化不是政府设计出来的，也不因政府偏好而转向。它是世界近代经济、科技发展的必然产物，因而只能顺应，不能相违。搞霸权主义也是一样，在全球化条件下，伤及别人，必遭反噬，这就是全球化的当代逻辑。美国政府发动的对华贸易战，本意是祸害中国，结果反使其自身承受痛损。英国脱欧本以为会获得繁荣和全面的政治经济独立，结果适得其反，使国家陷入困境，至今未能解脱。在俄乌冲突中，欧盟追随美国对俄罗斯施加多轮制裁，却给自身造成了能源和发展危机，从而使这种制裁变成了射向自己脚面的子弹。这些都是上述逻辑的生动体现。

用辩证观点看，全球性问题的产生给全球化发展带来了阻碍，同时，全球性问题的解决也为全球化发展提供了机遇。应对全球性问题的唯一正确方式，就是以联合国为核心，各国齐心协力，同舟共济，用全球化之力加以治理，并通过全球治理进一步促进全球化发展。

第二，以联合国为核心的全球治理深得世界人心。全球治理的目标是让这个世界变得更美好，让世界人民有更多的获得感、幸福感、安全感。对世界人民来说，其获得感的最大威胁是零和，其安全感的最大威胁是战争，其幸福感的最大威胁是贫困。因此，要共赢不要零和，要和平不要战争，要发展不要贫困，也就成了世界上的人心所向，人类社会的主流民意。

二战后，联合国在维护世界和平、促进和谐共处、推进共同发展，以及有效应对全球挑战等方面，都做出了富有成效的工作。其一，为了让人类远离核战争，1946年1月24日联合国大会通过了和平利用原子能以及消除原子武器和其他大规模毁灭性武器的第1号决议。1968年联合国制定了《不扩散核武器条约》。联合国还分别于1978年、1982年、1988年召开了三届裁军特别联大。以上这些措施有力地防止了第三次世界大战的爆发，保持了世界的总体和平。联合国成立以来，发起组织了70余次维和行动。这对防止世界各地局部冲突的扩大和对维护当地正常秩序发挥了巨大作用。

其二，联合国不断健全完善人权保护条约体系和积极推进全球去殖民化浪潮以及不同文明的交流互鉴。在联合国所制定的《国际人权宪章》和于1960年宣布的《给予殖民地国家和人民独立宣言》的指导下，国际人权事业得到极大发展，有80多个国家，共约7.5亿人摆脱殖民历史，获得了新生。联合国致力于文明间的对话。在联合国大会于1999年通过的《和平文化宣言和行动纲领》，以及2002年通过的《不同文明对话全球议程及其行动纲领》的指导下，世界不同文明的平等对话和交流日益增多。

其三，联合国为促进南北共同发展，成立了开发计划署，发表了《社会进步与发展宣言》，制定了千年发展目标，以及《2030年可持续发展议程》，为促进全球经济的进步作出了重要贡献。在落实联合国2030年可持续发展目标的过程中，全世界有数十亿人的生活得到了改善，其中有10多亿人摆脱了绝对贫困。

其四，联合国在应对气候变化、保护生态环境、加强海洋治理、打击国际恐怖主义、预防跨国犯罪、防止艾滋病、强化网络空间安全等方面，都付出了艰苦卓绝的努力。所有这一切都为以联合国为核心的全球治理赢得了世界人心。

然而美国奉行单边主义，唯我独尊，特别是看不得过去被西方欺凌的东方崛起。它戴着霸权主义的变形眼镜，谎称东方的发展，特别是中国的发展是吃了美国人的午餐，污称东方的强大，特别是中国的强大构成了对美国的威胁。于是用单边对抗多边，用零和对抗共赢，用霸凌对抗合作。美国的倒行逆施在世界上不得人心，因而应者寥寥。不仅如此，美国的相对实力优势也大为下降，其野心与实力的矛盾也正日益凸显。造成这种状况的一个重要原因是，全球化深度发展所导致的全球力量对比的东升西降。这从而也就使以联合国为核心的全球治理日益获得世界各国，特别是东方国家的有力支持。

第三，以联合国为核心的全球治理获得东方国家的有力支持。近代以来，在西方人眼中，东方成了贫穷落后的代名词。其实，东方并不是历来落后，它也曾创造过不让西方的骄人的古代文明。其中中华文明还创造了延续5000多年的灿烂辉煌，只是在近代才陷入了贫穷落后。原因有两个方面：一是本国封建制度的腐朽；二是西方利用先手之利，用血腥手段把东方强行纳入了由其主导并独享利益的全球化体系。笔者把这一阶段的全球化称为“血腥的全球化”。直到俄国十月革命胜利，才打破了西方一统天下的全球化局面。后来形成了美西和苏东两大集团冷战对峙和在其各自内部所进行的全球化。笔者把这种生硬地将全球一分为二所进行的全球化称为“扭曲的全球化”。直到20世纪90年代，随着全球化的深度发展，东方的后发优势才得以显现，表现为从总体的跟跑，到部分的并跑，以及偶尔领跑的发展态势。笔者把这种东西方共同参与和共享成果的全球化称为真正全球意义上的“真正的全球化”。

21世纪以来，东方国家，特别是中国、印度和东盟各国已逐渐成为新一轮全球化的主要动力，近十多年来对全球经济的贡献率都在50%左右。由于东方国家的群体性崛起，世界格局中的东升西降已成历史必然。东方国家得益于全球化的深度发展，得益于促成这种发展的以联合国为核心的国际体系和以国际法为基础的国际秩序。在这个意义上说，全球化是全球繁荣稳定之源，国际法则是全球繁荣稳定之锚。东方国家随着自身力量的增强，也必然会基于对自身安全和发展利益的维护，而对以联合国为核心的全球治理报以有力支撑。这是一股来自世界绝大多数国家的、新生的不可抗拒的力量。在这个意义上说，全球治理的希望在东方。这其中，中国扮演着重要角色。

三、中国在全球治理中的角色与担当

（一）中国在全球治理中的角色定位

这里的角色定位有三种可能选择：一是领导者，二是一般参与者，三是榜样者。

第一，世界领导者角色与中国无缘。世界上有些国家，主要是一些发展中国家，希望中国在全球治理中发挥领导作用。这种希望是基于两点：一是对中国国家治理成就斐然的肯定，二是对中国在世界上伸张公平正义的肯定。对它们的肯定，我们心存感激；对它们关于中国的浓厚情谊，我们铭记于心。但它们关于中国的上述期待，不能被认为是合适的。一是中国无力充当全球治理的领导者。中国虽然是世界第二大经济体，但仍然是一个发展中国家，人均GDP还处于世界中位。即使中国将来强大了，也不会去充当领导者。二是中国无心充当全球治理的领导者。其原因在于：其一，如前所说，联合国是全球治理的核心。这里所谓的核心也就是在联合国的领导下，通过多边协商形成国际规则，从而按规则对全球进行治理。除此以外，全球治理不需要有别的所谓领导。其二，中国到目前为止，为世界所做的一切都是以尊重联合国的核心地位为前提的，以联合国宪章宗旨和原则为根本遵循的，并不是西方所污称的喧宾夺主，另搞一套。其三，美国企图把联合国撇在一边，由自己充当领导，其目的不是全球治理，而是另有所图，这自然是没有好结果的。对此，中国应引以为戒。其四，中国历来主张全球治理是世界各国共同的事，应该在联合国领导下，大家商量着办。

第二，一般参与者角色不适合中国。在全球治理中，中国不当领导者，可否把自己降格为一般参与者？这也不可。因为一国在全球治理中的角色定位，是与其责任担当联系在一起的，而责任担当又涉及意愿和能力。一个国家在现代化发展的不同阶段上，其能力是不一样的。中国作为一个摆脱了绝对贫困，达到了中等收入的国家，已经积累了可观的能力，这是必须肯定的，中国不能逃避自己的责任。中国不仅是一个有着“兼济天下”传统的文明古国，而且是一个在中国共产党领导下，为中国人民和世界人民服务的社会主义国家。在全球治理中，当今的中国完全有这样的心胸，也有相应的能力去承担负责任大国应承担的责任。这既是为世界发展做贡献，也是为中国发展创造良好的国际环境。在全球化深度发展的背景下，中国发展离不开世界，世界发展也需要中国。中国好，有利世界好；世界好，中国才更好。为了中国和世界都好，中国在全球治理中不能满足于做一个一般参与者，而应该做榜样者。

第三，榜样者角色是中国的恰当之选。所谓恰当，是指做榜样者既能使中国在全球治理中尽到负责任大国的责任，也能使中国享有广阔的自主战略空间。

其一，做榜样者有利于中国摆正与联合国的关系。所谓榜样者，也就如同在班上当模范生。但模范生不是领导者，班主任老师才是领导者。在全球治理中联合国才是这样的领导者。中国做榜样者，也就是要在联合国领导下，做参与全球治理的模范生。

其二，做榜样者有利于中国正确处理与其他国家的关系。因为榜样者不具唯一性，即榜样者可以是多个。另外，榜样者不要求全面性，中国可在某一方面成为榜样者，并不妨碍别国在另一方面成为榜样者；中国作为榜样者，也不妨碍中国向其他榜样者学习。世界上的发达国家在成长过程中总有其过人之处，这过人之处就是我国应该学习的。中国做榜样者也不是孤立意义上的独善其身，而是独善其身与兼济天下的统一。这表现在多个方面，比如，既可以在世界上做促和的榜样，也可以做合作的榜样，还可以做共赢的榜样。

其三，做榜样者有利于中国在当今世界做好自己的事情。当今世界处于百年变局之中，这一变局要经历几十年时间，现在还处于它的前期，其关键性转折尚未到来。这是因为，联合国作为全球治理的核心，其权威尚未完全树立。东升西降虽已成历史趋势，但美国相对他国的优势仍然存在。和平、发展已成时代主题，但霸权主义、单边主义不甘失败，因惧生恨，以求一搏。中国有论者把当今时代比喻为中国历史上的战国时代。美国主流观点也把当今时代称之为大国竞争时代。其实这两种认识，都甚为不妥。其不妥之处在于，都忽视了联合国的核心作用、东升西降的历史趋势，以及和平与发展的时代主题。但在当今世界，不稳定性、不确定性，以至风险性增大，的确是一个不争的事实。与此相联系，许多事情的发生会出乎我们意料，许多事情的走向也由不得我们；互联网和人工智能如何深刻改变世界，大家也都拿不准。在这个骚动不安、深刻变化的当今世界上，我们所能做的就是做好自己，也就是在参与全球治理中做一个榜样者。榜样的力量是无穷的。

至于在哪些方面做出榜样，如何做出榜样，我们都可以基于中国的能力和处境，尽力而为，量力而行，从而既不受外界的被动约束，也不使自己勉为其难。在笔者看来，中国作为维护世界和平、应对全球挑战的积极贡献者和全球治理体系改革完善的推动者，为完善全球治理贡献了中国力量、作出了大国贡献。但也应避免不切实际，那样反而会陷中国于战略被动，因而还是不提这样的要求为好。

（二）中国在全球治理中的责任担当

这里的担当可以表现为以下三个方面。

第一，高举联合国旗帜。如前所说，权威在全球治理中举足轻重，维护和提升联合国权威，事关全球治理。因此，习近平总书记指出：全球治理“需要一个强有力的联合国”，“应该坚决维护联合国权威和地位”[①]。中国在全球治理中的第一责任，就是要高举联合国旗帜。中国作为一个有着5000多年文明历史的，有超过西方发达国家人口之和的，经济总量稳居世界第二的，已经崛起且更加自信进取的社会主义

① 《习近平谈治国理政》第4卷，476页，北京：外文出版社，2022年。

大国，高举联合国旗帜，意义非同小可。

高举这面旗帜，其一，就是要坚持联合国的和平、发展、合作、共赢的理想追求。其二，要维护以联合国为核心的国际体系和以国际法为基础的国际秩序。正是这个体系和秩序，保障了其对国际贸易、国际金融流动，军控、人权，全球健康、环境保护等领域的治理。如果没有这个体系和秩序，今天的全球经济不可能正常运转，世界难以维持大国之间的和平、控制跨国犯罪，也不可能成功对抗新出现的各种疾病，更不可能有推动全球各国和平互利行为的可靠可行的途径。如果是那样，世界将重新陷入弱肉强食的丛林。针对此，联合国也要与时俱进，通过改革，不断健全和强化上述体系和秩序，规范日趋复杂和相互依赖的世界。就此而言，中国要高举联合国旗帜，就必须在维护以联合国宪章宗旨和原则为核心的国际体系和国际秩序方面作出表率，强调国际关系准则的真正落实，重视其中曾被忽视的方面，也强调现有国际体系要根据新的国际环境改革创新，从而推动全球治理朝着更加公正合理的方向发展。其三，要大力支持联合国及其秘书长和联合国各专门委员会的工作，切实落实联合国在解决全球性问题上所设立的各项目标，如减贫、可持续发展、碳排放、气候变化、生物多样性、疾病防治等。积极参与联合国组织的各项行动，如维和行动，对于最不发达国家的免债行动、地区冲突的调解行动等。

应该说，在以上三个方面中国都在世界上起到了表率作用。一是，中国所坚持的和平共处五项原则、中国所提出的构建人类命运共同体理念、中国所推动的“一带一路”合作项目、中国所提出的全球发展倡议、全球安全倡议等，都是对联合国理想、宗旨的贯彻和践行。二是，中国加入了几乎所有普遍性政府间国际组织和参加了600多项国际公约及修正案，忠实和一丝不苟地履行了各项公约所规定的义务和责任，同时享受相应的权利。三是，中国对世界减贫的贡献率超过70%。十多年来，中国每年为全球经济增长的平均贡献率超过30%，中国为全球生态改善提供了最大的森林增长面积，近年来中国在光伏发电产业方面也作出较大贡献，中国是联合国安理会常任理事国第一大维和出兵国，中国带头承诺努力争取2030年实现碳达峰、2060年前实现碳中和等。这些都在世界上赢得了高度赞誉。可以预见，随着中国国力的不断增强，中国还将为全球治理做出自己更大的贡献。

总之，高举联合国旗帜才能使这个不稳定、不确定的世界获得正确的前进的方向、行走的路径，并迈开坚实的步伐。这样一来，搞集团对抗、撕裂世界的美式霸权主义就会失去市场，走上穷途末路。

第二，高扬多边主义。如前所说，联合国作为全球治理的核心要发挥作用，必须依赖多边支撑。不然，这个核心就会被虚化。因此，高扬多边主义是高举联合国旗帜的题中应有之义。

所谓多边主义，具体说来，就是世界各国作为主体共同掌握世界命运、共同书写国际规则、共同治理全球事务、共同分享发展成果。为了加强多边主体建设，就要遵循平等、合作、互惠三大原则。所谓“平等”，一是主权平等，即各国都有独立自主处理自己内外事务，不受侵犯的权利，都有选择适合自己的社会制度和发展模式的权利；二是世界事务的参与权平等，即国家不论大小、贫富、强弱，都有平等参与国际治理的权利。所谓“合作”，是指全球治理的途径是合作，即通过合作进行讨论协商以求集思广益，形成共识，在此前提下，各国同舟共济，共同应对全球性问题的挑战。所谓“互惠”，是指全球治理的目标是普惠，即在照顾彼此核心利益的前提下，减少或控制利益的摩擦点，扩大利益的交汇点，增加利益的共同点。

中国一直努力高扬多边主义，毫不动摇走和平发展道路，促进共同发展，扩大对外开放，坚持各国独立自主，推动共商共建共享。致力于同各国发展伙伴关系，推进大国协商合作关系，深化同周边国家的睦邻友好关系，加强同发展中国家的团结合作。中国已与一百多个国家和地区组织建立了多种形式的伙伴关系，建立起了全方面、多层次、立体化的全球伙伴关系网络。在这个网络中，大家共同规划发展前景、共同应对全球挑战、共同打造合作平台、共同谋求联动发展。坚持政治上平等互信、经济上合作共赢、文明上交流互鉴、安全上守望相助、国际事务上团结协作。携手构建人类命运共同体，推动共建“一带一路”，致力于建设持久和平、普遍安全、共同繁荣、开放包容、清洁美丽的世界。

在中国特色社会主义新时代，中国将继续高扬多边主义，继续做世界和平的建设者、全球发展的贡献者、国际秩序的维护者、公共产品的提供者、热点问题的斡旋者，与世界各国一道共同抵制单边主义和保护主义。多边主义使每个国家都能被倾听和理解，为其创造机会以实现富裕，以及使其国民过上符合其偏好和独特价值观的高品质的生活。总之，多边主义站在历史正确一边，促进人类发展进步。这也是奉行多边主义的上海合作组织、金砖国家组织以及中国提出的“一带一路”倡议、全球发展倡议、全球安全倡议引起许多国家共鸣的根本原因所在。在当今世界，热衷于搞单边主义的只有美国及少数追随者。而这些追随者在美国主宰下，其生存空间也会被压缩，因而这个单边主义小圈子，前途无望，不得人心。

第三，强“中国之治”。中国在积极参与全球治理中，要高举联合国旗帜，高扬多边主义，但作为前提和基础，说到底是要把中国治理好，要做好国内的事，或曰要强“中国之治”。要坚持把国家和民族发展放在自己力量的基点上，坚持把中国发展进步的命运牢牢掌握在自己手中。关于这个问题，许多论者都发表了很好的意见。在这里，我想从治理的宏观方面强调以下几点。

一是治达四方，强在中央。中国治理之所以能做到全国一张图绘就、一盘棋联动、一竿子到底，从而取得了令世界瞩目的巨大成就，关键在于中国共产党的坚强领导。党是风云变幻、风雨来袭时全体人民最可靠的主心骨，是确保我国社会主义现代化建设正确方向的伟大舵手，是带领全体人民共克时艰、夺取胜利的核心力量。这一经验启示我们，强中国之治，首先要强作为执政党的中国共产党之治。中国共产党是搞好中国治理的核心，是中国治理的领导权威。在这个意义上说，中国之治的成败取决于作为领导权威的中国共产党之治的成败。要确保党中央权威和集中统一领导，确保党发挥总揽全局、协调各方的领导核心作用。从党本身来说，就是要全面从严治党，提高其自我革命的自觉性、坚定性、法制性，以达坚持真理、修正错误，刮骨疗毒、去腐生肌之目的。全面从严治党永远在路上，党的自我革命永远在路上。党的十八大以来，全面从严治党解决了党内许多突出问题，但是党面临的执政考验、改革开放考验、市场经济考验、外部环境考验将长期存在，精神懈怠危险、能力不足危险、脱离群众危险、消极腐败危险也将长期存在。所以，必须继续深入推进新时代党的建设新的伟大工程，落实好新时代党的建设的总要求，健全全面从严治党体系，全面推进党的自我革命，并以党的自我革命引领社会革命。为此，要不断提高全面从严治党的理性自觉，要从坚守党的初心使命、巩固党的长期执政地位和实现中华民族伟大复兴的高度，抓好党的自我革命，走好新的赶考之路。

二是固治国之基、抓治国之要。治国之基在于法治，治国之要在于得人。依法，是国家治理的根基。没有法制，治国没有准绳，民众就没有依归，一盘散沙，也就没有力量。为此，要完善以宪法为核心的中国特色社会主义法律体系，加强宪法实施和监督，加强重点领域、新兴领域、涉外领域立法，统筹推进国内法治和涉外法治，以良法促进发展、保障善治；深化司法体系综合配套改革，加快进行法治国家、法治政府、法治社会的一体建设，全面推进科学立法、严格执法、公正司法、全民守法，全面推进国家各方面工作法治化；更好发挥法治固根本、稳预期、利长远的保障作用，在法治轨道上全面建设社会主义现代化国家。得人，是国家之治的关键。只有得人，才能使法制得到贯彻落实。得人，就是要培养和选用有治国能力之人。为此，要建设堪当民族复兴重任的高素质干部队伍，这支队伍是一支政治过硬、适应新时代要求、具备领导现代化建设能力的队伍。要坚持党管干部原则，坚持德才兼备、以德为先、五湖四海、任人唯贤的选人用人正确导向，把新时代好干部标准落到实处，把那些心怀国家、敢于担当、积极作为的干部提拔到关键领导岗位上。

三是激发动力与把控平衡。社会繁荣进步，既需要动力，也需要平衡。二者缺一不可。没有平衡为辅的动力，会陷入险境；没有动力为助的平衡，会寸步难行。国家治理的目的是激发动力，把控平衡，并达到二者的有机统一。为此要处理好市场与政府、效率与公平、经济发展与共同富裕、维稳与维权、民主与民生、民主与法制、民族振兴与个人发展、中国梦与个人梦等的关系。为了激发动力、把控平衡，我们现在要通过全面深化改革，进一步增强经济社会发展活力，特别是要通过高水平开放，高层次创新，打赢关键核心技术攻坚战，占据世界尖端制造业和技术创新的制高点，促进高质量发展；又要通过国家的制度改革，进一步提高政府效率和效能，进一步实现公平正义，使全体人民共同富裕。动力与平衡的关系还表现在经济增长与生态平衡的关系上。在这个问题上，必须尊重自然、顺应自然、保护自然，必须牢固树立和践行绿水青山就是金山银山的理念，站在人与自然和谐共生的高度，推进美丽中国建设，坚持山水林田湖草沙一体化保护和系统治理。加快发展方式绿色转型，实施全面节约战略，发展绿色低碳产业。倡导绿色消费，推动形成绿色低碳的生产方式和生活方式。深入推进环境污染防治，提升生态系统多样性、稳定性、持续性，积极稳妥推进碳达峰碳中和。

四是持战略定力、怀忧患意识。这种战略定力不是盲目乐观，而是基于对世界大势的把握和世界人心的洞察。尽管这个世界并不太平，但全球化的深度发展没有变，和平与发展的时代主题没有变，各国人民对美好生活的追求没有变，国际社会同舟共济、合作共赢的历史使命没有变。坚信这四个没有变，由此也就得出了一个新的结论，中国发展仍然处在一个新的战略机遇期，仍然可以大有作为。只要我们高举中国特色社会主义伟大旗帜，全面贯彻习近平新时代中国特色社会主义思想，弘扬伟大建党精神，自信自强、守正创新、踔厉奋发、勇毅前行，集中力量办好我们自己的事。这样，中国就能在危机中育新机，于变局中开新局。我们站在历史正确一边，站在中国和世界人民一边，将打开更加广阔的天地，展现更加美好的前景。诚然，对前进道路上的困难、风险不可低估，对美国霸权主义的险恶、危害不可低估，对斗争的长期性、艰巨性不可低估。中国发展已进入战略机遇与风险挑战并存、不确定性增多的时期，对此，我们要坚持和运用好底线思维，培养和提高底线思维能力，做到居安思危，增强忧患意识，未雨绸缪，提前布局，做好应付最坏局面的思想准备，准备经受风高浪急，甚至惊涛骇浪的重大考验。如果外部势力想阻碍中国来之不易的发展，那么中国人民将毫不犹豫用斗争去捍卫国家尊严和核心利益。

五是创中国特色与彰人类价值。中国人民和世界各国人民一样，有共同的需要，即要生存、要吃饭、要住房、要就业，要有一个安定、公正和宜居的社会环境，要追求更美好的生活。为此，就要解决发展问题、安全问题、治理问题。然而各国各民族所面临的这些问题又是不一样的，因而要具体问题具体分析，这就有了各种特色。但是这种特色，只是表现为解决人类共同问题上的特殊道路、特殊方式，谁也不能把自己的特色强加于人，这也是我们反对西方“普世价值”的原因所在。但是这不妨碍这种特色中含有某种人类价值，或人类共同价值，一国的经验会为别国解决此类问题提供参考和借鉴。在这个意义上说，中国做好国内的事，这本身也就是为全球发展和全球治理积累经验，作出贡献。即为全球治理提供中国智慧、中国方案和中国力量。因此，我们要高举和平、发展、合作、共赢的旗帜，在坚定维护世界和平与发展中谋求自身发展，又以更好的自身发展去维护世界和平与发展。

上述五个方面关系的论述，强调了每对关系双方的对立统一。但是要实现对立中的统一，这本身就是治理的难点所在，也是治理的关键所在。

总之，中国要在全球治理中发挥榜样作用，就必须高举联合国旗帜、高扬多边主义，特别是要强“中国之治”。

人类命运共同体建构是向“自由人联合体”迈出的第一步*

《共产党宣言》（以下简称《宣言》）是马克思主义的一部重要代表作，是工人阶级和广大人民群众追求彻底解放、实现人类美好理想的指路明灯。有史以来，还没有一部著作能像它那样，以如此鲜明的人民情怀和深邃的历史眼光，对阶级社会以来的人类历史及其未来发展做出全景式的、气象宏大的说明。这部著作有助于人们从总体上了解自己所生活的世界，知道它从哪里来、该往哪儿去。这其中，对人类美好未来的展望，尤其令人神往。《宣言》指出：“代替那存在着阶级和阶级对立的资产阶级旧社会的，将是这样一个联合体，在那里，每个人的自由发展是一切人的自由发展的条件。”①

《宣言》所表达的人类美好未来，后人用“自由人联合体”这一概念来加以概括和指称。如何实现这一人类理想，特别是如何确认和走出“第一步”，从马克思到列宁，再到当代中国马克思主义者习近平，进行了不断探索，到目前为止，先后提出了三种构想。第一种，“工人革命的第一步”，是全世界无产者，特别是先进国家的无产者联合起来，同时进行革命，推翻资产阶级统治，夺取政权，“使无产阶级上升为统治阶级，争得民主”②。这一理念，可简称为“同时革命”构想。第二种，一国或数国无产阶级利用资本主义世界的薄弱环节，首先在本国取得社会主义革命胜利，然后以此为基础，向世界“输出革命”。这一理念，可简称为“输出革命”构想。第三种，鉴于已取得革命胜利的社会主义国家不可能通过“输出革命”在全世界实现阶级平等，而只能在追求世界各国平等的基础上，以自己的模范行动与世界其他国家一道实现和平、发展、合作、共赢，从而推动人类命运共同体建

---

* 原刊于《江淮论坛》，2020（1）。

① 《马克思恩格斯选集》第1卷，422页，北京：人民出版社，2012年。

② 《马克思恩格斯选集》第1卷，421页，北京：人民出版社，2012年。

设，由各国人民自己去决定国家的命运、争取自己的解放，并为实现全人类解放，或曰社会主义革命在全世界的最终胜利做出各自的贡献。这一理念，可简称为人类命运共同体构想。下面就这三种构想及其命运加以具体说明。

一、想象的“同时革命”为何没有发生

如上所说，“同时革命”构想是马克思和恩格斯提出来的。这一构想的前提有三：其一，解放全人类的理想社会是“自由人联合体”。这在前文已经说了。其二，肩负这一历史使命的是无产阶级。这是因为，“在当前同资产阶级对立的一切阶级中，只有无产阶级是真正革命的阶级”[①]。另外，无产阶级只有解放全人类，才能最后解放自己。《宣言》指出，无产阶级“如果不同时使整个社会永远摆脱剥削、压迫和阶级斗争，就不再能使自己从剥削它压迫它的那个阶级（资产阶级）下解放出来”[②]。其三，完成这一历史使命的方式是暴力革命。《宣言》指出：“共产党人不屑于隐瞒自己的观点和意图。他们公开宣布：他们的目的只有用暴力推翻全部现存的社会制度才能达到。”[③]在肯定上述观点的前提下，马克思、恩格斯认定：这个革命不是一国无产阶级的事情，“联合的行动，至少是各文明国家的联合的行动，是无产阶级获得解放的首要条件之一”[④]。在这之前，恩格斯于1847年底写作的《共产主义原理》也曾指出：“共产主义革命将不是仅仅一个国家的革命，而是将在一切文明国家里，至少在英国、美国、法国、德国同时发生的革命。”[⑤]先进国家的无产阶级只有同时革命，才能战胜国际资产阶级。

如何看待马克思、恩格斯这一“同时革命”的构想呢？这里可以讲以下几点。

第一，那时的马克思、恩格斯对社会主义革命在全世界的最终胜利与社会主义革命在世界各国的同时发生，还没有加以区别。他们认为，在世界各国，特别是各先进国家同时进行的、对旧制度实施一次

① 《马克思恩格斯选集》第1卷，410—411页，北京：人民出版社，2012年。
② 《马克思恩格斯选集》第1卷，380页，北京：人民出版社，2012年。
③ 《马克思恩格斯选集》第1卷，435页，北京：人民出版社，2012年。
④ 《马克思恩格斯选集》第1卷，419页，北京：人民出版社，2012年。
⑤ 《马克思恩格斯选集》第1卷，306页，北京：人民出版社，2012年。

打击的革命，就能使社会主义革命在全世界取得最终胜利。其实，这里是把复杂的问题简单化了。诚然，就社会主义革命的最终胜利而言，这确实是所有国家的事，是全人类的事。但这一全人类的事，是就其最终结果，并非就这一事业的开始或发生而言的。因此，不能由社会主义革命在全世界的最终胜利推论社会主义革命将在全世界，特别是主要发达国家同时发生。另外，社会主义革命在一些文明国家能否同时发生，这不取决于别的，而只取决于这些国家的革命条件能否同时成熟，但由各国具体情况所决定的各国革命的成熟条件是不可能同时具备的。既然如此，那么也就意味着社会主义革命在全世界的胜利不是通过一次突击就能实现的。不仅对全世界而言是这样，而且就一国社会主义革命的胜利而言，也不能毕其功于一役。列宁后来指出："不能把社会主义革命看做是一次行动，而要把它看做是一个充满剧烈的政治和经济动荡、最尖锐的阶级斗争、国内战争、革命和反革命的时代。"[①]现在看来，列宁对社会主义革命在全世界胜利的长期性仍然估计不足（见下文）。对此，中国共产党人总结了以往的经验教训，认为这是一个需要经过十几代，乃至几十代人的长期斗争才能实现的目标。

第二，作为"同时革命"前提条件的，各先进国家无产阶级的国际联合，能够实现吗？在那时的马克思、恩格斯看来，这件事做起来并不难，因为"工人没有祖国"[②]，所以他们能够超越各自的国家，走向国际，实现联合。马克思、恩格斯是从各国工人阶级的国际本性及为其所决定的共同利益立论的。但事情还有另一面，即工人阶级并非直接的国际性存在，因为其首先是国家性存在。工人阶级作为一种国家性存在，不仅意味着其有自己的祖国，而且还意味着在自己的祖国遭到别国侵略时，其要为自己的祖国而战。也就是说，如果在相关国家之间还存在着侵略被侵略、压迫被压迫的关系，即相关国家还不是完全自主的存在，那么要实现这些国家工人阶级之间的国际联合，是不现实的。关于这一点，《宣言》发表44年后的1892年波兰文版序言中明确指出："欧洲各民族的真诚的国际合作，只有当每个民族自己完全当家作主的时候才能实现。"《宣言》1893年意大利文版序言中进一步指出："不恢复每个民族的独立和统一，那就既不可能有无产阶级的

① 《列宁专题文集·论社会主义》，2页，北京：人民出版社，2009年。
② 《马克思恩格斯选集》第1卷，419页，北京：人民出版社，2012年。

国际联合，也不可能有各民族为达到共同目的而必须实行的和睦的与自觉的合作。”①

俄国十月革命以来的历史也启示我们，即便是在社会主义国家，工人阶级之间的国际联合也必须以国家之间的平等和相互尊重为前提，不然就会落空。在国家意义上，由于多种因素的综合作用，社会主义革命可以在一国或一些国家取得胜利。但在全人类意义上，社会主义革命要在全世界取得最终胜利，或曰在全世界消灭人对人的剥削和压迫、实现人与人之间的平等，首先要实现的是世界上每个人所属阶级之间的平等，即消灭阶级间的剥削压迫。而要在全世界实现阶级之间的平等，首先要实现的是这些阶级所属的国家之间的平等。为此，就要在全世界消灭国家间的剥削压迫，就要反对侵略战争，反对霸权主义、强权政治，就要改变不公平的世界经济和政治旧秩序。

马克思、恩格斯之所以会发生上述认识上的偏差，除了作为革命者对革命急于求成这一主观原因以外，主要还有客观原因。西方各先进国家的资本主义在当时还处于在国内发展的自由竞争阶段，各国为扩大和争夺国际利益所引发的矛盾和争斗还没有达到普遍化、激化的程度。另外，为了对付革命的工人阶级这个共同的敌人，西欧一些国家的资产阶级和反动势力除了在国内加强武装力量之外，还在一段时间内联合起来组成了国际性的军事同盟。在思想上，“旧欧洲的一切势力”为了反对共产主义这个“幽灵”，也“联合起来”对其“进行神圣的围剿”②。在这一历史背景下，马克思、恩格斯比较多地看到了西欧各先进国家资产阶级共同性的一面，并由此认为这些先进国家的无产阶级只有联手行动、同时革命，才能取得社会主义革命的胜利。

以上是从革命客体角度说的，而从革命主体角度说，欧洲各先进国家是对广大东方国家的加害国，因而这些国家的无产阶级所承受的不是别国侵略、压迫所造成的痛苦，而是本国资产阶级和反动势力剥削压迫所造成的痛苦。这些先进国家的无产阶级也就把对阶级平等的追求作为革命的首要目标。另外，早期资产阶级对工人阶级的剥削和压迫往往带有原始性、野蛮性和残暴性。这些先进国家工人阶级的斗争也就显得更为坚决。然而在今天看来，那时资本主义所表现的尖锐

① 《马克思恩格斯选集》第1卷，395、397页，北京：人民出版社，2012年。

② 《马克思恩格斯选集》第1卷，399页，北京：人民出版社，2012年。

矛盾在很大程度上还只是资本主义矛盾的早期形态。为此所决定，当时西欧主要国家的无产阶级都没有达到能够发动并取得革命成功的程度。1859年，马克思在《〈政治经济学批判〉序言》中已对此有所总结和说明。

在当时上述多种因素的共同作用下，马克思、恩格斯对革命形势作了与实际不甚符合的、比较乐观的估计。后来的事实证明，马克思、恩格斯所构想的先进国家的“同时革命”并未发生。到19世纪70年代以后，因受摩尔根《古代社会》一书的影响，并通过对俄国村社土地公有制出路的研究，马克思对原先的构想作了局部调整，认为落后国家，比如，东方的俄国革命只有与西方的无产阶级革命同时发生，从而“互相补充”，才能获得成功。[①]然而，这种经过调整的、设想中的西方发达国家与东方落后国家的“同时革命”也并未发生。这是因为，随着西方资本主义国家不断对外扩张，资本主义的固有矛盾即生产社会化与资本主义私有制的矛盾也在不断国际化。这一矛盾不仅在资本主义宗主国内部，而且在资本主义宗主国与广大殖民地、半殖民地国家和民族之间日益明显地表现出来。为了缓和国内的阶级矛盾，西方各国的资产阶级调整了国内政策，把从殖民地和半殖民地剥削来的高额利润分出一点，用来在国内收买工人贵族，这在英国名曰“甜饼政策”。列宁就此指出：“比较容易开始革命运动的，并不是那些能够比较容易地进行掠夺和有力量收买本国工人上层分子的剥削国家。”[②]正是鉴于这一情况，列宁通过探索和总结，放弃了马克思、恩格斯当年的“同时革命”构想，而提出了一个新的理论，即社会主义可以在一国首先胜利论，并在此基础上，提出了作为走向人类美好社会“第一步”的“输出革命”构想。

二、尝试的“输出革命”为何遭遇失败

在资本主义早期阶段，即资本主义自由竞争阶段，马克思、恩格斯提出“同时革命”构想。到19世纪末20世纪初，资本主义已发展到（私人）垄断阶段，即帝国主义阶段。在这个阶段，由于资本主义发展

① 《马克思恩格斯选集》第1卷，379页，北京：人民出版社，2012年。

② 《列宁选集》第3卷，416页，北京：人民出版社，2012年。

不平衡规律的作用，后起的帝国主义国家开始与老牌资本主义国家争夺世界性利益，第一次世界大战就是在这种情况下发生的。列宁认为，帝国主义国家间的战争会造成国际资本主义力量的削弱，从而会造成一些“裂缝”和“缺口”，于是就给一些国家的无产阶级革命提供了可乘之机。正是基于对这一新的时代特点的科学分析，1915年列宁在《论欧洲联邦口号》一文中认为：“经济和政治发展的不平衡是资本主义的绝对规律。由此就应得出结论：社会主义可能首先在少数甚至在单独一个资本主义国家内获得胜利。”[①]列宁提出的“一国胜利论”极大地鼓舞了俄国无产阶级和人民群众，从而作为一个原因，促使他们在1917年夺取了十月革命的伟大胜利。反过来，这一胜利也证明了列宁“一国胜利论”的正确性。

然而，列宁的革命目标不是满足和停止于一国社会主义革命的胜利。他作为一个忠诚的马克思主义者，心中牢记着马克思关于“解放全人类”的遗训。就在列宁提出“一国胜利论”的同时，他还指出：“这个国家的获得胜利的无产阶级既然剥夺了资本家并在本国组织了社会主义生产，就会奋起同其余的资本主义世界抗衡，把其他国家的被压迫阶级吸引到自己方面来，在这些国家中发动反对资本家的起义，必要时甚至用武力去反对各剥削阶级及其国家。”[②]也就是说，在列宁看来，一国革命的胜利不是革命的结束，而是引爆和推动世界革命的开始。

如果说在十月革命以前这还只是一种可能的设想的话，那么在十月革命胜利以后，列宁认为已经有条件可以付诸行动了。于是，他说：“现在的形势与马克思和恩格斯所预料的不同了，它把国际社会主义革命先锋队的光荣使命交给了我们——俄国的被剥削劳动阶级；我们现在清楚地看到革命的发展会多么远大；俄国人开始了，德国人、法国人、英国人将去完成，社会主义定将胜利。”[③]俄国革命的胜利，如何才能激发其他国家的革命，以至国际革命？列宁认为，这是问题的关键所在，也是困难所在。他说：“在这里，俄国革命最大的困难，最大的历史课题就是：必须解决国际任务，必须唤起国际革命，必须从我

① 《列宁专题文集·论社会主义》，4页，北京：人民出版社，2009年。
② 《列宁专题文集·论社会主义》，4页，北京：人民出版社，2009年。
③ 《列宁全集》第33卷，283页，北京：人民出版社，2017年。

们仅仅一国的革命转变成世界革命。”[①]列宁认为，为了激发世界各国的革命，俄国必须准备承担必要的民族牺牲。列宁的这一思想在1918年俄共（布）第七次代表大会的决议中得到了体现和贯彻。决议指出：“俄国社会主义无产阶级将用自己的全部人力和物力来支持各国无产阶级兄弟的革命运动。”[②]当时的列宁和苏共认为，有了苏俄革命的援助，“全世界无产阶级革命的胜利是有保证的。国际苏维埃共和国的建立已经为期不远了”[③]。应该说，为这一光明前景所鼓舞的列宁及其领导的俄共对西方一些国家，包括德国、巴伐利亚、斯洛伐克、匈牙利等国在十月革命后相继发生的革命所进行的声援，或物质帮助都是真诚的、无私的，是俄国无产阶级国际主义的生动体现，这与苏联后来的一些领导人打着社会主义的旗号搞大国沙文主义、霸权主义不能混为一谈。

正是为了迎接即将到来的世界革命，在列宁领导下，国际共产主义代表会议于1919年3月在莫斯科召开，宣布成立共产国际，即第三国际。在此次会议期间，列宁在《真理报》上著文，乐观地认为：“第三国际即共产国际的成立是国际苏维埃共和国即将诞生的前兆，是共产主义即将在国际范围内取得胜利的前兆。”[④]同年7月，列宁又预言：“我们将以国际苏维埃共和国的胜利来迎接明年的7月，而这个胜利将是完全的和稳固的胜利。”[⑤]

然而，列宁设想的从俄国革命开始，继而由德、法、英等国无产阶级来共同完成的世界革命并没有发生。俄国革命的胜利在欧洲并没有得到广泛和积极的响应，中东欧少数国家发生的革命也只是昙花一现。这些国家建立的苏维埃政权，有的只存在了两三个星期，最长的也只存在了四个月，即它们都以失败而告终。由于这些新生的红色政权存在时间比较短，所以当时苏俄政权所能给予的支持基本上是口头声援。其中个别的，比如德国的柏林革命，也只是给予了少量的粮食援助（这已属不易，因为苏俄自身也极度困难，全国正处于饥饿之中）。不过，列宁认为，俄国无产阶级仅仅这样做，是无法帮助别国完

① 《列宁全集》第34卷，6页，北京：人民出版社，2017年。

② 《苏联共产党代表大会、代表会议和中央全会决议汇编》第1分册，521页，北京：人民出版社，1964年。

③ 《列宁全集》第35卷，503页，北京：人民出版社，2017年。

④ 《列宁全集》第35卷，506页，北京：人民出版社，2017年。

⑤ 《列宁全集》第37卷，83页，北京：人民出版社，2017年。

成革命任务的。那么，能否依靠俄国的武力支援，在这些国家实现社会主义革命呢？当时的列宁和俄共认为存在这种可能性，不久也确实迎来了这样一个机会。

1920年4月，波兰政府趁苏俄被战争弄得疲惫不堪之际发动了对它的武装侵略，并迅速占领了苏俄大片领土。但到6月，波军即被苏俄红军打败，不久，红军就收复了全部失地。在这一战局发生转变之际，是就此罢手还是挥师西进成了一个原则问题。当时，列宁和俄共认为，这提供了一个通过越境反攻来推进世界革命的极好机会。于是，7月，苏俄红军向波兰发起进攻。在这年9月召开的俄共（布）第九次全国代表会议上，列宁在讲话中对这一做法给予了高度肯定。他说：“利用我军的高昂士气和当时的优势来帮助波兰建立苏维埃政权……这是一个新的原则问题。”“决定利用我们的军事力量来帮助波兰建立苏维埃政权。”“我们应当用刺刀试探一下波兰无产阶级的社会革命是否已经成熟。”①

然而，事变的进程完全出乎列宁所料。当苏俄红军踏上波兰国土以后，获得的不是波兰民众的鲜花和掌声，而是愤怒和反抗。在波兰人民高涨的爱国主义情绪感染下，波兰军队进行了坚决回击，从而使苏俄红军遭到惨重失败。于是，苏俄政府不得不从波兰撤军，并签下作出很大让步的和平条约。

这一失败促使列宁反思，但一开始是枝节层面的反思。他认为：“我们在进攻时推进得太快了，几乎打进华沙，这无疑是犯了错误……犯这个错误是由于我们过高地估计了自己力量的优势。”②不摸敌情，盲目冒进，这无疑是导致失败的一个重要原因，然而绝非根本原因。根本原因在于：“输出革命”，特别是用武力“输出革命”，这一构想本身就是错误的。苏俄在自己国土上反对波军侵略，这是正义的；但它一旦进入波兰境内，不管动机多么高尚和善良，在性质上也就由先前的反侵略而转变为侵略。这样一来，苏俄所进行的战争就是非正义的，自然会遭到波兰人民的反抗。对于这样一个根本错误，列宁在事后与蔡特金的一次谈话表明他已经有所认识。他认为，“苏俄如果以自己的行动来证明它之所以进行战争，只是为了自卫，为了捍卫革命；证明

① 《列宁全集》第39卷，281、283、284页，北京：人民出版社，2017年。

② 《列宁全集》第41卷，7页，北京：人民出版社，2017年。

它是世界上唯一的和平大国；证明它没有夺取任何国家的领土、征服任何民族的任何意图，根本无意于发动帝国主义冒险，——如果做到这一点，对苏俄只有好处”[①]。也就是说，在列宁看来，取得胜利的社会主义国家不能以武力“输出革命”，而只能与世界其他国家和平交往，这样才有利于自己的生存和发展。其实，时任外交人民委员的契切林事前就反对西进，他指出，我们的政策一如既往是和平的政策，我们不输出自己的制度，不能把自己的政权建立在刀尖上。[②]然而为当时高涨的胜利情绪所包围，这一正确意见并没有被列宁采纳，于是铸成大错。

由上可见，解放全人类的伟大使命，其“第一步”既不能通过世界各国的“同步革命”来实现，也不能通过一个或数个社会主义国家的“输出革命”来实现，因为各国革命只能是各国人民自己的事，只能是各国人民从自己国家的国情出发来进行的，不能强行一致，也不可能由别人越俎代庖，是外国所无法强加的。那么，路在何方？中国共产党经过长期探索和总结，根据和平发展的时代特征，最后经由习近平同志加以概括、提炼和充实，于是，形成了人类命运共同体构想。

三、人类命运共同体的打造可期可行

如上所述，人类命运共同体构想与先前提出的“同时革命”和“输出革命”构想，在着眼点和归宿上是根本一致的。其着眼点都不是某个国家或某些国家，而是包括所有国家在内的全人类。其归宿也不是为少数人，而是为世界绝大多数人的利益，即如《宣言》所指出的，共产主义运动是“绝大多数人的，为绝大多数人谋利益的独立的运动”[③]。

中国共产党人之所以提出构建人类命运共同体的主张，目的也在于服务中国和世界绝大多数人的利益。正如党的十九大报告所言，“中国共产党是为中国人民谋幸福的政党，也是为人类进步事业而奋斗的

① 《回忆列宁》第5卷，侯焕闳译，14页，北京：人民出版社，1982年。

② 转引自陆南泉、姜长斌、徐葵等主编：《苏联兴亡史论》，302页，北京：人民出版社，2002年。

③ 《马克思恩格斯选集》第1卷，411页，北京：人民出版社，2012年。

政党”，既要实现中国“人民对美好生活的向往”，又要和各国人民“共同创造人类的美好未来”[①]。也就是说，上述三种构想的区别，不是要不要而是如何为世界绝大多数人谋利益，即具体路径上的区别，或者更进一步说，是如何迈出“第一步”的区别。

“第一步”如何确定，不取决于别的，只取决于对世界绝大多数人眼前利益的正确把握。世界绝大多数人的利益有长远的和眼前的之别。《宣言》指出：“共产党人为工人阶级的最近的目的和利益而斗争，但是他们在当前的运动中同时代表运动的未来。”[②]什么是“运动的未来”？说到底，就是共产主义社会的实现，这是世界绝大多数人的最大长远利益。什么是世界绝大多数人的“最近的目的和利益”？很显然，就是世界绝大多数人的眼前利益。可见，马克思主义既讲世界绝大多数人的眼前利益，也讲长远利益，坚持了这两个利益的统一。这里的统一在于，在满足其眼前利益的时候，应以不损害其长远利益为前提；在为其长远利益而斗争时，又不要忘记以满足其眼前利益为基础。

作为长远利益基础的眼前利益的实现很重要，因为不少共产党人往往忽视这个基础性的工作，抽象谈论群众的长远利益而忽视群众的眼前利益。列宁曾指出：“如果不提出经济要求，不直接而迅速地改善劳动群众的状况，劳动群众是永远也不会同意去考虑什么全国的共同‘进步’的。”[③]无数事实证明，无论多么激动人心的理想、无论多么崇高的道义目的，如果不能落实和表现为人民眼前利益的满足和增进，那么必然会沦为空谈。在这个意义上可以说，为世界绝大多数人谋利益，“第一步”就是要为实现世界绝大多数人的最直接、最现实的眼前利益而奋斗。

在当代，世界绝大多数人的眼前利益是什么？那就是要和平、要发展、要合作、要共赢。人类受害于战争久矣！特别是两次世界大战，给世界人民，特别是参与国人民造成了巨大生命财产损失。时至今日，世界上的局部战争仍然时有发生，闹得世界不得安宁。人类受困于贫穷落后久矣！“当今世界仍有8亿人生活在极端贫困之中，每年近600万孩

---

① 习近平：《决胜全面建成小康社会　夺取新时代中国特色社会主义伟大胜利——在中国共产党第十九次全国代表大会上的报告》，57、71、60页，北京：人民出版社，2017年。

② 《马克思恩格斯选集》第1卷，434页，北京：人民出版社，2012年。

③ 《列宁全集》第21卷，325页，北京：人民出版社，2017年。

子在5岁前夭折，近6000万儿童未能接受教育。”[①]人类受限于各种隔阂久矣！东西差异、南北差异、文化差异、制度差异，造成了种种藩篱、种种对立。人类受制于世界各种旧秩序久矣！在这种秩序下，通行的是丛林法则、零和思维。

为了实现世界绝大多数人要和平发展、要合作共赢的利益诉求，以习近平同志为主要代表的中国共产党人提出了“打造人类命运共同体”。往前追溯，早在2011年中国政府发布的《中国的和平发展》白皮书中就已提出，要以“命运共同体”的新视角来寻求和确认人类共同利益和共同价值的新内涵。后来这一内涵不断充实、丰富和条理化。在党的十九大报告中，习近平同志对什么是人类命运共同体进行了系统概括。他指出：“构建人类命运共同体”，就是要“建设持久和平、普遍安全、共同繁荣、开放包容、清洁美丽的世界”[②]。

“打造人类命运共同体”艰难吗？就目前和以后相当长一个时期而言，甚为艰难。因为当今世界还存在两种霸权主义，一是美国的世界霸权主义，二是少数国家的地区霸权主义。这两种霸权主义所奉行的原则都是以大欺小、以强凌弱、以富压贫。因而，霸权主义，特别是美国的世界霸权主义，也就成为构建人类命运共同体的巨大阻力。只要西强东弱、北强南弱的世界格局还没有发生根本改变，关于人类命运共同体的建构和反建构的斗争就是十分尖锐、激烈的。

那么，为了减少阻力，能否等到上述世界格局根本改变以后再提构建人类命运共同体的问题呢？不可！因为上述世界格局的根本改变与人类命运共同体的构建是相辅相成的。为构建人类命运共同体而奋斗将有力促进世界格局的根本改变，推动世界格局的根本改变也必将加速人类命运共同体的构建，所以说不能等。

打造人类命运共同体可能吗？不仅可能，而且前景光明。推行世界霸权主义的美国尽管仍很有实力，但已今不如昔，且在世界上遭到愈来愈多的国家和地区的反对。更为主要的是，打造人类命运共同体是基于对全人类共同命运的考量，基于全球化的广阔视野，基于《宣言》所指明的为世界绝大多数人谋利益的根本宗旨，因而，它体现了

---

① 《习近平谈治国理政》第2卷，524页，北京：外文出版社，2017年。

② 习近平：《决胜全面建成小康社会　夺取新时代中国特色社会主义伟大胜利——在中国共产党第十九次全国代表大会上的报告》，58—59页，北京：人民出版社，2017年。

当今世界发展的潮流，指明了人类发展的大道。历史启示我们：行大道，必能赢得人心；行大道，才能通行天下。因此，对人类命运共同体的构建必须充满信心。

如何才能使人类命运共同体建设由构想变成现实呢？以下几点需要指明。

第一，坚持世界多样性与共同性的关联是前提。人类命运共同体不是依据某种先验人性原则，或某种所谓“普世价值”，而是以世界多样性为基础的人类共同价值来打造的。世界的多样性是一个客观事实。现在，世界上有200多个国家和地区、500多个民族、多种宗教和语言；不同国家有着不同的国情，拥有不同的利益，有着不同的制度安排，这就是世界的多样性。因为有多样性，所以在一起相处难免产生纷争和对立。历史上这种纷争和对立曾引发无数的冲突和战争，给人类造成了深重的灾难。然而，现在的情况正在发生改变。随着民族历史不断转化为世界历史，随着区域性发展不断变成全球化发展，世界各国家各民族愈来愈多地处在一种紧密的关联之中，以至你中有我、我中有你，因而一损俱损、一荣俱荣，这就形成了全人类的共同价值。就此，习近平同志指出：“和平、发展、公平、正义、民主、自由，是全人类的共同价值。”[①]人类命运共同体的打造，就是要以尊重世界多样性为前提，既包括尊重文化、宗教、价值的多样性，也包括尊重各国选择社会制度和发展模式的自主权，在此基础上，共同致力于全人类共同价值的实现。为此，就要反对冷战思维、霸权主义、单边主义、文明冲突论等。

第二，坚持“友好合作、平等协商”是基础。当今世界各国除了上文所说的共同利益以外，在国家间的关系中确实还存在着各自的特殊利益和合理关切。要通过友好合作、平等协商来照顾各国的特殊利益和合理关切，不能像帝国主义、霸权主义那样动不动就以武力相加，或动不动就制裁，或动不动就打贸易战。在相互联系日益紧密的世界中，赢者通吃的情况已很少见，往往是“歼敌一千，自损八百”。战争没有赢家，打贸易战也只有输家。人类命运共同体不仅是建立在尊重世界各国共同利益的基础上，而且也是建立在尊重各方基本权利和合

① 《习近平谈治国理政》第2卷，522页，北京：人民出版社，2017年。

理要求基础上的。只有在坚持共同利益的前提下尊重对方的合理关切，并放弃己方的某些特殊的甚至过分的利益要求，才能合作共事，才能合作成事。总之，平等对话、互相协商是当今世界各国解决各种争端的最佳选择。所谓平等对话，就是在国际规则面前国与国平等，不搞特殊，按国际规则办事，维护国际公平正义。

第三，坚持“共谋发展，合作共赢”是根本。不仅要立足现实，通过协商来解决国与国之间的现有分歧，而且要放眼未来，不断增进各国间利益的共同点和扩大利益的交汇点。为此，就要坚持“共谋发展，合作共赢”，通过相关国家的共同谋划，互相对接各自的发展战略，从而实现优势互补，以求得共同发展和进步。各国在自己的发展中要帮助别国发展，为别国发展创造条件，欢迎别国搭自己发展的便车；也要在别国发展中求得自己的发展。这样的合作发展共赢才能行稳致远，才可持续。这里用得上《论语·雍也》中的一句话：“己欲达而达人。”

第四，坚持“做好自我，久久为功”是关键。人类经历私有制社会已有几千年，充斥尔虞我诈的资本主义社会也已存在好几百年，以至在国家关系上的利己主义、以邻为壑、不讲信义似乎已司空见惯，几成信条。马基雅维里说：“一位君主……因为他要保持国家（stato），常常不得不背信弃义，不讲仁慈，悖乎人道，违反神道。”[①]鉴于这种情况，我们应该保持高度清醒。世界上很多事情，由不得我们；一些出乎我们意料的事情也可能随时发生。在这个变化快速、充满不确定性的世界中，我们唯一要做的事，就是为世界树立一个促进人类命运共同体建设的榜样；要有定力和韧劲，或曰战略耐心，从而在国家间不断积累信任，不断提供正能量。这可以从两方面着手。

一是做好国内的事，使中国不断强大起来。中国只有把本国治理好，给人民提供更好的生存、生活和发展的条件，才会赢得中国人民的拥护和世界的赞誉，才能在世界上作为一个榜样树立起来。另外，作为促进世界和平的力量和推动世界经济发展的力量，中国更强大一些，人类公平正义、安全稳定、世界的繁荣也就更有保障一些。由此可见，打造人类命运共同体归根到底还是取决于实力比拼，而非放言

① ［意］尼科洛·马基雅维里：《君主论》，潘汉典译，85页，北京：商务印书馆，1985年。

空论。

二是承担好中国的国际义务。在推进经济全球化和促进全球治理方面，中国要不断强化针对人类社会发展议题的设置能力，并要为全球性问题的解决提供中国智慧、中国方案和中国力量；要为建构新型国际关系发挥好中国作为一个负责任大国的协调作用，对一些国家间的矛盾和对立要多做劝和促谈的事情，多做增进利益共同点、扩大利益交汇点的事情；要联合世界上所有爱好和平的国家和人民，携起手来共同推进人类命运共同体的建设。

总之，人类命运共同体建设在迈向“自由人联合体”这一历史征程中是具有重大现实意义的“第一步”。它符合当今全球化的时代潮流，反映了世界各国人民开创美好未来的共同心声，虽然充满挑战，但是大有希望。

中国特色社会主义新时代之“新”的内涵解析*

党的十九大以来，在全党和全国人民中，掀起了一个学习习近平新时代中国特色社会主义思想的热潮。在此过程中，如何理解这里的“新时代”之“新”，成为我国理论界讨论的一个重要话题。在笔者看来，对这里的“新”作何理解，是一个涉及对习近平新时代中国特色社会主义思想进行科学把握的原则问题，因而不可不辨析清楚。为此，下面以十九大精神为指导，就这一问题来谈一谈自己的一些学习体会。

一、“新”在继往而开来

在如何理解“新时代”之“新”的问题上，学术界有一种观点，即把这里的“新”，说成是“崭新”之“新”。所谓“崭新”，也就是与以往时代之“旧”，根本区别开来的“新”。对新时代之“新”能作这样的理解吗？在笔者看来，不能。就通常意义而言，“新”有两种含义：一是“推倒重来”之“新”。这种“新”，也就意味着“重砌炉灶”。比如，“新旧更替”“新陈代谢”等词语中的“新”就是在这种意义上所言的。二是“继往开来”之“新”。即以继承为基础所展示出来的“新”。比如，“锦上添花”所标示的就是这种意义上的“新”。

那么中国特色社会主义新时代之“新”，是属上述哪一种含义呢？它属“继往开来”之“新”。即“新”在对毛泽东作为艰辛探索者、邓小平作为主要创立者的中国特色社会主义，加以坚持和划时代发展。

（一）毛泽东是中国特色社会主义的艰辛探索者

1840年鸦片战争以来，在解决中国向何处去的问题上，毛泽东的

* 原刊于《社会主义研究》，2019（6）。

功绩主要有四：一是中国共产党的主要缔造者之一，二是中华人民共和国的主要缔造者，三是中国社会主义的主要奠基者，四是中国特色社会主义的艰辛探索者。

如果从中国特色社会主义的维度来评价毛泽东，笔者认为可以说，毛泽东作为探索者，他所进行的探索本身和提出的许多正确思想，是特别可贵的。这些正确思想主要包括以下五个方面。

一是，在生产资料所有制的社会主义改造基本完成以后，相对于中国共产党的其他领袖，毛泽东比较早地觉察到了苏联社会主义建设中存在的一些问题，认为中国应以苏为鉴，①要努力“找出在中国进行社会主义革命和建设的正确道路”。为此，他提出：要实现马克思主义基本原理同中国实际的“第二次结合”②。二是，他指明了社会主义社会的“基本的矛盾仍然是生产关系和生产力之间的矛盾，上层建筑和经济基础之间的矛盾”。并指出，这些矛盾可以“经过社会主义制度本身，不断地得到解决”③。三是，他对商品生产与社会制度的关系进行了辩证分析，指明“商品生产与资本主义相联系，就出资本主义；与社会主义相联系，就出社会主义”④。他还说：价值规律“是一个伟大的学校，只有利用它，才有可能教会我们的几千万干部和几万万人民，才有可能建设我们的社会主义和共产主义”⑤。四是，他提出了“一切民族、一切国家的长处都要学”⑥的主张。五是，提出了建成社会主义现代化强国的百年目标。即从1949年新中国成立算起，用100年甚至更长时间，建设起强大的社会主义经济。⑦然而，毛泽东的最大缺憾在于，没有为这一目标的实现，探得一条成功之路。而邓小平的杰出贡献，正在于此。

---

① 《毛泽东文集》第7卷，23、213—214页，人民出版社，1999年。

② 吴冷西：《十年论战：1956—1966中苏关系回忆录》上册，23—24页，北京：中央文献出版社，1999年。

③ 《毛泽东文集》第7卷，213—214页，北京：人民出版社，1999年版。

④ 转引自周尚文、陈鸿寿：《社会主义150年》，239页，上海：上海人民出版社，1997年。

⑤ 《毛泽东文集》第8卷，34页，北京：人民出版社版，1999年。

⑥ 《毛泽东著作选读》下册，740页，北京：人民出版社，1986年。

⑦ 《毛泽东文集》第8卷，301页，北京：人民出版社版，1999年。

（二）邓小平是中国特色社会主义的主要创立者

在这里，邓小平的贡献：一是实现了全党工作重心的转移，即提出了以经济建设为中心，大力发展生产力的主张；二是指明了中国现在所处的历史方位是社会主义初级阶段，而这是我们一切工作的实际出发点；三是指明了那时我国的社会基本矛盾的焦点是高度集中的计划经济体制与落后的生产力之间的矛盾，从而提出了通过改革开放来实现社会主义制度自我完善的思想；四是指明了经济体制改革的方向是发挥市场的作用；五是提出了实现百年现代化强国目标的“三步走”发展战略。总之，以邓小平同志为核心的党的第二代中央领导集体，开辟了以“一个中心、两个基本点”为核心内容的中国特色社会主义道路。

（三）习近平是中国特色社会主义的划时代发展者

相对毛泽东和邓小平的上述贡献，习近平的贡献则是对中国特色社会主义进行了划时代的发展。党的十八大以来，中国特色社会主义进入了一个新时代。相对于毛泽东所解决的“中国如何走向社会主义、如何建立社会主义制度”的问题；以及相对于邓小平所解决的“什么是社会主义、怎样建设社会主义”的问题；习近平所要解决的则是“新时代坚持和发展什么样的中国特色社会主义、怎样坚持和发展中国特色社会主义”[①]的问题。正是在解决这一问题的过程中，习近平作出了划时代的贡献。

那么如何看待江泽民和胡锦涛的历史贡献呢？具体说来，江泽民的贡献有三：一是明确指出中国经济体制改革的方向是建立社会主义市场经济体制；二是确立了以公有制为主体、多种所有制经济共同发展，以按劳分配为主体、其他分配方式为补充的我国社会主义初级阶段的基本经济制度和分配制度；三是提出了作为执政党的中国共产党是否经得住改革开放和市场经济考验的问题。也就是在新的历史条件下，“建设什么样的党、怎样建设党”的问题，由此他提出了“三个代表”重要思想，从而推进了党的建设的伟大工程。胡锦涛的贡献主要

① 习近平：《决胜全面建成小康社会　夺取新时代中国特色社会主义伟大胜利——在中国共产党第十九次全国代表大会上的报告》，18页，北京：人民出版社，2017年。

在于：一是，在总结了邓小平理论、“三个代表”重要思想的基础上，进一步加以丰富发展，从而提出了“五位一体”的关于中国特色社会主义总体布局思想；二是为了解决在新形势下，“实现什么样的发展、怎样发展”的问题，从而提出了要“坚持以人为本、全面协调可持续的科学发展观”。江泽民和胡锦涛所进行的理论探索和积累的宝贵经验，又为习近平新时代中国特色社会主义思想的形成，提供了重要支撑。

对于上述这样一个历史接力的过程，习近平总书记在党的十九大报告中高度概括地指出，中国特色社会主义“新时代，是承前启后、继往开来、在新的历史条件下继续夺取中国特色社会主义伟大胜利的时代”[①]。由此不难看出，那种把新时代之“新”说成“崭新”之“新”的观点，是不妥的。

不过需要指明的是，对习近平总书记在这里所言的“继往开来”，不能作泛泛的理解，不能在这种理解中弱化或遮蔽“新时代”之“新”所具有的划时代意义。也就是说，要在时代发展的维度上来理解“继往开来”。或者说，必须从新的历史方位、新的时代坐标来理解“继往开来”中的“新时代”之“新”。

这个新的历史方位、新的时代坐标的确定，就是基于我国社会主要矛盾发生变化这一客观事实。正因为我国现阶段社会的主要矛盾已经转变为人民日益增长的美好生活需要和不平衡不充分的发展之间的矛盾，将其作为根本依据，也就标志着我国发展进入了一个新时代。也正是为这个主要矛盾所规定，所以中国共产党和中国政府的主要任务是领导全国人民实现中国的全面整体协同发展。为了完成这一任务，因而也就必须要统筹推进“五位一体”总体布局，协调推进“四个全面”战略布局，完整、准确、全面贯彻新发展理念，以及对上述诸方面加以总涵盖和总统领的国家治理体系和治理能力现代化建设思想，即习近平的治国理政思想，或简曰国家治理现代化思想。习近平的文集，就是以“谈治国理政”为书名，来概括和标示他关于新时代中国特色社会主义一系列重要论述的。这样一来，习近平总书记关于我国现阶段的主要矛盾、主要任务，以及解决主要矛盾的总抓手等的思想，

① 习近平：《决胜全面建成小康社会　夺取新时代中国特色社会主义伟大胜利——在中国共产党第十九次全国代表大会上的报告》，10—11页，北京：人民出版社，2017年。

也就构成了一个有着紧密逻辑联系的思想系列，从而标志着习近平对中国特色社会主义的划时代发展。因此，在这个意义上可以说，习近平新时代中国特色社会主义思想，也就是立足于我国社会主要矛盾发生变化的新历史方位和新时代坐标，以国家治理现代化为总抓手来推动中国特色社会主义全面整体协同发展的思想。由此，新时代坚持和发展什么样的中国特色社会主义，也就是坚持和发展以解决我国现阶段社会主要矛盾为根本着力点，以全面整体协同为根本特征的中国特色社会主义；怎样坚持和发展中国特色社会主义，也就是以实现国家治理现代化为总抓手，来坚持和发展中国特色社会主义。

中国特色社会主义进入新时代，从而也就意味着作为新时代创造主体的中国共产党和中国人民，将肩负更大历史使命，进行更大历史作为和激发更强胜利信心。

二、“新”在肩负更大历史使命

这个新使命是什么？就是追求更高目标，绘就更美蓝图，实现更好向往。

（一）新使命是追求更高目标

这个目标就是党的十九大报告中所指明的，在中国人民站起来、富起来的基础上，实现强起来。有人说，把强起来作为目标，前人不是早就提出过？的确如此。不过，这里有两种意义指谓的目标：一是作为宏观历史预言的目标；二是作为当下实践指向的目标。可以说，自党的十八大以来，关于建设强大国家的目标，才开始真正从少数人的历史预言而成为亿万人民的实践指向。

对这里的“三步”，也应作历史的辩证理解。比如，对“站起来”的理解，就有毛泽东说的“从此站起来了”，到邓小平说的“站住了”①，以及最高层次的扬眉吐气地站着。上述所言的开始站起来，意味着中国的统一和独立的实现。而“站住了”，则是以富起来为基础。而扬眉吐气地站着，则要以强起来相伴随。

① 《邓小平文选》第2卷，299页，北京：人民出版社，1994年。

另外，这里所言“站起来”，还有一个在人们心目中获得认可的问题。新中国成立，标志着中国作为一个独立自主的国家，在中国人民的心目中站起来了。从那以来，随着中国的经济、科技、国防等力量的不断壮大，及至2010年成为世界第二大经济体，可以说，在广大发展中国家和人民的心目中，中国作为一个富裕和有广泛国际影响力的大国站起来了。但是到目前为止，从总体上还不能说，在以美国为首的西方发达国家和人民心目中，中国作为一个稳健和有前途的国家站起来了。我们甚至可以说，在西强东弱、北强南弱的世界格局尚没有从根本上发生改变以前，在西方发达国家和人民的心目中，中国就不可能作为一个强国真正站立起来。因此，强起来，是中国的当务之急，而这个根本目标是通过如下美好蓝图来体现的。

（二）新使命是绘就更美蓝图

这个更美蓝图的构成，具体说来，有四个层面。一是国家层面。即到2020年全面建成小康社会，到2035年基本实现社会主义现代化，到21世纪中叶，把我国建成富强民主文明和谐美丽的社会主义现代化强国。二是人民层面。即实现全体人民的共同富裕。三是民族层面。即实现中华民族伟大复兴。四是世界层面。即构建人类命运共同体，为实现人类的美好未来作出更大贡献。这四个层面，分别体现了中国共产党人的四种情怀，即国家情怀、人民情怀、民族情怀和世界情怀。

这个美好蓝图说明了以下四点。第一，中国的强起来，是全面的强起来，是包括经济、政治、科技、国防、社会、文化、生态和国家治理能力等方面的全面的强起来，不像一些西方发达国家有强大经济实力、军事实力和科技实力，而社会乱象丛生的那种片面的强起来。第二，中国的强起来不是少数人得实惠的、贫富两极分化的强起来，而是全体人民共同富裕的强起来。第三，中国的强起来不是一些西方国家那种与“霸起来”相关联的强起来，而是与世界其他国家实现“和平发展、合作共赢”的强起来。第四，中国的强起来，是实现中华民族伟大复兴的中国梦。这个梦不仅是指中国要在世界强国行列中占有一席之地，而且是指成为世界领先的强国。因为在19世纪三四十年代以前的10多个世纪中，中国在世界上一直处于领先地位，只是在近代落后了。中华民族的伟大复兴就是要从根本上洗刷从1840年到1949

年的百年耻辱，重振当年中国的雄风。所谓重振雄风，并不是流连和简单重现昔日的辉煌，而是要创造一种不同于西方文明的、崭新的中国特色社会主义文明。要实现中华民族的伟大复兴，其关键是要聚焦主要矛盾，满足中国人民日益增长的美好生活需要。

（三）新使命是实现更好向往

党的十九大报告指出："中国特色社会主义进入新时代，我国社会主要矛盾已经转化为人民日益增长的美好生活需要和不平衡不充分的发展之间的矛盾。"[①]这里要说明的有以下三点。

一是，社会主要矛盾转化是总领全局的风向标。主要矛盾是一种对事物发展起领导和决定作用的矛盾。当今我国主要矛盾的转化，也就标示着我国社会主义建设的目标指向、总体布局，以及与此相联系的历史阶段发生了变化。因而我国社会主要矛盾的转化，也就成为中国特色社会主义进入新时代的基本依据。

二是，社会主要矛盾转化是我国发展的历史必然。正如马克思、恩格斯所指出的，随着生产的发展，需要的满足又引起新的需要。[②]这里需要的变化，可从城乡居民恩格尔系数的变化中反映出来。1978年，我国城乡居民的恩格尔系数分别为57.5%、67.7%。也就是说，在那时，我国人民有六成左右的消费都集中在解决温饱上。而到2017年，我国城乡居民恩格尔系数的平均值已下降为29.39%，进入了联合国划分的20%至30%的富足区间。当衣食住行等物质方面的"硬需求"获得解决以后，民主、法治、公平、正义、安全、环保等方面的"软需求"也就提出来了。这就是人民群众对美好生活的向往。

三是，社会主要矛盾转化是党和国家制定大政方针、长远战略的重要依据。人民有所呼，改革有所应。解决主要矛盾也就成为新时期党和国家的主要任务。即要解决不平衡不充分的发展与人民日益增长的美好生活需要之间的矛盾。这里的不平衡，包括宏观和微观两个层面。从宏观层面看，发展的不平衡主要表现为，经济建设与政治、文化、社会、生态文明等方面建设的不平衡；从微观层面看，发展的不

① 习近平：《决胜全面建成小康社会　夺取新时代中国特色社会主义伟大胜利——在中国共产党第十九次全国代表大会上的报告》，11页，北京：人民出版社，2017年。

② 《马克思恩格斯选集》第1卷，159页，北京：人民出版社，2012年。

平衡主要表现为，区域间和群体间的不平衡。所谓不充分发展，是指关于国计民生方面供给的不充分。比如，优质的教育资源、高水平的医疗卫生服务、更好的就业和创业环境、平价的住房、舒适的养老服务，以及良好的生态环境等供给的不充分。

因此，在新的历史起点上，必须牢牢把握我国新时代的主要矛盾，牢牢把握人民对美好生活的向往这个根本。为此，就必须有更大历史作为。

三、“新”在进行更大历史作为

新时代、新使命，要有新作为。这里的新作为是关系全局的大作为。

（一）大作为要有大局观

这里的大局观是指要从中国大局看世界，从世界大局看中国。从中国大局看世界，即把中国作为重要的关系方，来看当今世界的变化。这个变化可以用这样一句话来表述，即世界正处于百年未有之大变局中。看待这里的大变局应着眼三个关键因素：其一是，实力相对衰落而心有不甘的美国；其二是，经济实力迅速增长且国际影响力持续增强的中国；其三是，重要性凸显并日益成为世界焦点的亚太地区。就中美比较而言，1978年美国的国内生产总值是中国的15.8倍，到2017年已下降为中国的1.6倍。从发展趋势看，二者的差距还将继续缩小。今天的亚太地区人口占世界总人口的40%，经济总量占全球的57%，贸易总量占全球的48%。因而它也就成为全球经济发展速度最快、潜力最大、合作最为活跃的地区。过去十年，亚洲经济对世界经济增长的贡献率已超过50%，美国和欧盟加起来才45%。[①]以上事实说明，新兴市场国家和发展中国家群体性崛起，已然势不可挡；世界格局变化中的东升西降和南升北降，已成历史必然。

面对这样的变化，美国并不甘心。美国前总统奥巴马在当政期间，为了阻碍和延缓中国的发展，实施了一个所谓“亚太再平衡”战略。

① 王卫星：《透视国际变局本质把握战略竞争主导权》，《参考消息》，2018—12—6。

特朗普政府上台以后，又代之以“印太战略”。2018年又挑起了中美贸易摩擦。中美较量较为集中的地区，是我国周边和亚太地区。在这一地区，我国将面临西方大国，特别是美国的遏阻压力，和由其所挑起的种种周边摩擦。面对这样的国际变局，我们的方针是稳定大国关系，联合“新兴力量”，力争构建于我有利的新型大国战略平衡。一是对美国实施以斗争求合作的迂回战略，努力把中美分歧限制在可控范围之内。二是加强与俄罗斯的全面战略协作伙伴关系，深化与欧盟及欧洲主要国家的关系。三是通过中国与东盟（10+1）、上海合作组织、金砖国家组织等，支持新兴市场国家走联合自强之路。

要在百年未有之大变局中取胜，除了上述措施以外，主要还要从世界大局看中国。即从世界大局出发，把中国自己的事办好。也就是要实现中国全面整体协同发展。为此就要统筹推进“五位一体”总体布局，协调推进“四个全面”战略布局，完整、准确、全面贯彻新发展理念，特别是促进国家治理现代化建设。因为如上所言，它是上述各层面布局得以实施和实现的总抓手或总枢纽。要完成这些布局，就要抓住若干关键环节。

（二）大作为要抓住关键环节

所谓关键环节，也就是关系党和国家命运和前途的、在世界大国博弈中中国胜算几何的重大问题。这些关键环节主要有以下五个方面。

第一，通过创新驱动实现高质量发展。中国的新发展理念，把“创新”摆在第一位，这很重要。中国原先作为科技不发达国家，已经走过前两步，即引进和模仿；现在正在走第三步，即创新。为了促进创新，2016年，我国制定了《国家创新驱动发展战略纲要》，提出了建设世界科技强国的“三步走”战略：到2020年进入创新型国家行列，到2030年跻身创新型国家前列，到2050年建成世界科技创新强国。我国现在正处在从模仿为主到创新为主的转变中。我国经济能否实现从高速度增长阶段转向高质量发展阶段，其关键就在于，能否实现上述转变。可以说，我国经济正处在这样一个发展的十字路口。搞得好，中国就能跨越中等收入陷阱，不然就会陷于其中。自20世纪60年代以来，全球100多个中等收入经济体，能跨越中等收入陷阱，从而成为高收入经济体的只有十几个。可见，这是一个多么严峻的挑战。因此，对中国来说，这个坎必须迈过。近年来，在高科技人才的培养引进、科研资金的投入和科研体制的改革等方面，我国都有很大进步。在一些科技领域也已从以往的跟跑、并跑，而进入现在的领跑阶段。但我国科技发展的总体水平仍然不高。有不少核心零部件和关键基础材料还依赖进口，这就可能被人卡住脖子。我国是世界第二大经济体，可我国的创新指数还有很大提升空间，这与我国的经济地位很不相称。

第二，加强国家治理体系和治理能力现代化建设。应该肯定的是，我国的国家治理总体是好的，但同时也应看到，在这一方面我们还存在许多不足，还有许多有待改进的地方。在当前，主要要抓好以下几个方面的工作。

一是坚持党的集中统一领导。这对我们这样一个由多民族构成、有着14亿多人口并处于自我发展关键时期，以及作为世界大变局中的关键国家来说，命运攸关。为此，在组织上，就要实现党的领导的全覆盖，即加强在新型经济组织和社会组织中建立健全党的组织和机构，做到党的工作与党的组织双落实。在政治上，就要提高党把方向、谋大局、定政策、促改革的能力和定力，确保党始终总揽全局、协调各方。在作风上，就要大力整治“上有政策、下有对策”的分散主义、本位主义，以及克服敷衍塞责的形式主义、官僚主义等。

二是全面依法治国。实现党、国家、社会各项事业治理的规范化、制度化、程序化，不断提高依法办事的能力。为此，要正确看待和处理法、理、情的关系。其一，一国之法，也就是规范化、制度化的国之大理，因而大道理要管小道理；其二，一国之法系国家前途、民生福祉，所以它所承载的是“大我”情怀，因而大情怀要管小情怀。总之，只能在合法的前提下，去讲合理、合情。

三是处理好政府和市场的关系。其要实现的目标，是有效市场与有为政府的结合。即既要遵循市场规律，善用市场机制解决问题，又要政府勇于承担责任、干好自己该干的事。因为中国现代化从经济维度说，既不是单纯的市场行为，也不是单纯的政府行为，而是政府倡导和组织的市场与产业一体化的发展进程。

国家治理体系和治理能力现代化建设，是一个比其他方面的现代化建设更系全局、更为根本、更关命运的大事。只有把这个工作做好了，才能统一全国的力量，并作为一个整体发挥更大效能、抵御更大风险，以及在世界大国较量中，拥有更大主动权，从而使中国跃升为综合国力和国际影响力领先的国家。

第三，缩小贫富差距，实现共同富裕。改革开放以来，广大人民的生活有了极大改善，但同时收入差距拉大的状况还没有从根本上得到改善。为改善收入差距拉大的状况，国家正采取一系列行之有效的措施。目前持续进行的全面脱贫攻坚是一项有着重大历史意义的工程。农村的土地确权，借以提高农民对土地使用权的收益也是一个重大措施。另外，为缩小贫富差距，对非公经济，除了有最低工资制度的保障以外，还应在所有权上做文章。赞赏、鼓励“劳者有其股”，即让劳动、技术与资本一样，都能享有股份。当然，适时启动遗产税的征收，也是缩小贫富差距的一个重要选项。

第四，全面从严治党，提高党的自我革命能力。中国共产党是中国人民、中华民族的主心骨。共产党要进行两个革命：一是社会革命，二是自我革命。中国共产党只有把自我革命搞好，才能更好地领导社会革命。作为执政党的中国共产党能不能自我革命，能不能拒腐防变，这确实是一个巨大考验。我们党曾经历过两次重大考验。一是从农村进入城市的考验。应该说，我们党总体上经受住了这场考验。二是改革开放和市场经济的考验，即共产党能不能在新的条件下，拒腐防变。世界上有不少人持怀疑态度，特别是资产阶级自由化分子曾断言：共产党一党执政，必然走向腐败。然而事实已经证明，在总体上，他们错了。这是因为共产党不是代表部分人利益的谋私党，而是代表国家、民族和全体人民利益的谋公党。一心谋公不谋私，才能谋大局、谋根本，才能有资格和底气，直面自身问题，勇于自我革命。勇于自我革命，这正是中国共产党最鲜明的品格，也是它的最大优势。党的十八大以来，全面从严治党，正风肃纪，掀起了一场伟大的自我革命风暴。应该说，到目前为止，这一革命已取得压倒性胜利。诚然，决不可因胜利而懈怠，因成绩而自满。必须强调党风建设永远在路上，坚持惩治腐败无禁区、零容忍。必须继续加大反腐力度，巩固和发展已取得的压倒性胜利。

第五，抓好“一带一路”建设，促进国际合作。国际合作的对立面是国际孤立。对一个国家来说，处于国际孤立状态，绝不是好事。革命战争年代，蒋介石政府为了孤立我们，一是在舆论上大搞污蔑，二是在军事上进行“围剿”。我们打破这种孤立的办法，就是统一战线。新中国成立以来，美国一直在拉拢一些国家和地区组织妄图围堵我国。只是在我国改革开放以来，它渐渐有些力不从心了。对付这种围堵，我们的办法，就是国际统一战线。一是政治上的统一战线，即团结一切反对帝国主义和霸权主义的国家和人民；二是经济上的统一战线。就是发展国际经济合作。具体说来，就是和平发展，合作共赢，构建人类命运共同体。这一理念的一个重大落实举措，就是“一带一路”建设。“一带一路”建设不仅是中国继续发展的关键举措，而且符合经济全球化的历史潮流，符合各国人民的普遍期待。到2018年底，“一带一路”倡议已得到122个沿线国家和29个国际组织的热烈响应，引发广泛而深远的国际效应。

四、“新”在激发更强胜利信心

要完成肩负的历史使命，抓住重大关键环节，其中一个重要前提，就是要树立强大信心。新时代对中国共产党和中国人民来说，是一个前景十分光明、途程愈进愈难，而又非进不可的时代。在这一时代条件下，我们夺取胜利的强大自信来自哪里，就来自中国的中央领导优势、经济体制优势、大型经济规模优势和内生动力优势。因此，对这些优势，我们要予以充分肯定和科学把握。

（一）中央领导优势

在当今世界上，各国的竞争从根本上说，就是拥有国家领导力的领导集团的竞争。在中国特色社会主义新时代，我国已经形成了一个先进成熟稳健、有强大组织力和凝聚力的领导集团。这个领导集团就是以习近平同志为核心的党中央。

所谓先进，就是在以习近平同志为核心的党中央坚强领导下，中国共产党高举习近平新时代中国特色社会主义思想光辉旗帜，在全面深化改革开放和全面建设社会主义现代化国家的进程中，始终站在最前线，充分发挥和体现了它在中国人民和中华民族中的先锋模范作用。

所谓成熟，是指新时代中国特色社会主义，既有别于改革开放前那种以群众运动、“以阶级斗争为纲”来搞社会主义的做法，又有别于改革开放后那种以片面的拼速度、拼资源、拼环境的方式来发展经济的做法，而是既继承和发扬了毛泽东时代的一些红色基因和优秀传统，又吸取和丰富了邓小平时代关于以经济建设为中心、改革开放、发展社会主义市场经济的成功经验，并竭力将这两个时代的优长结合起来，并发扬光大，因而在实际上，中国特色社会主义已进入了一个通过扬弃、综合和创新，以达于螺旋式上升的新阶段。也就是说，我们党对社会主义的认识、对中国特色社会主义规律的把握，已经达到了一个前所未有的新高度。这使我们党在新时代坚持和发展中国特色社会主义，经验更为丰富，心中更有底数。

所谓稳健，是指科学执政、民主执政、依法执政的能力进一步提升。共产党一党执政的优势在于，能集中力量办大事，不会造成西方国家两党制或多党制的权力分割和相互掣肘的局面。那么，怎样才能集中力量办好事，不办坏事，并把好事办得更好呢？这就要尊重科学、发扬民主、依法执政。在这方面，我们党总结了以往的经验教训，制定了一系列程序、规定和制度。比如，中央的重要文件和重大规划，都是按照相关规定和程序的要求，召开各方面、各层次的会议，广泛征求意见，经过充分协商，从而进行许多次的修改而形成的。这种景观实乃为世界所罕见。因而近许多年来，党中央和国务院的一系列重大决策部署都赢得了党心、军心、民心。中国共产党坚强和稳健的领导，形成了我国强大的凝聚力和国家组织力。

（二）经济体制优势

我国的经济体制是以公有制为主体、多种所有制经济共同发展的社会主义市场经济体制。公有制为主体，主要是以国有企业为主体。它在经济社会发展、民生改善和风险防控等方面能起主动力和压舱石的作用。私营企业在中国经济中因其数量庞大，且机动性、灵活性、创新性强，而发挥着重要作用。改革开放以来所取得的巨大成就说明：国有经济和私营经济在市场竞争中共同发力、相互促进，比公有经济一条腿起支撑作用的苏联社会主义经济模式以及私营经济一条腿起主要支撑作用的资本主义经济模式，走得快、走得稳、走得好。所以，我国既要毫不动摇地巩固和发展公有制经济，做大做优做强国有经济；又要毫不动摇地鼓励、支持、引导非公有制经济发展，做精做细做活民营经济。

（三）大型经济规模优势

我国作为一个超大型经济体，其一，可以利用规模优势，经济而高效地推进全国联通的基础设施建设。从而极大地节省资源，提高整体效率，改善中国的投资环境，促进各种资源的便捷流通。其二，可以利用规模优势，建设影响国计民生的大工程、大项目。从而带来系统规模性效益。其三，可以利用规模优势，形成世界更为完整的科技体系和产业体系。从而作为一个根本性基础，去实现对世界先进科技水平的追赶和超越。

（四）内生动力优势

一是东中西互动格局初步形成。即由以往东部的一马当先，到现在东中西各自的亮点纷呈。二是城乡融合发展的条件已经具备。三是内需成为拉动我国经济的主要动力。2018年，国内消费的贡献率已提高到76.2%。因而强大国内市场的形成，将极大推动我国的发展。四是科技进步贡献率在2018年已提高到58.5%。科技创新正在重塑中国经济增长格局，深刻改变社会面貌。五是中国正在向世界实行更高水平开放，从而必将进一步激发内生动力。由上可见，迎接新时代的挑战，我们有困难、有办法、有前途。我们应提振自信，大胆前行，勇夺胜利。

总之，中国特色社会主义新时代，“新”在继往开来中的划时代发展。在“继往”意义上，“新”于历史的必然；在“开来”意义上，“新”在伟大的创造。这创造源于更重历史使命的担当、更大历史作为的施展和更强胜利信心的激发。

实现中华民族“美起来”的“强起来”*

日益强大的中国，如何进一步发展自己，与此相联系，能否与世界各国继续友好相处，这是当今中国所面临的一个重大问题，同时也为世界各国所瞩目。之所以如此，是因为中国块头太大、分量太重，加之某种惯性思维的影响，以至拿破仑的那句名言[①]一再被人反复引用。人们担心，中国这头睡狮醒来，会惊扰世界，会闹得世界不得安宁。在党的十九大报告中，习近平以“实现人民对美好生活的向往”，以及和各国人民一道，“共同创造人类的美好未来”为出发点和归宿，[②]科学地描绘了一幅建设中国特色社会主义现代化强国的路线图。这幅路线图深刻体现了使中华民族美起来与强起来相统一的思想内涵。这也是对这种担心的回应，同时，也充分表明中国的发展将共同增进中国人民和世界人民的福祉。

一、实现“美起来”的“强起来”是中华民族下一步的奋斗目标

在中国共产党的领导下，中国人民经过长期艰苦卓绝的斗争，实现了中华民族从“站起来”“富起来”到“强起来”的历史性飞跃。现在，我国行进在这第三步发展的大道上。

应该说，追求本国“强起来”，这不仅是当今中国的发展目标，也是所有不甘落后的国家都力求实现的理想。但世界各国所追求的“强起来”，在其内涵上又各不相同。不仅如此，我国所要实现的“美起来”的“强起来”，与一些国家使少数人得实惠的“强起来”，特别是

* 原刊于《党政干部学刊》，2018（2）。

① 传说，拿破仑曾经有言：中国是一头沉睡的狮子，让它继续熟睡吧，因为它一旦醒来，整个世界都会为之颤抖。

② 习近平：《决胜全面建成小康社会　夺取新时代中国特色社会主义伟大胜利——在中国共产党第十九次全国代表大会上的报告》，71、60页，北京：人民出版社，2017年。

那种与霸起来相关联的“强起来”，还是有着本质区别的。

观照历史，不难发现，在对外关系上，那种由强而霸或以霸图强的国家，并不鲜见，比比皆是。所谓由强而霸，是指一个国家强大以后，走上了一条以强凌弱、以大压小的霸权国家之路。世界历史上的一些西方国家，在自己强大起来的过程中，都曾先后走上了这样一条由强而霸的道路，从而给周边国家和国际社会都曾或正在带来罪孽和灾难。不过到目前为止，除美国以外，这样的国家还没有一个能摆脱因霸而衰的命运。这是因为，这些霸权国家对外的大肆扩张，必然会遭遇反抗，因此也就必然会过度消耗和透支其国内有限的战略资源，从而导致其内在矛盾的激化。尤其是具有一定规模的较长时期的现代战争，更是所耗不菲。作为对历史经验的一种总结，早在两千多年以前，我国就有“国虽大，好战必亡”[①]的古训。在现代西方，汤因比也曾有言，历史上所有帝国的衰落，都是其“对外的过度扩张和社会内部扭曲的扩大”的结果。[②]

正是基于上述历史启示和中华民族受欺凌、遭屈辱的沉痛教训，对独立自主、爱好和平、反对帝国主义和霸权主义等中国社会主义外交原则的坚守，对亲仁善邻、“协和万邦”[③]的中华优秀传统文化的当代传承和弘扬，从毛泽东开始，新中国历代国家领导人，都一再向世界庄严承诺：中国永远不称霸，永远不做超级大国。习近平在党的十九大上，又一次重申：“中国无论发展到什么程度，永远不称霸，永远不搞扩张。”[④]

中国的“强起来”，不仅与上述一些国家的由强而霸毫不一样，而且与一些国家少数人得实惠的“强起来”也格格不入。所谓少数人得实惠，也就是社会财富的增长为少数人而不是为多数人所占有，于是造成贫富差距拉大，社会分裂加剧。中国的“强起来”不能走西方发达国家的老路，而要走自己的新路。走这条新路使中国“强起来”，是要为实现中国人民对美好生活的向往而强，要为共创人类的美好未来而强。总之，中国的“强起来”，是“美起来”的“强起来”，这也是

① 《司马法·仁本》。

② 转引自彭光谦：《新炮舰政策难阻美国衰落》，《参考消息》，2016—9—12。

③ 《尚书·尧典》。

④ 习近平：《决胜全面建成小康社会　夺取新时代中国特色社会主义伟大胜利——在中国共产党第十九次全国代表大会上的报告》，59页，北京：人民出版社，2017年。

中华民族下一步为之奋斗的目标。

二、实现中华民族“美起来”的“强起来”的实际指谓

美，在中国文化中，起源于羌族以“羊人”为美的仪式。羊人，是指以羊的头角为饰的巫师。在这里，美，既是羊人的形象之美，也是仪式的整体之美，即由仪式中的建筑、音乐、图像、器物、咒言等要素所构成的系统之美，同时也是以羊人为象征的，沟通天上人间，以达契合的万物和谐之美。[①]

在中华多民族文化的融合历史演变中，美也从原先作为游牧民族的羌族所指谓的羊人之美，逐渐演变成表达理想的普遍之美。在这一过程中，“美”分别与“丽”“好”“满”“妙”等相结合，从而组合成“美丽”“美好”“美满”“美妙”等词语。人们用这些词语来标示一切赏心悦目的作为理想性显现的事物。比如，这种理想性的人品，被赞为“心灵美”，或“美丽的心灵”；这种理想性的行为，被誉为“美行”或“行为美”；这种理想性的天人关系，被肯定为“环境美”或“生态美”；这种理想性的人际关系，被称为“社会美”或“人世美”；这种理想性的国际关系，被形容为“各美其美，美人之美，美美与共，天下大同”。

在当代中国，“强起来”所内含的“美起来”，对个人来说，意味着体面、健康、仁爱、乐观；对社会来说，意味着安全、安定、和谐、舒适；对中国的国际担当来说，意味着中国作为国际社会的一员，要为建构相互尊重、公平正义、合作共赢的人类命运共同体而不懈努力。总之，实现中华民族“美起来”的“强起来”，不仅要把中国建设成为一个富强、民主、文明、和谐、美丽的，令国人自信自美的强国，而且要建设成一个促进和平、伸张正义以及与世界各国合作发展、共享利益的被世人信任赞美的国家。

单纯的“强起来”，在内涵上主要是指一个国家的硬实力。用文学的语言来说，它所表现的是一个国家的“强健骨骼”与“肌肉”。而“美起来”的“强起来”，则不仅指硬实力，而且还包括以硬实力为基

① 张法：《“美”在中国文化中的起源、演进、定型及特点》，《中国人民大学学报》，2014（1）。

础的国家软实力。而软实力所彰显的主要是一个国家的优美风貌与气质。单纯的强起来，其所指谓的是一个国家的经济、科技、国防等力量的强大；而“美起来”的“强起来”所指谓的则更全面，它意味着在强起来的前提下，更注重生态、生活、人际、人心、风俗等的进步与完善。在国际关系层面上，单纯的“强起来”，意味着把世界其他国家作为参照系，以自己国家在力量上赶超其他国家为奋斗目标；而“美起来”的“强起来”，则主要意味着不仅要以自己国家的强大为目标，而且还要以自己国家的强大为手段，欢迎其他国家搭自己国家发展的便车，从而把本国与世界各国的合作发展、共享共赢作为奋斗目标。正如习近平总书记在党的十九大报告中所指出的：“我国日益走近世界舞台中央”，就是要“不断为人类作出更大贡献”。并重申：中国要“始终做世界和平的建设者、全球发展的贡献者、国际秩序的维护者”[①]。

从根本和长远来看，一国的“强起来”与“美起来”，不是截然分开，而是辩证统一、相依相生的。强中有美，才是真正的强；美中有强，也才是真正的美。分别说来就是两点：一是“美起来”要以“强起来”为前提和基础，不然就会落空。很显然，一个贫弱的国家不可能是真正美的国家。二是“强起来”又要以“美起来”为引导和规范，不然就会走偏方向。即一个强而不美的国家，其强乃是一时，不可持久，且终将衰败。所以，中国在“强起来”的行进过程中，一定要把“美起来”作为其不可或缺的有机组成部分。

另外，中国的“自美”与世界各国的“共美”，不是相互排斥，而是互为支撑、相互促进的。这是因为随着全球化进程的不断推进，互联互通的技术不断进步，全球问题的日益凸显，使国与国之间的相互依存日趋紧密，以至你中有我，我中有你，谁也离不开谁。就中国与世界各国的关系来说，中国“自美”即中国的美好化，是世界各国的“共美”即世界美好化的重要组成部分和巨大推动力量；同时，世界的美好化也为中国的美好化提供了和平的国际环境和稳定的国际秩序。为了创造这样的环境和秩序，中国就必须把实现本国“自美”与促进世界各国“共美”结合起来，并视之为自己必须担当的大国责任。

① 习近平：《决胜全面建成小康社会　夺取新时代中国特色社会主义伟大胜利——在中国共产党第十九次全国代表大会上的报告》，58、25页，北京：人民出版社，2017年。

美，是社会主义的一个本质属性。社会主义是以追求公平正义为旗帜的美好理想，也是实现人类解放的美好事业，同时还是实现人民当家作主的美好制度。对社会主义国家来说，“美起来”，关键在于要利用政权的力量，造福人民，美在人民。即把占人口绝大多数的人民的利益实现好、维护好、发展好，使人民安居乐业、生活幸福。要“在幼有所育、学有所教、劳有所得、病有所医、老有所养、住有所居、弱有所扶上不断取得新进展”，要“保证全体人民在共建共享发展中，有更多获得感，不断促进人的全面发展、全体人民共同富裕”[①]。当然，这不是嘴上说说，也不是哗众取宠，而是要通过实实在在的行动，使上述承诺日益变成中国人民的生活现实和实际感受。中国共产党和中国政府已经和正在采取许多切实举措，卓有成效地使中国人民的生活不断地好起来。这其中，最为典型的，莫过于中国的消灭贫困运动。这一运动已经使7亿人摆脱了贫困，从而使他们过上了较为体面和享有尊严的生活。这是一个了不起的成就。正如到过世界许多国家包括一些发达国家的印度尼西亚学者苏尔约诺所言：“贫困问题是当前世界面临的最严重全球问题之一。”[②]中国全面建成小康社会，如果能够根除贫困，那就是人类社会发展史上最伟大的里程碑之一。

在当代中国，美在哪里？美就在全国人民的生活中，美就在他们的心坎上，美就在他们的笑容里。这样的美，是社会主义之美，同时也是人间之大美。

对社会主义中国来说，使中国“美起来”，首先就是要把中国人民的利益实现好、维护好、发展好，同时要“把中国人民的利益同各国人民的共同利益结合起来”[③]，去开创人类日益美好的未来。这并非博取世人好感的外交辞令或一种宣传策略，而是出自真心，言出必行。比如，“一带一路”倡议的提出和实施，就是这样一个惠及中国人民和世界人民的重大行动。对此，美国学者霍马茨曾给予高度评价，他认为，这一倡议“提出了一个全面的、历史性的地区经济合作蓝图”。美国学者欧伦斯也认为，“一带一路”倡议，对中国有利，对世界有

① 习近平：《决胜全面建成小康社会 夺取新时代中国特色社会主义伟大胜利——在中国共产党第十九次全国代表大会上的报告》，23页，北京：人民出版社，2017年。

② 梁辉：《苏尔约诺：十九大为东方文明崛起注入新动力》，《参考消息》，2017—10—24。

③ 《十七大以来重要文献选编》上，36页，北京：中央文献出版社，2009年。

利，……对美国也有利。[1]

从真善美的关系来说，美是真善统一的愉悦性形式的显现。用狄德罗的话说：“真、善、美是些十分相近的品质。在前面的两种品质之上加以一些难得而出色的情状，真就显得美，善也显得美。”[2]这里所言的“难得而出色的情状”，是指形式美。就作为与真善相适应的形式美而言，美起来，对一个国家来说，就是要塑造良好的国家形象。习近平曾指出：“要注重塑造我国的国家形象，重点展示中国历史底蕴深厚、各民族多元一体、文化多样和谐的文明大国形象，政治清明、经济发展、文化繁荣、社会稳定、人民团结、山河秀美的东方大国形象，坚持和平发展、促进共同发展、维护国际公平正义、为人类作出贡献的负责任大国形象，对外更加开放、更加具有亲和力、充满希望、充满活力的社会主义大国形象。”[3]习近平在这里所期望塑造的我国国家形象，也就是使中国“美起来”的“美”之所在。

总之，实现中华民族“美起来”的“强起来”，就是使中国不仅在国人心目中，是“厉害了，我的国！”而且在世界人民心目中，是“大美啊，中国！”

三、实现“美起来”的“强起来”是当下中国的正确选择

在实现中华民族“强起来”的过程中，中国共产党和中国政府早已或正在实施一系列战略部署，比如，和谐社会建设、平安中国建设、绿色文明建设、健康中国建设、社会主义核心价值观建设，以及人类命运共同体的构建等，使中国一天天美起来。因此，实现中华民族“美起来”的“强起来”这一问题，是对上述理念和实践在理论上的一种综合概括。党的十九大报告把到21世纪中叶我国发展的总体目标进一步规定为：把我国建成富强民主文明和谐美丽的社会主义现代化强

① 杨士龙、周效政：《美国专家访谈录：中国主动为世界发展设置议程》，《参考消息》，2017—10—13。

② 北京大学哲学系美学教研室编：《西方美学家论美和美感》，135页，北京：商务印书馆，1980年。

③ 《习近平谈治国理政》，162页，北京：外文出版社，2014年。

国。[①]这其中的生态美丽、社会和谐、文明昌盛、民主健全等，都是“美起来”的一些具体表现。因此，明确提出实现中华民族“美起来”的“强起来”的问题，对全面把握上述理想的本质内涵，从而在对内关系上克服自我本位主义、市场自由主义、人类中心主义等的危害，在对外关系上防止和消除民族利己主义、民族沙文主义、民族强权主义等的影响，以及与那种一富就妄自尊大，一强就颐指气使，一遇事就过激反应的做派划清界限，都具有重要意义。另外，明确提出这一问题，可以在思想统一和行动统一上，更好地发挥凝心聚力的作用，从而更自觉、更有力、更有效地解决现实存在的种种问题。例如，实现不同地区的平衡发展问题；环境治理问题；腐败的防范和惩治问题；国民的生活质量、教育程度、人口素质的提高问题，包括国民心态的良化问题，要“培育自尊自信、理性平和、积极向上的社会心态”[②]问题；在国际上塑造中国的战略信誉和威望的问题；等等。

从历史角度说，中华民族是一个以美为崇高追求的民族。“中华”又名“华夏”。其中的“中”，蕴含有“正心为美”“中正为美”“中和为美”等多义。[③]故而，董仲舒曾说：“能以中和理天下者，其德大盛。”[④]“华，花也。”[⑤]其意味着花容貌美，繁荣昌盛，生生不息。“夏”有“雅”“文”之义。“雅”“夏”，为古通字，“夏”即“雅”。“雅”指中夏地区采用的相对于方言的雅正的语言，即雅言。因而在荀子那里有“越人安越，楚人安楚，君子安雅”[⑥]之说。即君子采用雅言说话。由雅言之雅进而加以推广，用于标示与“蛮荒”相区别的“雅道”，即典章制度文明。孔子有“先王之道斯为美”[⑦]的赞叹！因而“夏”包含以雅为美、以文为美之含义。孔子说尧舜“焕乎，其有文

① 习近平：《决胜全面建成小康社会　夺取新时代中国特色社会主义伟大胜利——在中国共产党第十九次全国代表大会上的报告》，29页，北京：人民出版社，2017年。

② 习近平：《决胜全面建成小康社会　夺取新时代中国特色社会主义伟大胜利——在中国共产党第十九次全国代表大会上的报告》，49页，北京：人民出版社，2017年。

③ 陈望衡：《中华美学之魂——为中华美学释名》，《人民日报》，2016—12—19。

④ 《春秋繁露·循天之道》。

⑤ 《诗·周南·桃夭》：“桃之夭夭，灼灼其华。”《论语·子罕》有句“唐棣之华”，皇侃疏：“华，花也。”由花又派生出“荣”。

⑥ 《荀子·荣辱》。

⑦ 《论语·述而》。

章”[①]，赞西周“郁郁乎文哉”[②]。这里的“文”或“文章”，其指谓是以“礼乐”为代表的中国上古文明之美。其后，在中国历史舞台上，所表现的大汉浩浩气象、大唐泱泱之风，则是对这种文明之美的一种发展。我们现在提出要实现“美起来”的“强起来”，实际也就是对中华民族所内含的强劲脉搏、华丽多姿、恢宏气度等品格在当代的发扬光大。

从世界角度说，实现中华民族“美起来”的“强起来”，把中国“自美”与促进世界各国“共美”统一起来，用普遍安全替代强国的单边安全，用协作替代侵略性竞争，用共存替代控制，用共赢替代零和等，这就提供了一种不同于西方模式的、新的关于全球发展的中国方案。这一方案如果在中国的大力倡导和积极推动下而得以实现，那么可以预见，21世纪的中国发展，作为一个重大历史事件，对世界秩序重组和人类历史走向将产生重大而深远的影响，必将开启后发国家现代化和全球治理的新纪元。其世界意义将超越18世纪英国工业革命、1789年法国大革命、1917年俄国十月革命和20世纪美国的崛起。

从未来角度说，以马克思主义为指导思想的中国共产党人所追求的最高理想，是建立一个使人得到彻底解放的美好社会，即共产主义社会。然而这个美好社会的实现却是一个长期的过程，是一个以现实为前提的现实运动。用《共产党宣言》里的话说，它是“绝大多数人的，为绝大多数人谋利益的独立的运动”[③]。这里的“绝大多数”，无疑是指人类的绝大多数。在这个意义上说，中国所提出的构建人类命运共同体的理念，很好地体现了《共产党宣言》所高扬的世界社会主义原则。不过，这里的世界社会主义，已经不是建立在以往人们所理解的全世界无产阶级的阶级斗争和世界革命基础上的，而是顺应了当今全球化的时代大潮，是建立在努力团结全人类，共同发展和共同繁荣基础上的。不仅如此，就中国来说，表现为既不向外输出自己的发展方案，也不干涉别国内政，而是以自己的发展成就和带头作用，来彰显社会主义的生命力、亲和力和影响力。因此，实现中华民族“美起来”的“强起来”，既惠及全体中国人民，同时也惠及世界人民。这

① 《论语·泰伯》。

② 《论语·八佾》。

③ 《马克思恩格斯选集》第1卷，411页，北京：人民出版社，2012年。

不仅是社会主义在中国的巨大胜利，同时也能为社会主义在世界赢得赞誉、赢得人心。在这个意义上说，实现中华民族“美起来”的“强起来”，必将引领世界社会主义从东欧剧变、苏联解体所造成的低潮中走出来，从而开启世界社会主义发展的新纪元。对此，俄罗斯学者维诺格拉多夫认为，中国特色社会主义道路是资本主义道路之外的道路。对许多国家来说，这是鼓舞人心的榜样。①

总之，实现中华民族“美起来”的“强起来”，这是一个立足中国当代实际、根植于中国优良传统、放眼当今世界促进人类社会美好理想的实现，是当下中国发展方向的正确选择。因而它也是中国人民应努力为之奋斗的目标。

① 胡晓光：《中国新时代需要新行动指南》，《参考消息》，2017—10—26。

用中国特色社会主义制度逻辑规范资本逻辑*

改革开放以来，我国走出了一条运用资本来发展经济的中国特色社会主义道路。由此，社会主义与资本的关系问题，也就成为我国哲学研究的一个热门话题。不过，到目前为止，对关于社会主义制度逻辑与资本逻辑的交互作用，尚缺乏较为全面的说明，即比较偏重资本逻辑的单向作用。比如，或是突出资本促进物质文明的作用，以为中国市场经济的建立提供依据支撑；或是强调资本带来的负面社会效应，以对市场经济运行中出现的种种问题提供原因说明，至于如何发挥社会主义制度逻辑的规范作用，则往往只限于一种原则性论述，比如，既要承认和发展资本，又要驾驭和限制资本。然而在笔者看来，这一原则性论述不能说没有道理，但确实较为笼统空疏，乃至使人无所适从。之所以如此，从理论上来说，一个重要原因在于，对资本的一般与个别的关系，特别是作为其个别的社会主义社会的资本，以及如何按照资本一般本质和社会主义制度的要求对资本加以规范等问题，还缺乏辩证的把握。下面就此来谈一些认识。

一、资本的一般本质

从辩证论的观点看，一般是相对于个别而言的。在认识论意义上，这里的“个别”不是单数，而是复数。因为只有在同类的若干个别事物存在的情况下，人们才能通过比较，从而提出关于该类事物一般本质是什么的问题。如同马克思所言：“最一般的抽象总只是产生在最丰富的具体发展的场合，在那里，一种东西为许多东西所共有，为一切所共有。这样一来，它就不再只是在特殊形式上才能加以思考了。”①

* 原刊于《哲学动态》，2018（4）。

① 《马克思恩格斯文集》第8卷，28页，北京：人民出版社，2009年。

这一道理，对“资本一般”问题的提出和解答，也是完全适用的。

在人类历史上，资本萌芽和发展于从原始社会末期以来的简单商品生产中，成熟于近代以来的资本主义商品生产中。也就是说，资本作为一种主要的和占统治地位的社会经济存在，是以资本主义社会的资本这种形态首先获得表现的。由此，它也就获得了从古典经济学家以来的广大经济学家、社会学家和哲学家的极大关注，以至成为他们研究的一个重要对象。也是缘于此，所以那时许多学者的资本论，包括马克思的《资本论》，实际所论的，主要是作为资本个别的资本主义社会的资本。用马克思的话说，其所研究的“是资本主义生产方式以及和它相适应的生产关系和交换关系”①。

直到20世纪90年代，一些社会主义国家，特别是中国，把市场经济作为经济体制改革的方向，与此相联系，才开始把资本作为发展社会主义经济的手段来运用。于是这样一来，相对于前资本主义社会的资本、资本主义社会的资本和社会主义社会的资本，我国理论界才明确提出了“广义资本”或“一般资本”这样的命题。尽管在这里，只是给出了一个提示性的说法，其具体内涵尚晦而不明，但它毕竟指明了前进的方向。即要透过上述学者关于资本主义社会的资本论，去揭示其中所隐含的资本一般意蕴。因为在逻辑上，资本个别与资本一般毕竟是不可分割的，所以任何对资本个别的研究和表述，都不可能脱离资本一般而孤立进行。诚然，这里所依据的，主要不是逻辑推论，而是事实佐证。

通过提炼和概括，我们可以发现，以往的思想家特别是马克思，在论述资本主义社会中资本的含义时，将资本看作一种商品生产要素，认为它是一种能带来价值增殖的价值，反映了一种历史性的生产关系。这为系统说明资本的一般本质提供了理论支撑。

第一，关于资本的商品生产性。这里是说，资本具有商品生产性，意即资本是商品生产（包括简单商品生产）而非自给自足的自然经济生产的一个要素。我们看到，除以马克思、恩格斯为代表的少数论者外，绝大多数论者并没有作这样明确的界定。比如，萨缪尔森就曾笼统地认为，资本是一种被生产出来的要素。这一观点的优长在于，它

① 《马克思恩格斯文集》第5卷，8页，北京：人民出版社，2009年。

指明了资本是跟生产过程不可分割的，因而具有生产性。不过，其不足之处在于，它可能会使人停留于那种对“生产”作泛化的理解中。在历史上，李嘉图正是囿于这种理解，而把资本的历史足迹一直上溯到原始社会猎人的制造物上。他认为：“资本可能是由猎人自己制造和积累的”、是用来“捕猎鸟兽”的“某种武器”①。托伦斯也认为，“在野蛮人用来投掷他所追逐的野兽的第一块石头上，……发现了资本的起源”②。对资本的生产性作如此泛化的理解，孰是孰非，我国有论者感到纠结。对此，后文将在适当的地方予以说明。

如上所说，把资本理解为商品生产的一个要素，具有极高的理论价值。但它也只是对资本及商品生产其他要素（包括地理、政治、历史和文化等）的一个共性规定。那么在商品生产中，资本与其他要素的区别在哪里？就此，一些思想家提出了资本是一种能带来价值增殖的商品生产要素的观点。

第二，关于资本的价值增殖性。应该说，这是许多思想家的共识。比如，斯密把资本定义为用于生产以取得收入的“预蓄资财”③。马克思主义则是用“剩余价值”来指谓资本的自行增殖。④

诚然，马克思主义在这里所论的剩余价值，是以资本生产为形式所实现的剩余价值。但其也并未以此为限，而是在一般意义上指出：“劳动产品超出维持劳动的费用而形成的剩余，以及社会生产基金和后备基金从这种剩余中的形成和积累，过去和现在都是一切社会的、政治的和智力的继续发展的基础。”⑤那么既然如此，可否认为资本的生产性中的“生产”也包括自给自足的自然经济生产，以至适用于原始人类对动物的猎获活动呢？这也是上文提到的某些论者感到纠结的原因所在。其实，马克思所言的“劳动生产剩余产品”是一个普遍命题；而资本自行增殖，或资本生产剩余价值，则是一个特殊命题。即它不是在一般意义上言说劳动生产剩余产品，也不是指活劳动以积累起来

① ［英］李嘉图：《政治经济学及赋税原理》，郭大力、王亚南译，17—18页，北京：商务印书馆，1962年。

② 转引自《马克思恩格斯文集》第5卷，215页，北京：人民出版社，2009年。

③ ［英］亚当·斯密：《国民财富的性质和原因的研究》上卷，郭大力、王亚南译，254页，北京：商务印书馆，1983年。

④ 《马克思恩格斯文集》第5卷，176页，北京：人民出版社，2009年。

⑤ 《马克思恩格斯全集》第20卷，211页，北京：人民出版社，1971年。

的劳动为手段来为自己生产剩余产品，而是特指积累起来的劳动以活劳动为手段来为自己生产剩余产品。[①]因此，不可把二者混为一谈。不能因为原始社会已有剩余产品的出现，便脱离商品生产的限定，而对资本的生产性作泛化的理解。这样做是不对的。

正是基于上述区别，马克思不仅指明了资本是商品生产要素中能带来价值增殖的生产要素，而且进一步指明了，在资本结构中，相对于作为不变资本的生产资料，只有作为可变资本的劳动力使用，即活劳动才是资本价值增殖的唯一源泉。这就是通常所简称的马克思的劳动价值论。那么既然如此，可否认为剩余价值的创造者最有权享有剩余价值呢？诚然，那些站在劳动者立场上的论者认为，这毋庸置疑。应该说，这种认识含有内在的某种合理性。但问题在于：在这里，不能只是进行单纯的分配关系分析，而必须进行全面的生产关系分析。即如马克思所认为的，剩余价值的分配直接取决于使得剩余价值得以实现的生产关系，特别是生产资料所有制关系。正是基于这种分析，所以在马克思看来，资本在根本上是一种历史性的生产关系。正是这种生产关系直接支配着剩余价值的创造和分配。因此，那种脱离资本所承载的历史性生产关系来谈剩余价值分配的观点，是抽象的、偏颇的。

第三，关于资本的历史的生产关系性。在马克思看来："资本……是一种历史的生产关系。"[②]具体说来，这里的"关系"，一是指资本归属及权利享有关系。即资本归属的或公或私，对其占有的或多或少，都影响着权利享有的平等与否，以及享有权利的多寡。这里的权利主要是指享受剩余价值的权利。二是旨在说明，资本通过市场购得活劳动以外的其他生产要素，这些要素虽不是剩余价值的源泉，但确实是剩余价值创造过程中不可缺少的条件，有时还十分稀缺。由此，这些要素的占有者也会凭借这些要素的不可缺少性及其本身的稀缺性，透视市场行情，而力求去获得分享剩余价值的优势地位。在这里需要特别指出的是，国外有不少论者把关于剩余价值创造的条件性因素与源泉性因素不加区别，混为一谈，于是提出了"生产要素价值论"，并借以反对马克思的劳动价值论，认为这是一种"多余的形而上学假设"

① 《马克思恩格斯文集》第1卷，726页，北京：人民出版社，2009年。
② 《马克思恩格斯文集》第5卷，878页，北京：人民出版社，2009年。

"虚构的故事"。在国内也有论者，为着替现行的按生产要素分配的政策辩护，从而或明或暗地支持"生产要素价值论"。其实，这种观点是不正确的。因为，马克思之所以主张劳动价值论，是为了在分配领域肯定劳动者最有权利享有剩余价值，并非脱离生产发展，去片面肯定劳动者独享剩余价值。因此，不能把此二者不加区别，混为一谈。与此相联系，在市场经济条件下，按生产要素进行分配的合理与否，不是取决于这些要素是不是剩余价值的源泉，而是取决于在这种分配中，各要素的占比关系是否有利于剩余价值的创造和生产力的发展，是否有利于社会的和谐进步。这就是马克思何以主张变革资本主义生产关系，何以在《哥达纲领批判》中批判拉萨尔所谓的劳动者得到"不折不扣的劳动所得"[①]，以及在当代中国所实施的以按劳分配为主体、多种分配方式并存的分配制度具有合法性的总根据之所在。三是资本所有者要获得享有剩余价值的权利，他就必须对劳动力所有者，以及客户和消费者尽到自己的义务。这里的义务，包括对劳动者而言的保障其劳动力支出的收益权、休息权、环境权、生命权等，也包括对客户和消费者而言的商品和劳务的质量保障和周到服务。反之，他们也有拒受、投诉和求偿等的权利。四是旨在说明，在资本增殖过程中，当事方的权利和义务是以信任为基础的。为了维护当事方的权利义务及信任关系，为了防止和克服机会主义行为的威胁，也就必然要有正式和非正式的制度设置。其中，正式的制度以法律为主体，非正式的制度以社会伦理道德为主体。

总之，资本是一种承载着历史性生产关系的、能带来价值增殖的商品生产要素。它以生产力发展即剩余价值的创造为基础，凭借制度（法律和道德）来维护市场经济当事方的权利、义务及信任关系。这是资本的共性。至于在不同社会制度规范下，资本的地位、作用及其所表现的人际关系性质等的不同，则是其个性。马克思在论及西欧封建社会的资本时，曾指出："在中世纪，甚至资本……作为传统的手工工具等等，也具有这种土地所有制的性质。"[②]同理，在社会主义社会中，资本在社会主义制度的规范下，也会形成自己的个性。

① 《马克思恩格斯文集》第3卷，678页，北京：人民出版社，2009年。

② 《马克思恩格斯文集》第8卷，31页，北京：人民出版社，2009年。

二、社会主义制度规范下的资本个性

在以往的理解中，只有关于社会主义对资本的消灭论，并无社会主义对资本的规范论。因为在马克思那里，社会主义是在商品经济、资本主义生产方式高度发达的国家中建立起来的。作为一种自我否定，在社会主义国家中，资本也就成为历史的多余。[①]然而率先走上社会主义道路的国家，并不是马克思当年所预言的高度发达国家，而是经济文化相对落后的发展中国家。于是，如何对待资本，也就成为困扰这些国家的一个重大问题。正是在这个问题上，当代中国共产党人创造性地发展了马克思主义的相关理论，认为可以通过对资本进行社会主义制度规范，使资本与社会主义一致起来，从而使其有利于社会主义的发展进步，即有利于社会主义国家的生产力发展、综合国力增强、人民生活水平提高，以及和谐社会建设。为了保障资本对社会主义的有利性，就要拓展社会主义制度下资本的内涵，使其衍生出拥护政府主导性、公有（资本）主体性、劳企两利性、大众福祉性等丰富的实践特征。

第一，政府主导性。即在资本、政府、社会三者的关系中，社会主义国家的政府作为人民的代表和社会利益的集中体现，它应起主导作用。这是因为国家发展长远目标的制定，为实现这一目标的组织领导、民众动员、各方协调和重大举措的实施等，均为民间力不能逮，而只能依靠一个代表人民的有为政府。由此，拥护政府的主导性，也就成为社会主义制度对资本的一个本质规范。也就是说，发挥资本的作用并不意味着陷入资本主义。但社会若由资本主导，必定导致资本主义。正如马克思所言："资本是资产阶级社会的支配一切的经济权力。"[②]而在社会主义社会中，资本已从资本主义社会的主导者变成了被支配者。即它要作为手段服务于政府的社会目标的实现。在我国现阶段，这个社会目标，就是把中国建设成一个富强民主文明和谐美丽的社会主义现代化强国。

需要指出的是，对以往计划经济条件下的"全能政府"进行批判，

---

① 《马克思恩格斯文集》第6卷，397页，北京：人民出版社，2009年。

② 《马克思恩格斯文集》第8卷，31—32页，北京：人民出版社，2009年。

是完全正确的，但也不能因此而走向另一极端，即否认政府的主导作用，去建立所谓“弱政府”。回顾1840年以来的中国近代史，漫漫长夜，风雨如磐。那时人们所期盼的，就是一个能让中国人扬眉吐气的强政府。新中国成立以来，中国道路的成功，其中一个重要原因也在于，我国有了一个代表人民的、有强大治理能力的政府。因此，对于这一优势，决不可轻言放弃，而必须坚持和发扬。诚然，要发挥和优化政府的主导作用，还必须坚持科学行政、民主行政和依法行政。

第二，公有（资本）主体性。在社会主义国家中，政府之所以能主导资本，从而使资本为政府的社会目标服务，从经济角度说，是因为公有资本在资本结构中居于主体地位。这样一来，拥护公有主体性，也就成为社会主义制度对资本的又一本质规范。在资本主义国家中，其资本主体是资本主义私有资本。另外，还存在处于被支配地位的劳动集体资本。到20世纪末，这种劳动集体经济在发达国家的国民经济结构中，大体只占到10%。[①]在我国，资本的构成包括作为主体的公有资本，还有与之共同发展的多种非公资本。而其中主要又以国有资本为主体。正因为社会主义国家手中握有巨量资本，所以中国市场经济的宏观调控不仅与现代西方市场经济宏观调控的目的不同，而且其手段和效果也不可等量齐观。因此，在中国，公有资本，特别是国有资本作为全国人民利益的命根子，其在经济中的主体地位一定要维护好。这里的维护，一是要加强对公有资本的运营管理改革，使其不断提高效率；二是要使公有资本与私有资本的良性竞争保持在一个合理范围内，从而实现公有资本的保值增值和国家综合国力的提升。因此，那种把维护公有主体性与发展私有资本完全对立起来的观点，是不可取的。

第三，劳企两利性。要使资本为政府的社会目标服务，其中一个重要任务，就是要在政府的主导下，变资本在资本主义社会的劳企对抗关系为社会主义社会的劳企两利的和谐关系。这里的劳企两利，不仅指公有企业，而且也指非公企业中的劳企两利。非公企业的劳企两利具有可能性吗？有不少人提出质疑。

如前所说，生产要发展，资本要增殖，必须以劳动资料和劳动者

① ［俄］尤里·普列特尼科夫：《资本主义自我否定的历史趋势》，李桂兰编译，《马克思主义与现实》，2001（4）。

的结合为前提，为此，就必须兼顾生产资料拥有者和劳动力拥有者的共同利益，即实现劳企两利或劳资两利。然而，在资本主义历史环境中，并没有为这样一种合理劳资关系的实现提供条件，而是使利益向资方一端倾斜，致使劳资关系表现为冲突对抗。诚然，在当代发达资本主义国家中，这个矛盾也已从早期的尖锐冲突，通过协调，而实现某种程度的缓解。在人民当家作主的社会主义国家中，广大人民群众在根本利益上是一致的。在这个前提下，虽然非公企业内部的劳资矛盾仍有对抗性，处理不好也会走向冲突，但作为劳方、资方共同利益代表的政府，完全有能力通过多种措施，比如，在完善和健全保护劳工权益和资本所有者、经营者权益的相关法律的基础上，通过协商、协调，互相让步，来使这种对抗获得缓解，进而达于劳资两利、互惠双赢的和谐局面。劳资矛盾之所以能从对抗走向和谐，说到底，还在于历史环境的变化，以及在这种变化中当事方共同利益的扩大与增进。正如马克思所说："极为相似的事变发生在不同的历史环境中就引起了完全不同的结果。"[①]也就是说，在一定历史环境中的不可能，而在改变了的历史环境中，或许就成为可能。由此可见，不能脱离一定的历史环境，笼统地讲，资本逻辑必然导致两极分化、劳资对抗，不能把这种现象看成是劳资矛盾的一种宿命。也就是说，在这里，还须持一种辩证态度。

第四，大众福祉性。这是社会主义制度对资本的又一本质规范。社会主义国家运用和发展资本的目的，是满足广大人民群众物质文化生活的需要，满足人民日益增长的美好生活需要。因此，这就要求资本的经营者首先应关心的是商品的使用价值，即对人的有用性。至于获取商品的交换价值，赚取利润，固然无可非议，但也应在生产更多更好的使用价值的前提下谋求利润的增加。与之相反，那种脱离社会主义制度规范的资本，其直接目的是追求商品的交换价值，榨取尽可能多的利润。对于商品的使用价值，它只是在关心利润的意义上才关心它。只要能获得利润，它就不会去关心使用价值。于是偷工减料、缺斤少两、假冒伪劣、环境污染，以致"黄赌毒骗"等现象层出不穷。为此，政府要加大监管和打击力度，引导资本回归社会规范的界限之

① 《马克思恩格斯文集》第3卷，466页，北京：人民出版社，2009年。

内。另外，为了增进大众福祉，除了要保障和不断提高劳动者的劳动性收入以外，还应采取措施，提高人民群众对人力资本、大众资本及公共资本的收益获得感。

总之，资本的社会主义制度规范这一命题体现了原则性与包容性的统一。所谓原则性，是指这一命题体现了社会主义的本质要求。所谓包容性，是指在社会主义社会中，不论是公有资本、公有企业，还是私有资本、私有企业，只要是体现了上述要求，就都是社会主义市场经济的重要组成部分。这些资本的拥有者、经营者，也就都是我国社会主义的建设者。

然而在我国社会主义社会中，除了有占主体地位的、符合社会主义制度规范的资本之外，还存在与社会主义制度格格不入的各种地下的、黑色的、非法和非正义的资本。另外，在我国社会主义社会中，作为公有资本的国有资本和集体资本，与委托经营国有资本的国有企业、经营集体资本的集体企业，以及国家出资和集体出资参股的混合所有制企业，其间还是有区别的。这里的区别主要在于：后者在非法和非正义资本及其观念的影响下，也可能会违规经营，以谋取本企业或个人的不当利益。因此，如何按照资本一般本质和社会主义制度的要求，提高对资本规范的社会主义自觉性，从而消除各种非法和非正义资本的存在及影响，乃是国家和政府所要破解的一个重大历史难题。

三、提高对资本规范的社会主义制度自觉

自觉或自觉性是相对于自发性而言的。它们是指谓人的活动的意识性质的一对范畴。人的活动都是有意识的。从人的个体活动的意识性角度说，自发性是指个人活动的潜意识性，即不知不觉性，或不由自主性；自觉性是指个体活动的显意识性或明确目的性。从人的群体活动的意识性角度说，自发性是一种缘于群体自身利益的、以单向思维为特征的冲动意识性，这种冲动性必须提升到自觉性，不然，“冲动”就会变为“盲动”；自觉性则是一种缘于群体惯例或规则的、以兼顾和权衡为特征的理智意识性。

拿一个小孩来说，吃，作为其个体活动，有一个从出生后的、作为一种本能的饿了吃，到后来的想着吃、找着吃，即从自发性上升到

自觉性的过程。这是他在成长中的一种觉醒，即他开始意识到自己的利益诉求。但在群体活动层面，当一个小孩与家人共同进餐时，他就不能只顾自己吃，甚至抢着吃。这时候，明智的家长会对孩子的自利性加以合理引导，即让他认识到家中的其他人在“吃”的方面，也有自己的需要和利益，因而要学会谦让。这里的合理引导，其目的在于，让小孩懂得吃的规矩，或者说，使其由自发性提升到自觉性。

就资本来说，追求增殖是它的本性，或曰自发性。即它有利润冲动或逐利性，及由此产生的竞争性。可以说，正因为资本具有这种自发性，才促使资本的经营者精打细算、开源节流、合理配置资源，并不断开拓创新、努力提高效率，从而力求在市场上赢得竞争优势。另外，资本的自发性也在交易层面孕育了自觉性的萌芽，即为了合理配置资源，减少交易成本，便产生了关于商品的流通自由和交易平等，以及商业信用等的规则要求。上述两个方面及其统一，对促进物的作用的发挥，对于把人的潜能从以往的等级身份的束缚下解放出来，获得高效的配置和运用，意义重大。于是，才有了马克思所肯定的“资本的伟大的文明作用”[①]。这也是我国现阶段要大力发展和利用资本，使其为中国特色社会主义服务的根本原因所在。

但资本如何实现增殖，这里有一个引导和规范的问题。犹如流水必流，但有一个顺着渠道流，还是四处流淌的问题。所谓引导，就是要使资本自发性中所萌生的规则性要求，由观念变成行动；由个别交易中的自我实用性工具，变成社会公共性乃至全球公共性产品。所谓规范，就是要把这种自觉性固化为制度的约束或强制。如若不然，则会导致资本自发性的膨胀。这里的自发性膨胀，一是指具有逐利性和竞争性的资本会不择手段攫取和控制政治权力、文化权力和社会权力，使之为其私用；二是指资本会最大限度地去剥削劳动者和掠夺自然资源，试图把一切利益据为己有。这从而也就不可避免地会造成灾难。不过，从总体上说，西方资本主义社会是一个放任资本自发性膨胀的社会，因而它也是一个终将灭亡的社会。

在理论上，为了为这种放任提供依据，在西方，许多经济学家都主张资本放任有益论。其学说大体是以“自私人”为出发点，即把经

① 《马克思恩格斯选集》第2卷，715页，北京：人民出版社，2012年。

济活动中的人，看成一个只要权利，不尽义务，单纯追求自我利益的完全自私的人。很显然，这是一个片面的理论虚构。这是其一。其二，它把经济活动中的人，都想象成精于计算的、具有完备理性的人，因而他能视市场行情和自身状况，进而使自己所追求的利益最大化。无疑，这又是一个纯粹的主观设想。其三，它把经济活动中的制度人为地设想为理性的制度。于是认为，在这种制度下，那种自私地追求自身利益最大化的人，会无意但有效地增进社会公共利益。经过这三重假设，于是，在这种观点看来，放任资本的自发性，让其膨胀，不仅无害而且有益。然而这种观点所许诺的人人康乐的社会并未实现，而且还正好相反。

在政治上，西方老牌资本主义国家都曾"以最残酷的暴力为基础"，即凭借"集中的、有组织的社会暴力"①，通过行政强制、战争征服、殖民掠夺、世界霸权等，为资本自发性的膨胀推波助澜，从而使其病变为一种贪婪性、掠夺性、破坏性的存在。由此，造成了社会的贫富两极分化，引发了每隔几年就来一次的经济危机；造成了各资本国之间，以及宗主国与殖民地、半殖民地之间的尖锐矛盾，由此引发了大量的战争，特别是两次世界大战；造成了人与自然的尖锐矛盾，以致导致了全球性的生态危机。

不过，历史并没有白白走过。特别是1929—1933年的世界大萧条，使世界资本主义经济陷于崩溃，损失更为惨重的美国经济更是一蹶不振。为了挽救危机，美国总统罗斯福实行"新政"；凯恩斯的国家干预主义也在这场大萧条的背景下应运而生。这里的"新政"和"国家干预"，实际是对导致资本自发性膨胀的资本主义自由放任政策的某种纠偏或局部改良，是在国家层面上自觉性萌芽形态的一种表现。之所以称之为"萌芽"，一是，这里的自觉具有非根本性，即它只是具体体制层面的自觉，因而其作用极为有限；二是，这里的自觉具有脆弱性，在某种情势下，极易导致资本自发性膨胀及其危害的某种反弹。2008年源于美国，并继而殃及全球的金融危机的发生，就是这方面的一个明显的例子。

那么如何才能把资本自发性从根本上纳入人类理性自觉性的轨道

① 《马克思恩格斯文集》第5卷，861页，北京：人民出版社，2009年。

呢？这里的唯一出路，就是用社会主义制度取代资本主义制度。然而在中国，现实的社会主义制度是在经济文化相对落后的基础上建立起来的。我国经过长期探索，付出了沉重代价，才找到了一条利用和发展资本来建设社会主义市场经济的道路。为了迅速改变我国贫穷落后的面貌，为了缩短我国与发达资本主义国家的差距，改革开放以来，我国各级政府高度关注企业发展，积极重奖经营者个人，实行各种税收优惠政策，千方百计招商引资。这些措施有效促进了经济的发展和腾飞，并且取得了举世瞩目的巨大成就。但与此同时，各级政府对资本自发性膨胀的监管差强人意，出现了有意无意的忽视，并引发了触目惊心的后果。人们不禁追问：我们这个社会怎么啦？幸好党和政府发现及时，采取的措施得力，从而才使局面得到控制，矛盾得以缓解，一些重大的、长期积累的问题正在获得部分或阶段性的解决。特别是党的十八大以来，随着“四个全面”（全面建设小康社会、全面深化改革、全面依法治国、全面从严治党）战略布局的推进和落实，总体状况正在向好。现在我们正处于中国特色社会主义新时代，新时代必须有新格局、新作为、新气象。为此，我们应该遵循党的十九大报告的精神，“登高望远、居安思危，勇于变革、勇于创新，永不僵化、永不停滞”，“继续朝着实现中华民族伟大复兴的宏伟目标奋勇前进”①。遵循党的十九大报告的精神，在处理社会主义制度逻辑与资本逻辑的关系问题上，必须坚持市场经济的社会主义性质，要树立遏制资本自发性膨胀的强烈忧患意识，树立对资本自发性膨胀进行监管的高度自信意识及真抓实干意识。

第一，要树立遏制资本自发性膨胀的强烈忧患意识。这里有这样几点。一是只要资本存在，自发性是其必然；但这种自发性膨胀，原本只是一种可能，如果予以忽视或放任，那么它就会变为现实。二是对资本自发性膨胀的忽视或放任，其危害，对社会主义更甚于资本主义。因为这种危害对资本主义意味着“致病”，不会改变资本主义的性质；而对社会主义则意味着“致命”，即断送国家的社会主义前程。三是由于众所周知的历史和现实原因，在当代中国，如果听任资本自发性膨胀，以至在全国产生资本与权力的利益勾结与结盟，那将会形成

① 习近平：《决胜全面建成小康社会 夺取新时代中国特色社会主义伟大胜利——在中国共产党第十九次全国代表大会上的报告》，第1、2页，北京：人民出版社，2017年。

一种畸形的、更加腐朽落后的权贵资本主义，即利用或倚仗权势巧取豪夺，来实现资本增殖的资本主义。如果是那样，无数革命先烈流血牺牲和亿万人民长期奋斗所创建的社会主义事业，将会付之东流。因此，对资本自发性膨胀及其危害必须从关系党和国家前途命运的高度，抱有强烈的忧患意识。

第二，要树立对资本自发性膨胀进行监管的高度自信意识，即必须对这一监管怀有必胜的信心。这信心来自社会主义制度的优越性和亿万人民群众的拥护。集中到一点，也就是来自体现上述优势的这种监管所日益彰显的社会成效。然而近些年来，理论界在这一问题上出现了一些认识上的误点和盲点，这在客观上造成了对确立上述自信的某种妨碍，因而是需要引起注意的。

比如，有论者用马克思关于社会发展三形态理论中的“物的依赖性”的观点，来解释我国市场经济条件下所产生的种种不良现象；并由此断言，我国现阶段不可能超越“物的依赖性”。其言下之意是，这些不良现象之发生，乃是必然，因而无须介意。不过，持这种观点的论者忘记了一个基本事实：中国现阶段的社会，既不是马克思社会发展三形态理论中所指谓的与“人的全面发展”相对应的共产主义社会，也不是与“物的依赖性”相对应的资本主义社会，而是一个马克思当年所不曾料到的，在经济文化相对落后的国度中建立的，要借助“物的依赖性”来克服“人的依赖性”，同时又要借助“人对物的依赖性”，来实现“人对物的超越性”，即不断为“人的全面发展”创造条件的初级阶段的社会主义社会。因此，那种片面强调我国现阶段社会中的“物的依赖性”，把它作绝对化和纯消极化的理解，并由此漠视人，特别是执政的共产党人能动作用的观点，是和社会主义的本质要求以及当下中国的实际不相符合的，也是对马克思关于社会三形态理论的误解、误用，因而是不可取的，错误的。

又比如，还有论者对资本在社会主义社会和资本主义社会中的地位和作用不加区分，笼统地讲，资本是现代社会的支配力量，因而夸大资本逻辑的作用，并借以说明资本在我国社会中的各种负面效应。这给人一种暗示，即资本的消极性无可避免，理应如此。很显然，这是很不正确的。因为在社会生活中，任何一种逻辑从来都不是无条件地独自发挥作用，而总是在与其他相关逻辑在互为条件、相激相制中发挥作用的。

历史上那些进步的、有作为的政治领导集团，其历史能动性的发挥就集中表现为：在一定的历史条件下，能选择和利用相关逻辑之组合形态的交互作用，从而造福社会。[①]在当代中国，发挥社会主义制度逻辑与资本逻辑的交互作用，正是中国共产党人基于国家和人民利益的发展所作出的一个重大战略抉择。因此，我们不能只讲资本逻辑的自发作用，还要讲社会主义制度逻辑的规范作用。另外，即使在资本主导的资本主义社会中，资本逻辑的作用也是有其边界的，也并非如某些人所想象的那样："钱能通神""有钱能使鬼推磨"。一个明显的事实是，在任何国家，偷税漏税迟早要受到惩罚，假冒伪劣终归会受到追究，这是没有商量的。更何况，在一些西方发达国家，在这方面相关制度的健全和执行力度，并不在我国之下，其中还有不少地方比我国现行做法优越，因而值得我们学习和借鉴。当然，从历史必然性和最终发展趋势角度看，对资本自发性膨胀进行规范的自觉性，如前所说，在当代资本主义国家，特别是发达资本主义国家，至多是处于这种自觉性的萌芽和局部表现的形态，而社会主义国家才是这种自觉性的成熟形态。诚然，当下的中国还处于这种成熟形态发展的初级阶段。因而还有待健全和提高，但前途是光明的。对此，须充满自信。正如列宁所说，无产阶级政党的历史使命就是要"领导自发的历史过程"[②]。

第三，要树立对资本自发性膨胀进行监管的真抓实干意识。注重理想引领、擅长宏观规划、提倡典型示范、组织宣传鼓动，这是我们党从革命战争年代起就逐渐形成的好传统、好作风。但这些好传统、好作风，在过去一些年中，在某些机关和干部那里，却走了调、变了味。理想、规划蜕变成了脱离实际的大话、空话、套话；典型示范异化成了劳民伤财的形象工程、政绩工程；宣传鼓动则成了停留和满足于会议上的上传下达。于是，久而久之，理想被当成了现实，规划被当成了现状，典型成了表功的手段，开会仿佛成了工作的全部。其总体特征表现为：文本要求多，行动落实少；表面形式多，实际成效少；自我肯定多，民众认同少。正是针对这种情况，习近平总书记提出："要脚踏实地、真抓实干，敢于担当责任，勇于直面矛盾，善于解决问

① 《陶富源文集》第2卷，214页，芜湖：安徽师范大学出版社，2016年。

② ［苏］格列则尔曼：《历史唯物主义和社会主义社会的发展》，汤侠声、徐燕芬、吕承生译，50页，北京：生活·读书·新知三联书店，1978年。

题，努力创造经得起实践、人民、历史检验的实绩。”[①]要“一分部署，九分落实。各地区、各部门要从实际出发，细化、量化政策措施，制定相关配套举措，推动各项政策落地、落细、落实”[②]。总之，坚持“一件事情接着一件事情办，一年接着一年干”[③]，久久为功。做好任何工作，都要真抓实干，敢于担当。就对资本自发性膨胀进行监管来说，要针对以下几个方面的问题，加大解决力度。一是要大力反腐。要克服和消除资本与权力的利益勾结与结盟，使权力真正为民所用。为此，就必须全面从严治党、从严治政，大力发展社会主义民主。同时坚决打击拉票贿选、钱权交易等不法行为。二是要依法治商。该放的放到位，该管的管得住，该服务的服务好。要扎紧对资本自发性膨胀进行监管的制度笼子；要进一步细化违法行为的认定标准、认定程序、执法措施和手段；要进一步充实执法力量，保障执法人员安全；对那些乱作为、不作为者，要视情节轻重，对其约谈警示，直至追究法律责任。要鼓励、支持合法资本，打击、取缔非法资本，即以非法手段增殖的资本。三是要以德治商。要开展诚信教育，鼓励有义资本，即体现道德担当的资本。为此，要倡导资本拥有者积极投身社会公共事业和公益事业，致富思源，取财有道，义利兼顾，自觉履行社会责任；同时，坚决批判不义资本，即以不道德手段增殖的资本。

总之，要以党的十九大报告精神为指引，坚持用社会主义制度逻辑规范资本逻辑，即要对资本自发性加以合理利用和引导，使其发挥推动社会主义事业前进的巨大作用；同时对其自发性膨胀加以监管，以抑制和消除其对社会主义的危害。

---

① 《习近平谈治国理政》，381页，北京：外文出版社，2014年。

② 《习近平谈治国理政》第2卷，261—262页，北京：外文出版社，2017年。

③ 习近平：《决胜全面建成小康社会　夺取新时代中国特色社会主义伟大胜利——在中国共产党第十九次全国代表大会上的报告》，45页，北京：人民出版社，2017年。

我国改革实践对劳动价值论是证实还是证伪？*

——兼论“要素价值论”与生产要素分配制

一、问题的提起

马克思资本理论的核心劳动价值论，自提出以来，在西方就一直受到一些人的非议。①现在需要引起注意的是，这种非议在当代中国也获得了某些论者颇具声量的响应。尽管这种响应，不过是马歇尔之后西方主流经济观念在当代中国的翻版，但它确实又是以我国改革实践为背景，从而认为，我国改革实践证伪了马克思劳动价值论。这是我们所不能回避的。

他们的观点概括起来有二。一是“背离论”，即认为，马克思的劳动价值论只承认劳动是剩余价值的唯一源泉，而否定资本是剩余价值的源泉，批判资本对工人劳动剩余价值的无偿占有，因而主张消灭资本。而我国改革实践的一个重要方面则是运用和发展资本。这就意味着承认资本也是剩余价值的一个源泉。由此认为，马克思的劳动价值论与我国改革实践是完全背道而驰的，于是主张用包括劳动、资本、技术、管理等要素在内的“要素价值论”来取而代之。二是“无用论”，即认为，在我国现阶段，如果按照劳动价值论把全部价值分给劳动者，在中国改革实践中是行不通、是有害的，因而只能依据“要素价值论”实行“生产要素分配制”②。

怎样看待上述观点呢？这里涉及对劳动价值论及其与中国改革实践关系的科学理解。下面以唯物史观为指导，就此来展开论述。

---

* 原刊于《安徽师范大学学报》（人文社会科学版），2023（4）。

① ［美］约翰·E.罗默：《在自由中丧失——马克思主义经济哲学导论》，3页，段忠桥、刘磊译，北京：经济科学出版社，2003年。

② 陈文通：《〈资本论〉是划时代的传世经典——纪念马克思诞辰200周年》，《中国浦东干部学院学报》，2018（1）。

二、劳动价值论的科学依据

这里的依据是指马克思历史哲学和政治经济学。

(一) 劳动价值论的马克思历史哲学及政治经济学依据

马克思的劳动价值论之所以会遭到一些论者的否定，说到底，是因为在理论上，他们有一个根本问题没有弄清楚，即剩余价值创造以及人世间一切创造的根据或源泉是什么？从马克思唯物史观来看，这个源泉既不是万能的上帝，也不是抽象的能动精神，或所谓自然界本身，亦非作为劳动力的人本身，而是以自然为条件的“人类劳动力的耗费”即“劳动”[①]。

1.人的劳动是人世间一切创造的源泉

人的劳动是区别于动物活动的一种创造性活动。这是自黑格尔以来，许多哲学家的共识。不过，黑格尔所说的劳动是“想象主体的想象活动”，即抽象的精神劳动。对此，马克思在继承中加以改造，即认为，劳动是人的“现实的、感性的活动”[②]，“是积极的、创造性的活动”[③]。

正因为劳动具有创造的特性，所以人的劳动，只有人的劳动，才是人世间一切创造的源泉。正是基于这一认识，所以马克思在《关于费尔巴哈的提纲》中指出：“环境的改变和人的活动或自我改变的一致，只能被看作是并合理地理解为革命的实践。”[④]这里的实践也就是指作为现实的、感性活动的人的劳动。因此，在马克思、恩格斯看来，劳动不仅“创造了世界历史”[⑤]，而且“创造了人本身”[⑥]。

2.活劳动是剩余价值的唯一源泉

既然在马克思历史哲学看来，劳动是人世间一切创造的源泉，那么马克思相对于物化劳动所提出的“活劳动”是“剩余价值的唯一源

① 《马克思恩格斯文集》第5卷，52页，北京：人民出版社，2009年。
② 《马克思恩格斯文集》第1卷，499页，北京：人民出版社，2009年。
③ 《马克思恩格斯文集》第8卷，177页，北京：人民出版社，2009年。
④ 《马克思恩格斯文集》第1卷，500页，北京：人民出版社，2009年。
⑤ 《马克思恩格斯文集》第1卷，196页，北京：人民出版社，2009年。
⑥ 《马克思恩格斯文集》第9卷，550页，北京：人民出版社，2009年。

泉”[①]的理论，也就不显突兀，而是顺理成章、再自然不过的事情。

当然，这样说，并不意味着上述结论的得出是马克思依据其历史哲学单纯逻辑推演的结果。实际情况是，马克思是以其历史哲学即唯物史观为指导，立足于资本主义商品生产劳动的实际，通过对政治经济学的长达数十年的艰辛研究而获得这一科学结论的。用恩格斯的话说，马克思是人类历史上“第一个彻底研究了劳动所具有的创造价值的特性”[②]的人。通过研究，马克思认识到，“工人的生产活动，亦即创造力量。工人通过这种创造力量不仅能补偿工人所消费的东西，并且还使积累起来的劳动具有比以前更大的价值”[③]，亦即创造剩余价值。

不难看出，马克思在这里所言的创造剩余价值的劳动，不是原始共同劳动、奴隶强制劳动、封建依附劳动，而是资本主义社会的商品生产劳动。在马克思那里，已经概括形成了“商品生产的劳动”[④]这个一般概念。所谓“商品生产的劳动”，即劳动产品采用商品形式，并进行交易的劳动。这其中包括创造物质性商品的物质生产劳动、创造精神文化性商品的精神生产劳动、创造服务性商品的社会服务劳动，以及创造劳动协作性商品的流通（作为商品的人流、物流、信息流的流通）劳动[⑤]和管理劳动等，它们共同构成了商品生产的总体劳动。

总之，马克思关于活劳动是剩余价值的唯一源泉的观点，是有历史哲学及为其所指导的政治经济学的科学依据的，因而是不能被否定的。

基于上述认识，笔者并不赞同哈贝马斯等西方学者那种把科学技术视为有别于劳动的关于剩余价值另一源泉的观点。

---

① 《马克思恩格斯文集》第7卷，167页，北京：人民出版社，2009年。

② 《马克思恩格斯文集》第1卷，703页，北京：人民出版社，2009年。

③ 《马克思恩格斯文集》第1卷，726页，北京：人民出版社，2009年。

④ 《马克思恩格斯全集》第26卷第三册，476页，北京：人民出版社，1974年。

⑤ 市场经济的流通领域是生产、分配及其连接最终消费的不可逾越的关键环节。关于流通领域中价值生产问题，在我国理论界曾经发生过一些争论。其实在这方面，马克思有明确的说明。他曾指出：“运输业是一个物质生产领域”，“不论它是客运还是货运”，都是“除了采掘工业、农业和加工工业以外”的“第四个物质生产领域”。（《马克思恩格斯文集》第8卷，419页，北京：人民出版社，2009年）运输劳动也创造价值，它“把价值追加到所运输的产品中去”。（《马克思恩格斯文集》第6卷，168页，北京：人民出版社，2009年）

(二)科学技术发展是劳动创造性不断提高的集中表现

哈贝马斯认为，现代科学技术实际上决定着生产力发展和经济的增长，已经“成为独立的变数”和“独立的剩余价值来源”。因而在这里，运用马克思的劳动价值学说的条件不存在了。[①]怎样看待这一观点呢？这里可以谈以下三点。

第一，马克思高度重视科学技术发展在价值创造中的作用。他认为工业生产的“巨大效率”“取决于科学的一般水平和技术进步，或者说取决于这种科学在生产上的应用”[②]。在新的时代条件下，邓小平继承和发展了这一思想，从而提出了“科学技术是第一生产力”[③]的论断。

第二，科学技术的生产价值从属于总体生产劳动的价值。如上所言，这里的“总体”是指生产劳动中的操作劳动、科技劳动、服务劳动、流通劳动，以及管理劳动等所构成的总体。之所以说科学技术的生产价值从属于总体生产劳动的价值，这是因为：其一，科学技术的发展取决于社会物质生产的需要；其二，科学技术的发现或发明是作为人类劳动一部分的科技劳动的产物；其三，科学技术的生产价值是通过劳动者劳动能力的提升和在生产劳动中的发挥而得以实现的。因为劳动者的智力素质，主要是指其拥有的科学技术素质，因而在历史发展中，劳动者的劳动过程，也就愈来愈多地表现为智力，即科学技术运用的过程。[④]

第三，智能科技的运用并不否定劳动价值论。在智能科技或人工智能获得极大发展的当今时代条件下，在生产中，智能机器愈来愈多地取代了劳动者的直接操作，而且还更有效、更精准。由此，涌现出了大量的无人车间、无人工厂。那么能否以此为据，而断言劳动价值论在这里不再管用呢？不能。因为这里的“无人”只是相对于生产的直接操作而言的。然而这种操作之得以进行，又是以劳动者的间接操控为前提的，也就是说，是从属于人的智力劳动的。

---

① ［德］哈贝马斯：《重建历史唯物主义》，郭官义译，11页，北京：社会科学文献出版社，2000年。

② 《马克思恩格斯文集》第8卷，196页，北京：人民出版社，2009年。

③ 《邓小平文选》第3卷，274页，北京：人民出版社，1993年。

④ 《马克思恩格斯文集》第5卷，195页，北京：人民出版社，2009年。

由上可见，那种脱离劳动特别是智力劳动的创造性，把科学技术说成是关于价值的有别于劳动的另一源泉的观点，是不能成立的。

那么自然资源或自然界，以及作为资本的生产资料等物的因素，在价值创造中的作用如何呢？它们只是价值得以创造的条件，而非所谓源泉。

三、自然界和物化劳动是价值得以创造的条件

有论者认为，自然界或自然资源以及作为资本的生产资料等物的因素，也分别是价值的一个源泉。怎样看待这一观点呢？这里涉及具体劳动与抽象劳动、产品与商品、财富即使用价值与价值，以及价值创造的源泉性因素与条件性因素等的关系问题。下面就此来加以具体说明。

（一）不能用财富的“要素源泉论”来否定价值的“劳动源泉论”

任何现实劳动都既有具体性或特殊性的一面，又有一般性或抽象性的一面。在具体劳动层面上，任何劳动都是满足人特定需要的劳动。这意味着其劳动产品因有使用价值，从而成为人们眼中的财富。在抽象劳动层面上，任何劳动都是包括人的体力、智力和意志力等在内的劳动力的运用，因而其产品都凝结着无差别的一般人类劳动，从而才能作为商品在交易中显示为以社会必要劳动时间来衡量的价值。

在这里，如果追问财富的源泉如何？即回答此产品何以有此种使用价值或效用的问题，那么这就涉及“劳动的质”[①]，即用什么材料和用什么工具来进行劳动的问题。这样一来，也就涉及人与物、物与物的多重关系，以及构成这多重关系的多种因素。于是在这个层面上，构成财富源泉的因素必然是多元的。正是在财富初创的意义上，马克思指出：“自然界同劳动一样也是使用价值（而物质财富就是由使用价值构成的！）的源泉。”[②]诚然，随着生产的发展，生产环境（温度、湿度、清洁度等）和介于劳动者和劳动对象之间的生产工具，以及作为劳动渗透性要素的科学技术等，也就成为社会财富源泉的重要构成

① 《马克思恩格斯文集》第5卷，59页，北京：人民出版社，2009年。

② 《马克思恩格斯文集》第3卷，428页，北京：人民出版社，2009年。

因素。

但如果追问作为商品的此产品与彼产品，在市场上如何进行交易，即衡量彼此的标准是什么？那么很显然，这个标准只能是一元而非多元的。如同衡量长短只论“尺寸”，衡量轻重只论“斤两”一样。那么衡量商品交易的唯一标准是什么呢？这里涉及“劳动的量”，即劳动多少，劳动时间多长的问题。①或者说，彼此作为劳动产品，其中所凝结的借助社会必要劳动时间来衡量的人类劳动量的多少，即价值的多少。

价值作为人类劳动量的标示，价值的增值或剩余价值的创造，也就是人类劳动量的增值，即扣除生产劳动力的必要劳动之外的剩余劳动的创造。

由上可见，财富的多元要素源泉论和价值的一元劳动源泉论都是能够成立的，但此源泉非彼源泉。因而不能脱离各自维度，把二者混为一谈，或对立起来，并用前者去否定后者，这是绝不可以的。

（二）自然界和物化劳动不是价值的源泉

如上所说，在财富创造的问题上，马克思曾指出，财富或使用价值的生产是通过劳动与自然界的相互作用实现的。但这并不意味着在财富创造中，人与物的作用是并列的、完全一样的。对此，马克思曾指出“劳动作为主体，作为活动是财富的一般可能性”②。也就是说，自然界或物只有作为劳动对象，在劳动中获得“激活”，才能变为人们的现实财富。或者说，通过劳动才开辟了它们得以成为财富的一般可能。因而，劳动才是人类财富的主要源泉。

如同财富创造离不开物一样，价值创造也离不开物。但这些物只是人的劳动创造性得以展开，或价值创造得以实现的条件，而非源泉。劳动才是这样的源泉。正如马克思所言，劳动须有对象，但“劳动不是作为对象，而是作为活动存在；不是作为价值本身，而是作为价值的活的源泉存在”③。

拿土地、水、矿藏等自然资源来说，没有它们，劳动的创造性确实无从谈起，但它们只是人的劳动创造性得以发挥的条件，其本身谈

---

① 《马克思恩格斯文集》第5卷，59页，北京：人民出版社，2009年。

② 《马克思恩格斯全集》第46卷上册，253页，北京：人民出版社，1979年。

③ 《马克思恩格斯全集》第46卷上册，253页，北京：人民出版社，1979年。

不上有什么创造性。因此马克思说："把任何创造奇迹的力量归于土地是毫无理由的，并且，这本身就是可笑的。"[①]

那么以资本形式存在的、凝结在生产资料中的"死劳动"是否创造价值呢？我国有论者认为，"死劳动"也创造价值。[②]在笔者看来，这一观点不能令人赞同。这是因为在生产中，生产资料转移和保存在商品中的价值，绝不会大于它耗损的价值。如前所言，只有人的劳动才具创造性，而以物的形态表现的生产资料，不管是否具有资本的性质，它本身只有受动性，即在人的劳动中被利用或被改造的特性。

另外，作为资本的生产资料不仅在劳动中不能实现价值增值，而且离开了劳动，其自身价值的保存都难以实现。因为在自然力的作用下，"铁会生锈，木会腐朽。纱不用来织或编，会成为废棉"[③]。由此，"我们就可以看到，只要资本家不再让工人劳动，就连他的已有的资本也会丧失价值，可见，活劳动不仅追加新价值，而且正是通过在旧价值上追加新价值的行为，也保存了旧价值，使其永久化"[④]。因而那种认为作为资本的凝结在生产资料中的"死劳动"也是剩余价值一个源泉的观点，是一种虚言，是不能成立的。

（三）资本无偿占有工人劳动的剩余价值的秘密所在

如上所言，自然资源和生产资料并非剩余价值的源泉。那么在资本主义社会中，这些劳动条件的占有者，即地主和资本家为何能无偿占有工人创造的剩余价值呢？原因在于，他们是劳动条件的占有者。这种占有是以上述劳动条件与劳动者的分离为前提的。而对劳动者而言，离开了这些条件，劳动就无从进行。这样一来，劳动者本人和其家人也就无以为生。于是，这些劳动条件的占有者，也就利用自己对劳动条件的占有使其发展为一种强制关系，或曰资本权力，继而凭借这种权力迫使工人为其劳动，并攫取工人创造的剩余价值。马克思指出："所有权在资本方面就辩证地转化为对他人的产品所拥有的权利，或者说转化为对他人劳动的所有权，转化为不支付等价物便占有他人

① 马克思：《剩余价值理论》第2册，23页，北京：人民出版社，1975年。
② 钱伯海：《论理论价值与实际价值》，《当代财经》，1999（12）。
③ 《马克思恩格斯文集》第5卷，214页，北京：人民出版社，2009年。
④ 《马克思恩格斯文集》第8卷，78页，北京：人民出版社，2009年。

劳动的权利。"[①]不难看出，资本无偿占有工人劳动的剩余价值，其秘密就在于：生产资料的资本主义私人占有制。也就是说，对工人劳动剩余价值的占有，不过是劳动条件的资本主义私人占有在经济上的实现。正因为如此，所以马克思、恩格斯把废除私有制作为无产阶级革命的目标。

可是令有些论者不解的是，改革开放以来，我国走出了一条运用资本包括非公资本来发展经济的中国特色社会主义道路，因而在他们看来，这也就意味着作为马克思资本理论之核心的劳动价值论，与我国改革实践相背离，即为我国改革实践所证伪。其实，这是误解。

四、正确理解劳动价值论与中国改革实践的关系

马克思资本理论是以劳动价值论为核心展开的。

（一）马克思以劳动价值论为核心的资本理论

关于这一理论的理解，这里可以讲如下三点。

首先，马克思所批判的是资本主义资本。马克思用40年心血所写作的《资本论》，其对资本的批判，并非区别于资本特殊所有制的一般资本，也非作为资本特殊所有制的那种在中世纪具有封建土地所有制性质的资本，更非我们现在所言的公有资本（这个概念那时还没有发明出来），而是作为资本特殊所有制的资本主义资本。[②]在马克思那里，其实际所指，是主宰性资本主义资本，或曰上升为统治阶级的资产阶级资本，[③]即在资本主义社会中，受资本主义制度保障的、占统治地位的资本。马克思对资本主义资本的批判，也就是批判这种资本所承载的资本主义经济关系。用马克思的话说，其所"研究的，是资本主义

---

① 《马克思恩格斯文集》第8卷，106—107页，北京：人民出版社，2009年。

② 马克思在资本主义私有制维度上，也曾相对于资本主义资本的特殊表现形式，即与货币资本、生产资本、商品资本相对而言的一般社会形式意义上，论及资本一般。他说："与各特殊的现实的资本相区别的资本一般，本身是一种现实的存在。"（《马克思恩格斯全集》第46卷上册，445页，北京：人民出版社，1979年）

③ 因为在马克思、恩格斯的心目中，包括"小工业家、小商人、手工业者"等在内的"中间等级"会"随着大工业的发展而日趋没落和灭亡"。（参见《马克思恩格斯文集》第2卷，41、42页，北京：人民出版社，2009年）然而后来的事实证明，即使在当今发达的资本主义国家中，都还有大量的小企业主和自由职业者存在。

生产方式以及和它相适应的生产关系和交换关系”[①]。

其次，马克思对资本主义资本所进行的是具体历史批判，即这种批判，并非单纯的道义谴责。诚如恩格斯所言：“道义上的愤怒，无论多么入情入理，经济科学总不能把它看做证据，而只能看做象征。”[②]所谓具体历史批判，即把资本主义资本放到历史发展中加以考察，揭示这种资本的本质和资本家剥削工人的秘密，评价其历史作用，指明其历史命运，即从对资本的“肯定的理解”中包含“否定的理解”[③]。

最后，马克思资本理论的三点结论。通过对资本主义资本的具体历史批判，马克思形成了三点结论。具体如下。

第一，资本主义资本是一种历史存在。在马克思看来，资本主义“资本……是一种历史的生产关系”[④]。它的萌芽生发于原始社会末期的简单商品生产中；经过长期发展，作为占统治地位的社会经济存在，它成熟于近代以来的资本主义商品生产中；它的充分发展又将为自己的最终废除创造条件。

第二，资本主义资本具有“伟大的文明作用”[⑤]。在马克思看来，“它榨取这种剩余劳动的方式和条件，同以前的奴隶制、农奴制等形式相比，都更有利于生产力的发展，有利于社会关系的发展，有利于更高级的新形态的各种要素的创造”[⑥]。这是因为它不是通过单纯的政治或暴力手段，而主要是通过市场运作，对资源进行合理配置，借以促进物的作用的发挥和人的潜能的激发，以及社会联系的不断扩大来提高效率和竞争力，从而来实现其利益最大化的。

第三，主宰性资本主义资本是一种灾难性力量。这灾难来自它的私人占有性。凭借这种私有性，它无偿占有工人创造的剩余价值，并用这种占有获得的大量财富，从而来对国家和社会进行支配。对此，马克思指出：“资本是资产阶级社会的支配一切的经济权力。”[⑦]正因为资本主义资本具有这种支配性或主宰性，从而使其病变为一种贪婪性、

① 《马克思恩格斯文集》第5卷，8页，北京：人民出版社，2009年。
② 《马克思恩格斯文集》第9卷，156页，北京：人民出版社，2009年。
③ 《马克思恩格斯文集》第5卷，22页，北京：人民出版社，2009年。
④ 《马克思恩格斯文集》第5卷，878页，北京：人民出版社，2009年。
⑤ 《马克思恩格斯全集》第30卷，390页，北京：人民出版社，1995年。
⑥ 《马克思恩格斯文集》第7卷，927—928页，北京：人民出版社，2009年。
⑦ 《马克思恩格斯全集》第30卷，49页，北京：人民出版社，1995年。

掠夺性、破坏性的存在。这表现在：它造成了社会的贫富两极分化，引发了周期性的经济危机；导致了西方各资本国之间以及东西方之间的尖锐矛盾，爆发了大量惨烈战争；恶化了人与自然的关系，造成了严重的生态危机。因而资本主宰的资本主义社会必将消灭，而被社会主义和共产主义社会所取代。

那么如此说来，是否要立即废除私有制，要消灭资本的剥削即资本对工人劳动剩余价值的占有呢？对此，马克思曾有明确说明。他指出："无论哪一个社会形态，在它所能容纳的全部生产力发挥出来以前，是决不会灭亡的；而新的更高的生产关系，在它的物质存在条件在旧社会的胎胞里成熟以前，是决不会出现的。"[①]然而，对这个说明，在相当长一个时期，中国共产党人由于缺少完全清醒的认识，从而使中国社会主义事业走了弯路，有其历史的教训。这也是中国改革实践的起因。

（二）中国的历史教训与改革实践

1.中国的历史教训

如前所说，马克思主义的最终目的是废除包括资本主义私有制在内的一切私有制。但并非要立即废除私有制，因为那是浪漫主义的空想。在他们看来，私有制是不能一下子废除的。因为私有制是生产力发展到一定阶段的产物，它的废除也必须以生产力的高度发展为基础。而现有生产力还没有发展到那一步。因此，他们主张"只能逐步改造现今社会，只有创造了所必需的大量生产资料之后，才能废除私有制"[②]。

然而在中国这样一个贫穷落后的东方国度中，进行社会主义革命和建设的中国共产党人，曾犯下了马克思、恩格斯所批评的上述超阶段的"左"的错误，即对中国仍处于社会主义初级阶段的国情和社会主义经济发展规律认识不足，于是在新中国成立后，中国共产党人按照马克思主义的指导，在中国消灭地主土地私有制和主宰性资本主义资本，即对占全国工业、运输业固定资产百分之八十的、主宰中国社会的官僚资本进行没收以后，急于求成，在城乡搞"一大二公"的所

① 《马克思恩格斯文集》第2卷，592页，北京：人民出版社，2009年。
② 《马克思恩格斯文集》第1卷，685页，北京：人民出版社，2009年。

有制升级，消灭个体和私营经济，急于割所谓“资本主义尾巴”和破除资产阶级法权，加之移植和套用了苏俄式高度集中的计划经济体制，没有认识到市场经济是社会经济发展不可逾越的一个必经阶段，是世界各国实现经济繁荣、社会进步的共同选择，以致造成了严重的灾难性后果。

2. 中国经济改革实践的核心要义

基于对上述经验教训的总结，从1978年起，我国开启了改革开放的伟大实践。于是在经济上实现了三大转变：一是，从计划经济到市场经济的转变。二是，从两种公有制形式到以公有制为主体，多种所有制经济共同发展的基本经济制度的转变。三是，从以按劳分配为名义的平均主义分配到按生产要素分配的转变，即“确立劳动、资本、技术和管理等生产要素按贡献参与分配的原则”，或曰以“按劳分配为主体、多种分配方式并存的分配制度”①。这三大转变的核心要义就是，要按社会主义市场经济原则来运用和规范资本，包括私有资本，使其为社会主义服务。

中国改革为何能使资本为社会主义服务。这里涉及以下几个问题。

第一，为什么要运用资本？因为如马克思所言，在生产力不甚发达的社会中，资本有伟大的文明作用。这集中表现在资本对利润的自发性、竞争性追求，有利于社会经济的发展。因而中国在贫穷落后的基础上所建立的不够格的社会主义，必须要利用资本的文明作用去构筑作为够格的社会主义的物质文化基础。

第二，为什么要在运用资本的同时，又要用社会主义制度去规范资本？因为如马克思所言，资本有自发性、竞争性。特别是私有资本，如果任其野蛮生长、形成垄断，那么势必会成为社会的主宰，即从非主宰性资本主义资本蜕变为主宰性资本主义资本。如果那样，也就会使社会主义和平演变为资本主义，从而带来巨大灾难。规范的目的就在于使私有资本沿着社会主义轨道，发挥其对社会的服务性，并阻遏其主宰性的滋生。

第三，中国特色社会主义为何既能运用又能规范资本，从而使其为社会主义服务？这是因为，其一，在性质上，中国社会主义社会包

① 《江泽民文选》第3卷，550页，北京：人民出版社，2006年。

括私有资本在内的资本区别于主宰性的资本主义资本。因为如前所说，资本主义社会是资本至上的社会，因而与资本主义制度相联系的资本是一种主宰型资本；而社会主义社会是人民至上的社会，因而社会主义社会的资本从其规范指向来说，是服务社会的资本，或简称服务型资本。诚然，资本作为一种社会力量，个人对之无能为力。人民只有联合起来，取得人民革命的胜利，并组织成人民政府，才能驾驭资本，使其为人民服务。因此，在当代中国，政府与市场的关系，其核心是在坚持人民至上的社会主义制度规范下，既要充分发挥市场在资源配置中的决定性作用，又要充分发挥好政府的作用。其二，在结构上，它不是那种以私有制为主体，而是以公有制特别是国有制为主体的资本。谁是主体，这就意味着谁能在整体上决定经济的性质和走向。其三，在私有企业的劳资关系上，它不是那种在根本利益上“劳资对立”的资本，而是在共同利益基础上，通过政府协调可以实现“劳资两利”的资本。其四，在私有企业的资本利益与公众利益的关系上，它是在政府的制度监管下，约束企业利益的最大化追求，通过合法经营，以实现资本利益与公众利益兼顾的资本。诚然，这里的监管不可能一步到位，立马成功，而是一个不断提高理性自觉、不断健全监管制度、不断强化执行力度的过程。

通过上面的分析，不难看出，在运用和规范资本的层面上，中国改革实践所遵循的就是马克思以劳动价值论为核心的资本理论，同时也是对这个理论的极大丰富和发展。毋庸讳言，马克思所处的是资本主义的上升阶段和其一统天下的时代，社会主义作为一种取代资本主义的更高一级的社会形态还处在理论的探索时期，尚未成为现实。因而马克思在总体上还是从历史必然性的维度，而不是从社会主义具体实践的维度来探讨社会主义与资本主义的关系，从而形成了关于社会主义对主宰性资本主义资本的消灭论。但现在看来，消灭主宰性资本主义资本不等于消灭非主宰性资本主义资本，更不等于消灭资本。至于如何看待和处理社会主义与非主宰性资本主义资本的关系，由于时代和认识的局限，马克思没有论及。正是在这样一个问题上，在新的时代条件下，中国共产党人基于社会主义特别是中国社会主义实践经验的科学总结，丰富和发展了马克思以劳动价值论为核心的资本理论。这里的丰富和发展表现在，社会主义要消灭主宰性资本主义资本，但在社会生产力尚未得到充分发展的情况下，又要运用和规范非主宰性资本主义资本，使其为社会主义服务，从而为最终消灭资本创造条件。这样一来，也就把马克思关于社会主义对主宰性资本主义资本的消灭论，丰富和发展为社会主义对主宰性资本主义资本的消灭与对非主宰性资本主义资本的利用规范及最终消灭的统一论。正是有了这种创新和丰富，也就使马克思的上述理论在中国大地上焕发出蓬勃生机，并转化为一种现实力量，从而给中国人民带来了巨大福祉。

可以说，脱离了对马克思以劳动价值论为核心的资本理论的继承和发展，不可能有中国改革实践的发生，也不可能正确理解马克思以劳动价值论为核心的资本理论与中国改革实践的关系，甚至还会产生误读。所谓“背离论”就是这种误读的一种表现。

（三）“背离论”的误读与澄清

所谓“背离论”，即认为马克思劳动价值论与我国改革实践相背离。这种“背离论”对二者关系的误读，不外乎以下两个方面。

其一，是对马克思以劳动价值论为核心的资本理论的误读。诚然，马克思承认劳动是剩余价值的唯一源泉，而否定资本是剩余价值的一个源泉；批判资本对工人劳动剩余价值的无偿占有；要用社会主义去消灭资本主义资本对社会的主宰性。这在前文已经说过了。但否定资本是剩余价值的一个源泉，并不否定在一定历史阶段上，资本是剩余价值得以创造的一个条件；批判资本对工人劳动剩余价值的无偿占有，但并不否定这种占有在一定条件下的正当性、合理性（关于这一点，后文还将作详细说明）；用社会主义消灭资本主义资本的主宰性，以及用社会主义制度加以规范从而去防止这种主宰性的再生，在这一点上，中国改革实践与马克思以劳动价值论为核心的资本理论是根本一致的。另外，在消灭资本主义资本主宰性和防止其再生的同时，中国改革实践利用非主宰性资本主义资本为社会主义服务。这与马克思上述理论关于要发挥资本的文明作用来促进生产力发展的观点也是根本一致的。

然而“背离论”不做这种具体的、历史的分析。它把马克思对主宰性资本主义资本的“批判”误读成了对一切私有资本的批判，或曰一味地否定。这样一来，也就消解了马克思资本理论的唯物史观基础，消解了这一理路所内含的辩证发展性质。于是在其心目中，中国的改革实践对私有资本加以运用和发展，也就是在发展资本主义，或用一个不太刺眼的说法，叫“补资本主义的课”。然而无论是发展资本主义，还是所谓补资本主义的课，反正都与社会主义无关。这样一来，作这种理解的中国改革实践，自然与马克思以劳动价值论为核心的资本理论是背道而驰的。不难看出，这种观点的失误就在于：首先，它把马克思所否定的主宰性资本主义资本与我国改革实践所运用和发展的非主宰性资本主义资本，即为社会主义服务的资本主义资本，不加区别，混为一谈了。其次，它把资本主义基本制度所保护的社会整全态资本主义，即绑架国家政权、异化公共权力、伤及绝大多数人根本利益的资本主义，与我国改革实践所运用和发展的，在无产阶级政权掌管下、国有资本主导下的服务于社会主义的一种经济成分态资本主义，不加区别，混为一谈了。而这是不可以的。

其二，是对中国改革实践的误读，即把中国改革实践误读成了对资本的单纯运用和发展。这样一来，也就从一个侧面遮蔽了中国改革实践的社会主义本质，遮蔽了这一本质所规定的中国改革实践对非主宰性资本主义资本或资本主义经济成分加以社会主义运用和规范的特性。作这种误读的改革实践，以及以这种误读为基础所理解的、脱离社会主义制度规范的资本的运用和发展，也就不是以马克思资本理论及其劳动价值论为指导的现实的中国改革实践，而是一种曲解的中国改革实践，是新自由主义所主张的那种改革实践，即去主权化、私有化、市场自由化的改革实践。很显然，作这种误读的中国改革实践与马克思资本理论及其劳动价值论的旨趣，自然是格格不入的。用邓小平的话说，如果是那样，也就是走上了一条邪路、死路。正是为了避免这种情况的发生，中国人民在改革实践中，才与新自由主义的中国版本——资产阶级自由化进行了坚决斗争，并取得了巨大胜利，从而开辟出了一条中国特色社会主义道路。

问题的严重性还在于，这种建立在误读基础上的“背离论”，站在资本主义立场上，不是把中国改革实践的成功看成中国特色社会主义的成功，而是看成资本主义的成功，并用这种所谓的成功，去否定马克思资本理论及其劳动价值论。这就不仅混淆视听，而且颠倒黑白了。因而对这一观点，不可等闲视之，而须予以严正批判。

总之，我国运用和规范非主宰性资本主义资本来发展经济的社会主义改革实践与马克思资本理论及其劳动价值论的社会主义指向是根本一致的。那种认为后者背离了前者的观点，是不符合我国改革实践的客观进程的，是错误的。这里的错误，不仅表现为它误读了二者的真实关系，而且还误读了马克思劳动价值论的社会主义分配意蕴。

五、科学解读劳动价值论的社会主义分配意蕴

如前所引，一些论者否定劳动价值论，还提出了所谓“无用论”来作为论据，即认为，承认劳动价值论，也即意味着全部价值只能分给劳动者，如若提供其他生产要素的人要分红，那就是剥削，可是这样一来也就没有人办企业了。于是，在这种观点看来，我国现阶段所实行的生产要素分配制，也就在实际上否定了劳动价值论，而肯定了“要素价值论”。怎样看待这一观点呢？这里谈以下三点。

（一）提供其他生产要素的人要分红并不都是剥削

比如，提供科技、流通、管理的人要分红，就不是剥削。这在前文已经说过了。只有以生产资料的私人占有而无偿占有他人劳动的经济关系，才能称之为剥削。[①]在这个意义上说，在我国私营经济中，资本私有者利用资本来占有剩余价值，这无疑是一种剥削。但这种剥削关系在我国社会主义制度的规范下，合理地加以利用，仍有着重大进步意义，或曰具有暂时的历史正当性。

（二）资本剥削在我国现阶段具有暂时的历史正当性

如前所说，在以公有制为主体的资本结构中，允许和鼓励非公经济发展，这有利于加速我国生产力的发展、增强我国的综合国力，提高人民的生活水平。只要私营经济依法经营，在促进生产力发展和维护国家和人民根本利益（社会主义国家制度和法律所体现的利益）的前提下，获取剩余价值就是允许的、合法的，也是正义的。诚如马克思所言：“只要与生产方式相适应，相一致，就是正义的；只要与生产方式相矛盾，就是非正义的。”[②]恩格斯也曾就此进一步指出，正是在

① 《马克思恩格斯文集》第9卷，217页，北京：人民出版社，2009年。

② 《马克思恩格斯文集》第7卷，379页，北京：人民出版社，2009年。

促进一定历史时期生产力发展的意义上，“马克思也承认剥削，即占有他人劳动产品的暂时的历史正当性”[①]。诚然，这里的剥削还应用社会主义制度去加以规范。其总的目标是防止两极分化，促进共同富裕。

那么如此说来，我国现阶段所实行的按包括资本在内的生产要素进行分配的制度，是否如某些论者所认为的，是对劳动价值论的否定和“要素价值论”的支撑呢？对此下面来做一些具体分析。

（三）劳动价值论与我国现阶段的“生产要素分配制”根本一致

这里有三点要指明。

第一，不能脱离价值生产谈价值分配。针对我国改革实践所设置的生产要素分配制是否有违劳动价值论的疑问，早在1998年就有经济学家指出，按生产要素分配并不违背劳动价值论。这一观点后来成为我国经济学界的主流观点。对这一观点笔者是深表赞同的。但到目前为止，关于这一观点的论证，笔者认为并不令人满意。

这种论证的理由是：劳动价值论所涉及的是商品价值的生产领域，而按生产要素进行分配，则是指对创造出来的价值如何分配，它所涉及的是分配领域，因而不能不加区别，并用后者去否定前者。

笔者认为，这一论证不仅没有解决问题，而且还引出了新的问题，即造成了价值生产与价值分配的二元分裂。马克思在批判庸俗社会主义时曾指出：“消费资料的任何一种分配，都不过是生产条件本身分配的结果；而生产条件的分配，则表现生产方式本身的性质。”因而认为任何脱离生产方式而空谈分配问题的做法都是在“开倒车”[②]。这里的“生产条件”，其实质是指生产资料和劳动力归谁所有。在我国现阶段，在劳动力归劳动者所有的前提下，所存在的以公有制为主体、多种经济成分并存的生产资料所有制结构，也就决定了以按劳分配为主体、多种分配方式并存的分配制度。也就是说，我国现阶段的分配制度根源于我国现实生产条件所决定的生产方式。

这里要指明的是，价值生产的条件与价值创造的源泉不可混为一谈。这在前文已经说过了。因而不能以这种混淆为前提，把按生产条件进行分配说成所谓按价值创造贡献进行分配。不能把我国现阶段的

---

① 《马克思恩格斯全集》第21卷，558页，北京：人民出版社，1965年。

② 《马克思恩格斯文集》第3卷，436页，北京：人民出版社，2009年。

"生产要素分配制"说成是"价值贡献分配制"，从而用"生产要素分配制"去证成"要素价值论"，这是不可以的。

劳动作为价值源泉，不同于分享价值的其他生产要素。正因为它是源泉，所以按照马克思主义的劳动价值论，提供劳动的劳动者的劳动所得必须得到根本保障。原因在于如前所说，在财富维度上，劳动是财富的主要源泉；在价值维度上，劳动是价值的唯一源泉，因而价值总得先被创造出来，然后才能被分享。因此，保障劳动所得才成为社会主义分配制度与资本主义分配制度的一个根本区别之所在，也是我国现阶段的"生产要素分配制"要以按劳分配为主体的根本原因之所在。

第二，劳动价值论有其社会主义分配意蕴。这个意蕴就是，既然剩余价值是劳动者的劳动创造的，那么其必然的逻辑就是：在社会主义社会中，劳动者的劳动所得神圣不可侵犯。这里的"不可侵犯"，也就意味着，这是社会主义社会对劳动者的根本保障，是社会主义劳动目的和社会主义本质的体现，即劳动者的主人翁地位和人民当家作主的本质体现。这一意蕴也就要求社会主义国家要在法律上充分保护劳动权，充分保护劳动所得权，充分保护劳动者对劳动所得的支配权。

毋庸讳言，我国改革开放以来曾有相当长一段时期，上述这种保护显得软弱无力、很不到位。之所以发生这种情况，原因固然很多，从理论上来说，这与劳动价值论遭到质疑和其社会主义分配意蕴受到遮蔽不无关系。

第三，劳动所得神圣不可侵犯并非指"劳动所得只属于劳动者"。也就是说，劳动价值论所含有的劳动所得神圣不可侵犯这一社会主义分配意蕴，并非如某些论者所认为的，这意味着劳动所得只属于劳动者。不是的，这种认识实际是把劳动价值论的社会主义分配意蕴曲解成了拉萨尔所主张的"不折不扣的劳动所得"[①]。而这是马克思在《哥达纲领批判》中早已批驳过的观点。

马克思在《哥达纲领批判》中所论述的分配（消费资料），虽然是指消灭了生产资料私有制，没有商品货币关系，因而没有市场经济的经典社会主义所理解的分配，但其理论所体现的原则对我们科学认识

① 《马克思恩格斯文集》第3卷，432页，北京：人民出版社，2009年。

和解决我国现阶段的分配问题，以及澄清“劳动所得只属于劳动者”的观点，还是有启发和指导意义的。这里可以概括为以下几点。

第一，要坚持可持续发展的目标原则。马克思指出：“权利决不能超出社会的经济结构以及由经济结构制约的社会的文化发展。”[①]马克思的这一著名论断启示人们，要着眼于社会经济和文化的可持续发展，来正确处理积累和消费、生产与生活的关系，要协调二者的平衡发展。不能只顾消费，而不顾积累；不能只关心生活提高，而不关心生产发展。为了实现上述目标，也就必然要求坚持下述前提原则。

第二，要坚持劳动积累和劳动条件维持的前提原则。为了激发劳动者的劳动积极性，马克思在《哥达纲领批判》中提出了社会主义阶段个人消费品的按劳分配原则。但这种分配的劳动所得不是拉萨尔所谓的不折不扣的劳动所得，而是“有折有扣”的劳动所得。即“只有不必用来维持劳动‘条件’，即维持社会的那一部分，才归各个劳动者所得”[②]。为此，马克思提出了两步扣除的操作方法。第一步，要扣除补偿消费掉的生产资料所需要的费用、用以扩大再生产的附加部分，以及为应付不幸事故、自然灾害而用来保险的后备基金或保险基金等。第二步，要扣除社会管理费用；满足共同需要的部分，如学校、保健设施等；为丧失劳动能力者设立的基金等。马克思指出：“同现代社会比起来，这一部分一开始就会显著地增加，并随着新社会的发展而日益增长。”[③]

上述第一步扣除，是为了维持劳动得以正常进行的企业内部条件；第二步扣除，则是为了维持劳动得以正常进行的企业外部条件，即社会条件。这些被扣除的部分，其中一部分是用于这些条件的本身运转、维护和改善；另一部分则是用于支付这些条件的提供者、维护者的个人收益。

诚然，我国现阶段的社会主义不同于马克思所设想的那种经典社会主义。比如，在私营企业中，劳动所得还应扣除资本私有者作为其经济实现的资本收益部分。但是不管怎么不同，我国现阶段所实行的以按劳分配为主体的“生产要素分配制”是体现了马克思所提出的兼

① 《马克思恩格斯文集》第3卷，435页，北京：人民出版社，2009年。
② 《马克思恩格斯文集》第3卷，429页，北京：人民出版社，2009年。
③ 《马克思恩格斯文集》第3卷，433页，北京：人民出版社，2009年。

顾劳动激励和劳动条件维护的社会主义分配原则的，是体现了马克思劳动价值论的社会主义分配意蕴的。此二者之间是根本一致的。因而其间并不存在某些论者所认为的，生产要素分配制是对劳动价值论否定的那种关系。

第三，要坚持对按劳分配加以辩证对待的历史原则。马克思曾指出，在资本主义社会中，资本家与工人之间在交易平等的名义下，掩盖着攫取剩余价值的不平等。而在消灭了资本主义私有制，实现了“以生产资料公有为基础的社会中，……每一个生产者，在作了各项扣除以后，从社会领回的，正好是他给予社会的。他给予社会的，就是他个人的劳动量。”在这里，“生产者的权利是同他们提供的劳动成比例的；平等就在于以同一尺度——劳动——来计量。”这种以劳动为尺度的分配平等相对于资本主义的那种名义上的平等，无疑是一个巨大的历史进步。但马克思又认为：“这种平等的权利，对不同等的劳动来说是不平等的权利。”[①]因为每个劳动者的天赋不同，从而其工作能力不同；另外，每个劳动者的家庭负担不同，因而每个人实际拥有的收入不同。这种因劳动能力和家庭负担不同所造成的收入不平等，只有到社会产品极大丰富的共产主义社会才能最后消除。因而只有到那时，“社会才能在自己的旗帜上写上：各尽所能，按需分配”[②]。

从我国社会主义初级阶段的实际出发，我国还只能实行按劳分配为主体、多种分配方式并存的分配制度。也就是说，还远没有达到按需分配的条件。但是，这并不妨碍我们按马克思的要求，对我国现阶段的按劳分配为主体、多种分配形式并存的分配制度加以历史辩证地对待。即随着生产力的不断发展和社会产品的日渐丰富，在坚持按劳分配为主体、多种分配方式并存的前提下，采取各种措施不断缩小收入差距，在人们的最低生活保障、基本教育、医疗、就业、养老、环保等方面，满足人们的基本需要，持续提高公共服务的均等化水平。这实际是在现阶段所实现的低层次的按需分配。

总之，马克思劳动价值论的真理性不可撼动。我国改革实践与马克思劳动价值论是根本一致的。我国现阶段实行的以按劳分配为主体的“生产要素分配制”与劳动价值论也是根本一致的。那种把劳动价

① 《马克思恩格斯文集》第3卷，433、434、435页，北京：人民出版社，2009年。

② 《马克思恩格斯文集》第3卷，436页，北京：人民出版社，2009年。

值论的社会主义分配意蕴说成是“劳动所得只属于劳动者”的观点，是一种曲解。以这种曲解为基础，认为我国现阶段的生产要素分配制是对劳动价值论的证伪和对要素价值论证实的观点，是不能成立的、错误的。

中国人坚定自己民主道路自信的底气何来？*

——兼论民主原教旨主义及“中国特色威权主义”

当代中国既拒斥了西方所兜售的民主原教旨主义，也并非奉行某些论者所指谓的“中国特色威权主义”，而是满怀自信地走出了一条中国特色社会主义民主道路。中国人的这种自信为何如此坚定，其底气从何而来？下面就此来谈几点看法。

一、中国拒斥了民主原教旨主义

近几十年来，一些西方学者特别是美国学者炮制了关于“陷阱”的种种理论。其中，有的属子虚乌有、人为杜撰，有的则牵强附会、乱贴标签。他们忽略了当今世界两个最大的陷阱：一是作为西方个人主义经济原则体现的市场原教旨主义陷阱；二是作为西方个人主义政治原则体现的民主原教旨主义陷阱。民主原教旨主义是一个政治陷阱。之所以称它为政治陷阱，是因为作为民主原教旨主义的理论支撑的“民主至上论”“民主程序至上论”“西方民主程序普世论”等三个基本观点，不仅浅薄荒谬，而且危害极大。

（一）关于“民主至上论”的批判

1.“民主至上论”不能成立

近代社会的民主孕育和形成于欧洲，是欧洲各国人民对权力加以制衡的产物。战争和征服加速了帝国的解体，促进了欧洲民族国家的形成。绝对专制和绝对腐败成为当时所有欧洲国家的主要特征。阿克顿勋爵的名言——“权力导致腐败，绝对权力导致绝对腐败”[①]，是这

---

* 原刊于《中国浦东干部学院学报》，2021（2）。

① ［英］阿克顿：《自由与权力——阿克顿勋爵论说文集》，侯健、范亚峰译，342页，北京：商务印书馆，2001年。

种状况的真实写照。为了克服这种权力之“恶”，人们在反抗斗争中开始了对权力的驯服和制衡，民主化进程由此展开。于是，用民主选举取代君主世袭，用分权制衡取代专制集权，也就成为近代欧洲政治进步的一个象征。

但是，在肯定这一点的同时，决不能像民主原教旨主义者那样，脱离上述历史进程，把民主抬到至上的位置。他们认为，发达国家之所以先进，功在民主昌盛；而后发国家之所以落后，咎在民主缺失。在他们看来，后发国家的政治前景取决于对民主价值的接受程度。这样一来，民主就被视为了一个无所不能、包打天下的“神器”。那么应怎样看待这一观点呢？这里涉及国家政治治理的终极目标和总抓手等问题。

国家政治治理的终极目标是什么？不是“民主至上论”者所认为的形式上实现民主，而是中国自古以来就主张的国泰民安，即国家的主权安全、政治稳定、经济繁荣、社会和睦，或曰国家长治久安、人民安居乐业。一般说来，这一理想的实现也是古今中外一切负责任的执政者所乐见的。在中国古代，人们在还不知“民主”为何物的时候，就已经在为实现这一理想而奋斗。那时出现的治世或盛世，就是这种理想在一定程度上和范围内的实现。因此，在认识和评判一个国家的政治制度时，首先要看的不是其民主与否，而是如邓小平所言，看这个国家的政局是否稳定，能否增进人民团结、改善人民的生活，生产力能否得到持续发展。[①]

那么如何实现国泰民安这一国家政治治理的终极目标呢？这里的总抓手不是民主，而是良政，即中国古人所说的励精图治，或曰守信、稳定、高效的政府运作。也就是说，政府要坚强有力、奋发有为，能够营造和维护秩序、正确选人用人、作出适当决策、有力执行政策。在这方面，中国古人积累了许多宝贵经验。历史发展到近代，人们才在包括暴力、基层自治（如乡规民约）、道德引领（如“道之以德”）等国家政治治理的工具箱中，增加了民主这个新的工具。从近现代政治意义上来看，良政需要民主，而民主未必能带来良政。因此，作为价值工具的民主的实现，必须以作为国家政治治理终极目标的国泰民

① 《邓小平文选》第3卷，213页，北京：人民出版社，1993年。

安，以及作为其总抓手的良政之实现为前提和规范。对于一个国家的政治状况，只能从总体上看其所推行的是良政还是劣政，而不能把作为一种工具的民主单挑出来，将民主当作唯一至高标准来衡量。

其实，不独对民主是如此，对于任何一种国家政治治理工具，或暴力、或自治、或道德，都不能超越国家政治治理的价值目标和总抓手，将之抬到至高无上的位置。不能以工具的合理性压倒价值的合理性，否则，也就意味着走到了尽头，从而必然带来祸害。

2.“民主至上论”在现实中会造成民主祸害

世界上有没有适合所有国家的至上民主？没有。关于这一点，后文还将作详细说明。那么在一国范围内有没有解决一切政治问题的至上民主？也没有。因为社会政治问题是复杂的，从来没有简单的解决方案。

从国家政治治理的维度来看，妨碍和破坏国家主权安全、政治稳定、经济繁荣、社会和睦的因素错综复杂、相互纠缠；每个问题的解决，都需要采用组合拳，系统治理，综合施策。企图用“民主”这一种药方去解决一个复杂的政治问题，甚至奢望以“民主”来解决其他所有政治问题，只能说是天方夜谭、痴人说梦。

问题的严重性还在于，许多政治问题，比如一国内部的种族、宗教、教派、地区间的矛盾，不仅无法通过民主至上论所实指的单纯票决民主得到解决，而且这些矛盾背后的各种势力，还会借票决民主施行之机，激化矛盾、制造分裂，引发社会乱象，以致一发不可收拾。比如，曾是世界第二大强国的苏联，其精英人士被西方鼓吹的“民主至上论”所糊弄，在经济改革难以推动之际，企图搞所谓民主化的政治改革，以之作为纾解国家危机的突破口，结果弄得思想混乱、经济崩溃、国家解体，造成了20世纪最严重的地缘政治灾难。又比如，原本还算安宁和富足的中东和北非各国，在民主化浪潮即所谓“阿拉伯之春”中，陷入暴乱、战乱，至今伤痕累累。这些都是惨痛的教训。另外，在西方国家，民主的作用被夸大，民粹挟持民主，民主沦为民粹，从而使民主劣化、异化，已成为它们难以甩掉的一个政治包袱。民主原教旨主义者极力鼓吹“民主至上论”，目的在于为推销“民主程序至上论”提供理论支撑。在他们看来，相对于实质民主，程序民主更重要。因此，他们所谓的“民主至上”，其实就是“民主程序至上”。

(二) 关于“民主程序至上论”的批判

1.“民主程序至上论”不能成立

民主在结构上分为实质民主与程序民主两个层次。所谓实质民主，是指政府施政体现和满足了人民的利益和要求，或者说能给人民带来稳定、安全以及体面的生活。所谓程序民主，是指在政府产生和政府决策及施政的过程中，为了体现和满足人民的利益和要求，所采取的措施和步骤。

就实质民主与程序民主的关系而言，程序民主属于手段民主，而实质民主属于目的民主。目的决定手段，手段服务目的。采用有效手段，才能使目的得以实现。因此，实质民主与程序民主都很重要，不可偏废。但相较而言，实质民主比程序民主更重要。因为实质民主作为目的所表现的内容与结果，比程序民主作为手段所表现的形式与过程更重要。其原因在于，形式可以反映和服务内容，但也可能流于形式，甚至背离和伤害内容。同样，过程可能会使人们得到所需要的结果，但也可能无果而终，甚至南辕北辙、适得其反。因此，民主的精髓不在于民主的程序，而在于民主的实质，即能够对人民负责。

然而实质民主比程序民主更重要这个道理，在“民主程序至上论”那里，却不被认可。按照“民主程序至上论”，程序民主更为重要。这里的程序民主，就是指西方的竞争性选举。为什么说这种选举民主更重要？因为在“民主程序至上论者”看来，作为社会基本单位的个人，是原子化的理性的个人。选举是个人理性的政治表达，因而选举民主也就成为每个人的基本诉求。人们凭借理性进行选举，就必然能选出好政府，即能很好地体现和满足人民利益和要求的政府。这样一来，作为民主程序的竞争性选举也就具有了至上性。

这一推论能成立吗？不能。因为西方的民主实践已经充分证明，以竞争性选举为核心的民主程序并不一定能选出好政府，实际选出来的大多是低能政府，有的还是坏政府、烂政府。比如，曾经给德国乃至全人类带来巨大灾难的希特勒政府，就是一个通过竞争性选举上台的坏政府。

有人也许会辩称，这只是少数个案，不足为据。诚然，这样的坏政府、烂政府的确是少数，但通过竞争性选举选出的低能政府绝非少数，也非偶然。这里从以下两个维度加以说明。

其一，候选人维度。在西方选举中，由于金钱的主导作用，代表社会公众利益的贤能之士一般是敌不过代表政党私利的庸人的，也就无法成为大选候选人。另外，西方竞选非常注重演讲能力，而演讲能力与治国理政能力不是一回事。通过选举上台的执政者很可能“专业不对口”，进而导致政府低效运行。当然，在西方民主政治中，因机缘巧合，也会涌现出某些杰出人物。

其二，选民维度。选民个人具有理性，这不假。但理性分为两种：第一种是公民作为个人的自我理性，即个人在自我利益基础上形成的个人福利理性；第二种是个人作为公民的公共理性，或曰公心，即在对人民整体利益和长远利益认知基础上所形成的公共责任理性。然而在通常情况下，多数选民所持的往往是自我理性，而不是公共理性。由此，在西方选举中，竞选就成了一个“福利拍卖会”。谁在福利给予上海口夸得越大，许诺越是甜蜜，那么谁就越有可能在竞选中胜出。可见，“民主程序至上论”所宣称的理性选民能选出好政府这一结论，是建立在把选民个人的自我理性与公共理性混为一谈这一错误认知基础上的，因而是不能成立的。当然，我们也并不否认在国家面临重大现实威胁之际，多数选民会基于公共理性作出顾全大局的某种正确选择。

2.“民主程序至上论”在现实中会引发民主灾难

这是因为脱离实质民主制约的单纯程序民主，一旦被赋予至上性，就会被各种利益集团所利用，为各自的目的服务。在西方国家，这种被赋予至上性的民主程序已经造成了政党恶斗、政治极化、社会撕裂的可怕局面，难以推动利国利民的基建计划和经济改革。在一些信奉竞争性选举至上论的非西方国家，情况往往更加糟糕。20世纪90年代在卢旺达发生的种族大屠杀，进入21世纪后泰国“黄衫军”与“红衫军”持续多年的争斗及其引发的社会动荡，以及在所谓“阿拉伯之春”中的“打砸抢烧”等，都是在民主的名义下发生的，都是“民主程序至上论”在现实中引发的民主灾难。

既然“民主程序至上论”在理论和实践上都不能成立，那么民主原教旨主义者为什么还要竭力提倡呢？这其中既有苦衷，也有不可告人的目的。所谓苦衷，是指西方民主原本就是少数人的民主，即在实质民主的意义上，它是一种虚假的民主。因此，如果强调实质民主更重要，岂不是自揭其短、自暴其丑？很显然，这是民主原教旨主义者所不愿意的。所谓不可告人的目的，是指强调民主程序至上论，才可以为其宣扬的“西方民主程序普世论”提供前提性支撑。因为在其看来，西方，特别是美国，是闪耀的“山巅之城”，是世界民主的“灯塔”。就此，米歇尔·奥巴马曾不无骄傲地提出：“我们的民主在全世界受到尊敬，自由选举是世界上最好的选出我国领导人的方式。”[①]他在这里所表达的是西方的一种主流观点，西方人所宣称的“民主程序至上论”所实指的是“西方民主程序至上论”。由此，这种至上的西方民主程序，也就似乎具有了它所宣称的“普世性”。

（三）关于“西方民主程序普世论”的批判

1.一个荒唐的理论

所谓西方民主程序，也就是前文所言的以多党制和普选制为核心的程序。这种民主程序，是西方历史长期发展的产物，也是西方人的政治选择。对此，别人干涉不了，也无权干涉。但是，如果像“西方民主程序普世论”所主张的那样，把西方民主程序强加给非西方国家，为此甚至不惜发动战争，就会惹出大麻烦。

从实质民主与程序民主的关系来看，在实质民主意义上，世界各国的民主有其共同之处，即但凡民主都必须或多或少地体现和满足该国人民的利益和要求，不然就是反民主或伪民主。与实质民主具有同一性不同，程序民主则具有多样性，也就是说，各国都可以有适合自己的程序民主，不应脱离各国的具体国情，强求一律。即便在西方各国，其程序民主也并非同一，而是各有特色。

“西方民主程序普世论”就是一种荒唐的理论，同时也是给当今世界造成极大危害的一种理论。这种情况现在已被世界上越来越多的人所认知。比如，英国《经济学家》杂志刊文称：“在非西方地区，民主屡屡崩溃。”“西方内部出现种种缺陷，其海外形象日益脆弱。”[②]然而该文作者只是提出了问题，并没有认真加以解答。在笔者看来，这是能够解答的。

① 《美媒刊登书评：美国迫切需要反思对华政策》，《参考消息》，2020—9—21。

② 《〈经济学家〉：西方民主的病在哪儿?》，《参考消息》，2014—5—4。

2.关于该理论荒唐的原因分析

首先，西方民主的根本缺陷导致其会在非西方国家引发社会危机。所谓根本缺陷是指，西方民主实质上是少数富人的民主。在到目前为止的西方社会条件下，这一缺陷所引发的矛盾尚未构成对西方民主的压倒性威胁。其原因在于，在西方主宰世界的条件下，西方富人从东方攫取巨大利益、大发横财的同时，西方国家通过向富人课税和政府的再分配，也让穷人分得了一杯羹，从而使多数穷人对这种少数富人的民主采取了某种容忍态度。[①]可是当这种西方民主移植到被西方压迫剥削的非西方国家时，这里的广大穷人对这种少数富人的民主，其容忍度就会大打折扣，因而也就极易造成激烈对抗和社会动荡。

其次，西方民主的形式移植在非西方国家会水土不服。这里涉及一个国家的经济发展水平、政治历史、制度遗产、族群构成、文化传统，以及民主观念的普及、民主习惯的养成等多个方面。非西方国家如果不顾本国国情，奉行西方民主原教旨主义，那么其失败是必然的。这种失败的例子在世界上，比比皆是。

再次，“西方民主程序普世论”者居心不良。这里是指，持有这种观点的人，其目的不是让非西方国家的人民享受所谓民主红利，而是为西方特别是美国维持世界霸权服务，即为其对非西方国家发动侵略战争或实施和平演变提供理论辩护和道德包装。美国有一个臭名昭著的“全国维护民主捐赠基金会”，这一组织的活动目的就是在美国看不顺眼的那些国家，以“促进民主”的名义煽动对立，制造动乱，培植和扶持亲美势力和政权。当今的美国实际上已成为世界各种政治乱象的最大祸根。不难看出，“西方民主程序普世论”者在非西方国家推销西方民主只是幌子，图谋不轨才是目的。

总之，民主原教旨主义是一种宣扬“民主至上论”“民主程序至上论”“西方民主程序普世论”等的浅薄荒谬且危害极大的理论。所幸的是，中国人民经过70多年的奋斗，特别是40多年的改革开放，在吸收世界各种政治文明成果的同时，排除了民主原教旨主义的干扰，走出了一条中国特色社会主义民主道路。然而中国对民主原教旨主义的拒

① 诚然，这种情况正在发生变化。在全球化浪潮中，西方资本走向世界，脱离了资本流出国的管制，从而使西方福利社会减少了税源，由此引发了其国内“1%”与“99%”之间的矛盾。不过，这一问题尚在可控范围之内。

斥，却被世界上某些人解读为对民主的拒斥，是奉行所谓“威权主义”。有些论者提出，中国所奉行的并非一般威权主义，而是加上了各种形容词的威权主义，可以概括为“中国特色威权主义”。其实，一般也罢，特色也罢，用“威权主义”来指谓中国政治，这本身就是一种误读。

二、中国奉行的并非“中国特色威权主义”

什么是威权主义？为何要加上“中国特色”？为什么说这是对中国政治的误读？下面就此来谈三点看法。

（一）“威权主义”语义重心从“模棱两可”向“专制性”一极的漂移

最早提出“威权主义”这一概念的是胡安·林茨。他在对西班牙佛朗哥时期的研究中发现，在世界上除了西方传统观念所指认的民主政治与专制独裁，包括作为其现代表现的全能主义（这是西方对苏联高度集权体制的一种武断的指称）之外，还存在一种吸纳了某种民主要素，从而对全能主义加以改良的，既非民主政治又非全能主义的政治类型，他将其称为“威权主义”①。不难看出，在林茨那里，只是给威权主义的界定提供了参照系，即在西方民主观念中，它是民主政治与全能主义之外的一个政治类型。至于这个政治类型的内涵，他只是给予了笼统的提示，即威权主义具有融合民主政治要素和全能主义要素的混合性质。至于这里的民主政治要素，是在实质民主、程序民主抑或二者兼而有之的意义上加以指谓，对此他并没有具体说明。另外，这里用西方标准来判定的民主政治、全能主义以及威权主义等概念，为何能用来对非西方国家的政治体制进行划分？是谁赋予林茨这种权利？其合法性到底如何？这些问题他也没有触及，当然更谈不上有所解答。不难看出，威权主义这个概念从提出之初，就已包含了某种模糊性、含混性，这也就为其在运用上的宽泛和漂移提供了较大空间。

在林茨提出“威权主义”这一概念时，相对于民主政治和全能主义这两个参照系，它具有区别于民主与专制而又融合二者于一身的混

① ［美］胡安·J.林茨、阿尔弗莱德·斯泰潘：《民主转型与巩固的问题：南欧、南美和后共产主义欧洲》，孙龙等译，40页，杭州：浙江人民出版社，2008年。

合性质。然而随着东欧剧变、苏联解体，冷战结束，作为西方冷战工具，用来对苏联政治体制进行批判的“全能主义”这个概念，失去了用武之地。于是，它逐渐从西方人的视野中淡出。与此同时，林茨所提出的“威权主义”，其地位则日益隆升。可是，由于失去了“全能主义”的参照，“威权主义”这一概念原先所具有的“模棱两可”的性质逐渐弱化，转而向“专制性”一极漂移。随着这种漂移的加剧，威权主义与民主政治的关系也就从原先的某种融合，演变成了当今的单纯对立。在当代西方语境中，威权主义已被有意无意地理解为专制主义的现代版。在语感上，威权主义给人的印象似乎没有专制主义或极权主义那样狰狞、可怖，但其压抑性、可憎性并没有丝毫减弱。如今，威权主义已成为高压政治、集权化、自以为是以及威凌一切等的政治标号。

然而，用这一标号来标识中国政治并预测其未来走向，并不如某些论者原先所想象的那么顺畅。

（二）用“威权主义”对中国政治进行指认的尴尬与所谓“中国特色”

如前所述，一些持西方民主观念的论者把中国政治指认为威权主义。按照他们的逻辑，秉持威权主义的中国，其政治命运自然不佳。因为威权主义意味着专制僵化、效率低下、活力不振，迟早要走向崩溃。因此，在以往几十年中，关于中国崩溃的声浪一波接着一波，不绝于耳。然而实际情况是，中国不仅没有走向崩溃，而且日益富起来、强起来。中国共产党领导的中国政府善于学习、灵活务实、效率极高，取得了举世瞩目的成就，获得了中国人民的高度认可，也得到全世界的公认。由此，关于中国政治的威权主义指认也就陷入了理论失灵的尴尬境地。

然而这种观点的持有者并没有因此认输，而是开始了对其观点的修补工作——在继续指认中国政治是威权主义的前提下，强调中国威权主义的特殊性，即所谓“中国特色”。由此，形成了五花八门的关于“中国特色威权主义”的指谓，如“协商式威权主义”“软性威权主义”“韧性威权主义”“灵活威权主义”“开明威权主义”“可接受威权主义”“回应性威权主义”“溢价性威权主义”等。

这些论者用加上各种形容词的威权主义来标示改革开放以来中国政治所发生的变化。在他们看来，这些变化包括中国威权的世俗化、政府换届的常规化以及政府对民众诉求的回应更加积极等。在行政体系运行方面，中国共产党更加注重人大、政协和各民主党派的作用，促进民众的制度性参与。另外，中国共产党注重加强党的建设，完善党内程序和规则，推进自我革命，调整和协调党和国家、党和社会的关系。正因为中国共产党和中国政府采取了这些措施，所以他们认为，中国政治体制有了相对于一般威权主义的“中国特色”。

平心而论，这些以西方民主为评判标准的论者能对中国政治有这样的体认，已属不易。就此而言，他们比那些对中国一无所知却大放厥词的绝大多数西方论者，无疑要诚实得多。但对此也不能评价过高。因为他们对“中国特色”的所谓肯定，是局限于威权主义这一总体框架之中的，因而在根本上还是极为负面的。在他们看来，这些具有“中国特色”的措施只是枝节性、策略性的，而非根本性、实质性的；这些措施并不是走向他们所认可的“半民主”或“民主”的实质性措施或根本性步骤，其目的是巩固和强化他们所否定的中国威权主义，提升执政党和政府的合法性，维护中国共产党一党执政的地位，拒绝多党制竞选。

然而，用经过一番修补后概括而成的“中国特色威权主义”这一概念来指谓当代中国政治，仍然是不能成立的。

（三）“中国特色威权主义”的指谓不能成立

这里谈三点理由。

1.“中国特色”与“威权主义”的连缀牵强附会

这样一种指谓本身含有不可克服的内在逻辑矛盾，因而显得不伦不类。

比如，就“协商式威权主义”的指谓来说，这一概念组合本身就显得特别别扭，令人莫名其妙。“协商式威权主义”最早是由何汉里（Harry Harding）在20世纪80年代后期提出来的一个概念。“协商”作为一种与“票决”相区别而又互补的民主形式，现已得到中外政治学界的广泛认可。协商民主意味着协商各方从大局出发，互尊互信、互利互让，以达成共识。它与威权主义所标示的政治专横、以势压人、唯我独尊、自以为是等能够拼凑在一起吗？显然不能。否则，就违背了基本的逻辑常识。

又比如，“软性威权主义”的指谓也不能成立。据这一概念的提出者罗伯特·安东尼·斯卡拉皮诺（Robert A. Scalapino）所言，“软性威权主义”即说服性的家长制威权主义。也就是说，它是两个特点的结合，即“说服性”与“家长制”的结合。①那么此二者能够结合在一起吗？不能。因为相对“压服”而言的“说服”，是指以理服人。这就意味着：一要讲理，二要把理讲透。所谓把理讲透，就是把理讲到点子上，讲到人心里去，从而使人心悦诚服。世界上有这种所谓的家长制吗？显然没有。所谓家长制，就是家长高高在上、唯他是尊，发号施令、其命必从的这样一种家庭规制。可见，所谓“软性威权主义”，不过是把两个根本对立的东西硬拼在一起。这样一来，也就只能是牛头不对马嘴。

以上所提到的关于“中国特色威权主义”的种种指谓，在其内部都有着类似的不可克服的逻辑矛盾，因而都是不能成立的。那么对中国政治持“中国特色威权主义”观点的论者，为什么会犯上述低级的逻辑错误呢？笔者以为，在西方民主话语的强势支配下，这些论者之所以犯了逻辑错误，除了其政治偏见使然以外，也是其理论盲点所致。这里的理论盲点有二：一是，他们把中国之人民政府的权威与专制政府的威权即威权主义混为一谈了；二是，他们把西方那种“选票胜出”的执政合法性唯一化、完美化了，从而否定了中国共产党“实践胜出”的执政合法性。由于存在这样两个理论盲点，一些论者才把中国特色社会主义民主误读成了“中国特色威权主义”。

2. 中国之人民政府的权威有别于专制政府的威权

在西方民主理论中，存在一个根深蒂固的传统，即在民主与政府的关系问题上，持一种二元对立的思维方式。这是因为孕育近代西方民主的市民社会，是在与专制国家的抗衡中争得自治权的。于是，在这种思维方式的支配下，政府权力的集中或加强，被视为对民主的一种威胁。同样，民主的坚持和发展，对政府而言，也就意味着对权力的分化与制衡，或意味着“政府角色最小化”，导致“弱政府”的出

① Francis Fukuyama，“Asia's Soft Authoritarian Alternative”，*New Perspectives Quarterly*，1992（2）。

现。无疑，适当的分权和制衡，确实是民主政治的一个重要方面。但如果片面强调这一点，就会过分削弱政府权力，影响政府正常运行。这就是我们在当代西方民主政治中所看到的状况。西方民主理论使许多论者对“强政府”抱有一种难以抹去的警惕和不信任情绪。带着这种情绪来看待坚强有力的中国政府，自然会认为它对民主不是好事，而是威胁，从而也就给中国政府冠上了威权主义的污名。

然而在中国历史上，地方自治从来不是纯粹的民间自治，而是在官治协调下的地方自治，即通过与政府进行有效沟通，获得应有支持，进而独立解决地方公共事宜。受这种传统的影响，在中国人的心目中，政府通常不是市民社会抗衡的对象，而是其依赖的对象。况且，中国现在的政府是中国人民自己的政府，不是骑在人民头上作威作福的专制政府。中国政府是以民主集中制为原则产生和运作的政府。所谓民主，即人民选举产生的政府通过民主程序听取人民的意见。所谓集中，是指政府机关集中必要的资源，全力以赴去执行经民意通过的方针和政策，去完成民意机关赋予自己的任务。不难看出，通过适当的集中权力，政府才能集中力量办大事，才能履行好服务人民的使命。从晚清到民国，当时的中国政府软弱无能，仰人鼻息；亿万民众一盘散沙，痛苦不堪。中国共产党领导中国革命胜利的最大成果之一就是克服了以往政府的权威危机，特别是中央政府的权威危机，建立起了一个稳定的、具有强大生命力和动员力的中央人民政府。这为中国的建设、改革以及走出一条中国特色社会主义道路提供了基本的政治前提。因此，在中国，人民政府的权威与人民民主是高度统一的，即人民政府人民选，人民政府为人民。由于二者高度统一，中国政府对民众才具有极强的号召力、组织力和动员力。中国政府所具有的这种强大政治权威，是由人民赋予并为人民服务的。中国现在有这样一个“强政府”，是百余年来中国人民不断奋斗的结果，也是当代中国人民之大幸。

可见，中国之人民政府的权威与专制政府的威权，即那种凭借窃取而来的公权力去欺压人民、谋取私利的威权，根本不是一回事。对此，绝不可移花接木、张冠李戴。

3. 中国共产党“实践胜出”的执政合法性比西方“选票胜出”的执政合法性更坚实可靠

在那些秉持西方民主标准的论者看来，执政合法性的唯一标准就是“选票胜出”。在竞争性选举中胜出的执政者，不管如何平庸、低能，如何不靠谱，其执政都具有合法性。按照这种逻辑，中国共产党不完全是“选票胜出”的，因而其执政就不具有合法性。我国有些论者受这套理论影响，也觉得中国共产党一党长期执政，在理论上说起来似乎不那么理直气壮。其实完全不是这样的。

中国共产党的执政权，是通过竞争性胜出获得的。诚然，这里的“竞争”不是西方选举中的口头竞争，而是极为艰难的实际斗争；这里的“胜出”也不是通过口头竞争得来的“选票胜出”，而是实际斗争中的“实践胜出”。比如，在解放战争时期，中国共产党领导的解放区的政治治理，相对于国统区政治治理的胜出；又比如，在世界政治舞台上，一国政治治理相对于其他国家政治治理的胜出。

那么，中国共产党“实践胜出”的执政合法性相对于西方“选票胜出”的执政合法性，哪个更为优胜？这里的哪个更为优胜，不是就这两种合法性本身而言的，因为此二者各有自己的标准，而这两种标准是不可通约的。由此，二者各有自己存在的理由，并不构成相互否定的关系。这里的哪个更为优胜，只是就这两种合法性得以成立的方式，即“实践胜出”与“选票胜出”而言的。为了进行这种比较，姑且把西方选举中金钱的主导作用、海量的虚假宣传等暂放一边不谈，而仅就这两种胜出方式的难易、分量和效果来进行比较。

其一，中国共产党诉诸行动的“实践胜出”相对于西方诉诸语言的“选票胜出”，难度要大得多。因为“实践胜出”，不仅要流汗，而且要流血。中国共产党的执政合法性就是在长达28年的艰苦卓绝斗争中，克服了数不清的艰难险阻，战胜了无比强大的凶恶敌人，通过“实践胜出”而奠定的。这与西方通过口头竞争的“选票胜出”孰难孰易，无需争辩，一目了然。

其二，中国共产党基于政绩的“实践胜出”相对于西方基于承诺的“选票胜出”，分量要重得多。在中国共产党领导下，中国从一个贫穷落后的国家变成了世界第二大经济体。8亿多农村绝对贫困人口实现脱贫，中国对世界减贫的贡献率超过70%。改革开放40多年来，中国居民人均可支配收入实际增长超20倍，人均预期寿命提高了10岁。正是凭着这些无比巨大的成就，中国共产党才得以持续享有执政权。然而在一些秉持西方民主标准的论者眼中，这种“实践胜出”的分量，似乎还不及“选票胜出”的西方政客开出的空头支票。这真是咄咄怪事，匪夷所思。

其三，中国共产党靠实惠赢得民心的“实践胜出”相对于西方因虚假承诺失去民心的“选票胜出”，民众满意度要高得多。

因此，相对于西方“选票胜出”的执政合法性，坚持和肯定中国共产党“实践胜出”的执政合法性，并不输理，况且中国政府也是通过选举的方式民主地产生的。

总之，“中国特色威权主义”所表达的是一个内含逻辑矛盾，把中国之人民政府的权威混同于专制政府的威权，以及用西方“选票胜出”来否定中国共产党“实践胜出”之执政合法性的错误观点。对这一观点，必须予以否定。

三、关于中国民主特色的总体把握

要从理论上彻底划清中国特色民主与民主原教旨主义，以及所谓“中国特色威权主义”的界限，并从根本上说明中国人坚定自己道路自信的缘由，就必须对中国民主特色有一个总体把握。要把握中国民主的特色，就必须了解它的政治文明基因、根本特点和优长，以及制度安排与运作等。

（一）中国民主的政治文明基因

在中国改革开放的前30年中，西方特别是美国对中国实施的大体是一种侧重接触同时加以遏制的战略。在美国人看来，中国经济上的市场化改革的不断推进，迟早会引发政治上的西方式民主化改革，从而接受美国的政治制度。然而几十年过去，美国突然发现，中国不仅没有按照美国预设的道路走，反而走上了一条被它视为挑战和威胁的中国特色政治道路。这自然引起了美国的失望和愤怒。

于是近些年来，美国一改以往侧重接触的战略，转而实施了一种侧重遏制乃至对抗的战略。

中国作为世界大家庭中的一员，与包括美国在内的世界各国，都倡导公平、正义等人类共同价值，而民主也是这些共同价值之一。但如何实现这些共同价值，各国采取的方式不同。前文对此已作过说明，这是其一。其二，美国等西方国家作为发达国家走在了中国前面，有不少好的东西值得中国借鉴和学习。但借鉴和学习美国，不是把中国变成美国，而是让自己变得更好。其三，美国原初的关于中国会按其模式去改变自己的预想就是幼稚可笑和傲慢的。

中国不会邯郸学步，亦步亦趋，而是会立足传统，按自己特有的轨迹来发展。中国民主以中华政治文明传统为根基，而中华政治文明传统的主要内容之一，就是源远流长的民本政治传统。在古代，中国和西方在对君主政治合法性的论证上，有相同的一面，也有相异的一面。其共同之处在于，都是用神秘的“君权神授”或“天命王权”来加以论证。这种论证尽管是杜撰的、骗人的，但在当时的社会条件下，还是管用的。其不同之处在于，在西方，天神对君主的授权，就其授予对象来说，是专属的。而在中国历史上，自“周武革命”以后，这种“天命王权”，就其授予对象来说，则是选择的。这种选择的标准就是“德”，即天命只授予有德之人。惠民、保民即为德，于是民意也就成了天意，或曰民意天从。民意或民心之所以如此重要，是因为民为立国之本，正所谓“民惟邦本，本固邦宁”[①]。由此，民本思想和民本政治登上了历史舞台。

在国家政治治理的终极目标上，民本政治体现的并不仅是统治者从一己私利出发去维持自己的统治，而是从社会整体维度理解的“国泰民安”，或曰“兴天下之利，除天下之害”[②]。诚然，只有“国泰民安”才能巩固统治，否则就是“四海困穷，天禄永终”[③]。

在执政者与民众的关系上，民本政治体现的并不仅是统治与服从的关系，而且还包含了执政者与民众之间的双向责任和义务关系。从民众角度说，民众对国家负有责任和义务。在中国古人看来，人生于长于家庭，而国家又是家庭的延伸和放大，因而个人要感恩自己的家国，要舍己为家，保家卫国。这就是我们所赞颂的家国情怀。从执政

---

① 《尚书·五子之歌》。

② 《墨子·尚同中》。

③ 《论语·尧曰》。

者角度说，执政者也要像《礼记·表记》所要求的那样，“君天下，生无私，死不厚其子。子民如父母”，即君主要像父母那样爱护老百姓，要为政以德、以德服人，要施行仁政、利民为本。

在对执政者的评判上，民本政治超越了秉持“君主神圣不可侵犯”信条的古代西方神权政治，以有道无道即民心得失为标准。由此，君主被分为两种：一是有道的、造福于民的“圣君”，二是无道的、暴虐的“独夫”。“圣君”才享有执政合法性，而“独夫”则丧失了执政合法性，因而人民有权推翻其统治。这就是“舟水之喻”所表明的“水能载舟，亦能覆舟”。水，民众也。有道，人推而为主；无道，则人弃之不用。所谓“得民心者得天下”，这种基于民心的政治合法性，不仅超越了古代西方的血统合法性，而且也高于现代西方的选票合法性，从而成为一种具有历史本质意蕴的合法性。

在用人上，民本政治以治国安民为目的，唯才是举、任人唯贤。中国从隋朝开始实行科举制度，这在人类文明史上是一个伟大创举。这是一种以科考成绩为主要评定依据来选取人才、授予官职的制度。它打破了以往选人用人上血统、门第、财富等的限制，给寒门子弟或曰平民知识分子开辟了一条上升的通道，形成了一定程度的公平竞争、择优录用的局面。古代欧洲则长期实行世袭制，直到19世纪欧洲国家才借鉴科举制度，形成了文官考试制度。虽然也有种种弊端，但体现了任人唯才唯贤精神的科举制度，不仅超越了古代欧洲的用人身份制，而且在某种意义上超越了现代西方的用人党派制。

民本政治或政治的民本性，只是中国古代政治一个方面的特性，受当时基本制度的规约。因而从总体上说，它只是一种理想政治的某种程度或局部的实现，从而表现出历史和阶级的局限性。但在这样一种政治文明传统的熏染下，在中华大地上确实涌现出了无数忧国忧民、光耀千古的仁人志士，谱写出了许多惊天动地、熠熠生辉的历史华章，从而内化、塑造了中华民族博大、坚韧的精神品格。这是中华文明五千多年来从未中断的原因之一，也是中华民族经受无数大风大浪后依然屹立于世界民族之林的自信所在。

中国民主深扎于中华民本政治传统沃土之中，在马克思主义的指导和中国共产党的领导下，汲取和融合了时代发展之进步精神，不断实现创造性转化和创新性发展。

（二）中国民主的根本特点和优长

在与西方民主相比较的意义上，中国民主的根本特点和优长，可以概括为服务人民、党的领导、协商全程高效等多个方面。

1.服务人民

中国民主的本质是为人民服务。中国共产党领导下的政府要遵照民主的制度安排运作，去调动广大人民的积极性，为人民的整体利益和长远利益而奋斗。国家政权为什么要为人民服务？这是因为在中国，国家政权不是中国共产党的，也不是少数人的，更不是个别人的，而是广大人民的。人民才是国家的主人。

这样一个根本特点，不仅把中国民主与中国古代的民本政治区别开来，而且也把中国民主与西方民主区别开来。

前一个区别在于：中国民主是人民把自己作为服务目的的根本所在，即“人民为本”。或曰在民主问题上，中国实现了人民作为目的和手段的根本统一，实现了人民共建与人民共享的统一。而中国古代的民本政治则是把“君”作为服务目的的根本所在。在这种政治中，所谓“民本”，意味着“民”只是作为“君”的服务手段之“本”。如“舟水之喻”所说的，“君”是“舟”，“民”只是工具意义上的载“舟”之“水”。当然，如前文所说，不以“民”为任人屠宰的羔羊，而是将其视为决定君主命运的不可抗拒的力量，这在古代已经是一个了不得的思想成就了。

后一个区别在于：中国民主服务于人民整体利益和长远利益的实现，而西方民主则可能断送人民的整体利益和长远利益。在西方政党政治中，两党或多党每隔四年或五年，通过选举轮流执政。这一制度安排决定了西方执政党不可能制订关于国计民生的长远规划，而只会注重短期利益。另外，这种短期利益也与人民的整体利益无关，而只关乎政党能否执政或继续执政，关乎政党背后的资本能否获益。

西方民主中除了两党制或多党制以外，还有普选制，即“一人一票”制。这个制度所保障的只是“一人一份”的利益或福利，而并不是增进人民整体利益的“一人一份”的贡献。这样做必然会导致“一人一份”的福利难以为继。这也是一些西方国家在2008年金融危机后，接连发生“福利危机”的根源所在。

在西方国家，资本追求的是利润，而民众追求的是福利。因此，被资本所主宰和被民众所挟持的执政党及其政府，自然无心也无力去解决那些关乎国计民生的重大问题。也就是说，西方民主的制度安排，使得西方执政党及其政府只能用空头许诺以求“就任”。它们没有岗位责任，也担负不起这种责任。

2.党的领导

中国民主为何能服务人民，并与西方民主区别开来？其根本原因在于中国共产党的领导。一个政党能不能充当领导，一是取决于它的性质或曰初心，即能不能为人民的整体利益和长远利益而奋斗；二是取决于它的力量，即它的号召力、组织力和动员力。中国共产党之所以能充当中国民主的领导，就在于它是一个由中华优秀文化滋养的，用以人民为本的马克思主义学说武装的，有严密组织结构的，由敢于牺牲、冲锋在前的先进分子汇聚而成的政党。

相对于中国民主有领导，可以说，西方民主无领导。西方政党政治中的两党或多党，其目的只是击败对手，而不是领导整个国家。由于每个政党都只为自己打算，只为扩大自己的利益而奋斗，因而难免会造成朝野分裂、权力掣肘、相互拆台的局面。可以说，这在当代西方国家中早已是司空见惯的现象。

然而在中国不会出现这种情况。因为作为中国民主领导者的中国共产党，能够把握中国民主为人民服务的大方向。在这个大方向的指引下，党统领全局、协调各方，为人民的整体利益和长远利益而奋斗，从而不仅不会使各种矛盾激化，导致局面失控，而且还会通过妥善解决矛盾，使其成为推动中国发展前进的巨大动力。另外，中国政府也像西方那样，按期进行民主换届选举。但西方政府换届，是既换人也换党，每届政府都各搞自己的一套，从而使国家政策“脱挡”。而中国政府换届，只换人不换党，每届政府都按照党所制定的、体现人民整体利益和长远利益的路线和蓝图而努力，一届接着一届干，因而久久为功，终成辉煌。可见，中国共产党的领导不仅是中国民主的一大特点，而且也是中国民主的一大优长。

然而这对一些持西方民主标准的论者来说，既不能理解，也不愿接受。如前所说，在他们看来，一党执政，拒绝有组织的反对派，拒绝竞争性政党政治和非理性选举，这与民主完全无关，而且是地地道道的专制主义，或曰威权政治。

那么问题的症结何在呢？如果仅从认识维度说，其症结在于：他们把谋公的中国共产党混同于谋私的西方政党。所谓谋公，是指中国共产党是中国人民利益的代表者和守护者。在现阶段，它所担负的使命是实现“两个一百年”奋斗目标。这是中国共产党向中国人民作出的庄严承诺，也是中国共产党的责任所在。所谓谋私，是指西方政党只是利益集团的代表，而非国家和人民利益的守护者。因此，谋私的西方各政党，为了自身利益的最大化，自然趋于集权。集权的目的是集利。这样一来，也就损害了其他集团的利益。而为了防止这种情况的发生，西方民主的先驱们才设计了协调不同利益集团的两党制或多党制。其目的，一是借这种制度在资产阶级内部进行利益分割和平衡；二是借这种制度实现政党轮替，发挥某种纾困作用，即纾解民众对旧执政者的不满和让民众燃起对新执政者的希望。这种“纾解”和“希望”的不断交替，也就使资产阶级的统治得以长期维持。

而在中国，中国共产党为了维护全体人民的公利，必然要拒绝那种代表某个集团私利的有组织的反对派，必然要拒绝可能使那种反对派得以上台执政的竞争性选举。这样做，并不是一些持西方民主标准的论者所指责的不要民主而搞专制，而是为了防止某些政治势力借用民主形式去否定人民民主的实质即人民当家作主，这是一个关系人民主体地位和国家前途命运的重大问题。在这样一个重大问题上，各国执政的共产党，切不可迷失于西方竞选政治的表面热闹，而应保持清醒的认识和坚如磐石的政治定力。在这方面，苏联亡国亡党，就是前车之鉴。

另外，世界上有些人对中国共产党一党执政怀有疑虑。因为在他们看来，一党执政也就意味着政治腐败。应该说，这句话道出了部分真理。因为对西方的谋私党而言，确实如此，于是要以两党制或多党制的形式加以抑制。然而对中国共产党来说，这只是危险而非必然。所谓只是危险，是指在一党执政和长期执政的前提下，党确实面临着丧失先进性、腐化变质的危险。但这种危险并非不可避免、不可克服。说到底，是因为中国共产党是谋公党，一心谋公不谋私，因而有资格和勇气直面自身问题，勇于自我革命，全面从严治党，正风肃纪，拒腐防变。在这方面，中国共产党积累了不少经验，并把这些经验不断固化为制度安排，取得了令人称道的成就。

3.协商全程高效

中国民主除了有服务人民、党的领导等本质规定外，还具有协商性、全程性、高效性等特点和优长。

中国民主的协商性。中国民主是协商民主。为什么说这是中国民主的一大特点和优长呢？这是因为在西方国家和许多发展中国家所实施的，只是单纯的票决民主。这种票决民主的优长在于，能在众说纷纭的情况下，诉诸多数决定原则，提高国家对公共事务的决策效率。其缺陷在于，它实际上是一种你输我赢的零和游戏，造成了多数与少数、执政党与反对党之间的不和、对立和倾轧。在网络媒体日益普及的今天，在票决中失败的少数可以通过互联网在短时间内集结力量，把不满情绪从投票箱带到街头，甚至还会以暴力相拼。这是当今世界许多国家和地区陷入动荡不安局面的一个制度性原因。

在中国，由于实现了协商民主与票决民主的良性互动，因而既通过票决民主提高了决策效率，又通过协商民主消除了分歧，达成了共识，实现了共赢。这样一来，民主在中国，就不仅有选举价值，而且还显示了道德价值、文化价值，以及更为广泛的文明价值。从全国来说，这种协商民主与票决民主相统一的民主制度安排，一是促进了团结，即促进了执政党和参政党的团结，促进了党和人民的团结，促进了全国人民的大团结，从而调动了广大人民投身社会主义现代化建设的积极性。二是增强了党和政府的纠错能力。西方国家通过几年一度的票决民主来纠错，而中国共产党和人民政府通过每次中央全会、每年召开的两会以及广大人民群众的批评监督，来发现和纠正党和政府工作中存在的不足。相对于西方的票决民主，中国的票决民主与协商民主相统一的制度，对执政党和政府不足的发现和纠正更及时、更敏锐、更有成效。三是提高了党和政府科学决策、民主决策的水平。中国的协商民主促进了人心通达、人气汇聚，促进了包容互鉴、集思广益，从而也就使党和政府的决策更加符合实际、更加科学、更加民主。例如，中国的五年规划是通过反复咨询、论证之后制定出来的。这样的规划，才科学合理，也才能一步一个脚印地得到实现。

那么中国的协商民主能否被西方所借鉴呢？从根本制度上来说，不太可能。因为西方民主是建立在利益根本对立的基础上的，而中国民主则是以全国人民根本利益的一致为前提的。有了这样一个前提，才谈得上以国家大局为重，才能进行民主协商。

中国民主的全程性。相对于西方民主而言，中国民主是全过程人民民主。西方民主仅限于政治领域，只限于国家和地方领导人的“准入”领域，不涉及其他领域。也就是说，它是只涉及谁来当国家和地方领导人的“准入民主”。因此，法国思想家卢梭曾感叹道：英国人在四年一次选举的时候是民主的，之后他们也就变成了奴隶。其实，卢梭的这一评论适用于所有西方国家。列宁也曾在更广的意义上批评西方民主是残缺不全的民主。中国的全过程人民民主，不仅涉及政治领域，而且涵盖广泛的社会领域，是全领域的，是在包括选举、决策、管理和监督等在内的全过程中实施的民主。为了实现选举民主，党和国家在党委、人大、政府、政协等的换届选举中，充分尊重和保障人民的选举权和被选举权。为了实现决策民主，各级政府在重大决策出台前要向人大报告和听取政协的意见，要通过座谈、听证、评估等各种渠道，吸收人民群众参与决策过程。为了实现管理民主，党和政府推动国家机关、群团组织、企业事业单位、基层群众性自治组织和其他社会组织加强民主管理机制建设，充分调动群众参与民主管理的积极性。为了推进民主监督，党政机关推行办事公开制度，让群众有知情权并进行有效监督。

实行全过程人民民主，是为了在选举、决策、管理和监督等各个环节中，都能实现人民当家作主。反之，如果像西方那样，在决策、管理和监督等方面，人民无权参与，那么对人民来说，这种民主就从根本上失去了意义，因为它恰恰为特权阶层掌控权力和谋取私利提供了空间。西方民主的本质就在于此，即用形式上的多数人民主选举去粉饰和掩盖实质上的少数人专权擅政。另外，单就西方的选举而言，人民实际上也只能在各政党推举的候选人中进行取舍，这也使选举民主变了味、贬了值。

中国民主的高效性。中国民主是高效民主。在中国，民主是用来解决问题的。也就是说，中国民主的高效是解决问题的高效。通过民主集中制，这种高效展现为一个由下而上集中群众智慧，又由上而下推动决策实施的双向互动过程，从而使中国政治治理做到了“三个一”。一是“一张图”，即绘就了一张全国统一的、兼顾长期性和阶段性的发展规划图。二是"一盘棋"，即在全国发展规划的总体布局和分工实施上，形成了各方协力、运转有序、满盘皆活的"一盘棋"。三是"一竿子"，即在全国工作的部署和落实上，实现了从上到下一竿子插到底。如此一来，自然效率很高。这一点，不仅为中国所取得的巨大成绩所证明，而且也为世界上越来越多的人士所肯定。然而，在肯定中国政治高效运作的人士中，也有人认为，这并非所谓中国民主的功劳，反倒是中国政府专制的效能。这些论者忘记了一个基本常识，即专制政府为一己之私，采用高压政策，可图一时之效，但无法长久维持。因此，持这一观点的论者解释不了新中国成立70多年来，特别是改革开放40多年来创造的经济快速发展奇迹和社会长期稳定奇迹。

实际上，中国的高效率是中国人民干出来的，但人民的积极性需要调动和正确发挥。从"调动"来说，如果没有为人民服务的民主，没有协商和票决相统一的民主制度安排，没有全过程人民民主，那么人民就很难有积极性，特别是长期稳定的积极性。从"发挥"来说，如果没有党的领导，没有党的领导下的科学长远规划，没有各级党组织和广大共产党员的先锋模范作用，那么人民的积极性就难以沿着正确的方向发挥到高级的程度。很显然，那种威权主义主宰下的众口诺诺、消极应付，与那种没有领导的众口嚣嚣、各行其是，都是谈不上所谓高效的。只有中国共产党领导的，以服务人民为目的的，具有协商性、全程性的中国民主，才可能是一种高效民主。

（三）中国民主的制度安排与运作

高效民主的实现有两个方面：一是制度安排，二是制度运作。民主的制度安排，指的是民主的制度建设；民主的制度运作，指的是民主的制度落实。前者是说，民主之基，在于法治；后者是说，民主之治，要在得人。

依法，是民主立足的根基。没有法治，民主就如同没有堤坝阻挡的洪水，必然泛滥成灾。依法而行，民主就如沿着河道而行的淙淙水流，可以浇灌出绿洲。世界上不少发展中国家，法治建设滞后，在西方的"民主攻势"下，被迫"民主化"，结果导致民主滥用，民主成灾。这个教训是极为深刻的。

得人，是民主之治的关键。只有得人，才能使民主制度得到贯彻落实。《荀子·君道》篇云："得其人则存，失其人则亡。"《孟子·离娄上》中曰："徒法不能自行。"从这个意义上说，选择怎样的人在国家的关键位置上掌权执法，非同小可。世界上许多国家都有写在纸上的相当完备的宪法，但因未得其人，所以执行不了，形同虚设。

可见，民主的制度体系建设与民主的治理能力建设相辅相成，缺一不可。

在中国，君主专制制度延续了两千多年。辛亥革命推翻了君主专制制度，建立了中华民国，但人民并没有真正当家作主。民国初建后实行政党政治，结果乱象丛生；伴随着两场复辟闹剧，国家陷入军阀混战的局面；国民政府成立后实行一党专政，专制独裁，终被人民抛弃。中国共产党经过28年的艰苦斗争，建立了中华人民共和国，终于确立了人民当家作主的制度安排，具体包括人民代表大会制度、中国共产党领导的多党合作和政治协商制度、民族区域自治制度以及基层群众自治制度等。社会主义民主制度确立后，还需要相应的保障制度和操作制度来确保其贯彻落实。然而在这方面，我们也走过一些弯路，给国家造成了巨大灾难。改革开放后，党和政府扎实开展民主的制度化、规范化、程序化建设，到目前为止，已经建立起较为完整的民主制度体系，从而有力地保障了人民的各项权利。

在民主治理的人才选拔方面，我国也取得了很大进步。在西方，唯一的途径是竞选。竞选是一种重要途径，但仅靠竞选未必能行。因为竞选靠的是讲演，是口才，这与治国理政能力并无直接关系，前文对此已作过说明。在中国，除了选举以外，还有考试、实绩考核以及群众公认等多种选拔形式。

总之，中国所采用的是以培养和锻炼为基础、选举和选拔相结合的人才推举办法。实践证明，这种人才选用办法成效明显。大批有基层实际工作经验、对国情党情民情有深切了解、德才兼备的干部被选拔到各级领导岗位上，保障了国家各项事业的蓬勃发展。

诚然，从历史的角度看，中国特色社会主义民主建设还处在起步阶段，还需要不断完善民主制度、丰富民主形式、拓宽民主渠道，不断满足人民和社会的期待。任何改革的实行和制度的完善，即便达到了原有目标，也往往既解决了旧问题，也制造了新问题。因此切不可骄傲自满，盲目乐观，而应继续努力，不断前行。但必须充分肯定的是，我们已经走出了一条中国特色社会主义民主道路，即一条深深扎根于中华民本政治传统沃土之中的，以服务人民、党的领导、协商全程高效等为根本特点和优长的民主制度安排和运作之路。正是通过中外比较而得以彰显的中国民主特色及其巨大成功，使中国人具有了坚定中国民主道路自信的昂扬底气和一路前行的强大动力。

坚定文化自信和铸就中华文化新辉煌*

——兼论西方文化中心论、资本社会主义和儒家社会主义

文化自信对国家和民族来说，是更基础更广泛更深厚的自信，是国家和民族发展过程中更基础更深沉更持久的力量。当今世界正经历百年未有之大变局，中国正处于实现中华民族伟大复兴的关键时期。在这样的时代条件下，坚定中华文化自信有着极为重要的意义。本文就围绕坚定中华文化自信、铸就中华文化新辉煌来谈四个方面的问题。

一、何为民族文化自信

坚定中华文化自信的前提，是要弄清楚什么是民族文化自信。一个民族怎样看待自己的民族文化，既与对与之交往的其他民族的文化的认知有关，也与对自己民族与其文化关系的认知有关。就前一种关系来说，本民族文化与其他民族文化各有自己的优长和不足。在认识其他民族文化的优长和不足的过程中，也形成了看待本民族文化的不同参照系。就后一种关系来说，任何民族文化都依托并服务于该民族的生存与发展。一个民族生存发展的历史，也就成为该民族文化的历史渊源；一个民族在历史中生成的民族特质，也就成为该民族文化特质的现实原像；一种民族文化服务于该民族的生存与发展，也就是该民族文化的效能实现。从文化生命力的角度而言，一个民族及其文化的历史是该民族文化生命力的历史根据；一个民族在历史中形成的文化特质是该民族文化生命力的本质根据；而作为其历史根据和本质根据之综合表现的效能实现，则是该民族文化生命力的价值根据。因此，作为对象，一个民族的文化的历史、特质、效能，也就在该民族的不同成员那里，形成了以交往中对其他民族文化的认知为参照系的，关

* 原刊于《中国浦东干部学院学报》，2021（6）。

于该民族文化的自卑、自信或自大等不同认知。民族文化自信的本质内涵是在诸种关系中得以规定和彰显的。为此，需要厘清民族文化自信与民族文化自卑、民族文化自大以及民族文化担当之间的关系。

（一）民族文化自信与民族文化自卑

民族文化自卑是一种夸大交往中的其他民族文化之优长，否定本民族文化的历史、特质、效能，只见其弱点和缺项的、非理性的消极文化观点。这种观点可简曰“夸大他美，自逐其美”。20世纪二三十年代以来那些“全盘西化论”的鼓吹者和20世纪80年代以来那些“资产阶级自由化”的鼓噪者，对中华文化所持的就是这种观点。在他们看来，中华文化是“落后文化”“保守文化”等；包括文化在内的中国的一切都“百情不如人”。这种文化观点误读和曲解了中华文化的历史与现实，有悖于中国人民追求美好生活的向往，随着历史的发展逐渐失去了市场。

与之相反，民族文化自信则是在体验和承认本民族和其他民族的文化各有特质和效能的理性认知基础上所形成的，关于本民族文化的历史、特质、效能的肯定性理性认知。基于这种认知，人们对自己的民族文化能够促进民族团结统一、激发民族力量、正确应对环境和时代的挑战，进而引领本民族实现一个美好的未来怀有信心。这种观点可概括为“各有其美，自美其美”。比如1935年毛泽东在陕北瓦窑堡党的活动分子会议上所作的报告中指出：“我们中华民族有同自己的敌人血战到底的气概，有在自力更生的基础上光复旧物的决心，有自立于世界民族之林的能力。”①毛泽东在这里强调了中华民族的“气概”“决心”“能力”等，这就是对中华民族及其文化充满自信的生动体现，是对中华民族自立自强精神的宣示和高扬。

（二）民族文化自信与民族文化自大

民族文化自信作为一种理性认知，不仅应与民族文化自卑，而且应与民族文化自大区别开来。民族文化自大与民族文化自信有根本区别。民族文化自大是一种只见本民族文化之优长和其他民族文化之缺

① 《毛泽东选集》第1卷，161页，北京：人民出版社，1991年。

点，自以为本民族文化优于、高于其他民族文化的文化观点。这种观点可概括为“无视他美，自傲其美”。民族文化自大有两种可能的倾向，一是民族文化的保守主义，简称文化保守主义；二是民族文化的扩张主义，简称文化扩张主义。

1. 民族文化自信拒斥文化保守主义

文化保守主义产生的原因有二。一是民族文化自卑所致，即因为自卑，所以怯于与其他民族文化进行交流互动，害怕被他者削弱或吞并，于是拒绝交流，趋向自我封闭。二是民族文化自大使然，即认为自己民族的文化至善至美，因而“本自圆成，不自外求”。这种因民族文化自大所导致的保守主义，拒绝文化开放和在开放中向其他文化学习和进行借鉴，其结果只能是封闭落后以致挨打。民族文化自信既拒斥文化自卑的保守主义，又拒斥文化自大的保守主义。正因其自信，所以乐于开放和借鉴，并把开放和借鉴视为增进民族文化自信的一种重要途径。这就叫“学人之美，美我自身”。

2. 民族文化自信拒斥文化扩张主义

文化扩张主义，主要是指推行西方文化中心论。西方为什么要把自己的文化扩张到东方，进而推行文化殖民主义呢？现代西方文化人类学中有一种文化进化论观点，其认为人类文化有一个从“低端”到“顶端”的进化过程，并把所谓的“低端”与作为“他者”的东方联系起来，加以定格。这样，东方就成为世界文化中的“低端”和“边缘”地带。与此同时，它把所谓的“顶端”与作为“自我”的西方联系起来，加以固化。这样，西方就处于世界文化的“顶端”和“中心”位置。作出这种区分的根据在于，相对于“低端”，“顶端”能够更有效地开发更大范围的资源，更不受特定环境的控制。[①]那么，东方如何实现在文化上从“低端”到“顶端”的进化呢？这种观点认为，“顶端”文化对“低端”文化具有支配和取代倾向。也就是说，要实现这种进化，有赖于作为世界文化中心的西方对作为世界文化边缘的东方进行文化扩张和辐射。不过，这种扩张和辐射往往会遇到东方的抵抗，因

① ［美］托马斯·哈定、大卫·卡普兰、马歇尔·D.萨赫林斯等：《文化与进化》，韩建军、商戈令译，61页，杭州：浙江人民出版社，1987年。

而也就常常发展为西方对东方的军事征服。[①]

这套文化扩张主义的逻辑能成立吗？不能。

仅就文化而言，其性质是各式各样的。相对于一定的文明尺度而言，其间确有高低优劣之分，比如高雅文化与低俗文化。这是没有疑义的。但在民族文化的意义上，就不能如此套用。任何一种民族文化都是一个系统范畴，而构成这个系统的文化因子则是一种多样性、复杂性存在，可以说既琳琅满目，又参差不齐。因此，对任何一种民族文化，都不能用高低优劣来简单评判和指认。当然，这并不是说不能对各族文化进行比较研究。这种研究可以从社会空间和社会时间两个维度来进行。

从社会空间维度说，世界各民族的文化既有共性，即各民族文化都是该民族生命经验和生存智慧的表现，并为其生存发展服务；但也有其个性，即各民族生存发展的方式不同，因而不同民族的文化各有特质。这里有的，只是各民族文化的异彩纷呈，并无各民族文化的高低优劣。另外，因有共性，才能交流，因有个性，才需交流。交流只是为了适用，适用即价值。文化对一个民族而言，如鞋之于脚，适用即可。如果离开这一点，去横向比较各民族文化的高低优劣，那就如同不顾脚的大小，去评论不同尺码的鞋子孰好孰赖，岂不荒唐！

从社会时间维度说，作为精神载体的民族文化在其发展过程中，除了部分的新旧更替外，在总体上是积累的，即通过部分的更新、摄入和繁衍，实现民族文化从简朴到繁荣的发展。由于这种发展是积累的，所以民族文化的基本精神是相对稳定的。试想，如果作为一个民族之灵魂的民族文化的基本精神都变得面目全非了，那么很显然，这个民族也就不再是原先那个民族了。正因为民族文化发展在总体上是积累的，所以同一民族在不同历史阶段中的文化，以及处于世界历史不同发展阶段中的各民族文化，只有内涵简繁和完善程度之别，并无总体性质上的高低优劣之分。早在170多年前，马克思、恩格斯就对西方的文化民族主义作了深刻剖析，反对其把古往今来的世界各民族文化作优劣之分。他们指出，所谓“所有的欧洲文明民族——英国人、德国人、法国人……能提供精神优势”的观点，其实质就是“使自己

① ［美］托马斯·哈定、大卫·卡普兰、马歇尔·D.萨赫林斯等：《文化与进化》，韩建军、商戈令译，70页，杭州：浙江人民出版社，1987年。

凌驾于各民族之上，期待着各民族跪在自己脚下乞求指点迷津”[①]。

可见，文化扩张主义那套逻辑是不能成立的。说到底，这种逻辑不过是为西方对东方的侵略和奴役，提供文化包装和道德美化。

（三）民族文化自信与民族文化担当

民族文化担当，是指在文化建设中，通过弘扬民族传统文化以及促进新文化因子的融入和生成，推进民族文化向前发展，由此不断实现民族文化的科学化、时代化、繁荣化，从而为民族发展提供精神根基、理想指引和思想动力。民族文化自信与民族文化自卑及民族文化自大的一个重要区别就是，在民族文化担当上，民族文化自信意味着积极作为，民族文化自卑意味着消极放弃，民族文化自大则表现为胡乱作为。

就民族文化自信与民族文化担当的关系来说，有以下两个方面：一是民族文化自信促进了民族文化担当，二是民族文化担当体现了民族文化自信。这里的体现，不是传导意义上的，比如日光照射下物体由冷变热；而是显化意义上的，即民族文化担当作为民族文化自信的显化，其本身就是民族文化自信的应有之义。不仅如此，它还是民族文化自信的一个本质特征。如此说来，民族文化自信，也就不仅是对自己民族文化的一种基于理性的常态情感，而且还是一种积极进取的意志品格。

二、何来民族文化自信

民族文化自信不是先在的、预成的，而是生成的。民族文化自信的激发与民族生存发展中遭遇的问题，简曰民族生存发展问题，特别是包含文化危机在内的民族危机的成功化解相关联。

（一）民族文化自信激发的前提

自信总是相对于问题而言的。或者说，自信总是对化解问题的自信。一个民族在其生存发展的过程中，总会碰到关涉民族生存发展的

① 《马克思恩格斯文集》第1卷，354页，北京：人民出版社，2009年。

问题。面对这种问题，一个民族大体有三种可能的结果：一是成功化解，从而变挑战为机遇，破困境展新途。这样就会增进该民族及其文化的自信。二是无力应对，以失败告终。这样一来，该民族及其文化也就湮没于历史的尘埃之中。三是一时应对无效，使民族陷于危机，进而可能引发民族文化危机。

这里之所以说“可能”而非必然，是因为一时的无效应对，其原因是多样的。归纳起来，至少有如下三种情形。一是力量弱小，难以应对。那么其出路只能是卧薪尝胆、积蓄力量，以待来日。二是领导无能，众人不服。那么其出路只能是另选贤能，临阵换帅。三是制度（基本制度或具体体制）失能，那么其出路只能是制度变革。在上述三种情境中，只有制度失能所导致的一时无效应对，才能造成以这种制度为依托并为之服务的文化因子失能，从而使民族文化陷于危机。因为制度带有根本性、全局性，所以制度失能，不仅会使依托此种制度的文化因子失能，而且会给民族文化带来根本性、全局性的不良影响，使其陷于危机之中。

这里需要指出的是，一个民族的文化，既有依托和服务于该民族发展中一定制度的特殊内涵和作为其承载的文化因子，也有超越这种特殊内涵的一般内涵和作为其承载的文化因子。这两类文化因子，体现了该民族的民族性内涵和人民性内涵。也就是说，某种制度作为民族生存发展的工具，对该民族而言，是一种阶段性存在。而这种制度的失能，必然会导致依托于它的文化因子失能。与之不同的是，只要这个民族还存在，那么其民族性就存在。因而表现该民族的民族性和其所包含的人民性的文化内涵，即该民族文化的一般内涵，对该民族而言，就具有恒久的价值。这种内涵就是现代人所言的体现这个民族灵魂的民族文化的基本精神。因此，上文所言的文化因子失能，并不是承载民族文化所具有的一般内涵以及仍符合时代需要的那些特殊内涵的文化因子的失能，而是那些丧失了时代性的陈旧文化因子的失能。

顺便说一句，五四新文化运动的锋芒所指，并非中华传统文化的一般内涵，而是作为其一定阶段内特殊性内涵而存在的陈腐的封建礼教。对此，五四新文化运动的旗手陈独秀曾明确指出，“国故、孔教、帝制，本来是三位一体”[①]，“像这样的文化，不但没有维护的必要，还应设法令他速死”[②]。与此同时，他又指出，“反对孔教，并不是反对孔子个人，也不是说他在古代社会无价值”[③]。“孔教之为国粹之一”，是“当时社会之明产”，“流传至于今日”，则表明其仍有“价值”[④]。李大钊也说：“余之掊击孔子，非掊击孔子之本身，乃掊击孔子为历代君主所雕塑之偶像的权威也；非掊击孔子，乃掊击专制政治之灵魂也。”[⑤]由此可见，前些年流行的所谓“五四运动反传统”“五四运动中断了中华文化血脉”之类的观点，不能被认为是准确的、可靠的。诚然，五四新文化运动的先驱者们对传统文化的认知和对待，并不那么周到和全面。对此，我们不必讳言，但也没有必要苛求前人。

总之，民族生存发展问题，特别是包含文化危机在内的民族危机，是激发民族文化自信的前提。

（二）民族文化危机何以激发民族文化自信

包含文化危机在内的民族危机，可能引发民族文化自卑，也可能激发民族文化自信。这是为何？这里拟从主体和对象两个维度分别加以说明。

从对象维度说，民族文化危机作为一种对象性存在，本身就有两面性。它因部分因子失能而有“危”的一面，同时其中又蕴含了“机”的一面。“危”的一面作为一种刺激，为该民族文化中其他文化因子之潜能的激活，以及新文化因子的融入与生成，提供了机遇。这里的“危”和“机”是辩证统一的。

民族文化自卑者的错误在于，他们把民族文化危机中部分因子的失能误读成了民族文化的整体失能。与此相联系，他们只看见民族文化危机中“危”的一面，而没有看到其中“机”的一面，从而犯了以偏概全的错误，于是对自己民族的文化失却信心，陷入消极颓唐之中。相反，民族文化自信者既看到了民族文化危机中部分因子的失能，更看到了其他文化因子可被激活的潜能。与此相联系，他们不仅看到了

① 《陈独秀文集》第2卷，601页，北京：人民出版社，2013年。
② 《陈独秀文集》第3卷，8页，北京：人民出版社，2013年。
③ 《陈独秀文集》第1卷，462页，北京：人民出版社，2013年。
④ 《陈独秀文集》第1卷，228页，北京：人民出版社，2013年。
⑤ 《李大钊文集》第1卷，250页，北京：人民出版社，1999年。

民族文化危机中“危”的一面，更从中看到了“机”的一面。这就为树立民族文化自信提供了可能性支撑。然而这也只是可能，而非现实。因为上文所言的“机”，还需被主体抓住。抓住的机遇才是机遇，丢失的机遇等于空无。因此，民族文化自信的确立，还要从主体维度来加以说明。

从主体维度说，传统文化因子潜能的激活、外来文化因子的融入，以及基于实践经验总结的新文化因子的生成等，都不是无主体的自动实现，而是主体主动使然。问题在于谁能充当这种主体？显然，充当这种主体的并非个人，也非一般群体，而是从社会中产生的代表生产力发展要求和民众生活改善意愿的新兴政治力量。只有这种政治力量，才能担起从危机中振兴自己民族及其文化的重任。

比如，我国商周之际发生的周武革命，以及随之发生的“天命从德王权思想”对造成中华文化危机的“绝对天命王权思想”的替代，就主要是由以周文王、周武王、周公旦为代表的新兴政治力量推动的。他们在自己的政治实践中，总结和提炼出了“敬德保民”的先进思想，由此开启中国民本思想和民本政治的先河，极大地增添了中华传统文化的生命活力。又比如，17、18世纪欧洲的启蒙运动，使欧洲传统文化走出了因神本主义失能而造成的危机，推动了理性主义和人本主义的发展。代表新兴资产阶级利益和愿望的启蒙思想家的努力，进一步解放了人们的思想，使欧洲人重拾文化自信。

综上所述，民族文化自信是以交往中对其他民族文化的认知为参照系，在对本民族生存发展问题，特别是包含文化危机在内的民族危机的成功化解中所形成的，关于自己民族文化的历史、特质及效能的肯定性理性认知和实现满意结果的确信，以及积极的文化担当。关于民族文化自信的认知，对于说明中国人坚定中华文化自信的底气何来，是完全适用的。

三、坚定中华文化自信的底气何来

这里的“底气何来”，是指中华文化自信得以确立的根据和依据何在。要回答这个问题，必须遵循两条原则：其一，不能就中华文化本身谈其自信，而须把这种自信与中华文化的社会历史效能联系起来；

其二，不能就中华文化自信本身谈其生成，而须把这种生成与中华文化从危机中复兴的担当主体联系起来。只有坚持这两条原则，才能科学揭示中华文化自信得以确立的历史根据和现实依托。

（一）中华文化自信得以确立的历史根据

中华文化自信得以确立的历史根据就是，中华传统文化对中华民族的生存发展曾展现出的历史效能。

中华民族在历史发展过程中，形成了两大特点。一是体量庞大，人口众多；二是生命绵长，至少有五千年的历史。历史上著名的古代民族，只有中华民族长盛不衰，延续至今。是什么力量造就了这一历史奇观？是什么力量把如此广袤大地上的众多民族和人口整合为一个中华民族？是什么力量使这个历经数千年沧桑变化、遭遇过无数大灾大难的民族坚韧不拔、百折不挠？这绝非侥幸和偶然，而是中华先人坚守文化自信的必然结果。几千年来，在与固守丛林的野蛮自信、迷信血缘的种姓自信、崇拜神圣的神权自信、推崇宰制的暴力自信以及迷恋财富的金钱自信等的不断斗争中，中华先人选择和坚守文化自信，即对中华文化中“图自强、讲仁爱、重民本、守诚信、崇正义、尚和合、求大同”等文化因子所承载的理念、智慧、气度、神韵的自信。

以儒家思想为主体的中华传统文化自信是基于人性人心的善解。[①]在中国古人看来，人高于动物。其一，人为万物之灵，学而能知，知而能行，以知促行，以行促知，知行合一，故能自强不息，参于天地，造福自身。其二，人为万物之贵，贵在“有义”，义即德性，故要以人为本，厚德载物，以诚待人，成人成己，以和为贵。

中华文化自信的内在表现是文化立国，外在表现是文化睦邻。

文化立国，一是指以德教民，即在富民的基础上进行道德教化，以文化人，锻造风骨、陶冶气质、提升品位，引导人修身齐家治国平天下；二是指为政以德，即在承认“政”“刑”作用的前提下，推崇“道之以德，齐之以礼”[②]，用德之“礼”发挥外在约束作用，用德之“义”发挥内在启发功能。为此，主政者要以身作则，为天下表率；要

① 这是马克思主义与中华传统文化的共同之处。当然，中华传统文化主张基于先验论的人性本善，而马克思主义则主张基于实践论的人性趋善。

② 《论语·为政》。

行王道，施仁政；要任人唯贤，德才兼备，以德为先。在国内民族关系的处理上，不过分着眼于族裔之别和强力之用，而是相互尊重，以德服人，即所谓“远人不服，则修文德以来之”[①]。另外，还要以积极的态度吸收其他民族好的、对自己有用的东西，兼收并蓄，相互包容。总之，文化立国即以德治国。

文化睦邻，是中华先人对待外部世界的态度。《尚书·尧典》指出，“克明俊德，以亲九族。九族既睦，平章百姓。百姓昭明，协和万邦”。讲信修睦、协和万邦，是中华民族处理与外部世界关系的原则，其根据在于“四海之内皆兄弟”“天下一家”。

中国古代王朝在接待外国使团时“薄来厚往”，给予在华外国人“国民待遇”（如外国人可参加科考甚至做官）等，都是这一原则的生动体现。郑和下西洋时所携明朝国书明确规定，“天之所覆，地之所载，一视同仁，不能众欺寡、强凌弱”[②]。在与海外各国“共享太平之福”的理念指导下，郑和完成了和平之旅、友谊之旅。这与数十年后哥伦布等人发现新大陆并开启征服之旅、掠夺之旅，形成了鲜明对照。

那么中华先人坚持文化自信，其成效如何？

从消极谦逊方面说，中华民族因文化自信，而没有为祸世界，也就不会好战而亡。中国没有因体量、力量巨大而成为睥睨世界的侵略力量，从而也就不会遭到其他文明的毁灭性报复。纵观古代历史，许多文明都是在相互征战中走向灭亡的。而中国历史上也有许多内战，但基本都不是要毁灭中华文化的战争。不管谁胜谁负，文化无恙，传承依然。正如2019年9月27日习近平总书记在全国民族团结进步表彰大会上的讲话中所指出的：“分立如南北朝，都自诩中华正统；对峙如宋辽夏金，都被称为‘桃花石’。”[③]虽然历史上也曾出现过不少分裂集团和分裂时期，但武力不能割断中华大地上各民族生活上的互需、行为上的互动、心灵上的互系，以及在此基础上形成的维护民族团结统一的文化纽带，不能改变追求大一统的深层民族心理。

从积极进取方面说，一是以德为先，各族共和。中华文化的向心力越来越强，中华民族的体量也就越聚越大。二是讲信修睦，协和万

① 《论语·季氏》。

② 转引自孙吉胜：《传统文化与十八大以来中国外交话语体系构建》，《外交评论》，2017（4）。

③ 习近平：《在全国民族团结进步表彰大会上的讲话》，5页，北京：人民出版社，2019年。

邦。中国的朋友越来越多，以至出现了万国来贺的盛况。中华文化传播至四邻八方，也使其本身因交流而获益良多。三是在中华大地上实现了世道人心的优化，从而不仅使中国以文明古国著称于世，而且以礼仪之邦光耀于人。正如习近平总书记指出的："古往今来，中华民族之所以在世界有地位、有影响，不是靠穷兵黩武，不是靠对外扩张，而是靠中华文化的强大感召力和吸引力。"①四是中华文化哺育了无数心怀天下、千古不朽的人物，谱就了许多惊天动地、熠熠生辉的历史华章。在19世纪以前的10多个世纪中，中国创造的物质财富和科技创新成就都高居世界榜首。据英国学者安格斯·麦迪森的估计，1820年中国的国内总产值仍占全球总产值的32.9%。②一些资料显示，16世纪以前世界上最重要的300项发明和发现中，中国占了173项，远远超过同时代的欧洲。③

文化自信的根据，在于文化的有效性。中华民族五千年的光辉历程，有力证明了中华文化的有效性。这种有效性也就成为我们今天坚定中华文化自信的历史根据。

（二）中华文化自信得以确立的现实依托

坚定中华文化自信，除了历史根据之外，还要有现实依托。这个依托主要包括以下三个方面。

1.作为担当主体的中国共产党

中华文化自信得以重塑，源于对近代以来日益深重的包含文化危机在内的民族危机的成功化解。

鸦片战争前，中国的封建制度日渐腐朽，但清廷仍旧陶醉于昔日的辉煌，以"天朝上国"自诩，闭关自守，不求进取。当西方列强用坚船利炮轰开国门，不断攫取利权之际，朝野上下方才如梦初醒，感到大难临头。封建制度的腐朽没落和西方列强的步步紧逼，使中华民族陷入空前的危机之中。对此，梁启超曾指出，"当国性之衰落也，其国人对于本国之典章文物纪纲法度，乃至历史上传来之成绩，无一不

---

① 习近平：《在文艺工作座谈会上的讲话》，3页，北京：人民出版社，2015年。

② 转引自马敏：《现代化的"中国道路"——中国现代化历史进程的若干思考》，《中国社会科学》，2016（9）。

③ 习近平：《深入理解新发展理念》，《求是》，2019（10）。

怀疑，无一不轻侮，甚则无一不厌弃”[①]。

面对如此深重的民族危机，如何力挽狂澜，重振中华民族和中华文化的雄风？在探索解决这个问题的过程中，封建地主阶级开明派、资产阶级改良派、资产阶级革命派等先后站了出来，进行了艰难的探索，但均以失败告终。中华民族及其文化之复兴这一重担，历史地落到了中国工人阶级的先锋队，中国人民和中华民族的先锋队——中国共产党的肩上。

毛泽东曾指出，中国共产党要完成双重任务，即“不但为中国的政治革命和经济革命而奋斗，而且为中国的文化革命而奋斗”，“这就是说，我们不但要把一个政治上受压迫、经济上受剥削的中国，变为一个政治上自由和经济上繁荣的中国，而且要把一个被旧文化统治因而愚昧落后的中国，变为一个被新文化统治因而文明先进的中国”[②]。为了完成这双重任务，中国共产党必须充当两种角色，一是“政治生力军”，二是“文化生力军”[③]。在中国社会中，中国共产党不但要作为一个政治集团，而且要作为一个文明型的政治集团发挥作用。回顾中国共产党的历史，我们不难发现，立党为公是中国共产党的执政理念。为公就是为中国人民谋幸福，为中华民族谋复兴。为公是大道、大德，即文明。正是靠着这种文明性，中国共产党才赢得了广大人民的信任和拥戴，从一个只有50多名党员的小组织逐渐壮大起来，成为全国性的政党。也正是靠着这种文明性，在人民的拥护下，中国共产党战胜了力量无比强大的敌人，夺取了全国政权。这就叫“得道多助”“得民心者得天下”。

中国共产党之所以成为一个文明型政党，并在全国执政以后，仍然保持文明本色，关键在于它在坚持社会革命的同时坚持自我革命，即用马克思主义的思想、作风、纪律严格要求自己，不断洗刷旧思想、旧作风、旧习惯对自己的影响和腐蚀。自我革命很重要。防止执政党腐败，是一个世界性难题。到目前为止，许多国家的执政党都没能逃脱黄炎培所揭示的“历史周期率”[④]。但中国共产党确实找到了一条保

① 《梁启超全集》第5册，2555页，北京：北京出版社，1999年。

② 《毛泽东选集》第2卷，663页，北京：人民出版社，1991年。

③ 《毛泽东选集》第2卷，697页，北京：人民出版社，1991年。

④ 1945年7月，民主人士黄炎培访问延安，在同毛泽东谈话时提到了历史上的旧政权“其兴也浡焉”“其亡也忽焉”的“历史周期率”。

持自身先进性和纯洁性的好路子。

中国共产党不断通过自我革命强化自身，使自己成为中华民族复兴大业的领导者，使中国人民从它身上看到了包含文化复兴在内的民族复兴的希望。由此，通过自我革命不断得到强化的中国共产党的领导，也就成为中华文化自信得以确立的政治根基。在这个意义上说，中华文化自信也就是中国人对作为中华民族及其文化复兴之担当主体的中国共产党的自信，是对中国共产党坚持自我革命的自信。

2. 中国特色社会主义道路

一个民族及其文化的振兴，除了要有担当主体以外，还要找到一条适合自己的正确道路。找到一条适合自己从而达于理想的前行之路，也就意味着拥有未来、拥有希望。一个拥有未来和希望的民族，才能拥有自信。然而要走出一条适合自己的路，是很艰难的。对中华民族和中华文化来说，这条道路就是中国特色社会主义道路。

（1）中国特色社会主义道路的艰难探索过程，包括三个阶段：一是效法欧美，二是以俄为师，三是走自己的路。效法欧美就是走西方资本主义的现代化道路。这条道路的核心就是利用市场自由，放任资本的贪婪本性，以实现工业化。西方国家实现这种工业化，是以国内的血腥剥削和对国外的殖民掠夺，即利用“先手之利”为前提条件的。然而作为后发国家的中国没有这种“先手之利”。不仅如此，中国还沦为了西方列强剥削和压迫的对象。由于丧失了现代化的前提即国家统一和民族独立，中国效法欧美总是不能成功。用毛泽东的话说，“先生”总是侵略“学生”，“帝国主义侵略中国，反对中国独立，反对中国发展资本主义”[①]。与此同时，中国的一些先进分子，对资本主义现代化道路的两面性也逐渐有了一些清醒认识。比如孙中山认为，资本主义制度推动生产力大发展，“百年锐于千载”[②]，但资本家之专制又造成新的“不平等的世界”，因而必须“取那善果，避那恶果”[③]。然而如何取，如何避，路又在何方？对此，中国人一度陷入苦闷、彷徨。

1917年十月革命一声炮响，给中国送来了马克思主义，推动中国共产党成立，使中国人看到了前途和希望。先进的中国人开始了从效

① 《毛泽东选集》第2卷，679页，北京：人民出版社，1991年。

② 《孙中山选集》上卷，79页，北京：人民出版社，2011年。

③ 《孙中山选集》上卷，90页，北京：人民出版社，2011年。

法欧美到以俄为师的转变。最先喊出这一口号的是孙中山。他提出，“中国宜以俄为鉴”[①]。毛泽东后来也说：“走俄国人的路——这就是结论。”[②]

俄国人通过武装斗争夺取政权，走出了一条具有俄国特色的社会主义之路。在俄国革命胜利的巨大鼓舞下，中国共产党领导中国人民经过28年的奋斗，成功走出了一条农村包围城市、武装夺取政权的革命道路，建立了新中国，从而获得了开展社会主义现代化建设的政治前提，即国家的基本统一和民族独立。对此，毛泽东在新中国成立前夕曾满怀信心地指出，“自从中国人学会了马克思列宁主义以后，中国人在精神上就由被动转入主动”。“伟大的胜利的中国人民解放战争和人民大革命，已经复兴了并正在复兴着伟大的中国人民的文化。这种中国人民的文化，就其精神方面来说，已经超过了整个资本主义的世界。”[③]

毛泽东说得很对。不过，仅有精神上对资本主义的超越还不行，还要有物质力量做支撑。不然，这个精神上的超越不仅不能维持，而且还会倒退下来。苏联就是前车之鉴。社会主义只有学习资本主义的好东西，才能全面超越资本主义。苏联道路最终失败的根本原因，在于它在拒斥资本主义制度的同时，也拒斥了作为资本主义文明成果的资本和市场的历史进步作用，从而导致动力机制缺失，无法真正实现社会主义的宏大理想和政府计划。正因如此，苏联在与西方国家激烈的国际竞争中逐渐落后，国内也矛盾丛生。苏共中央领导不力，改革进退失据，加之被西方人欺骗，最后使得苏联轰然倒塌，各加盟共和国走上了资本主义之路。

毛泽东早在1956年就觉察到了苏联在“建设社会主义过程中的一些缺点和错误”，指出“过去我们就是鉴于他们的经验教训，少走了一些弯路，现在当然更要引以为戒”[④]，要努力“找出在中国进行社会主义革命和建设的正确道路”[⑤]。经过毛泽东等人的探索、邓小平等人的

---

① 《孙中山全集》第5卷，561页，北京：中华书局，1985年。

② 《毛泽东选集》第4卷，1471页，北京：人民出版社，1991年。

③ 《毛泽东选集》第4卷，1516页，北京：人民出版社，1991年。

④ 《毛泽东文集》第7卷，23页，北京：人民出版社，1999年。

⑤ 吴冷西：《十年论战：1956—1966中苏关系回忆录》，23—24页，北京：中央文献出版社，1999年。

开创，以及其后几代领导集体的丰富和发展，中国走出了一条适合自己的中国特色社会主义现代化道路，即从中国具体国情出发，在受到国际资本主义遏制的条件下，通过改革开放，用人民至上的社会主义制度来创造性地利用和规范资本、市场、民主、法治等现代文明成果，从而把中国建设成为一个现代化强国。人民至上，就是中华文化中的所谓“厚德”；凭借体现“厚德”的社会主义制度来对现代文明成果进行利用和规范，这就是“载”，或曰“掌控”。从中国国情出发，用代表“厚德”的社会主义制度来“载”资本、市场、民主、法治等的这样一种主义，就是中国特色社会主义。

（2）不能把中国特色社会主义误读为“资本社会主义”或“儒家社会主义”。有人把中国特色社会主义说成是“资本社会主义”，还有人把中国特色社会主义说成是“儒家社会主义”。这两种观点能成立吗？不能。

“资本社会主义”的观点之所以不能成立，是因为它抹杀了资本在社会主义社会中和在资本主义社会中的区别。在资本主义社会中，资本是主宰。用马克思的话说，“资本是资产阶级社会的支配一切的经济权力”①。因此，资本主义社会是资本至上的社会。而在社会主义社会，资本是从属，而非主宰，它要服务于人民。因此，社会主义社会是人民至上的社会，是以“厚德”来“载”资本的社会。在西方，有人对资本主义不满，想用“人民资本主义”取而代之。这个用意不能说不好，但实际上，只是一厢情愿、异想天开。资本主义就是资本支配一切的主义，资本至上与人民至上不可兼得，因而根本不存在二者兼得的所谓“人民资本主义”。同样，社会主义是人民至上的主义，因而也根本不存在二者兼得的所谓“资本社会主义”。

关于“儒家社会主义”，这里可以多说几句。

20世纪八九十年代，在东亚曾流行一种“儒家资本主义”的观点。这种观点认为，“亚洲四小龙”（韩国、中国台湾、中国香港、新加坡）之所以能在经济上有突飞猛进的发展，是因为它们深受儒家学说的影响，从而走出了一条不同于西方资本主义的“儒家资本主义”道路。相对于“儒家资本主义”，21世纪以来，随着中国特色社会主义道路越

① 《马克思恩格斯全集》第30卷，49页，北京：人民出版社，1995年。

走越宽广，有人把中国特色归结为以儒学为主体的中华传统文化特色，于是提出了“儒家社会主义”的观点。这种观点认为，“儒家社会主义”的本质就是通过以德治国和依法治国的治国方略，来实现一个人人享有幸福的和谐社会。这是把一些不同性质的东西生硬地拼凑在一起。实际上，既没有所谓的“儒家资本主义”，也没有所谓的“儒家社会主义”。

其一，实行资本主义的“亚洲四小龙”和走中国特色社会主义道路的中国，在其发展过程中，都吸收了儒家学说中有现代价值的思想成果并加以改造，这是没有疑义的。但吸收了这些成果是否就是“儒家资本主义”或“儒家社会主义”呢？当然不是。这就如同把吃了猪肉、消化吸收了其营养的人，说成是“猪性”的人一样，是不合逻辑的。

其二，对中华现代文化而言，中华传统文化和西方文化都只是为我所用的资源。诚然，这些资源对中华现代文化的价值是不同的。比如，中华传统文化是一种本源性资源，中国革命文化是一种依托性资源，其他民族文化是借鉴性资源，而属于全人类的马克思主义文化则是一种导向性资源。不论这些资源价值如何，如何实现这些资源的价值或者说如何利用这些资源，不取决于其本身，而取决于中华现代文化的结构性质。进入这个结构的文化因子才有价值，否则就无价值。这些融入中华现代文化的文化因子，无论哪一个都不能决定中华现代文化的结构性质。中华现代文化的结构性质，是由其所置身的中国社会主义社会的结构性质决定的，而不是由其构成因子的性质决定的。正如水的性质不同于作为其构成因子的氢原子或氧原子的性质一样。自然界没有所谓“氢的水”或“氧的水”，在当代中国，也不存在所谓“儒家社会主义”。

其三，中华现代文化是立足于当代社会主义实践，反映和服务于这一社会实践现实需要的文化。一切有价值的文化因子，无论是中国传统的文化因子，还是外来的文化因子，抑或其他先在的文化因子，在作为过滤器和转化器的现实需要面前，实现了一种共时性汇聚和整合。在这种汇聚和整合中，外来的不再是外来的，而是被赋予了中国生命；传统的也不再是传统的，而是获得了现代生命；先在的不再是先在的，而是具有了当下生命。在西学东渐浪潮中传来的西方民主和科学，变成了中国的民主精神和科学精神。十月革命一声炮响送来的马克思主义，变成了中国化的马克思主义。中国传统文化中的“天下情怀”“以人为本”“天人合一”等理念，经过转化和创新，成为具有现代内涵的“人类情怀”“人民至上”“人与自然和谐共生”等中华现代文化中的理念。由此，中华现代文化是一种广泛吸收多种优秀文化，通过综合创新而别立新宗的中国特色社会主义文化。

综上，根本不存在那种原生的、以整体形态存在的，传统儒学与社会主义结合的所谓“儒家社会主义”。对中国人来说，效法欧美和以俄为师，在一定程度上推动了中国的现代化，但它们都带有某种程度的盲从性质，不可能引领中国走向真正的成功。这可能也是前进道路上必须付出的历史代价。当中国人从失败中总结经验教训，走出了一条自己的路，也就激发了无比的自豪与自信。当代中华文化自信也就是对复兴中华民族及其文化的中国特色社会主义的道路自信，是对这条道路所开启的前途自信、所带来的希望自信。作为这种前途和希望之体现的，是中国作为一个文明型大国的崛起。而这也成为新的依据，进一步增进了中华文化自信。

3. 中国作为一个文明型大国的崛起

中国作为一个文明型大国的崛起所激发的自信，是通过一系列标志性历史事件来体现的。中华文化自信的恢复始于抗日战争的胜利。中国战场是世界反法西斯战争的东方主战场。抗日战争是中国近代以来反抗外敌入侵第一次取得完全胜利的民族解放战争。中国作为在世界反法西斯战争中作出重大贡献的大国，参与了联合国的组建，并成为联合国五大常任理事国之一。

中华人民共和国的成立，开辟了中国历史的新纪元。中国人民经过一百多年的英勇斗争，终于推翻了帝国主义、封建主义和官僚资本主义的统治，彻底改变了近代以来受人欺凌的悲惨命运。从此，中华民族走上了实现伟大复兴的壮阔道路。

1950年，抗美援朝战争爆发。在极为艰难的情况下，中国人民志愿军同朝鲜军民密切配合，经过艰苦卓绝的战斗，打败了武装到牙齿的对手，打破了美军不可战胜的神话，抵御了帝国主义侵略扩张，捍卫了新中国的安全，保卫了中国人民的和平生活，稳定了朝鲜半岛局势，维护了亚洲和世界和平，也打出了新中国的世界大国地位，打出了中华民族的自尊和自信。

在美国大搞核威胁、苏联撕毁合同撤走援华专家的艰难情况下，中国通过自主研发，于1964年成功爆炸了第一颗原子弹，1967年，又成功爆炸了第一颗氢弹。美国、苏联、中国三个拥核大国间的关系因此发生了变化。这也是后来美国与中国建交，以及苏联与中国和解的原因之一。

1978年召开的中共十一届三中全会，作出了实行改革开放的战略决策。40多年来，中国始终坚持以经济建设为中心，不断解放和发展社会生产力。中国主要农产品产量跃居世界前列，建立了全世界最完整的现代工业体系，基础设施建设成就显著。中国已成为世界第二大经济体、制造业第一大国、货物贸易第一大国、商品消费第二大国、外资流入第二大国。中国取得脱贫攻坚战的全面胜利，贫困人口全部脱贫，完成了消除绝对贫困的艰巨任务。随着综合国力的增强，中国的国际地位、国际影响力和话语权也获得了极大提升。

这里需要指明的是：其一，西方的崛起是以作为孤立原子存在的“经济人”或“金钱人”为立足点的崛起，而中国的崛起则是以“社会人”或“现实的人”为立足点的崛起；其二，西方的崛起是以资本至上、少数人发财为旨归的崛起，而中国的崛起则是以人民至上、共同富裕、生态文明为旨归的崛起；其三，西方的崛起靠的是征服和掠夺，而中国则是靠勤劳和奋斗和平崛起；其四，西方的崛起是在地球村里因富而霸，而中国的崛起则是在地球村里以善帮邻。因此，中国的崛起是一个有着五千年文明历史的文明型大国的崛起。在这个意义上，当代中华文化自信也就是以中国作为一个文明型大国的崛起为依据的自信。哈佛大学肯尼迪政府学院阿什民主治理与创新中心发布的一份报告称，在2003年以来的八次调查中，中国民众对中央政府的满意度不断提升，从2003年的86.1%提升到2016年的93.1%。[①]这种满意度的提升，也是中华文化自信提升的一个显著标志。

总之，中华文化自信根源于中华传统文化5000多年来所展现的辉煌历史效能；依托于作为中华民族及其文化复兴之担当主体的中国共产党和它所开创的中国特色社会主义道路，以及在这条复兴之路上所

---

① 《哈佛大学调查报告：中国民众对中央政府的满意度高达93.1%》，环球网，https://world.huanqiu.com/article/3z4FS9AkPbW。

成就的中国作为一个文明型大国的崛起。

四、铸就中华文化新辉煌

为实现中华民族及其文化的伟大复兴，进而铸就中华文化新的辉煌，我们还要继续努力。如何铸就中华文化新辉煌？这里谈以下四点。

（一）要有中国与世界共在的大格局

这里的格局是指目标、定位。格局大小意味着目标、定位的大小、高低。铸就中华文化新辉煌的目标、定位就是中国与世界共在。也就是说，要胸怀中国、放眼世界。前者是促进中国好，后者是促进世界好，即促进中国和世界都好。

1. 当代中国是以马克思主义为指导和由中国共产党领导的中国

马克思主义是代表全人类利益的科学。以这个科学为指导的中国特色社会主义事业，包括中华文化建设事业，都要贯彻和体现促进全人类利益这一根本取向。“中国共产党是为中国人民谋幸福的政党，也是为人类进步事业而奋斗的政党。”[①]党领导的中国特色社会主义事业，包括中华文化建设事业，都要贯彻和体现这个根本宗旨。

2. 中国与世界命运与共

在全球化背景下，世界不仅是世界，而且也是中国的世界。同样，中国不仅是中国，而且也是世界的中国，是一个日益深度融入世界、担负大国使命的中国。中国好，有利于世界好；世界好，中国才会更好。在当今世界上，根本不存在那样一种只为中国一家独好的中华文化新辉煌。

3. 中国在文化建设上要与西方划清界限

西方国家很重视文化的作用，把建设文化强国作为国家战略来实施。拿美国来说，其靠武力崛起并称霸世界，同时也用文化来进行包装，但用文化包装的武力仍是武力。仅靠武力称霸不得人心，且代价沉重。于是，美国不断总结经验，以武力为后盾，把以往用来包装武力的文化变成了一种武器。这就是所谓文化软实力和文化巧实力的运

① 习近平：《决胜全面建成小康社会　夺取新时代中国特色社会主义伟大胜利——在中国共产党第十九次全国代表大会上的报告》，57页，北京：人民出版社，2017年。

用。这里的“软”和“巧”，说到底，无非是欺瞒和哄骗，企图变“豪夺”为“巧取”。中华文化的建设与复兴，要与这种以“巧取”为目的的文化建设划清界限。

（二）要有符合世道人心的大情怀

要实现中国和世界都好的价值理想，既要符合世道，即世界潮流；又要符合人心，顺应人心。当今的世界潮流，就是全球化的深度发展；当今的人心所向，就是全球化成果由全人类共创共享。

随着以计算机和互联网为中心的新技术革命的兴起，东欧剧变、苏联解体所引发的全球统一大市场的形成，以及中国和广大发展中国家对全球化的积极参与，全球化进程从由西方国家开启、主要由西方国家主导的片面全球化阶段向真正意义上的全球化阶段发展。在这一历史进程中，西方的资本和技术优势与东方的资源和劳动优势深度结合，形成了相互依赖、相互渗透，一损俱损、一荣俱荣的局面。这一局面的形成和发展，使和平发展、合作共赢成为人类社会共同价值，成为各国人民共同心声。

然而全球化的发展并非一帆风顺，人们对全球化也并不是齐声叫好。有人把全球化理解为西方化，鼓吹以“市场原教旨主义”和“民主原教旨主义”为核心的“普世价值论”；也有人把西方的自由、民主视为世界历史发展的顶点，鼓吹所谓“历史终结论”；另有人流连于以往的零和博弈、西方独赢，鼓吹所谓“文明冲突论”，企图剥夺东方各国对全球化的参与权和全球化成果的享用权；还有一些西方政要，因国内治理不力，为转嫁危机，“甩锅”于全球化，操弄逆全球化浪潮，从而给全球化带来了严峻挑战和诸多不确定因素。

面对这种状况，必须站在全世界人民一边，必须把握和平发展、合作共赢的历史发展大方向。为此，就要对“普世价值论”“历史终结论”“文明冲突论”，以及逆全球化浪潮等展开思想文化批判；要为各国走自己的现代化道路和民主发展道路提供理论说明、思想动力和舆论支持；要为建设更加开放、包容、普惠、平衡、共赢的全球化，提供新的理念、设想、方案；要为各国文化相互借鉴、和而不同，构建世界各国心相通、民相亲的世界人文共同体作出中华文化的新贡献。

（三）要有勇于为先的大担当

所谓符合世界潮流，顺应人心所向，前者指的是人间大道，后者指的是人间大义，二者统称为人间道义。在人间行道义，即斯文济世，天下归仁。那么如何着手呢？就中国而言，必须勇于为先、做好自我、久久为功。

几千年来的私有制，已使私有观念深入人心，以致有人误认为自私是人的本性。为了一己私利，人们互相争斗，尔虞我诈，甚至暴力相拼，总之要拼个你输我赢，你死我活。这种私有观念表现在国家关系上，就是唯利是图、以邻为壑、不讲信义。马基雅维里曾说，君主“要保持国家，常常不得不背信弃义，不讲仁慈，悖乎人道，违反神道”[①]。也有人认为，在国家之间，“没有永远的朋友，只有永远的利益”。由此可见，中国要在国家关系和国际事务中讲诚信、行道义，并与其他国家人民一道，构建人类命运共同体、世界人文共同体，何其艰难！唯其艰难，方显宝贵。中国应有这样的责任和担当，这表现在两个方面。

1. 中国要做世界精神文明建设的重要贡献者

中国要带头信奉和遵守以联合国、世界贸易组织、世界银行、国际货币基金组织等为代表的国际多边机构和机制所体现的现代文明理念和原则，带头坚持和履行全球治理中平等、合作、互利等理念和原则。中国还要为世界和平繁荣和人类共同发展提供新的思路、理念和设想。比如，中共中央新一代领导集体提出的“构建人类命运共同体”的理念和方案，“平等、互鉴、对话、包容”的文明观，“共商、共建、共享”的全球治理观，“共同、综合、合作、可持续”的世界安全观等，既具有中国标识，也蕴含世界意义。

2. 中国要做世界精神文明建设的领跑者

在不断推动物质文明建设的同时，如何加强精神文明建设？在利用资本、市场等手段发展经济的同时，如何防止个人主义、拜金主义、享乐主义和奢靡之风的侵袭？这是摆在各国面前的一个世界性难题，而中国也面临这个难题。通过总结历史经验和不断进行实践探索，中

① ［意］尼科洛·马基雅维里：《君主论》，85页，潘汉典译，北京：商务印书馆，1895年。

国逐渐走出了一条以党风政风建设带动社会风气好转的路子。由于采用和落实了一系列有效措施，中国已在精神文明建设上取得了亮眼成就。当然，这一切还在进行之中，还有很长的路要走。

（四）要有熔炼古今优秀文化成果于中华现代文化的大气度

这个问题学术界谈得比较多，这里补充几点。

1.对古今一切民族文化的内涵和价值应作多层次辩证理解

这里的多层次辩证理解，是指对阶段特殊性、民族一般性、人类普遍性的理解。如前所述，一个民族的文化既有在一定时期内依托和服务于某一社会制度所体现的阶段特殊性内涵和价值，也有超越这种特殊性的、体现该民族民族性和其所包含的人民性的一般性内涵和价值。这里的人民性内涵和价值，体现了占人口绝大多数的普通民众的利益和要求，是标示人类基本利益和要求的内涵和价值，简曰人类普遍性内涵和价值。今天我们要学习、借鉴和弘扬的，就是中华传统文化所具有的中华民族一般性内涵和价值，以及中华传统文化和世界其他文化所具有的人类普遍性内涵和价值。这里要切记，对古今一切民族文化，不能局限于阶级特殊性分析，疏于或否定民族一般性和人类普遍性分析。否则，学习、借鉴古今优秀文化就会沦为空谈。

2.学习、借鉴古今优秀文化，必须进行语言及语义的当代中国化转化创新

这里的语言包括有声语言、笔墨语言、色彩语言、形体语言等。语言总是表达内涵的。不同民族的语言不同，这些语言所表现的境遇、风姿、神韵也会不同。因此，学习和借鉴外来文化，要进行语言及语义的转化和创新。继承和弘扬本民族的优秀传统文化，也有一个语言及语义之现代化的问题。对当代中国人来说，就是要让外来优秀文化“说中国话”，让中华优秀传统文化说“当代中国话”，从而使其为当代中国人民所喜闻乐见，为我们所理解和掌握。如果离开了以当代中国化为中心的转化和创新，那么学习、借鉴古今优秀文化，也就无从实现。这里需要指明的是，就中华现代文化建设来说，弘扬中华优秀传统文化和借鉴外来优秀文化，不是互不相干的两件事，而是相互联系才能共同做好的一件事。在借鉴外来优秀文化的过程中，只有以中华优秀传统文化为依托，才能达到目的；同样，如果不以外来优秀文化为参照，那么对中华优秀传统文化的弘扬也会成为泡影。

3.学习、借鉴古今优秀文化，必须立足于中国人民的当下实践

学习和借鉴古今优秀文化，必须进行当代中国化转化创新，但这也只是一个必要条件。因为当代中国化有两种可能趋向：一是劣化，二是优化。为了防止劣化，实现优化，就必须立足于中国人民的当下实践。不然，就失去了问题导向、价值尺度和实践根基。中国人民进行的当下实践有两方面，一是实现中国梦的实践，二是中国和世界各国共同参与的构建人类命运共同体的实践。必须以这两个实践提出的问题为导向，以有利于推动这两个实践为价值尺度，以这两个实践为根本动力，来推动古今优秀文化成果的转化和发展。

4.必须调动文化建设主体的积极性来促进对古今优秀文化的转化发展

文化建设的主体，就是能把握时代脉搏和代表人民心声的新兴政治力量。在当代中国，这个新兴政治力量就是中国共产党及其所领导的、代表广大人民利益的文化建设大军。这个大军包括广大教育工作者、宣传思想工作者、哲学社会科学工作者、文化艺术工作者、传媒工作者等。对于这支文化建设大军，要用马克思主义特别是当代中国马克思主义加以武装；要加强以社会主义核心价值观为主要内容的思想政治教育和引导；要通过对文化体制机制的改革，大力解放和发展文化生产力；要从经费、制度、政策等多方面给予支持，调动其为建设社会主义文化强国而奋斗的积极性、主动性和创造性。